DESPIERTA
A TU VIDA

EL DESCUBRIMIENTO DEL CAMINO
BUDISTA DE LA ATENCIÓN

KEN MCLEOD

UNFETTERED MIND MEDIA

Referencia bibliográfica del original en inglés:
Despierta a tu vida: el descubrimiento del camino budista de la atención

ISBN 979-8-9861711-3-5
Copyright © 2023 by Ken McLeod

Originally published as *WAKE UP TO YOUR LIFE: Discovering the Buddhist Path of Attention*.
Copyright © 2001 by Ken McLeod.

Library of Congress Cataloging-in-Publication Data
McLeod, Ken.
Wake up to your life: discovering the Buddhist path of attention / Ken McLeod
ISBN: 978-0-06-251681-7
1. Spiritual life—Buddhism. 2. Buddhism—Doctrines. I. Title.
BQ4302.M44 2001
294.3'444—dc21   00-046133
08 09 10 11 RRD(H) 10 9 8 7

A mis maestros,
especialmente a Kalu Rinpoche,
quienes volcaron sus enseñanzas en mí.

Y a mis estudiantes, cuya pasión por la visión
profunda me inspiró para destilar y devolver lo
que tan libremente me fue dado.

Contenido

Nota de la editora

Es un placer y un privilegio presentar este libro al lector hispanoparlante. La traducción de esta obra del maestro Ken McLeod representa los esfuerzos, el compromiso con el dharma, y la práctica de muchas personas de diferentes países, mayormente México, Argentina y los Estados Unidos de Norteamérica.

La traducción y la corrección de estilo se han realizado en etapas y a lo largo de varios años. Los objetivos principales de nuestra labor han sido comunicar las enseñanzas en su profundidad y amplitud, y hacerlo en un español estándar y accesible a cualquier hispanoparlante. Por consiguiente, hemos tenido que enfrentar el reto de las numerosas variaciones lingüísticas regionales que existen en el mundo de habla hispana. A veces elegir el término más adecuado para expresar un concepto dio lugar a unas conversaciones estimulantes y edificantes. No obstante nuestros mejores esfuerzos, es inevitable que el lector tenga encuentros inesperados con expresiones o términos que tal vez le parezcan poco comunes o ajenos a su lenguaje regional, y por eso agradecemos de antemano su comprensión.

Conocí las enseñanzas budistas hace más de tres décadas, y más que descubrir algo nuevo, fue como reconocer algo familiar. Sin embargo, atravesé medio mundo para darme cuenta después, y gradualmente, que la posibilidad de vivir más libremente radicaba en mi propio corazón; para mí este libro trata de la libertad.

Sin embargo, desarrollar el potencial de liberarse requiere acceso a las herramientas adecuadas. La inmensurable aportación de Ken en este libro ha sido traducir las profundas enseñanzas de la antigua tradición tibetana de manera accesible al practicante contemporáneo occidental, tanto en su lenguaje como en su perspectiva psicológica y su visión del mundo; para mí este libro trata de un acceso invaluable a estas enseñanzas.

Finalmente, estas enseñanzas, ofrecidas libremente, son el reflejo de una generosidad que ha transformado mi vida. Mis esfuerzos para contribuir a la realización de este proyecto son una profunda reverencia de agradecimiento al Buda, a sus enseñanzas, a sus discípulos a lo largo de dos milenios y a todos mis maestros de la tradición tibetana, quienes fueron los primeros en guiar mis pasos en el sendero del dharma.

Espero que la sabiduría de miles de años, que ha cobrado vida en estas páginas, ilumine para ti también, lector, el camino hacia lo que radica en lo más profundo de tu corazón; el camino hacia el misterio de ser.

CARRIE TAMBURO, Ph.D., Editora en jefe
San Diego, California, 2021

Introducción

En 1970 conocí a mi maestro principal, Kalu Rinpoche, en su monasterio cerca de Darjeeling, India. Había oído que daba una clase para occidentales casi todas las tardes. También había leído cómo los maestros evaluaban la motivación de los estudiantes sometiéndolos a duras pruebas, de manera que llegué a la clase con una cierta inquietud. Después de que el traductor me presentó, Kalu Rinpoche preguntó si yo había viajado a Darjeeling como turista o porque me interesaba estudiar el budismo.

—Para estudiar —respondí.

—Bien —dijo—. Este no es un lugar para turistas.

Abrupta y decepcionante, su respuesta me dejó aliviado y desanimado: aliviado porque no tendría que pasar por una experiencia difícil, como sentarme a las puertas del monasterio durante una semana, y desanimado porque ser aceptado parecía muy fácil. Más tarde, llegué a apreciar que el camino presenta sus propios desafíos y un maestro rara vez tiene que agregar mucho a la mezcla.

Mi propio camino ha sido y es una larga lucha, iluminado solamente por unos cuantos rayos de luz. No estoy seguro de que el camino tenga fin; sin embargo, he tenido la buena fortuna de conocer a algunas personas que han dado pasos significativos a lo largo de este camino y de estudiar con ellos. Gracias a su bondad, he aprendido algo sobre cómo desmantelar la pared que nos separa de saber lo que somos. A pesar de que enseño a otros, en gran medida soy todavía un estudiante del camino.

> Todo lo que la raza humana ha hecho y pensado está vinculado con el alivio del dolor. Debemos recordar esto si deseamos comprender los movimientos espirituales y su desarrollo.
>
> —*Albert Einstein*

En estas páginas, no encontrarás descripciones de estados alterados de conciencia, realidades diferentes, ni estados místicos maravillosos. No recomendaré que te retires a un monasterio o que dejes tu trabajo, ni que hagas otros cambios radicales en tu forma de vida. En lugar de eso, encontrarás herramientas prácticas con las cuales podrás cambiar la manera en que experimentas la vida.

Los métodos y perspectivas presentados aquí se originaron hace más de 2,500 años en la India con Buda Shakyamuni. Fueron preservados y desarrollados en muchos países de Asia, incluyendo las remotas montañas de Tíbet y han sido transmitidos fielmente de generación en generación por individuos que han desmantelado la pared que nos separa de cuanto experimentamos y que han penetrado en el misterio de ser. Tales métodos y perspectivas se han enseñado durante generaciones y han resistido la prueba del tiempo.

Este libro comenzó como una serie de guías de meditación para las personas que estudian y practican conmigo. Utilizo tales métodos en mi propia práctica y los enseño a personas que, decididas a no ignorar más la separación, buscan una manera de desmantelar esa pared.

La ironía es que la separación es una ficción. Los filósofos existencialistas se desviaron grandemente de este punto. Su intento —vivir auténticamente encontrando un significado individual en un universo caótico— presupone que estamos separados del mundo que experimentamos. Para vivir auténticamente tenemos que dejar de intentar evitar el sufrimiento y la muerte a través de buscar significado; debemos entrar en el misterio de la vida misma.

El sufrimiento apunta al misterio de la vida. Muchas tradiciones filosóficas y religiosas tratan de explicar el misterio proponiendo un conjunto de creencias que intentan dar significado al sufrimiento. Creer en un significado es en sí una creencia y será traicionada por cambios en las circunstancias. Una madre sufre cuando su hijo muere en un accidente, de manera que se pregunta: «¿Por qué? ¿Por qué sucedió esto? No tiene sentido». Cuando las creencias de las cuales dependemos pierden significado ante la tragedia, lo único que queda es desesperanza.

La muerte también apunta al misterio. Las religiones tratan de mitigar el miedo a la muerte explicándola mediante creencias en un paraíso o en una vida eterna. Cuando asistí a las ceremonias fúnebres de un distinguido maestro de la tradición tibetana, me sentí consternado al escuchar que el lama que presidía la ceremonia decía: «No piensen que este maestro ha muerto; piensen que se ha ido de retiro por un tiempo». Su afirmación parecía contradecir la enseñanza básica del budismo, que todas las cosas compuestas son temporales.

Otra creencia poco mencionada, pero profundamente arraigada, es que, si una persona es moralmente buena, entonces va a vivir una larga vida. Cuando una «buena» persona muere de cáncer, quienes se adhieren a esta creencia se sienten desconsolados y se preguntan: «¿Cómo pudo sucederle semejante tragedia a esta persona? No tiene sentido». Su visión de la vida queda tan destrozada que también caen en la desesperanza, de la cual tal vez nunca se recuperen.

A pesar de que es difícil considerar otra alternativa, podemos encarar el hecho de que el sufrimiento y la muerte son parte de la vida y que pueden llegar en cualquier momento a cualquier persona, independientemente de lo buena, moral, famosa, rica o respetada que sea. Cuando la muerte golpee, también surgirán la pena, el dolor y la sensación de pérdida, pero nuestra comprensión de la vida no se despedazará y es menos probable que sucumbamos a la desesperanza.

De vez en cuando, alguien descubre un método que genera una «iluminación instantánea», una apertura momentánea en virtud de la cual la sensación de separación se evapora. Estos métodos han formado la base de numerosas religiones, psicoterapias, modas pasajeras y cultos; por ejemplo, el grito primario, la hipnosis, las culturas de la droga y cosas similares que proliferan en la comunidad experiencias cumbre no pueden mantenerse y cuando pasan, los patrones habituales y la sensación de separación subyacente permanecen intactos.

Las experiencias cumbre pueden abrirnos a nuevas posibilidades, pero no pueden lograr lo que la práctica constante y la disciplina logran: instilar una profunda comprensión que se expresa en la vida. No existen soluciones rápidas. Milarepa, un gran héroe popular tibetano que vivía en retiro en las montañas, solía decir que vislumbrar la verdad absoluta no es difícil, pero estabilizar esa comprensión requiere años de esfuerzo. El budismo es fundamentalmente un conjunto de métodos a través de los cuales despertamos a lo que somos y detenemos el ciclo que genera y refuerza el sufrimiento. Las formas que el budismo ha tomado en muchas culturas, incluyendo la nuestra, podrían sugerir que es una religión. No lo es. El budismo es una colección de métodos para despertar de la confusión. A lo largo de los siglos, los métodos originales se han ido desarrollando, refinando y expandiendo. El budismo está repleto de escuelas filosóficas, descripciones cosmológicas

---

[1] Experiencia cumbre es una experiencia conmovedora, inefable donde se incrementa la claridad y comprensión. (Nota del editor)

del mundo, y sistemas éticos y morales; incluye diversas tradiciones monásticas y laicas, sistemas esotéricos de iniciación, métodos de transformación de energía, prácticas devocionales, prácticas de atención, métodos para cultivar la compasión, instrucciones puntuales para la visión profunda, elaboradas prácticas de visualización basadas en deidades, y meditaciones en la naturaleza primordial del ser.

Podemos fácilmente perdernos en todas estas elaboraciones. Si olvidamos que el propósito de la práctica es salir de los patrones reactivos que crean sufrimiento, perdemos el objetivo. Todas las filosofías, las visiones del mundo, los sistemas éticos, las prácticas y los rituales poseen una única intención: que despertemos del sueño en el cual soñamos que estamos separados de lo que experimentamos.

CAPÍTULO 1

El misterio de ser

Un día, los aldeanos pensaron que podían jugarle una broma a Nasrudín. Dado que se suponía que era una especie de hombre santo de alguna clase indefinible, fueron a verlo y le pidieron que diera un sermón en su mezquita. Él estuvo de acuerdo.

Cuando llegó el día, Nasrudín subió al púlpito y dijo:

—¡Oh gente! ¿Saben lo que les voy a decir?

—No, no sabemos —gritaron.

—Hasta que lo sepan, no puedo hablar. Son ustedes demasiado ignorantes para empezar —dijo el Mulá, desbordado de indignación porque esta gente tan ignorante le hacía perder el tiempo.

Descendió del púlpito y se fue a su casa.

Ligeramente disgustada, una delegación fue de nuevo a su casa y le pidió que predicara el siguiente viernes, el día de plegaria.

Nasrudín comenzó su sermón con la misma pregunta anterior. Esta vez la congregación respondió al unísono:

—Sí, si sabemos.

—En ese caso —dijo el Mulá—, no hay necesidad de que les haga perder el tiempo. Pueden irse. Y volvió a su casa.

Habiéndose dejado convencer para predicar por tercera vez el siguiente viernes, comenzó su alocución como antes:

—¿Saben o no saben?

La congregación estaba preparada.

—Algunos de nosotros sabemos, otros no.

—Excelente —dijo Nasrudín—, entonces, dejen que quienes saben comuniquen su conocimiento a quienes no saben.

Y se fue a su casa.

IDRIES SHAH
Las hazañas del incomparable mulá Nasrudín

EL PRÍNCIPE Y EL CABALLO

En un país lejano, ahora perdido en la noche de los tiempos, vivían un rey viejo y su reina. Su hijo, un joven príncipe, a pesar de ser experto en temas bélicos y suficientemente inteligente en los asuntos de estado, mostraba poco interés en las responsabilidades que algún día tendría que asumir. Como el rey era viejo y su salud estaba fallando, la reina se sentía cada vez más preocupada por su hijo y la manera como conducía su vida. Sin saber qué hacer, visitó a un hechicero y le explicó su preocupación.

El hechicero escuchó en silencio y luego preguntó:

—¿Qué es lo que más le gusta?

—Los caballos —dijo la reina—. Es un apasionado de los caballos. Es lo único que realmente le importa.

—Está bien —dijo el mago e indicó a la reina que paseara por los jardines del palacio la tarde siguiente.

Al día siguiente, después del almuerzo, la reina pidió al príncipe y a los cortesanos que fueran con ella a pasear por los jardines del palacio. A las puertas de este, del lado de afuera donde terminaba el jardín, se veía un bellísimo caballo blanco. Un viejo sostenía las riendas. El príncipe corrió hacia el caballo, lo examinó por un momento, se volvió hacia el viejo y dijo:

—Tengo que tener este caballo. Es un magnífico animal. ¿Cuánto quieres por él?

El viejo se inclinó y respondió:

—No tan rápido, no tan rápido. Eres un príncipe. Sería estúpido de mi parte venderte este caballo antes de que lo hayas montado. ¡Móntalo! Si todavía lo quieres cuando vuelvas, podremos arreglar el precio.

El príncipe no necesitó más estímulos. Rápidamente montó. En cuanto se encontró sobre la montura, el caballo comenzó a galopar. ¡Oh, cómo galopaba ese caballo! Cada vez más rápido atravesaron la ciudad y salieron hacia los campos de los alrededores. El príncipe estaba encantado. Nunca había montado una bestia tan rápida y potente. Galoparon a través de los campos, hacia las colinas y subieron montañas, cruzaron pasos y entraron al reino vecino. El caballo nunca se cansaba. Galoparon más allá de todas las aldeas y ciudades, hacia regiones que el príncipe no conocía. Finalmente, mientras el sol comenzaba a ponerse, el caballo disminuyó su galope, se puso al paso y se paró en medio de un espeso bosque. El príncipe miró alrededor. No tenía idea de dónde estaba. Desmontó y condujo al caballo por el sendero. La noche se acercaba y el príncipe estaba un poco preocupado, pero vio una luz a la distancia y se dirigió hacia ella. La luz venía de una pequeña casa. Llamó a la puerta, y una mujer joven y bella le abrió. El príncipe explicó su problema, pero ella nunca había escuchado el nombre de su reino. Aun así, habiendo caído la noche, invitó al príncipe a entrar y se lo presentó a su padre, un anciano que todavía trabajaba como leñador.

El príncipe pasó ahí la noche y partió a la mañana siguiente en busca del camino de retorno a casa. Aunque se desplazó tan lejos como pudo y preguntó por su reino a cada persona que encontraba, nadie sabía nada de él ni cómo ayudarlo a encontrar el camino de vuelta a casa. Cada noche, el príncipe volvía a la casa del leñador y su hija. Finalmente, comenzó a ayudar al hombre viejo con su trabajo; aprendió a cortar madera y se volvió hábil en las tareas del bosque. El príncipe se sentía cada vez más atraído por la hija y ella, por él, así que se casaron.

El príncipe se asentó en su nueva vida y su nuevo oficio. De vez en cuando, al ver el caballo alrededor de la casa, el príncipe recordaba cómo había llegado ahí, pero no se demoraba mucho en esos pensamientos. Con el tiempo, su mujer dio a luz a un hijo y a una hija. Tenía la vida hecha. El leñador viejo dejó el oficio y el príncipe se encargó de los trabajos. Cortaba madera, la apilaba y la llevaba al mercado. Los ingresos no eran muchos, pero suficientes para sus necesidades y dado que tenían pocas ambiciones, vivían feliz y apaciblemente. Los recuerdos de su vida anterior como príncipe se iban desvaneciendo.

Frecuentemente, caminaba largas distancias en el bosque. En una de sus caminatas, llegó a una cañada que no había visto antes. En la cañada había un estanque con agua tan clara y calma que se podía ver hasta el fondo. La cañada, el estanque y el agua clara y tranquila lo atrajeron por razones que él no podía entender; así que volvía frecuentemente a esa cañada donde se sentaba mirando las tranquilas profundidades del estanque.

Un día, mientras estaba sentado a la orilla, escuchó un grito. Sus dos hijos salieron corriendo del bosque; un tigre los perseguía. Nunca había visto un tigre en ese bosque. El príncipe saltó para proteger a sus hijos, pero antes de que pudiera hacer algo, sus hijos se lanzaron al estanque y desaparecieron. El tigre saltó y también desapareció. Su mujer llegó corriendo y se lanzó tras ellos. Ella también desapareció. El viejo leñador llegó rengueando y al igual que los demás, desapareció en el agua. En ese momento, llegó galopando el caballo del príncipe, saltó al centro del estanque y desapareció. Las aguas del estanque se calmaron y se aclararon de nuevo, pero no se veían rastros de su familia, ni del caballo ni del tigre.

El príncipe se quedó estupefacto. ¿Qué había sucedido? En dos minutos, había desaparecido todo en su vida. Incapaz de comprender lo que había sucedido, siguió mirando el agua, con la esperanza de ver algo. Cuando finalmente se dio cuenta del impacto de su pérdida, cayó al suelo, su cuerpo sacudido por sollozos. Lloraba y lloraba. En ese momento, sintió una mano tocando suavemente su hombro.

El príncipe miró hacia arriba. Sobre él estaban los ojos de su madre, la reina, y alrededor de él estaban los rostros preocupados de los cortesanos, los jardines del palacio y el caballo, en reposo y tranquilo. La reina se sintió aliviada. Le dijo que tan pronto como había tocado al caballo, había caído al suelo. Había permanecido ahí en trance durante dos o tres minutos.

—No —dijo el príncipe—. ¡No! No dos o tres minutos. Años. Yo tenía una vida, una familia, un oficio, gente que amaba, una esposa e hijos. Tenía cosas que me importaban. Viví la totalidad de mi vida. No fueron dos o tres minutos. Eso no es posible.

Aturdido y desorientado, se puso de pie y se alejó.

El viejo le hizo una reverencia a la reina, tomó las riendas del caballo y partió. El príncipe quedó profundamente conmovido por este misterio y su actitud cambió. Su corazón se abrió a cada momento de su vida. Después de la muerte de su padre, el príncipe gobernó bien y sabiamente, completamente presente y atento a las preocupaciones de su pueblo y al bienestar del reino.

EL MISTERIO DE LA VIDA

¿Qué es esta experiencia que llamamos vida? Es un misterio. Mira a tu alrededor. Mira la habitación donde estás sentado. Mira los muebles. Observa el juego de luz y color. Sé consciente de tu cuerpo. Nota los pensamientos y sentimientos que vienen y van. La vida es solo esto: lo que experimentamos en cada momento.

No sabemos de dónde viene la experiencia ni adónde va. No sabemos cómo llegamos a estar aquí ni lo que va a suceder después de que muramos. Vivimos y somos conscientes: experimentamos pensamientos, emociones y sensaciones; eso es todo lo que realmente sabemos. La vida es un misterio, tal como el príncipe aprendió de su experiencia.

Todos nosotros hemos percibido indicios de este misterio. Puede acontecer como una sensación de apertura infinita que surge dentro, pero incluye todo lo que experimentas. Tu definición de quien eres y lo que eres se desmorona momentáneamente y sientes que te estás deshaciendo. Reaccionas aferrándote más fuertemente a tu sensación de quien eres y lo que eres y rechazas la experiencia de vacuidad abierta. Raramente te detienes a preguntar: «¿A qué me estoy aferrando?»

El misterio puede sentirse con una viveza que penetra la rutina ordinaria de la vida. El mundo momentáneamente se vuelve brillante y vivo. Experimentas un momento fuera del tiempo, una sensación de unidad, un momento de vívida claridad y conciencia despierta,[2] y te preguntas: «¿De dónde vino eso?»

---

[2] "Cociencia abierta" y "conciencia despierta" traducen la palabra *awareness* que se ha usado en el inglés original y significa darse cuenta, saber qué está pasando con claridad. (Nota del editor)

Tal vez el misterio se sienta como un momento de presencia atemporal, un estar tan completamente aquí que te preguntas dónde has estado toda tu vida. Sin embargo, el momento pasa y una pared vuelve a aparecer. Te das cuenta de que vives detrás de esa pared: tal vez una pared de vidrio, pero una pared tan impenetrable que bien podría ser de piedra. Vives en el aislamiento y muy dentro de ti te preguntas: «¿Qué es esta pared?».

De la misma manera que nos retiramos del conocimiento de que un día moriremos, nos retiramos del misterio de ser. El misterio evoca miedo, no solamente el miedo de morir, sino un miedo más profundo, el miedo de que no soy quien pienso que soy. Los indicios del misterio —vacuidad, claridad y presencia— desafían la convicción profundamente arraigada de que «yo» existo independientemente y separado del mundo que experimento. Sin embargo, nos aferramos fuertemente a este «yo» como sujeto, y al mundo como su objeto. Exactamente lo que «yo» soy y lo que es el mundo son temas que ignoramos en gran medida, relegándolos al dominio de los místicos, los filósofos y los científicos. Permanecemos confiados, creyendo que existimos, y no vemos mucho sentido en examinar esa creencia. Sin embargo, todas las grandes tradiciones espirituales y contemplativas consideran semejante convicción como una ficción o, tal vez más precisamente, como una percepción errónea.

EL ESTADO DE SEPARACIÓN

Mientras vivamos con la percepción errónea de ser una entidad separada, encontraremos frustración, confusión, dificultades y agitación. Todo lo que hacemos está ligeramente fuera de sincronía con lo que efectivamente está sucediendo. Vivimos en un mundo de fantasmas y fantasías. No importa cuánto intentemos mantenernos al día; nunca lo logramos completamente. En síntesis, sufrimos.

La sensación de separación se forma muy temprano en nuestras vidas; algunas personas manifiestan que comienza antes de que nazcamos. Sea como sea, pasamos nuestras vidas resolviendo problemas que son consecuencia de esa sensación. Los psicólogos del desarrollo sostienen que la sensación de separación es un paso necesario y natural para llegar a ser una persona funcional. Tal vez, pero la percepción errónea persiste y la sensación de separación se mantiene como una pared aparentemente impenetrable que nos separa de lo que efectivamente somos. ¿Podemos liberarnos de la percepción errónea de estar separados de todo lo que experimentamos?

Este libro describe una manera de derribar esa pared. Describe las herramientas que necesitamos y la manera de utilizarlas para demoler la pared.

Podrías preguntar: «¿Por qué derribarla? Mi vida está bien. ¿Para qué hacer tanto trabajo?».

Si no sientes que tienes que hacer este trabajo, no lo hagas; ve y disfruta tu vida. Pocos de nosotros, sin embargo, escapamos de los problemas creados por la sensación de separación; por no saber quiénes somos ni qué somos realmente. Esta sensación nos carcome por dentro, aun cuando nos esforzamos en negarla, desconectarla, eliminarla de nuestra vida, o controlar cuanto experimentamos para no sentirla nunca.

Mientras más evitamos la sensación de separación, más se consume nuestra vida por el esfuerzo para mantener este esfuerzo, hasta que no queda nada, salvo ese esfuerzo. Este esfuerzo, que se perpetúa a sí mismo, continúa funcionando por sí solo, forzando, consumiendo, manipulando y controlando todo y a todos a nuestro alrededor. Nos volvemos predadores movidos por un hambre insaciable de llenar el vacío interior. Vemos el mundo como un objeto, como comida para saciar nuestra hambre. Nos alimentamos del mundo con intentos cada vez más desesperados por compensar la sensación de estar incompletos, y los sentimientos de separación y alienación. Esta es una lamentable manera de vivir.

Puede ser que lleguemos a este trabajo porque queremos alcanzar la iluminación, el satori o la conciencia cósmica, pero el enfoque en los resultados, en lo que «yo» voy a obtener o comprender, es simplemente otra forma de la percepción errónea de separación. En una ocasión, cuando el Dalai Lama dio una enseñanza en Los Ángeles, una mujer le preguntó cuánto tiempo tendría que practicar la meditación antes de experimentar resultados. El Dalai Lama no dijo nada y simplemente puso la cabeza entre las manos y lloró.

Llegamos a este trabajo porque la alternativa, el ser consumidos por el esfuerzo de ignorar el misterio de ser, ya no es aceptable.

¿NECESITAS UN MAESTRO?

¿Puedes hacer este trabajo solo? Básicamente, la respuesta es no. Pocos individuos despiertan espontáneamente a la naturaleza de las cosas; históricamente son muy escasos. La gran mayoría de la gente que emprende el trabajo de desmantelar la percepción errónea de la separación confía en maestros que confiaron, a su vez, en sus maestros. De manera que, al comenzar este trabajo, entras a un linaje en el cual la comprensión ha sido transmitida de generación en generación.

Cuando comenzamos a explorar el misterio de ser, aún estamos atrapados en los patrones habituales. Limitados en la percepción a un mundo proyectado por estos patrones, no vemos y no podemos ver las cosas como son. Necesitamos una persona, un maestro o una maestra que, manteniéndose fuera de nuestro mundo proyectado, pueda mostrarnos cómo proceder.

En particular, el budismo siempre ha considerado el trabajo interior transformador como un camino y al maestro como un guía que transmite su comprensión a otros. Sin embargo, un guía no puede confiar solamente en lo que se le ha enseñado. Para ser eficaz, el guía también tiene que haber realizado la travesía. La propia experiencia del guía confiere vitalidad y relevancia a la comprensión. La cualidad especial de linaje y transmisión incluye no solo la comprensión que ha pasado de generación en generación, sino también la experiencia individual de quienes han hecho propia esta comprensión.

De manera que, cuando comiences a recorrer este camino, busca un maestro o una maestra que te guíe, alguien que ya haya efectuado su propio trabajo, o al menos lo esté haciendo.

El siguiente relato de la tradición sufí ilustra algunos riesgos que pueden impedirte encontrar o conectar con un maestro.

En una noche oscura dos hombres se encontraron en un camino solitario.

—Estoy buscando un negocio cerca de aquí, se llama La Tienda de las Lámparas —dijo el primer hombre.

—Resulta que yo vivo cerca de aquí y te puedo llevar hasta él —dijo el segundo hombre.

—Debería ser capaz de encontrarlo por mí mismo. Me han dado las indicaciones y las he escrito —dijo el primer hombre.

—¿Entonces, por qué me estás hablando a mí de eso?

—Simplemente hablo.

—¿De manera que quieres compañía, no indicaciones?

—Sí, supongo que así es.

—Pero sería más fácil para ti recibir más indicaciones de uno de los vecinos, dado que has llegado desde tan lejos; especialmente porque de aquí en adelante es difícil.

—Confío en lo que ya me han dicho, lo cual me ha traído hasta aquí. No estoy seguro de poder confiar en nada ni en nadie más.

—De manera que, a pesar de que una vez confiaste en el informante original, ¿no se te ha enseñado un método para saber en quién puedes confiar?

—Así es.

—¿Tienes algún otro objetivo?

—No, simplemente encontrar La Tienda de las Lámparas.

—¿Puedo preguntarte por qué buscas un negocio que vende lámparas?

—Porque me ha dicho gente con máxima autoridad que ahí es donde suministran ciertos aparatos que le permiten a uno leer en la oscuridad.

—Eso es cierto, pero hay un prerrequisito y también un dato importante. Me pregunto si has pensado en ellos.

—¿Cuáles son?

—El prerrequisito para leer por medio de una lámpara es que ya puedas leer.

—¡No puedes probar eso!

—Ciertamente, no en una noche tan oscura como esta.

—¿Cuál es el «dato importante»?

—El «dato importante» es que La Tienda de las Lámparas está todavía donde siempre ha estado, pero las lámparas en sí han sido desplazadas a otro lugar.

—Yo no sé lo que es una 'lámpara', pero me parece obvio que La Tienda de las Lámparas sea el lugar para localizar tal artefacto. Esto es, después de todo, por lo cual se le llama La Tienda de las Lámparas.

—Pero, una «Tienda de Lámparas» puede tener dos diferentes significados, uno opuesto al otro. Los significados son: «un lugar donde se pueden obtener lámparas» y «un lugar donde se podían obtener lámparas pero que ahora no tiene ninguna».

—¡No puedes probar eso!

—Tú parecerías un idiota para muchas personas.

—Hay mucha gente que te llamaría a ti idiota. Y sin embargo, tal vez no lo seas. Probablemente, tienes un motivo oculto: enviarme a algún lugar donde un amigo tuyo vende lámparas. O, tal vez, no quieres que después de todo yo tenga una lámpara.

—Soy peor de lo que piensas. En lugar de prometerte «Tiendas de Lámparas» y permitirte suponer que allí encontrarás la respuesta a tus problemas, antes que nada, averiguaría si realmente puedes leer; averiguaría si estás cerca de tal negocio, o si se pudiera obtener una lámpara para ti de alguna otra manera.

Los dos hombres se miraron, tristemente, por un momento. Luego, cada uno se fue por su camino.

IDRIES SHAH
Cuentos de los derviches

Tú ya tienes un concepto acerca de cuál es el misterio de ser, igual que el primer hombre tiene una idea sobre la tienda de lámparas, a pesar de que no entiende realmente lo que es o lo que hace una lámpara.

Cualquiera que sea tu concepto inicial, cambiará a medida que acumules experiencia mediante tu práctica. Algunas personas comienzan con la noción equivocada de que despertar es un estado idílico en el cual siempre sabes exactamente qué hacer y nunca más experimentas ninguna dificultad en la vida. Probablemente, descubrirás que tus concepciones iniciales acerca de la práctica, el despertar y el misterio de ser son ideas que se desarrollaron y evolucionaron a partir de la concepción errónea fundamental de la existencia separada y que están completamente equivocadas. Si te aferras a ellas cuando contradicen las instrucciones de tu maestro o tu propia experiencia, se transforman en obstáculos. Este trabajo es experiencial —no intelectual— y no puedes apoyarte en una concepción del misterio de ser para aliviar el dolor de la separación, de la misma manera que no puedes confiar en una idea sobre el agua para apagar tu sed.

También puedes sentir un cierto grado de incertidumbre que te conduce a aferrarte tenazmente a tus creencias sobre el misterio de ser. Para recorrer este camino, debes apoyarte en la fe, no en las creencias. La fe es la buena voluntad para abrirse al misterio de la experiencia. Contrasta con la creencia, que es el intento de interpretar la experiencia para que se adecue a los patrones habituales que ya están funcionando; por ejemplo, creencias heredadas de tu cultura y tu educación.

¿Cómo sabes en quién confiar como maestro? Esta es una pregunta crucial, a la cual debes responder confiando en tu propia inteligencia y percepción. Si te encuentras con alguien que piensas que puede guiarte, haz preguntas. ¿Qué entrenamiento tiene esta persona? ¿Cómo llegó a enseñar? ¿Qué enseña exactamente? Si sospechas algo dudoso o se te revuelve el estómago, la persona probablemente no sea adecuada para ti, independientemente de su reputación, sus credenciales, el número de sus seguidores o sus habilidades especiales.

La pregunta clave es si esta persona abre nuevas posibilidades para ti. Desde la perspectiva de la Escuela Solo Mente del budismo, el maestro es la forma en la cual el misterio de ser, con su inherente intención de presencia, se manifiesta en tu experiencia. El maestro expande posibilidades, haciendo preguntas, ofreciendo consejos, ayudándote o desafiándote en modos que no concuerdan exactamente con el mundo tal como lo conoces. En otras palabras, un maestro introduce el misterio de ser en tu vida de tal manera que no lo ignores.

LA RELACIÓN MAESTRO-ESTUDIANTE

La relación maestro-estudiante está basada en un objetivo compartido: tu despertar al misterio de ser. No está basada en ganancias mutuas ni en una conexión emocional. Las responsabilidades de un maestro son tres:

- Mostrarte la posibilidad de presencia

- Entrenarte en las técnicas y los métodos que vas a necesitar
- Dirigir tu atención a los patrones internos que te impiden estar presente en tu vida.

Todo lo demás es extra y suele estar basado en las proyecciones del maestro, del estudiante o de ambos.

Tú, como estudiante, tienes dos responsabilidades:

- Practicar lo que se te enseña tal como te lo enseñan
- Aplicar la práctica en tu vida.

Para que la relación maestro-estudiante funcione, el maestro debe ocuparse únicamente del crecimiento y despertar del estudiante, y el estudiante debe saber que eso es verdad. Únicamente cuando estas dos condiciones están presentes el estudiante es capaz de atravesar el proceso de morir al mundo que se basa en las concepciones erróneas sobre el yo y abrirse al misterio de ser.

Si no tienes confianza en que el maestro, en su papel de maestro, te esté ayudando a despertar, inevitablemente interpretarás sus acciones a través de la lente de tus patrones reactivos. Por ejemplo, si ves al maestro como cruel, entonces aun si el maestro no es cruel, la relación maestro-estudiante no puede funcionar fructíferamente porque interpretarás sus requerimientos o sus acciones como crueldad, no como una manera de señalarte la presencia o tu propio funcionamiento estructurado.

Estás encomendándole mucho a tu maestro, de manera que haz preguntas y observa hasta que estés satisfecho de que esta persona tiene la experiencia, el entrenamiento y la motivación para enseñarte. «Experiencia» quiere decir que él o ella posee suficiente profundidad en la comprensión para abrir nuevas posibilidades para ti. «Entrenamiento» significa que puede tanto enseñarte como guiarte en los métodos que desmantelan la sensación de separación. «Motivación» significa que el maestro está sinceramente dedicado a tu crecimiento espiritual y que ninguna otra motivación tiene precedencia en su relación.

Al efectuar estas evaluaciones, recuerda que no estás buscando una persona perfecta. Estás buscando a una persona que pueda serte útil para catalizar un cambio real y perceptible en ti.

¿Posee el maestro la profundidad de experiencia para guiarte en tu práctica? En realidad, la relación maestro-estudiante es una exploración y profundización continua. A medida que tu propia experiencia se profundiza, llegas a apreciar y comprender más claramente los esfuerzos de tu maestro. Por otro lado, podrías ver que, a pesar de que el maestro haya sido útil, su experiencia no es lo que estás buscando o que es incapaz de penetrar las cuestiones que arden en tu interior. Buda Shakyamuni aprendió cómo cultivar la atención de sus primeros maestros, pero ellos no pudieron responder a su pregunta sobre el origen del sufrimiento.

El entrenamiento es otro tema. ¿Posee el maestro dominio y comprensión suficientes de las técnicas que está enseñando? ¿Posee experiencia práctica en las técnicas para guiarte a través de los inevitables problemas y dificultades? ¿Es el maestro experto en mostrarte cómo eliminar obstáculos para la práctica de la presencia y en cómo generar niveles de energía elevados para propulsar la atención? ¿Es el maestro hábil para guiarte en el camino hacia la presencia?

La motivación del maestro es una de las condiciones esenciales para una relación productiva. ¿Por qué está enseñando esta persona? ¿Por ganancia, poder, estatus, reconocimiento o gratificación de necesidades personales, por una obligación hacia un maestro o institución, para mantener una tradición, como servicio a otros, o por servicio a la verdad? Puedes darte cuenta de la motivación de un maestro a través de lo que requiere de los estudiantes. Algunas posibilidades incluyen dinero, servicio, obediencia, atraer nuevos estudiantes, dependencia, esfuerzo en la práctica, o progreso en la práctica.

Si el maestro se interesa en ti por razones sociales, políticas o financieras, o para satisfacer sus propias necesidades de afecto, intimidad, sexo, dinero, reconocimiento, fama, control o identidad, el maestro está solo aprovechándose de ti. Tarde o temprano vas a sentirte resentido por la explotación y te sentirás traicionado. A la mayoría de la gente le lleva al menos cuatro o cinco años sanarse de esta forma de traición, de manera que presta cuidadosa atención a la calidad de la relación con tu maestro.

No aceptes ciegamente apelaciones a una sabiduría más elevada o a una visión penetrante más profunda como justificación para comportamientos que tú ves como fundamentalmente erróneos o inapropiados. Haz preguntas y habla sobre tu experiencia de la relación con tu maestro cuando te encuentres confundido. Como todas las relaciones, la relación entre estudiante y maestro tiene sus propios desafíos. Únicamente explorando tu propia experiencia serás capaz de determinar si tu percepción es debida a los patrones habituales que funcionan en ti o a una debilidad de tu maestro. En el primer caso, sabes cuál es el próximo paso en tu práctica. En el segundo, tienes que decidir si la debilidad percibida es suficiente para obstruir el objetivo fundamental de la relación: tu despertar al misterio de ser.

Recuerda, el objetivo es ver las cosas como son, no como te gustaría que fueran.

Frecuentemente, los problemas comienzan, ya sea del lado del estudiante o del lado del maestro, debido a una capacidad pobremente desarrollada para establecer y mantener límites apropiados. En esta cultura, que carece de los controles y equilibrios desarrollados en otras culturas para la relación maestro-estudiante, la idealización y la proyección se vuelven altamente problemáticas. Los maestros de esta cultura están relativamente aislados y reciben poco apoyo o reconocimiento de la sociedad. Frecuentemente compensan su aislamiento sobrecargando a la única comunidad que poseen —sus estudiantes— con sus necesidades de aprecio, reconocimiento o apoyo.

Los estudiantes en esta cultura tienden a entregarse a su maestro, a menudo como resultado de condicionamientos familiares o necesidades con orígenes similares, tales como el afecto, el aprecio o la seguridad. El estudiante puede idealizar al maestro y proyectar en él su propio concepto de perfección. Entonces, puede asumir una postura en la cual piensa que la mera asociación con la perfección es suficiente y por esto hace poco esfuerzo en su propia práctica. O, si la asociación parece insuficiente, el estudiante encuentra defectos en el maestro y es incapaz de aceptar instrucción.

Una tarea crucial para ti como estudiante es sentirte seguro sobre tu propia intención. Si no comprendes claramente lo que estás buscando en un maestro o en el trabajo interno, inevitablemente vas a aceptar la motivación de otra persona como la tuya. A pesar de que puedas comenzar un trabajo interior transformador sobre la base de las sugerencias o consejos de otra persona, a partir de cierto momento tu práctica se va a transformar en una respuesta a tus propias preguntas sobre vivir y ser. Tu propio sufrimiento —no importa cómo se manifieste— es la base y motivación para tu práctica; perderlo de vista es perder conexión con tu razón para practicar. La experiencia de otra persona nunca puede responder a tus propias preguntas. Tienes que saber lo que quieres de tu práctica. Entonces, puedes saber lo que quieres en un maestro.

Algunos maestros y grupos ponen demasiado énfasis en el ascenso; en ganar acceso a estados de alta energía, con las correspondientes experiencias de éxtasis, vacuidad y claridad. Los estados de alta energía se toman como meta de la práctica. Puesto que el compromiso para desmantelar los patrones habituales que oscurecen la presencia no es real, los estados de alta energía son inherentemente inestables; requieren cada vez más esfuerzo para mantenerse y los desequilibrios en la vida y la personalidad se hacen progresivamente más importantes. Se presta poca atención a cómo vivir en presencia, de manera que los maestros y los estudiantes frecuentemente muestran conductas claramente reactivas fuera del ambiente de práctica.

Otros maestros ponen demasiado énfasis en el descenso y trabajan principalmente con los patrones habituales, mientras que reservan para un grupo selecto de estudiantes la instrucción y enseñanza sobre lo que es la verdad en última instancia. Esta estrategia tiende a crear círculos internos y externos de estudiantes, acceso privilegiado al maestro y dependencia basada en ganar o perder el favor del maestro.

Examina también cómo un maestro responde a las preguntas. ¿Expanden las respuestas la comprensión del estudiante? ¿Se vinculan las respuestas con tu propia experiencia? Un buen maestro evita dar palmaditas en la espalda o respuestas estereotipadas y frecuentemente, responderá a la misma pregunta hecha por diferentes estudiantes de diferente manera.

Observa cómo responde el maestro por sus errores: ¿Nunca reconoce errores? ¿Los justifica como manifestaciones de su supuesto elevado u oculto nivel de entendimiento? ¿Se pone a la defensiva, ataca o critica al estudiante, o se vuelve inaccesible?

Los estudiantes de un maestro revelan mucho acerca del maestro. Un conjunto de patrones habituales compartido por un grupo de estudiantes indica que el maestro está dejando de lado al menos un aspecto de la presencia. Observa al grupo con las siguientes preguntas en mente. Una respuesta positiva a cualquiera de ellas es generalmente señal de que las cosas no van bien:

- ¿Siente el grupo que es especial o que va a salvar al mundo o insiste que esta es la única enseñanza verdadera?
- ¿Se restringe a los estudiantes en el uso de su propia inteligencia o juicio?
- ¿Se inhiben o limitan las preguntas y discusiones a ciertos temas?
- ¿Tienen los estudiantes que trepar una escalera de honorarios crecientes, donaciones o servicio a fin de recibir instrucción y guía?
- ¿Explota el grupo a los estudiantes para su propio funcionamiento?
- ¿Siguen los estudiantes sin mostrar un progreso apreciable después de un plazo largo?
- ¿Requiere el grupo que se corten conexiones con la familia, los amigos u otras relaciones establecidas?

Como todas las cosas, las relaciones son transitorias, de manera que sabes que la relación con tu maestro finalizará. Puede terminar solo cuando tú o tu maestro mueran, o puede terminar antes por varias razones. El punto es no tratar de que la relación dure eternamente, porque no es posible. Atiende a la intención de la relación: despertar al misterio de ser. Cuando esa intención ya no se atiende, la relación maestro-estudiante termina. Entonces, puede formarse otra relación, con una base diferente. En última instancia, la decisión está en tus manos. A menudo, surgen serios problemas cuando, por la razón que sea, no reconoces o admites que la relación estudiante-maestro ha terminado.

Evaluar tu propio progreso como estudiante es muy difícil. Una semana o un mes son insuficientes para calibrar el progreso. Sin embargo, si, digamos, después de un año, no puedes discernir cambios en la calidad de tu práctica, en cómo ves y experimentas el mundo, o en tus capacidades y conductas en la vida cotidiana, entonces, necesitas hablar sobre tu práctica con tu maestro y posiblemente reconsiderar lo que estás haciendo. En términos generales, de un año a otro, deberías poder observar cambios en tu vida que puedas atribuir a tu práctica y a lo que has aprendido.

LA TRANSMISIÓN

Durante muchos años, un monje estudió y practicó bajo la guía de su maestro. Un día, su maestro lo fue a ver y le dijo:

—Tu entrenamiento ha terminado. Ha llegado el momento de que dejes el monasterio y enseñes a otros.

El maestro acompañó al monje hasta las puertas del monasterio, donde se despidió de él y lo puso en camino con su hábito, su cuenco para ofrendas y algunos otros elementos necesarios.

El monje viajó a pie extensamente. Se sostenía solamente con lo que la gente le daba para comida y conversaba alegremente con quienes le pedían su guía o consejo. Un día, llegó a un ancho río donde decidió terminar su deambular. Continuó como antes, apoyándose en cuanto la gente le ofrecía y ayudándolos de la mejor manera que podía. Viviendo frugalmente, pudo poner a un lado lo que no necesitaba de las ofrendas y los regalos de quienes pasaban y finalmente, ahorró lo suficiente para construir un bote. Se hizo botero y llevaba a las personas de un lado al otro del río.

Pasó el tiempo. Como botero conocía gente con diferentes estilos de vida: ricos, pobres, famosos, desconocidos, mercaderes, agricultores, nobles y campesinos. A quienes tenían medios, les cobraba una modesta tarifa. Quienes no los tenían eran trasladados sin costo. Trataba a todos con el mismo respeto y cortesía. Nadie sabía que antes había sido monje, ni ninguna otra cosa sobre él; únicamente lo conocían como botero y se sentían seguros con sus hábiles manos en los remos.

Un día, un joven monje le pidió que lo llevara al otro lado del río. Mientras el botero remaba, le hizo algunas preguntas sobre su entrenamiento. Inicialmente el monje tenía poco interés en hablar con este desconocido; las preguntas eran indiscretas y hacían que el monje se sintiera ligeramente incómodo. ¿Quién era este botero?

Por su parte, el botero rápidamente se dio cuenta de que el joven monje prometía. En medio del río, le preguntó:

—¿Qué es tu mente?

—La mente no es cosa alguna —dijo el monje—. Infinita como el cielo, no tiene centro ni perímetro y está más allá del ir y venir, del nacimiento y la muerte, de ser una o muchas.

—Uf —gruñó el botero—, bellas palabras. Ahora dime qué es tu mente.

Antes de que el monje pudiera contestar, el botero volcó al bote.

El monje reemergió escupiendo, desbordado de sorpresa e ira.

—¿Qué estás haciendo? ¡Estamos en medio del río! ¿Qué clase de botero loco eres?

El botero levantó calmadamente un remo y golpeó al pobre monje en la cabeza.

—¿Qué es tu mente? —le preguntó el botero mientras lo empujaba bajo el agua.

Esta vez, cuando el monje salió a la superficie, su rostro estaba claro y radiante. Había visto la naturaleza de la mente. Colmado de la claridad de la mente original, silenciosamente inclinó su cabeza ante el botero.

—Ahora he retribuido la bondad de mi maestro —dijo el botero—, y deslizándose bajo las aguas, se ahogó.

Esta historia, a diferencia de la historia sobre la tienda de lámparas, muestra cómo maestro y estudiante atienden sus respectivas responsabilidades.

El botero vive simplemente, ocupado en su trabajo y abierto a cuanto surja. No se preocupa por ser feliz, rico, famoso o respetado; está libre de apego al éxito convencional. No se preocupa por acumular estudiantes a fin de elevar su estatus en el mundo ni de satisfacer sus necesidades emocionales.

La historia no nos dice sobre lo que hablaron el botero y el monje en el bote, pero claramente, las proyecciones iniciales del monje se deshicieron durante la conversación. Estaba intrigado por este aparentemente simple botero. Cuando trabajas con un maestro, inevitablemente proyectas tus propias ideas y patrones sobre él. El maestro recibe estas proyecciones y las utiliza para desmantelar los correspondientes patrones en ti. Comienzas a sentir el misterio de ser. Las preguntas y exigencias del maestro impactan cada vez más tu vida. En algún momento, reaccionas apoyándote en lo que piensas que sabes, tal como el monje se apoyó en su entrenamiento académico.

El maestro no está satisfecho. Vuelca el bote para mostrarte la presencia. En este momento, todo lo que creías que sabías es inútil.

En la historia, el monje primero no comprende lo que está señalando el maestro. Vuelve directamente a los patrones habituales, viendo a este extraño personaje como a un botero loco. Sin inmutarse, el botero dirige la atención del monje a los patrones habituales golpeándolo con el remo. Instruye al monje en la técnica diciéndole que mire su mente de nuevo. Por su parte, ahora el monje practica exactamente lo que el botero le indica. Mira su mente, aun cuando está nadando en el río, despierta y dándose cuenta del significado de la experiencia en su vida, expresa su reconocimiento al botero.

El maestro ha hecho su trabajo, de modo que su relación con el joven monje termina. Al mismo tiempo, él ha completado su relación con su propio maestro. Nada queda por hacer, así que muere.

Este último punto es importante. No puedes retribuir a tu maestro directamente. El maestro, al enseñar, está consumando su propia relación con el misterio de ser. La única manera de retribuir a un maestro por liberarte de la confusión de los patrones habituales es transmitir a otra persona lo que has llegado a comprender. En un sentido más amplio, la transmisión de la comprensión de una persona a otra es la expresión natural de la mente original. Cada momento en el cual estás presente abre la posibilidad de presencia en los que están a tu alrededor. En otras palabras, la práctica de la presencia en sí es la manera de retribuir la bondad de tu maestro.

Somos lo que experimentamos. La presencia es saber, directamente en el momento, que somos lo que experimentamos. El camino que aquí se describe no promete resultados rápidos. No se apoya en ficciones, creencias, ni experiencias cumbre. Consiste en derribar, ladrillo por ladrillo, la pared que nos impide conocer lo que somos. Desmantelar esta pared es el trabajo de una vida. Requiere de una *perspectiva* que nos muestre el camino, una *práctica* que desarrolle las habilidades que necesitamos, y un *modo de vivir* que lleve la práctica a la vida.

La perspectiva es la no separación: somos lo que experimentamos, nada más y nada menos. La práctica es la atención: cultivar la atención y utilizarla para desmantelar la sensación de separación. El modo de vivir es la presencia: vivir en atención, conscientes y despiertos al misterio de ser.

EL PAPEL CENTRAL DE LA ATENCIÓN

La herramienta esencial es la atención: no la débil, inestable y reactiva atención que es parte de nuestro funcionamiento automático, sino la fuerte, estable y volitiva atención cultivada en disciplinas tales como la meditación. La atención activa, compuesta de atención plena y conciencia despierta es la clave. La atención, en este sentido, no es intelectual ni física; es energía, la misma clase de energía que impulsa las emociones.

Se usa la atención para desmantelar la pared que nos separa de lo que somos. Esta pared consiste de patrones condicionados de percepción, reacciones emocionales y comportamientos. La pared tiene muchos componentes: nociones convencionales de éxito y fracaso, la creencia de que soy una entidad separada e independiente, patrones emocionales reactivos, pasividad, incapacidad para abrirse a otros, y percepciones erróneas sobre la naturaleza de ser.

Desmantelar estos patrones habituales condicionados no es un proceso fluido. Las cosas no se desarrollan en una progresión ordenada. La atención es el único principio en el cual siempre podemos confiar. Al practicar, encaramos cada problema que encontramos (y va a haber muchos) de la misma manera: hacer la práctica y traer la atención a cuanto surge en la experiencia.

En Florencia, la estatua del David de Miguel Ángel se encuentra al final de un largo corredor. En él se alinean doce bloques de mármol toscamente esculpidos, seis a cada lado. Los doce bloques son esculturas inacabadas de los doce titanes de la mitología griega. Cada bloque contiene una forma humana tosca, agachada, echada hacia atrás, flexionando potentemente sus músculos. Al mirar esas esculturas inacabadas, sentí el poder en las formas. El mármol sobrante separa las figuras de quienes son y lo que son. Tuve la impresión de que sus músculos en flexión habían roto trozos de mármol y que continuarían quitando más mármol hasta que los seres en el interior se liberaran. En esas formas toscas, la vida y la vitalidad son extraordinarias.

Como estos titanes, lo que somos yace enterrado bajo el mármol de nuestro condicionamiento. Al cultivar la atención, destruimos el mármol, desmantelamos la pared y entramos en la vitalidad de ser.

La atención actúa sobre la pared de los patrones habituales de la misma manera que la energía de la luz solar actúa sobre un bloque de hielo. El calor del sol eleva el nivel de energía en las moléculas de agua hasta que no pueden permanecer más en la compacta estructura cristalina del hielo. El cristal se fractura y el hielo se funde en agua. Del mismo modo, la atención penetra los patrones habituales y eleva el nivel de energía de manera tal que los patrones tienen que romperse. La energía aprisionada en los patrones se libera y se utiliza para impulsar la atención a niveles más elevados. Paso a paso, la atención va teniendo más energía hasta que incluso la sensación de separación se disuelve y nos abrimos al misterio de ser.

Este proceso yace en el corazón de todas las grandes religiones del mundo, pero en los ambientes institucionales, la vitalidad e inmediatez de la experiencia vívida se van cubriendo gradualmente, y finalmente se pierden. Como señaló en una ocasión el católico contemplativo David Steindl-Rast, la experiencia directa del misterio de ser se manifiesta de tres maneras: una práctica que apoya la apertura al misterio, una celebración de la experiencia, y un modo de vida que surge de la comprensión y la visión profunda. La práctica se convierte en un cuerpo de enseñanza, la celebración se expresa en el ritual, y el modo de vida se formula en preceptos. A medida que el tiempo pasa, las tradiciones acumulan acreciones y la enseñanza se convierte en dogma; los rituales se convierten en formas vacías y los preceptos, originalmente pensados para guiar, se convierten en códigos morales restrictivos.

De vez en cuando, las tradiciones atraviesan períodos de gran ebullición, descartando las acumulaciones de los siglos y encontrando expresiones frescas del misterio de ser. El budismo ha atravesado tal proceso muchas veces en muchos países. El Zen originalmente surgió como el budismo Chan en el siglo VII E.C. como respuesta a los enfoques moralistas y ritualistas cada vez más rígidos que prevalecían entonces en China. En el siglo XIX, el este de Tíbet vio el florecimiento del enfoque Rimé, que revitalizó una práctica que se había quedado cada vez más estancada en poses académicas. Una revitalización similar está teniendo lugar hoy en Occidente.

Mi propio entrenamiento es en la tradición Kagyu del budismo tibetano. Me sumergí completamente en la tradición, aprendiendo el lenguaje tibetano, estudiando los textos, aprendiendo y practicando los rituales, y pasé siete años en un retiro de entrenamiento tradicional. Aprendí mucho más de lo que alguna vez consideré posible. Como muchos de mis amigos y colegas, encontré obstáculos dolorosos y aparentemente insuperables en mi práctica. Al confrontar tales obstáculos vi que, a pesar de ser potentes y poderosos, los métodos del budismo tibetano no pueden practicarse fácilmente de la manera clásica en el contexto de la vida occidental contemporánea. De manera que me dediqué a reexaminar todo lo que había aprendido y practicado.

Llegué a comprender el papel central de la atención en el trabajo interior transformador y vi cómo todos los aspectos de la práctica budista (y todas las formas de trabajo interior transformador) pueden describirse en términos del funcionamiento de la atención.

El budismo es más un conjunto de herramientas para despertar a nuestra naturaleza original que un sistema de creencias. Por esta razón, muchas de sus herramientas son utilizadas por seguidores de otras tradiciones religiosas. Con la atención como elemento central de la práctica, pueden discernirse claramente los principios espirituales involucrados en diferentes métodos de práctica. El proceso del despertar espiritual se vuelve claro, de manera que tú, el lector, puedes reconocer tu propio proceso y práctica. Los métodos presentados aquí son relevantes independientemente de tu formación o tradición. Puedes utilizarlos para profundizar tu propio trabajo.

Aun cuando las ideas presentadas aquí resuenen con tu propia experiencia, necesitas tiempo para absorber nuevas perspectivas. En lugar de hojear algunas páginas tarde en la noche, lee este libro cuidadosa y lentamente cuando te sientas con claridad y despierto. En síntesis, considera esta lectura en sí como un ejercicio de atención.

CAPÍTULO 2

El budismo en pocas palabras

Nasrudín fue enviado por el rey a investigar las tradiciones de distintas clases de maestros místicos orientales. Ellos le contaron de los milagros y los dichos de los fundadores y los grandes maestros de sus escuelas, todos muertos hacía mucho tiempo.

Cuando volvió, Nasrudín presentó su informe, que contenía una sola palabra: «zanahorias».

Lo llamaron para que se explicara. Nasrudín le dijo al rey:

—La mejor parte está enterrada; pocos saben, aparte del campesino, que debajo del verde, bajo tierra, hay anaranjado; que si no trabajas por ello se deteriora, y que hay gran cantidad de burros asociados a ello.

IDRIES SHAH
Las hazañas del incomparable mulá Nasrudín

Hace aproximadamente 2,500 años, Siddhartha, un príncipe del clan de los Shakyas en el norte de la India abandonó su herencia real para indagar sobre la fuente del sufrimiento humano.

Cobijado por un padre sobreprotector que quería que su hijo lo sucediera en el trono, Siddhartha creció con el máximo lujo que su época podía proveer. Antes de cumplir los veinte años, el príncipe no se había aventurado más allá de los terrenos del palacio. Cuando por fin salió, sus ilusiones acerca de la vida se destruyeron rápidamente al encontrarse con la enfermedad, la vejez y la muerte entre sus súbditos. Poco después, Siddhartha encontró a un viejo mendicante religioso que estaba totalmente presente y en paz. ¿Cómo podía ser eso? ¿Cómo podía alguien estar en paz en medio de tanto sufrimiento?

No importa cómo crezcamos —en riqueza o pobreza, en amor o en adversidad—, nos formamos una visión de la vida. Todo lo que posteriormente hacemos se basa en la creencia de que esa visión de la vida es como las cosas son. Tal vez creciste en un ambiente en el cual podías fácilmente confiar en que nadie te iba a lastimar, pero luego encuentras a una persona que, sin tener una razón que puedas imaginar, está decidida a perjudicarte. Tal vez creciste aprendiendo a no confiar en nadie y no puedes imaginarte confiando a otra persona algo que sea importante para ti. Encontramos por primera vez el misterio de ser cuando se cuestiona nuestra visión de la vida. Con demasiada frecuencia, reaccionamos ignorando, cerrándonos, manipulando o controlando lo que surge en la experiencia para evitar cuestionar esa visión de la vida y lo que sentimos que somos.

Siddhartha no podía ignorar lo que había visto. El poder, la riqueza y la posición social perdieron sentido para él frente a la enfermedad, la vejez y la muerte. Sus concepciones sobre la vida y sobre todo lo que él era quedaron patas arriba y al revés. No obstante, en la presencia y la paz del mendicante religioso vio otra posibilidad.

El primer encuentro con el misterio de ser hace momentáneamente añicos las estructuras de la vida común. Cuando todo se derrumba, sobreviene un momento de apertura. En ese momento somos libres: libres de las ataduras de las creencias e ideas sobre quiénes o qué deberíamos ser. En otras palabras, en medio de la destrucción de nuestras ilusiones sobre la vida, experimentamos ser lo que efectivamente somos: conciencia abierta y libre. La mayor parte del tiempo, no reconocemos esa libertad y esa conciencia abierta; estamos demasiado ocupados rearmando nuestra visión de la vida. Y aunque lo advirtiéramos, no nos quedamos con ese reconocimiento por mucho tiempo; pero, al igual que Siddhartha, hemos encontrado al mendicante religioso y la posibilidad de la presencia.

Poco después, Siddhartha dejó la vida que conocía en la corte para examinar la cuestión del sufrimiento: ¿Por qué hay sufrimiento? ¿De dónde viene?

Su primer paso fue vincularse con los maestros religiosos de esa época. Rápidamente aprendió todo lo que ellos tenían para enseñarle: sus filosofías, técnicas de meditación y códigos de conducta. Practicó cuanto le fue enseñado y obtuvo capacidades similares a las de sus maestros; sin embargo, sus preguntas seguían sin respuesta.

A menudo, el misterio de ser se hace sentir en nuestra vida en forma de preguntas. Acudimos a instituciones, tradiciones y maestros respetados, esperando encontrar respuestas a nuestras preguntas. Estudiamos y practicamos y aprendemos muchas cosas útiles. No obstante, cuando realmente escuchamos nuestras propias preguntas, sabemos que nunca podremos recibir respuestas que provengan de una institución, una tradición u otra persona. La respuesta puede venir únicamente a través de nuestra propia experiencia. En algún momento, tomamos lo aprendido y lo aplicamos a nuestras propias preguntas, y hacemos de la práctica algo propio.

Junto con cinco compañeros, Siddhartha comenzó una vida de ascetismo extremo para tratar de comprender la fuente del sufrimiento humano. La tradición registra que durante seis años solo ingirió una semilla de ajonjolí, un grano de arroz y una gota de agua cada día.

Una vez, en un museo de la India, vi una escultura de Siddhartha en ese momento de su vida. La escultura muestra a una persona sentada en meditación, que no es nada más que piel envolviendo un esqueleto. No puedo expresar adecuadamente mi reacción al presenciar esta visión de una conmovedora intención de conocer la fuente del sufrimiento, una intención tan poderosa que no permitía que la muerte física se interpusiera en su camino.

Muchas personas reaccionan persiguiendo la riqueza y el poder cuando descubren que su enfoque a la vida está basado en una ilusión. Al inclinarse por el ascetismo, Siddhartha estaba adoptando un enfoque a la vida opuesto al que la mayor parte de la gente adoptaría. Había aprendido que la riqueza y el poder no tenían sentido; tal vez, las respuestas a sus preguntas pudieran encontrarse en la pobreza y la austeridad.

Ya sea que persigamos la riqueza o la austeridad, nuestras vidas están todavía basadas en el mismo condicionamiento; simplemente, estamos corriendo en una u otra dirección; la dirección en la que se mueva el condicionamiento no importa. Al igual que un tren que ha ido en la dirección equivocada, paramos, damos la vuelta y nos movemos en la dirección opuesta, pero seguimos circulando por las mismas vías; siguen funcionando las mismas ideas y suposiciones. Para penetrar el misterio de ser, debemos salir de las vías.

Después de seis años de pasar hambre, Siddhartha ya no pudo mantener su mente clara. Concluyó que la práctica del ascetismo, como un fin en sí misma, no lo conduciría a comprender el sufrimiento. Siddhartha dejó su dieta y comenzó a comer normalmente, a pesar del rechazo de sus compañeros.

Con su cuerpo restablecido, se sentó bajo un árbol y resolvió no moverse hasta haber comprendido la fuente del sufrimiento. Dejó descansar su mente en atención, sin distraerse, sin tratar de hacer que algo sucediera, sin tratar de cultivar ninguna cualidad ni habilidad especial. Detuvo todo y simplemente se sentó con su pregunta: «¿Cuál es la fuente del sufrimiento?».

¿Cómo nos salimos de las vías? Dejamos de tratar de cerrarnos, de evitar, manipular o controlar cuanto surge en la experiencia. Cuando en efecto nos detenemos, inevitablemente recibimos las miradas de sospecha e incluso de rechazo de quienes continúan viviendo su vida basados en patrones y condicionamiento; así que, seguimos adelante solos.

Esa noche, Siddhartha entró en estados de atención progresivamente más profundos. Las narraciones tradicionales describen cómo Mara, el demonio de la obsesión, trató de distraer a Siddhartha y traerlo de vuelta al reino de la reacción y la confusión, donde Mara gobernaba. Primero, trató de distraer a Siddhartha con el deseo, enviando a sus hijas en forma de bellas mujeres para seducirlo con afecto, relaciones, y placer sexual. Comprendiendo que toda experiencia, no importa lo placentera que sea, llega y se va, Siddhartha permaneció en atención. Luego, Mara lo intentó con el enojo, enviando ejércitos de demonios al ataque. Siddhartha vio los ejércitos demoniacos como el juego de la mente, de manera que la lluvia de armas que le arrojaban surgió en su experiencia como una lluvia de bellas flores. Entonces, vio que la fuente del sufrimiento era la reacción emocional a lo que surge en la experiencia. Vio que la tendencia a reaccionar se basa en la percepción errónea de que el «yo» existe separado de la experiencia. Cuando vio a través de esa percepción errónea, esta se disolvió completamente. En ese momento, Siddhartha se convirtió en un buda, una persona que ha despertado del sueño de la ignorancia y los patrones reactivos. Mara tenía un desafío final para él y le exigió una validación externa de su experiencia. Buda Shakyamuni sonrió, tocó la tierra y dijo: «La tierra es mi testigo» y ahí terminó todo.

Despertar es difícil; primero, debemos comprender que estamos dormidos, luego, necesitamos identificar lo que nos mantiene dormidos, empezar a desarmarlo y seguir trabajando en desmantelarlo hasta que deje de funcionar. Tan pronto como hacemos un esfuerzo para despertar, comenzamos a abrirnos a las cosas como son. Experimentamos lo que hemos suprimido o evitado y lo que hemos ignorado o no hemos tenido en cuenta. Cuando esto sucede, se desencadenan los patrones reactivos que han controlado nuestras vidas, que nos han mantenido en la confusión distorsionado nuestros sentimientos, y que nos han llevado a ignorar lo que está ante nosotros. Emergen con intensidad para debilitar la atención que nos está trayendo a una relación más profunda con lo que somos y con lo que experimentamos. Cuando podemos ver esos patrones y todo lo que se construye sobre ellos como un movimiento de la mente y nada más, comenzamos a despertar.

El desafío final planteado por los patrones habituales es cuestionar la experiencia directa. ¿Cómo sabemos? ¿Cómo podemos confiar en este conocimiento, que está mucho más allá de la experiencia común condicionada de la vida? Como Buda Shakyamuni, no acudimos a ninguna referencia externa y vivimos en el saber. Vivimos en la presencia, en el misterio mismo.

Después de su despertar, Buda Shakyamuni pasó las siguientes siete semanas asimilando calladamente todo lo que había sucedido. Su evaluación inicial fue que no iba a ser posible que otros comprendieran lo que él había descubierto. Sin embargo, el Buda decidió finalmente que tenía la responsabilidad de tratar de comunicar su comprensión a los demás y se encaminó a Benarés, una importante ciudad a unos pocos kilómetros de donde se encontraba.

Cuando vemos cómo son las cosas en realidad, todo nuestro sistema experimenta un impacto profundo. No somos lo que pensábamos que éramos. Todas nuestras luchas por definir quienes somos y lo que somos resultan carentes de sentido, inútiles y contraproducentes. Inicialmente, no tenemos idea de qué hacer ni cómo funcionar, pero todavía estamos respirando. La vida continúa, ¿y ahora qué? Nuestro impulso humano natural es compartir nuestro conocimiento y comprensión con otros. Este impulso se manifiesta en la vida como compasión, que es una respuesta a las circunstancias del momento.

En la aldea de Sarnath, un suburbio de Benarés, el Buda reencontró a sus compañeros de ascetismo. Al principio, ellos no querían tener nada que ver con él y resolvieron ignorarlo. Sin embargo, a medida que el Buda se aproximaba, sintieron una extraordinaria presencia y espontáneamente se pusieron de pie para saludarlo. Se sintieron tan sobrecogidos por su presencia que le pidieron que les explicara lo que había sucedido. Buda Shakyamuni comenzó con la existencia del sufrimiento y explicó todo lo que ahora sabía.

Para el Buda, la circunstancia del momento fue este encuentro casual con sus antiguos compañeros. Todos ellos habían estado originalmente motivados por la cuestión del sufrimiento, de manera que dio ahí su primera enseñanza: las Cuatro Nobles Verdades.

LAS CUATRO NOBLES VERDADES

Para Buda Shakyamuni el camino hacia la presencia fue a través del problema del sufrimiento. ¿Qué es? ¿Cómo surge? ¿Puede terminar? ¿Cómo hacemos que termine? Cuando otros maestros espirituales y filósofos pedían al Buda que describiera su enseñanza, generalmente respondía, «Yo enseño una cosa y solo una cosa: el sufrimiento y el fin del sufrimiento».

En su primera enseñanza, el Buda formuló su comprensión como las Cuatro Nobles Verdades: el sufrimiento, el origen del sufrimiento, el fin del sufrimiento y el camino hacia el fin del sufrimiento. Expresadas llanamente, las cuatro verdades parecen un poco enigmáticas; de hecho, se basan en un modelo simple de solución de problemas que data de la filosofía y la medicina de la India de la antigüedad.

- ¿Cuál es el problema?
- ¿Cuál es la raíz del problema?
- ¿Hay alguna solución?
- ¿Cómo se pone la solución en vigor?

El sufrimiento

La primera noble verdad es la verdad del sufrimiento: hay sufrimiento. El sufrimiento es el problema central de la experiencia humana. El Buda no ignoró el sufrimiento ni trató de justificarlo como un efecto secundario desafortunado de un plan divino o de un orden cósmico. El sufrimiento era, para él, la cuestión central.

Y hoy en día, sigue siendo la cuestión central. De manera que, ¿qué es el sufrimiento? El término sánscrito es *dukha*, que se refiere a la calidad insatisfactoria de la experiencia. Es un término general que cubre todo, desde las sensaciones vagas de malestar hasta las agonías físicas y emocionales extremas. El sufrimiento, tal como se expresa en la primera noble verdad, se refiere a cualquier sensación de incomodidad. Todos experimentamos incomodidad, ya sea que se trate de una ligera molestia debida a sentir vergüenza, o del intenso dolor provocado por el cáncer de huesos. Cuando surge la incomodidad, nuestro primer impulso es ponerle fin, detenerla de cualquier manera que podamos. Estamos, en efecto, tratando de separarnos de lo que experimentamos y, al hacerlo, nos separamos de la vida y del misterio de ser. La primera noble verdad es básicamente una llamada a no ignorar ni rechazar cuanto experimentamos.

El sufrimiento surge de tres maneras: del dolor, del cambio y de la existencia misma.

El primer tipo de sufrimiento es el *sufrimiento del dolor físico o emocional*. Cuando experimentamos dolor físico, reactivamente tratamos de evitarlo, controlarlo o detenerlo. Quemarnos un dedo en la estufa es muy doloroso. Sumergimos el dedo en agua fría para calmar el dolor.

El segundo tipo de sufrimiento es el *sufrimiento del cambio*. Cuando el cambio sucede en nuestra vida, se desmantelan las estructuras internas y externas, ya sea por elección o por la fuerza de las circunstancias: una relación termina; nuestros hijos se van a la universidad; empezamos un nuevo trabajo con nuevas responsabilidades.

Aunque demos la bienvenida al cambio porque crea nuevas posibilidades, sentimos incomodidad cuando caen las viejas estructuras; inicialmente, el nuevo trabajo es emocionante: tenemos más responsabilidad, más dinero, mejores oportunidades. Al mismo tiempo, todo lo que nos es familiar desapareció: nos encontramos en una nueva oficina, con nuevas personas, nuevas presiones y nuevas expectativas que no estamos seguros de poder satisfacer.

La incomodidad que sentimos ante el cambio es el sufrimiento del cambio.

El tercer tipo de sufrimiento es el *sufrimiento de la existencia misma*. Creemos que existimos, pero si nos preguntamos: «¿Qué soy yo?», no encontramos una respuesta más allá de los papeles y las funciones que cumplimos en la vida. Nos sentimos interiormente vacíos o separados de lo que experimentamos y reaccionamos con miedo y duda.

Aun cuando todo va bien en nuestra vida, cuando somos felices y estamos satisfechos con nuestra familia y nuestro trabajo, persiste una pequeña duda o miedo. ¿Esto es lo que soy? ¿Es esto todo lo que hay en la vida? ¿Estoy en realidad totalmente solo? El sufrimiento de la existencia es la incomodidad que experimentamos debido a nuestros miedos y dudas sobre lo que somos o no somos.

La primera noble verdad dice que el sufrimiento permea todo. En lugar de ignorarlo o evitarlo, nos invita a mirarlo, saber lo que es y comprender cómo surge.

El origen del sufrimiento

La segunda visión profunda de Buda Shakyamuni se relaciona con el origen del sufrimiento. El sufrimiento surge a partir de la reactividad emocional.

Toda experiencia es placentera, desagradable o neutra. Las tres reacciones emocionales fundamentales frente a la experiencia son la atracción, la aversión y la indiferencia. La *atracción* es la reacción emocional frente a lo placentero. La *aversión* es la reacción frente a lo desagradable. La *indiferencia* es la reacción frente a lo neutro. Estas tres reacciones se llaman *los tres venenos* porque envenenan nuestra experiencia de la vida.

Imagina que estás pasando un buen momento en una fiesta y deseas sentirte siempre de esa manera. Tu deseo de mantener esa buena sensación corrompe tu gozo. La atracción ha envenenado tu experiencia de la fiesta.

Imagina que tienes hambre, pero no comes el único alimento disponible porque no te gusta. El hambre te carcome y te pones cada vez más irritable. La aversión ha envenenado tu experiencia de comer.

Imagina que tienes una tarde libre, pero no se te ocurre nada interesante que hacer. Aburrido y descontento, das vueltas. La indiferencia ha envenenado tu experiencia de paz.

En cada caso, la reacción emocional nos separa de lo que efectivamente estamos experimentando (compañía, necesidad de alimento, paz) y nos lleva a interpretar la experiencia como negativa. La negatividad no está en la experiencia misma, sino en el modo en que reaccionamos a ella.

Si examinamos la experiencia del sufrimiento, veremos que tiene dos componentes: dolor y reacción emocional al dolor. El dolor es simplemente lo que sucede. Se nos cae un martillo sobre el pie. Duele. El sufrimiento es una reacción emocional al dolor: le gritamos al martillo, criticamos a nuestra pareja por dejarlo peligrosamente en equilibrio sobre un estante, o nos indignamos con nosotros mismos por ser descuidados.

Un día estaba esquiando en las afueras de Los Ángeles. Algunas familias habían subido con sus hijos pequeños en el telesquí para su primera experiencia de la nieve, pero durante la subida pasaron mucho frío debido a un viento inusualmente fuerte. Recuerdo a un niño pequeño, de seis o siete años más o menos, que obviamente nunca había experimentado semejante frío. A pesar de que ahora estaba en el calor de la cafetería, el niño todavía lloraba y durante veinte minutos continuó llorando y saltando por todo el lugar. Sus padres no podían hacer nada para consolarlo. El niño estaba sufriendo terriblemente, atrapado en su propia reacción al frío e incapaz de sentir el calor del fuego frente a él.

Otro ejemplo es la ansiedad. Nos sentimos ansiosos ante una entrevista laboral. Dado que queremos hacer todo bien en la entrevista, no queremos estar nerviosos, de manera que comenzamos a sentirnos ansiosos por sentirnos ansiosos. El ciclo de reacciones se alimenta a sí mismo, causando que la ansiedad y el miedo se incrementen rápidamente.

Las reacciones son patrones de emociones y conductas formadas por condicionamientos y cuando se activan, por eventos internos o externos, se desarrollan automáticamente. Son el resultado acumulativo de una compleja interacción entre emociones, conductas y percepciones. Algunas fuentes significativas de condicionamiento incluyen las necesidades del cuerpo y la básica necesidad humana de amor, afecto y otras formas de atención. Podemos agregar la historia familiar y los valores, las experiencias infantiles y adultas, y las influencias sociales y culturales. Los patrones reactivos también se desarrollan a partir de propensiones biológicas y características evolutivas, tales como la respuesta de luchar o huir. En el budismo, la formación de patrones y su papel para moldear lo que experimentamos se denomina *karma*, un tema que se explora en el Capítulo 5.

Piensa en los patrones reactivos como mecanismos. Están preestablecidos por condicionamientos, se activan por eventos internos o externos y, una vez activados funcionan solamente de acuerdo a cómo están condicionados. Tales mecanismos pueden parecer conscientes o receptivos, pero no son más sensibles que un programa de computación. Las computadoras suficientemente complejas, tales como la computadora Deep Blue de IBM para jugar ajedrez, pueden dar la impresión de ser capaces de pensar y decidir. Sin embargo, los programadores de Deep Blue establecieron claramente que ni piensa ni es consciente; reacciona únicamente a los movimientos del otro jugador, calculando su próximo movimiento mediante complejos algoritmos y criterios preestablecidos de aceptación o rechazo. Los patrones emocionales reactivos pueden explicarse como creencias, mitos, metáforas o métodos de enseñanza, o pueden personificarse como Mara o demonios u otra entidad consciente, pero para nuestros propósitos, son mecanismos.

La segunda noble verdad nos dice que el origen del sufrimiento es la tendencia a la reacción emocional. ¿Qué hacemos para terminar este sufrimiento? Desmantelamos los patrones de reacción emocional.

El fin del sufrimiento

¿Es posible desengancharse de la tendencia a reaccionar? La tercera noble verdad es la potente respuesta de Buda Shakyamuni: *Sí*. Él vio que el sentido del "yo", de «mí», es la base de la reacción emocional, y que el «yo» como una entidad separada no existe. En otras palabras, el sufrimiento cesa cuando el condicionamiento que subyace a la sensación de separación, la falsa dualidad de sujeto y objeto se desmantela.

No podemos terminar con el dolor, pero podemos terminar con el sufrimiento. Terminamos con el sufrimiento dejándonos de identificar con lo que no somos: un patrón que interpreta la experiencia como separada y diferente y luego manipula para controlar o justificar su propia existencia imaginada.

La *atención* es la capacidad para experimentar lo que surge sin caer en las reacciones condicionadas que causan el sufrimiento. La atención está siempre presente en potencia, pero no puede funcionar debido al condicionamiento. La mayoría de nosotros ha experimentado la atención espontánea.

Una persona te ataca verbalmente, pero en lugar de reaccionar a los insultos, ves lo alterada y enojada que está y respondes apropiadamente, tal vez simplemente preguntándole qué lo está perturbando. Tu respuesta los toma a los dos por sorpresa, porque es diferente del modo en el cual reaccionas habitualmente.

En los relatos del despertar del Buda, Mara, el demonio de la obsesión y su ejército representan los patrones y el condicionamiento. Buda Shakyamuni permaneció en atención, sin distraerse ni perturbarse por los artilugios y ataques de Mara. Su atención penetró a Mara y a su ejército de tal manera que los vio y experimentó como lo que eran: movimientos en la mente. Se desmoronaron y dejaron de funcionar; los grilletes del condicionamiento se desprendieron. Todo lo que quedó fue la mente original, la conciencia prístina. Cuando Mara, el sentido del «yo», exigió una autoridad externa para validar la conciencia prístina y la experiencia directa, el Buda supo que nada de eso era necesario, así que simplemente tocó la tierra, diciendo: «Aquí está tu autoridad. Eso es todo».

En la *conciencia prístina,* conciencia despierta y experiencia no están separadas; desaparece la sensación de separación, de vaciedad interior y de no estar completamente presente. Estamos despiertos y presentes; tal vez no somos capaces de expresar exactamente lo que somos ni lo que es la experiencia —de ahí el misterio de ser—, pero en el momento de presencia, las preguntas sobre el origen, el significado, el valor o el propósito no surgen; sabemos y eso es todo.

La mayoría de nosotros ha tenido momentos de conciencia prístina. En una conversación con un amigo cercano sobre una tragedia, el tiempo se detiene, aunque la conversación continúe. A pesar de que posiblemente no puedas recordar lo que se dijo, la experiencia de presencia permanece contigo. Se convierte en un recuerdo atesorado en medio de la tragedia. Podría incluso despertar curiosidad sobre este misterio que llamamos vida.

Nuestra intuición es correcta: no existimos de la manera en que habitualmente pensamos, sentimos y percibimos que lo hacemos. Para la mayoría de nosotros, la experiencia de no existir como una entidad separada es aterradora; nuestra atención es demasiado débil para poder permanecer presentes en esa experiencia; los patrones reactivos se forman para impedir que la experimentemos. Los patrones reactivos que mantienen las sensaciones de separación, incompletud y falta de presencia surgen todos del miedo a la no existencia. Estas reacciones condicionadas mantienen un mundo de ilusión, un mundo de sujeto y objeto, que impide la experiencia directa de ser. Capa sobre capa, los patrones reactivos se forman para mantener la ilusión de que cada uno de nosotros es una entidad separada. El sufrimiento es la experiencia subjetiva de toda esta reactividad emocional.

Buda Shakyamuni podía decir inequívocamente que el sufrimiento tiene fin porque desarrolló un nivel de atención tan elevado —la atención adamantina— que podía descansar en el misterio de ser; en la experiencia de no existir como una entidad separada, sin miedo y en completa claridad. En ese nivel de atención, la experiencia de no existir como una entidad separada se conoce por lo que es y deja de ser la base para el miedo y las reacciones emocionales. El esfuerzo clave en la tercera noble verdad es llegar a esta comprensión nosotros mismos. El sufrimiento termina cuando poseemos la suficiente habilidad de atención para estar presentes en toda experiencia, incluso en la experiencia de no ser una entidad separada.

El camino

En la cuarta noble verdad se nos presenta el camino, el modo de vida, que conduce a liberarnos del sufrimiento y de los patrones reactivos que lo generan.

Los patrones reactivos han funcionado en nosotros durante mucho tiempo; gran parte de la vida es producto de su funcionamiento. Para desmantelar estos patrones debemos desarticular nuestra vida. La atención funciona para desmantelar los patrones como la energía del sol funde el hielo. La energía dirigida de la atención disuelve la estructura de los patrones, liberando la energía aprisionada en ellos. Experimentamos la energía liberada como conciencia despierta y presencia.

Para cultivar y aplicar la atención, recorremos el camino óctuple: el habla correcta, la acción correcta, el modo de vida correcto, el esfuerzo correcto, la atención plena correcta, la atención estable correcta, la perspectiva correcta y la cognición correcta.

¿Cómo, por ejemplo, practicamos el habla correcta? El habla correcta no significa decir lo «correcto». Las ideas sobre lo «correcto» generalmente provienen del condicionamiento. Como maestro recibo cierta cantidad de preguntas de los estudiantes sobre diferentes aspectos de la práctica. Puedo caer fácilmente en el hábito de dar respuestas estereotipadas. Sin embargo, si doy una respuesta estereotipada estoy funcionando por hábito, no desde la presencia. No estoy realmente prestando atención al estudiante: como hace él o ella la pregunta, o cómo surge la pregunta en el contexto de su práctica. Una respuesta estereotipada no es la práctica del habla correcta, aun cuando la respuesta pueda ser «correcta» en un sentido técnico.

Para cultivar el habla correcta, escucha mientras hablas, de manera que oigas, con tus propios oídos, exactamente lo que dices y cómo lo dices.

Cuando escucho mi voz al responder a la pregunta de un estudiante, rápidamente advierto si me estoy deslizando hacia una respuesta estereotipada. Cuando es así, mi tono de voz es más plano y menos animado que el usual. Cuando vuelvo a la atención, lo que digo sale de una manera diferente. Aun cuando las palabras puedan ser exactamente las mismas, la atención está funcionando mientras hablo. La atención desmantela el impulso de dar una respuesta estereotipada, desmantela la preocupación por ser visto como un maestro erudito y desmantela cualquier resistencia a estar presente con el estudiante.

A medida que hacemos este esfuerzo una y otra vez, descubriremos que hablamos de manera diferente: hablamos desde la atención. La práctica del habla correcta es hablar con atención.

Uno de mis estudiantes es consultor en temas de capacitación empresarial. Cuando comenzó a escuchar el modo en que hablaba con sus posibles clientes, notó que para cerrar un negocio, caía en un parloteo de vendedor y les decía lo que él pensaba que querían escuchar. Se dio cuenta de que la práctica del habla correcta cambiaría la manera en que hacía negocios. Dedicó más tiempo a cada cliente, determinando cuáles eran en realidad sus necesidades y comunicando claramente qué consejos y servicios podía él proveer.

Para transitar el camino óctuple, hacemos el mismo esfuerzo en cada una de las ocho áreas. Además de prestar atención a cómo hablamos, prestamos atención a cómo actuamos y nos comportamos, a lo que hacemos para ganarnos la vida, a la manera en que orientamos nuestros esfuerzos en la práctica y en la vida, a cómo practicamos la atención plena y cultivamos la atención estable, a cómo miramos el mundo y a cómo pensamos.

En el contexto del camino óctuple, *correcto* no quiere decir correcto como opuesto a equivocado. El camino no es una receta para una conducta considerada «correcta» por alguna autoridad. Una acción es correcta, en términos del camino óctuple, cuando la acción proviene de la atención y la presencia más que de la reacción.

El camino budista es el camino de atención. La atención se cultiva a través de la *meditación*. A medida que la atención rompe nuestros patrones habituales de percepción y reacción, la *sabiduría* de la mente original se va revelando progresivamente. Esta sabiduría se expresa en *moralidad*; en cómo vivimos realmente nuestras vidas. Trataremos ahora estas tres disciplinas: la moralidad, la meditación, y la sabiduría o comprensión.

LAS TRES DISCIPLINAS

La comprensión surge naturalmente al desmantelar los patrones que nos impiden saber lo que somos. Para desmantelar los patrones reactivos necesitamos cultivar la atención y para cultivar la atención necesitamos poner orden en nuestra vida. A pesar de que la primera exposición de las enseñanzas del Buda, las Cuatro Nobles Verdades, describe los pasos esenciales hacia la liberación, la práctica en sí se presenta generalmente en términos de tres disciplinas: la moralidad o cómo poner orden en nuestras vidas; la meditación o cómo cultivar la atención, y la sabiduría o cómo desarrollar la comprensión.

Básicamente, el budismo no es un sistema de creencias; más bien es un conjunto de instrucciones para penetrar en el misterio de ser. En la exposición original del Buda estas instrucciones son el camino óctuple. Las tres disciplinas, la moralidad, la meditación y la sabiduría muestran cómo los diferentes elementos del camino óctuple se relacionan y proveen una perspectiva clara de los elementos centrales de la práctica.

Los primeros tres elementos —el *habla correcta*, la *acción correcta,* y el *modo de vida correcto*— constituyen la disciplina de la moralidad. La práctica de la moralidad tiene dos aspectos: Primero, al prestar atención a cómo hablamos, actuamos y vivimos, creamos las condiciones necesarias para poder practicar; y segundo, la manera en que vivimos es la expresión de cuanto comprendemos a través de la práctica. Por lo tanto, en el budismo la moralidad no es cuestión de observar rígidos principios morales, sino de dar expresión a la sabiduría de la mente original.

Podrías comenzar por poner orden en tu vida cotidiana, especialmente dándote cuenta del desorden en tus relaciones; observando sin juzgar lo que realmente estás haciendo.

Esto ayudaría a traer a tu mente a un estado más ordenado y tranquilo, un estado más propicio para la inteligencia. Eso es algo que puedes hacer: darte cuenta del desorden general en tus pensamientos y en tu vida cotidiana.

—David Bohm

El *esfuerzo correcto,* la *atención plena correcta,* y la *atención estable correcta* constituyen la disciplina de la meditación. En este contexto, la meditación significa atención estable. Comenzamos con el esfuerzo de descansar en la respiración. Desarrollamos atención plena primero, luego conciencia despierta, y luego atención estable. La atención es el corazón de la práctica budista. Aunque practiquemos la meditación formal para cultivar la atención, la práctica esencial es vivir en atención todo el tiempo.

La tercera disciplina, la sabiduría o comprensión, implica la *cognición correcta* y la *perspectiva correcta.* La cognición correcta significa que prestamos atención al proceso de pensar. Utilizamos los procesos cognitivos para descubrir y corregir problemas en nuestra práctica y en nuestra vida. La perspectiva correcta es ver las cosas tal como realmente son. Al prestar atención a la manera en que vemos las cosas, nos apartamos de las «realidades» proyectadas por el condicionamiento.

La moralidad, la meditación y la comprensión están estrechamente vinculadas. La mayoría de las tradiciones comienza con la moralidad, dado que la disciplina en nuestra conducta nos prepara para la disciplina de la meditación. A medida que la práctica de la meditación se desarrolla, se manifiesta la comprensión.

En mi trabajo con los estudiantes, he descubierto que la meditación es el mejor lugar para comenzar. La disciplina de la meditación conduce directamente a una comprensión más clara de lo que somos y de lo que es la vida. La comprensión, en este sentido, no proviene de la teoría ni de la especulación; proviene de la experiencia directa de ser. Cambia la manera en que pensamos, la manera en que sentimos y la manera en que nos comportamos. Si la comprensión no cambia la manera en que pensamos, sentimos, percibimos y actuamos, no es realmente comprensión.

Un empresario altamente competitivo vino a verme porque tenía curiosidad por las disciplinas orientales y también estaba preocupado por su nivel de tensión. Una persona airada y volátil, despedía frecuentemente a sus secretarias, descartándolas como personas débiles que no podían funcionar en un ambiente empresarial. Su energía y empuje fueron útiles en su práctica de meditación; no dejó de practicar ni un día y pronto comenzó a relajarse un poco, mental y físicamente. A medida que se relajaba, comenzó a comprender cuánta tensión generaban su enojo y su volatilidad. Adoptó la disciplina de colocar su atención en la respiración cada vez que se enojaba. Un día maltrató nuevamente a su secretaria por un error en una carta. De vuelta en su propia oficina, puso su atención en la respiración y advirtió lo enojado que había estado y lo contraproducente que era el enojo. Volvió a la oficina de su secretaria y se disculpó. Para su gran consternación ella tan solo contestó: «Bueno, eso es lo que espero de usted. Usted es básicamente abusivo». Cuando escuchó este comentario, comprendió por primera vez cómo su conducta era percibida por los demás.

Su experiencia demuestra cómo funcionan las tres disciplinas. La atención que surgió en la meditación lo llevó a comprender los efectos reales de su ira. Cuando actuó basado en esa comprensión y no en sus patrones condicionados, su secretaria corroboró dramáticamente su condicionamiento. Ahora que había visto más claramente cómo afectaba a su mundo con su ira, naturalmente trabajó para modificar cómo se comportaba.

La disciplina de la moralidad

La moralidad gobierna la conducta. Al igual que la mayoría de las tradiciones espirituales, el budismo incluye numerosos códigos morales que especifican qué acciones son morales.

En la práctica budista, la intención de la moralidad es ser consciente de los modos en los cuales las conductas habituales debilitan el esfuerzo de estar despierto y presente en la vida. El papel de la moralidad es proveer un ambiente psicológico adecuado para el entrenamiento de la mente. La pregunta crucial en la práctica de moralidad en el budismo no es «¿Esta acción es correcta o incorrecta?», sino «¿Esta acción proviene de la atención o de la reacción?». Si proviene de una reacción, ¿para qué sirve?

El entrenamiento moral en el budismo, se basa en tres principios: evitar dañar a otros, actuar para ayudar a otros, y refinar el modo en que experimentamos el mundo. Estos tres principios están condensados en la conocida estrofa:

Deja de hacer el mal.
Aprende a hacer el bien.
Entrena tu propia mente.
Estas son las enseñanzas del Buda.

El entrenamiento moral funciona en tres niveles: la acción, la motivación y la perspectiva de uno mismo. Nos entrenamos en la moralidad prestando atención a nuestras acciones. Rápidamente nos damos cuenta de las reacciones emocionales que motivan las acciones y de las autoimágenes alrededor de las cuales esas reacciones se organizan.

La intención final de la práctica de moralidad es desmantelar las imágenes condicionadas de uno mismo, de manera que seamos libres de los grilletes de los patrones habituales. Entonces, nuestras acciones no están al servicio de esquemas condicionados y somos capaces de actuar de maneras que correspondan con la realidad de las situaciones que encontramos en la vida.

En el budismo, existen tres códigos principales: el código de la liberación individual, (sánscrito *pratimoksha*), el código del ser que despierta (*bodhisattva*), y el código de la conciencia directa (*vidyadhara*).

La liberación individual

El código de la liberación individual se ocupa primordialmente de las acciones que causan daño a otros. Al dejar tales acciones, creamos la libertad (interna y externa) que necesitamos para cultivar la atención y experimentar el misterio de ser. El código de la liberación individual está basado en cinco preceptos:

- No quitar la vida a un ser humano
- No tomar nada de valor que no se nos dé
- No mentir sobre los logros espirituales
- No mantener relaciones sexuales inapropiadas
- No beber nada que esté fermentado

Los primeros cuatro preceptos mantienen al practicante libre de complicaciones en la vida y libre de pensamientos y sentimientos conflictivos, perturbadores y que distraen la atención. El último precepto mantiene la mente clara. Los cinco preceptos han evolucionado en los centenares de votos que gobiernan el comportamiento de monjes y monjas. De acuerdo a los primeros textos, el número de votos fue incrementado por dos razones: para proveer pautas que guiaran a grupos de practicantes y su relación con la sociedad, y para excluir explícitamente una amplia gama de conductas, dado que había individuos que frecuentemente buscaban modos de evadir los principios básicos.

El ser que despierta

El código del bodhisattva tiene como meta que despertemos a la ausencia de fundamento de toda experiencia. En la tradición tibetana, el código del bodhisattva es una declaración de la intención de seguir el entrenamiento de quienes han despertado antes. En la tradición Zen, se expresa en los cuatro votos:

Los seres sensibles son innumerables; me comprometo a liberarlos a todos.
Las emociones reactivas son interminables; me comprometo a arrancarlas de raíz a todas.
Las puertas a la experiencia son ilimitadas; me comprometo a entrar en todas.
El camino es infinito; me comprometo a lograrlo completamente.

El código del bodhisattva se ocupa menos de las acciones específicas y más por acoger la compasión y la vacuidad. A través de la vacuidad, despertamos a la naturaleza de la experiencia; a través de la compasión, despertamos a la experiencia mientras surge. Sin compasión, somos incapaces de abrirnos a la totalidad de la experiencia. Sin vacuidad, no podemos liberarnos de los patrones habituales. La esencia del compromiso del bodhisattva es doble: nunca desanimarse con respecto al despertar y nunca descartar a un ser sensible como incapaz de despertar. El primero es un compromiso con la vacuidad. El segundo es un compromiso con la compasión.

La conciencia directa

El código de la conciencia directa es muy sutil. Comienza con la experiencia de la mente original, la unión de la compasión y la vacuidad. El código de la conciencia directa es la intención de experimentar cada situación como el surgir y desvanecerse en la mente original. En otras palabras, el compromiso de este código es estar despierto a cada momento de la experiencia. Mientras el código de la libertad individual se refiere primordialmente a las acciones y el código del bodhisattva se refiere primordialmente a la motivación, el código de la conciencia directa se refiere primordialmente a la intención. Cuando estamos despiertos y presentes en el misterio de ser, la intención no está determinada por motivaciones condicionadas, sino por la conciencia directa que conoce la situación. El código de conciencia directa implica saber y actuar en la intención del presente.

La disciplina de la meditación

La meditación es el método que se utiliza para cultivar la atención. El primer esfuerzo es establecer una práctica formal: practicar el cultivo de la atención libre de otras formas de actividad. En otras palabras, fijamos un tiempo regular para meditar. No contestamos el teléfono, ni hablamos con amigos, ni hacemos ejercicio, ni escribimos, ni efectuamos ninguna otra actividad durante ese periodo. El segundo esfuerzo es unir la atención con las actividades de la vida cotidiana. El tercer esfuerzo es vivir en atención todo el tiempo.

La práctica formal

Las técnicas de meditación para la práctica formal se dividen en tres categorías: la práctica de la presencia, la transformación de la energía y la eliminación de los obstáculos para la presencia.

La práctica de la presencia no es generalmente una práctica para principiantes. Propiamente dicho, es el objetivo al cual apuntan todas las otras formas de meditación; es descansar en el misterio de ser. Los métodos de la práctica de la presencia, algunos de los cuales se tratan más adelante en este libro, normalmente son muy sencillos. En las tradiciones Theravada del sudeste de Asia, se conocen como la práctica de la atención escueta; en la tradición tibetana incluyen Mahamudra y Dzogchen; en el Zen, la técnica principal es shikantaza. La intención es estar presente con la experiencia cuando surge, sin tratar de analizarla, ni entenderla conceptualmente ni cambiarla de ninguna manera. Las dos habilidades clave para la práctica de la presencia son la habilidad de mantener la atención sin distracción y la habilidad de relajarse. Entrenarse en los métodos de la presencia comienza con el entrenamiento de la atención. Generalmente se utiliza la respiración (o algún otro objeto apropiado) como base para desarrollar la atención. A medida que se desarrolla, la base de atención cambia de la respiración a la conciencia despierta misma. Descansar la atención en la conciencia despierta es la práctica de la presencia.

Los métodos de transformación de la energía son muy distintos. A menudo, implican visualizaciones que se combinan con ejercicios físicos; ambos mueven la energía a través del cuerpo. Tai chi, chi kung, y ciertas formas de yoga son ejemplos de métodos de transformación. Se utilizan para transformar las energías naturales del cuerpo en niveles de atención cada vez más altos y más potentes. Dado que tales métodos se sirven de las energías que gobiernan nuestro funcionamiento físico y emocional, si no se practican apropiadamente pueden conducir a serias perturbaciones físicas y mentales. Además, si no poseemos una clara intención de utilizar la energía con el fin de abrirnos a niveles más profundos de experiencia, la energía aumentada por semejantes métodos inevitablemente fluye en los patrones habituales y los refuerza. Por esas razones, tales métodos se enseñan solamente cuando el maestro confía en que el estudiante se beneficiará con su práctica. Los métodos de transformación de energía pueden aprenderse y utilizarse en cualquier nivel de práctica. Son particularmente importantes para la revelación misma de la mente original, así que la apertura extática, que es un método directo y relativamente seguro, se describe en el Capítulo 9.

Probablemente, la categoría más amplia de métodos de meditación consiste en maneras de remover obstáculos. Los obstáculos a la presencia son los patrones condicionados que debilitan la atención y producen distracción, confusión y reacción. Las meditaciones sobre la muerte y la transitoriedad, los cuatro inconmensurables (amor, compasión, alegría, y ecuanimidad) y los métodos de visualización, tales como las prácticas con deidades en la tradición tibetana, todos ellos se incluyen en esta categoría. Las meditaciones sobre la transitoriedad y la muerte desmantelan los patrones reactivos relacionadas con el apego al éxito convencional. Las meditaciones sobre los cuatro inconmensurables nos apartan de las reacciones emotivas comunes. Las complejas meditaciones simbólicas de las prácticas con deidades en el budismo tibetano desmantelan el apego a la personalidad condicionada.

Extender la atención a la vida cotidiana

El segundo esfuerzo en la meditación es extender la atención a la vida cotidiana, fuera de la práctica formal. Practicamos integrando la atención en las actividades de la vida. La intención es mantener la atención a lo largo del día. Comenzamos con actividades sencillas, tales como caminar u otros ejercicios, o tareas manuales sencillas tales como lavar platos o lavar el coche. Luego, extendemos la práctica a las actividades más complejas, tales como una conversación. Paso a paso, prestamos atención a las diversas actividades de la vida, notando las áreas en las cuales generalmente perdemos la atención y caemos en la reacción. Hacemos de esas áreas los focos de nuestra práctica de atención durante el día. El trabajo interior transformador cobra vida a medida que las habilidades y experiencias desarrolladas en la práctica formal se ejercitan en la vida diaria. Nos apartamos de los patrones habituales de conducta. ¿Qué sucede, por ejemplo, cuando en el estacionamiento de un concurrido centro comercial otro conductor se cuela en un lugar para estacionarse justo en el momento en que estabas retrocediendo para ocuparlo? ¿Puedes observar el surgir de tu reacción como un movimiento de la mente o saltas de tu coche y te peleas con la otra persona?

Vivir en atención

El tercer esfuerzo en la meditación es vivir en atención. La práctica de la atención y el funcionamiento de los patrones habituales son incompatibles. A medida que practicamos la atención, vemos cada vez más claramente el condicionamiento que controla nuestra vida. Vemos cómo nuestras reacciones y comportamientos condicionados crean dificultades y sufrimiento para todos, incluidos nosotros mismos. Al comienzo, no somos capaces de modificar nuestro comportamiento, pero, a la larga, un trabajo continuado en el cultivo de la atención abre la posibilidad de actuar de otra manera. Un día, en lugar de reaccionar ante una situación, vemos otra posibilidad y la llevamos a cabo; todo cambia. Con esta primera interrupción del patrón de comportamiento reactivo, advertimos que podemos vivir y funcionar en el mundo sin depender de comportamientos condicionados ni de las imágenes propias que los subyacen; podemos vivir en atención. Ahora bien, tan pronto como somos conscientes de que están funcionando los patrones habituales, utilizamos la atención para atravesarlos y hacer entonces lo que la situación requiere.

En esta etapa, la disciplina de la atención se funde con la disciplina de la moralidad y la disciplina de la comprensión, y se transforma en la práctica de la presencia.

La disciplina de la comprensión

La tercera disciplina es la comprensión o sabiduría. Aquí, los tres niveles son: la comprensión convencional, la comprensión de que el «yo» no existe independientemente, y la comprensión de la presencia.

Comprender a nivel convencional implica comprender cómo la práctica de la meditación y las perspectivas budistas sobre la vida reducen la tensión y los comportamientos reactivos, y nos ayudan a ser más eficaces en nuestra vida. Esta comprensión es básicamente intelectual. Cuando una relación termina y sufrimos, recordamos, por ejemplo, la primera noble verdad: hay sufrimiento. La primera noble verdad nos ayuda a diferenciar entre el dolor de la separación y nuestra reacción emocional a él. La comprensión convencional de la meditación incluye cómo utilizar la meditación para relajarse, soltar las reacciones, trabajar con los sentimientos y las perturbaciones, y obtener una visión profunda de las situaciones.

El segundo nivel es la comprensión experiencial de que no existimos del modo en que habitualmente pensamos que existimos. Este nivel de comprensión no es intelectual. Mediante la meditación y la práctica, tenemos la experiencia directa de ver que no hay tal cosa como un "yo". Queda expuesta la ilusión de una cosa llamada «yo» permanente e independiente. Los patrones de miedo y reacción basados en preservar la concepción errónea de un «yo» se desmantelan. Nos liberamos de la carga de definir quienes somos y lo que somos. El apego al «yo» ya no distorsiona nuestra experiencia de la vida. La frase de Descartes, «Pienso, luego soy», es verdad, pero no es una prueba de existencia. Es meramente una descripción de los procesos del pensamiento. El «yo» es un producto del pensamiento.

El tercer nivel es la comprensión de la presencia. Es el saber directo de que toda experiencia carece de fundamento; simplemente surge y desaparece. Aquí es donde nos abrimos al misterio de ser. Comenzamos preguntando: «¿Qué es la experiencia?». La experiencia consiste en pensamientos, sentimientos y sensaciones, todos los cuales surgen en la mente. Por lo tanto, hacemos la siguiente pregunta: «¿Qué es la mente?». No se ve nada, pero en esa nada, la claridad de la conciencia despierta está presente; la mente no es simplemente nada. Es vacía; no es una cosa, y al mismo tiempo es clara. Nada impide que surja la experiencia. Los tres aspectos de la mente —la vacuidad, la claridad y la experiencia libre de impedimentos— son el verdadero misterio de ser. En el espacio abierto de la conciencia, la experiencia surge y se desvanece, pero lo que surge no está separado de la conciencia. La presencia es descansar en la conciencia, sabiendo que la naturaleza de la mente es vacía, clara y sin obstrucción, y no conoce separación de aquello que experimenta.

Para tener una mejor idea de estos tres niveles de comprensión, considera un cubito de hielo. ¿Qué es? A nivel convencional, un cubito de hielo es agua que se ha congelado en la forma de un cubo. Puede ser empleada para enfriar bebidas o para aplicar una compresa fría a un músculo dolorido.

Coloca el cubito de hielo en la palma de tu mano. ¿Qué es ahora? Tu mano se enfría cada vez más y la sensación de frío se vuelve cada vez más intensa hasta que se siente casi como una quemadura. «Mi mano está tan fría que me duele», dices, pero ¿qué es ese «mi»? ¿Qué es el «yo» que tiene una mano? Cuando miras, no ves nada. Las sensaciones de frío están presentes. También lo están las sensaciones de desagrado, los conceptos de frío y de cubito de hielo, el dolor, las sensaciones de incomodidad, ansiedad, disgusto y miedo, y la conciencia ordinaria[1] de todo lo anterior. ¿Dónde está ese «yo» que es dueño de la mano? No existe semejante «yo», pero sientes muy intensamente: «Yo siento dolor». Si descansas la atención en las sensaciones en tu mano, soltando el apego al «yo» y a todas tus reacciones al frío, entonces la amenaza y el miedo se desvanecen, dejando solo la experiencia pura.

Para el tercer nivel de entendimiento pregúntate: «¿Qué es esta experiencia, esta sensación de frío?». Mira más de cerca para determinar exactamente lo que es la experiencia. Encontrarás que se disuelve en tu atención. Te duele el dedo con el frío. El dolor surge en el dedo, pero el dolor no se siente realmente en la piel, el hueso ni el músculo del dedo. No se siente en el cerebro ni en ninguna parte del sistema nervioso que conecta el cerebro y el dedo. No puedes encontrar nada que sienta la sensación de dolor, así que ¿dónde está el dolor?

¡Sin embargo, el dolor está ahí! El dolor es una sensación que surge en la experiencia. La experiencia surge en la mente. Si miras la mente que experimenta el dolor, todavía no ves nada; no obstante, la experiencia permanece

---

[1] "Conciencia ordinaria" traduce *consciousness* que se ha usado en el inglés original para denotar una manera de conocer en la que hay separación entre el que conoce y lo que conoce. (Nota del editor)

vívida. ¡Qué extraño y misterioso! Imagina lo que sería tu vida si experimentaras cada momento con la vivacidad con que experimentas el frío del cubito de hielo y, simultáneamente, vieras y supieras que lo que estás experimentando no es nada más ni nada menos que algo que surge en tu mente.

La intención en las tres disciplinas

Las tres disciplinas de la moralidad, la meditación y la comprensión actúan como un puente que conecta la actividad en la vida con nuestra intención en la práctica. Comenzamos con la intención de lograr la libertad individual y adoptamos un modo de vida; el código de la libertad individual en consonancia con esa intención. A medida que profundizamos en la comprensión, la intención cambia y queremos despertar a la naturaleza de la experiencia y nos movemos hacia el código del bodhisattva. Finalmente, la intención cambia y queremos descansar en la presencia: la conciencia directa que es nuestro legado humano, y nos movemos hacia el código del portador de la conciencia.

En el nivel convencional, observamos la moralidad porque es parte de la estructura social en la cual vivimos. Si practicamos la meditación, lo hacemos para obtener beneficios personales, tales como relajación, reducción de la tensión o para tener mayor eficacia. La comprensión a nivel convencional también incluye el tipo de aprendizaje que buscamos por razones personales: queremos ser más eficaces, necesitamos aprender una habilidad relacionada con nuestro trabajo o queremos aprender acerca de un tema para nuestro propio disfrute.

El interés en la libertad individual conduce a una relación diferente con la moralidad. Actuamos moralmente porque al hacerlo reducimos la perturbación emocional. Estamos menos preocupados por actuar apropiadamente como un miembro de la sociedad y más interesados en crear un ambiente interno que apoye nuestros esfuerzos en la meditación y la comprensión. Las prácticas de meditación de la libertad individual cultivan suficiente atención para penetrar los patrones habituales asociados con el sentido del «yo». La comprensión surge cuando vemos y sabemos directamente que la sensación de uno mismo, de «yo», es una percepción errónea y que el sufrimiento viene de una tendencia a reaccionar emocionalmente asociada con esta percepción errónea. Cuando esta comprensión se estabiliza en la experiencia, nos liberamos del proceso reactivo.

El nivel de práctica del bodhisattva tiene que ver con despertar a todo lo que experimentamos. El voto de intención expresa el compromiso de despertar. La compasión y la vacuidad son herramientas clave para abrirnos a todo lo que surge en la experiencia y a todo lo que es la experiencia. La meditación consiste en métodos para cultivar la compasión y para comprender la vacuidad. Alcanzamos la realización de la compasión cuando el nivel de energía en nuestra atención es más elevado que la energía de la tendencia a reaccionar emocionalmente. Entonces, accedemos a emociones más elevadas o impersonales (el amor, la compasión, la alegría y la ecuanimidad). La vacuidad se conoce cuando vemos que toda experiencia carece de fundamento.

La comprensión a nivel del bodhisattva es el fin de dos ilusiones: la ilusión de que las cosas son reales y la ilusión de que las cosas no son reales. Vemos que todo lo que surge es aparentemente real, pero que, en última instancia, lo único que hay es el surgir y que lo que experimentamos no tiene una realidad independiente. La comprensión de cómo son las cosas encuentra su expresión natural en la compasión. La experiencia de la compasión y la vacuidad en unión es la esencia de la práctica del bodhisattva.

El nivel de conciencia directa comienza con la comprensión de que lo aparentemente verdadero y lo definitivamente verdadero son uno y lo mismo; la experiencia y la conciencia despierta no pueden separarse. La moralidad consiste en efectuar lo requerido por las situaciones que encontramos en la vida. Podríamos llamar a esta moralidad «ética radical situacional»: Radical porque no está basada en consideraciones sociales sino en la conciencia directa. La intención es la única realidad, pero no la intención de la personalidad condicionada; una intención más profunda surge en la conciencia directa; el saber que está presente en cada momento. La práctica de la meditación consiste en cultivar la atención a tal grado que vivimos en atención. Cuando vivimos en atención, estamos presentes y podemos saber la intención del momento. Entender a nivel de la conciencia directa es la presencia, es saber la intención del momento.

LAS TRES DISCIPLINAS Y LA INTENCIÓN EN LA PRÁCTICA

LAS TRES DISCIPLINAS	VIDA CONVENCIONAL	LIBERTAD INDIVIDUAL	BODHISATTVA	CONCIENCIA DIRECTA
moralidad	moralidad social y cultural	para la paz interior	apertura a toda experiencia	actuar basado en la intención del presente
meditación	para beneficio personal	atención para penetrar el «yo»	compasión y vacuidad	vivir en conciencia despierta
comprensión	efectividad en la vida	fin del sufrimiento	fin de la ilusión	presencia

EL KARMA

El karma es un tema difícil aun en las culturas asiáticas. Recuerdo un incidente que me relató uno de mis maestros, Dezhung Rinpoche: Cuando era un joven monje en el Tíbet, Dezhung Rinpoche se entrenó con el maestro Sakya Ngawang Lekpa. En una ocasión, Ngawang Lekpa le preguntó: «¿Comprendes el karma?». Dezhung Rinpoche respondió con entusiasmo: «¡Ah, sí, creo en él completamente!». Ngawang Lekpa replicó calmadamente: «Eres muy afortunado; yo encuentro el karma muy difícil». Dezhung Rinpoche se sorprendió de la sinceridad de su maestro y se dio cuenta de que se requería algo más que una simple creencia.

Karma es una palabra sánscrita que significa «acción». En el uso tibetano, el término frecuentemente se amplía a «acción-semilla-resultado». La idea básica es que el karma es un proceso en el cual las acciones se desarrollan en experiencias del mismo modo que las semillas se desarrollan en plantas que dan frutos.

El karma no es un proceso estático, con una acción que produce un resultado. No es un simple proceso de causa y efecto, tal como apretar el pedal del freno para detener el auto.

El karma es un proceso de crecimiento más complejo. Cada acción establece una predisposición para acciones y percepciones similares. Los patrones repetidos de comportamiento evocan reacciones de otras personas e incluso afectan nuestra experiencia sensorial del mundo. La forma como crecen los patrones reactivos no tiene una dinámica inherente que los lleve a su disolución. En otras palabras, podemos dar vueltas eternamente en nuestro propio karma. Como escribe Gampopa en *El precioso ornamento de la liberación*: tristemente, se reconoce que el ciclo de la existencia es interminable.

Según la enseñanza clásica, una acción se convierte en semilla kármica cuando se reúnen cuatro condiciones: activación, ejecución, objeto y compleción.

Activación significa que la acción es premeditada; primero pensamos en actuar y luego nos preparamos para actuar. Por ejemplo, un ladrón en potencia ve a una persona salir de un cajero automático con un fajo de billetes, piensa en robar el dinero y luego mira alrededor, para ver si alguien está observando, antes de aproximarse al cliente del banco. Una acción que se desarrolla sin premeditación no tiene el mismo resultado kármico. La distinción se reconoce en nuestro sistema legal en la diferencia entre homicidio y homicidio involuntario.

Ejecución significa participación activa; efectivamente llevamos a cabo la acción o provocamos que otra persona lo haga. En el ejemplo del cajero automático, el ladrón roba el dinero él mismo o dirige a otra persona a robar el dinero por él.

Objeto significa que la acción afecta a otra persona. La persona a quien se le robó el dinero es afectada. Robar en nuestra imaginación o en un sueño no es significativo kármicamente, dado que no afecta a nadie más.

Compleción significa que la acción se completa; experimentamos la compleción de la acción. Cuando el ladrón tiene el dinero en sus manos o bajo su control, la acción está completa. Si alguien dispara al ladrón y muere antes de tomar efectivamente posesión del dinero, la acción no se ha completado, dado que el ladrón no experimenta tener el dinero.

Cuando estas cuatro condiciones están presentes, la acción es como una semilla sembrada en el flujo de la experiencia. La semilla crece, afectando cómo experimentamos el mundo de cuatro modos diferentes. Volviendo al ejemplo del ladrón, el primer resultado es que la avaricia lo consume; nunca puede tener suficiente dinero. El segundo resultado es que la gente cuida sus posesiones cuando él está cerca y lo evita o se rehúsa a relacionarse con él. El tercer resultado es que el ladrón cree que robar es la única manera en la cual puede sobrevivir. El cuarto resultado es que el mundo le parece un lugar desolado, desprovisto de oportunidades, riqueza y gozo.

> Es un malentendido pensar que experimentaré [sufrimiento en una vida futura], porque es otro quien morirá y otro quien nacerá.
>
> —*Shantideva*
> *Una guía para la forma de vida del bodhisattva*

El círculo vicioso de la acción y la experiencia del resultado refuerza el patrón de comportamiento. Para salir del ciclo, dejamos de permitir que los patrones reactivos impulsen el comportamiento. La clave, por supuesto, es la atención. Al aprender a pensar, hablar y actuar en atención vemos cada vez más claramente cómo las acciones refuerzan los modos condicionados de pensar, sentir y comportarse, y cómo el condicionamiento forma y moldea todo lo que experimentamos. A medida que se desarrolla la atención, salimos de la existencia estructurada por los patrones de comportamiento y entramos en el misterio de ser. Respondemos a las situaciones en lugar de reaccionar y actuamos intencionalmente en lugar de habitualmente. Experimentamos cada vez más libertad, en lugar de una espiral descendente de condicionamiento cada vez más intensa.

Tradicionalmente, se dice que los cuatro resultados del karma maduran en el transcurso de varias vidas. Esa perspectiva plantea el tema del renacimiento y cuestiones tales como: «¿Qué es renacer?» y «¿cómo se trasladan las propensiones kármicas de una vida a la siguiente?». Mucha gente sostiene que la creencia en el renacimiento es necesaria para la práctica del budismo; yo no estoy de acuerdo. La esencia del karma es que las acciones determinan la experiencia: las acciones basadas en los patrones reactivos refuerzan los patrones y conducen al sufrimiento; las acciones basadas en la atención y la presencia desmantelan los patrones y conducen a la apertura. Cuando comprendemos cómo afecta el comportamiento a la experiencia, comprendemos el karma. La creencia en vidas pasadas y futuras no es relevante. El reconocimiento del karma no proviene de una comprensión intelectual ni de una creencia. Viene de ver directamente cómo funcionan los patrones y el condicionamiento, una perspectiva que solamente sucede cuando cultivamos la atención plena y revelamos la conciencia despierta. Este es el tema de los capítulos que siguen.

Sin embargo, antes de ocuparnos de estos temas, veamos cómo se considera a Buda Shakyamuni en el budismo. ¿Es Dios? ¿Es un dios? ¿Se consideran sus enseñanzas una verdad literal? ¿Los maestros de la actualidad son pálidos reflejos de Buda Shakyamuni? ¿Cuánto peso acarrea su experiencia?

LAS TRES JOYAS Y EL REFUGIO

En el budismo, comenzamos con la experiencia del sufrimiento. A diferencia de la mayoría de las religiones, la práctica budista no postula un creador ni un ser superior que dicte la justicia divina. La especulación acerca de por qué un ser supremo crearía el sufrimiento es innecesaria, dado que no hay tal ser. No surgen preguntas sobre la justicia ni la imparcialidad de la vida porque no hay un individuo, agente ni poder cuya función sea hacer que la vida sea justa. Llegamos a la práctica budista debido a una sensación de separación, de vaciedad o falta de presencia en la vida. Mantenerse fuera de la vivacidad de la vida ya no es una opción. Queremos entrar directamente en el misterio de ser.

Las Tres Joyas

Aunque el budismo no postula la existencia de un creador, cuando entras en un templo budista con frecuencia te encuentras estatuas de Buda Shakyamuni y otros maestros. Tal vez veas personas haciendo reverencias a estas estatuas o ante un altar. Si el Buda no es un ser supremo, entonces, ¿qué está pasando?

Buda

El Buda Shakyamuni no es un dios ni un ser supremo en el sentido religioso convencional. Fue una persona que vivió hace aproximadamente 2.500 años, la cual, a través de sus propios esfuerzos, comprendió que el sufrimiento surge de las reacciones emocionales asociadas con un sentido del «yo»: la sensación de un "yo" que nos separa del misterio de ser, dejándonos con la sensación de estar incompletos, medio ausentes y aislados.

Cuando el Buda vio y comprendió que el sentido del «yo» es una percepción errónea, los procesos reactivos del sufrimiento simplemente se desarmaron. Por lo tanto, se considera a Buda Shakyamuni como un maestro más que como un dios. Un maestro es un individuo que da instrucciones. Buda Shakyamuni descubrió cómo terminar con el sufrimiento y dio instrucciones sobre cómo hacerlo.

Dharma

Las enseñanzas e instrucciones de Buda Shakyamuni se conocen como el Dharma. En tanto que el Buda es el maestro, el Dharma es el camino. El término *budismo* no es muy apropiado, dado que el sufijo *-ismo* se emplea generalmente para denotar un conjunto de creencias y no conlleva el sentido de instrucción que caracteriza al Dharma. En tibetano, por ejemplo, la expresión para Dharma significa «instrucciones para despertar interiormente». No implica un conjunto de creencias.

Históricamente, las enseñanzas del Buda fueron inicialmente transmitidas en forma oral de maestro a estudiante. Solo después de varios cientos de años se asentaron en forma escrita. A lo largo de los siglos, numerosos maestros, trabajando a partir de su propia experiencia y visión profunda, han revisado, refinado y reformulado las enseñanzas. Las variaciones en la interpretación, el énfasis en una u otra práctica y las circunstancias en diferentes países dieron lugar al gran número de tradiciones y escuelas que constituyen el budismo hoy en día. El Dharma consiste en las enseñanzas de Buda Shakyamuni, las escrituras canónicas de fechas posteriores, y los comentarios compuestos por maestros con todos sus textos, instrucciones orales, directrices y proverbios.

A pesar de que las escrituras originales, los sutras y tantras, hasta el presente se reverencian profundamente y se estudian con cuidado, el budismo ha resistido de forma constante una tendencia religiosa común de entronizar un conjunto de enseñanzas como la única verdad. El budismo siempre ha reconocido que la experiencia y las enseñanzas de los maestros contemporáneos tienen la misma validez que las enseñanzas registradas en las escrituras tradicionales. En cada generación, los maestros se apoyan en su propia experiencia para explicar cómo despertar, en términos que tengan relevancia para los discípulos que se encuentran ante ellos. El Dharma no es un cuerpo estático de enseñanzas. Está constantemente evolucionando y desarrollándose de acuerdo a las necesidades de los estudiantes de cada generación y cultura.

Sangha

Tradicionalmente, la Sangha se refiere a aquellos individuos que han hecho de la práctica del Dharma su vida, es decir, los monjes y las monjas ordenados. La tradición monástica, históricamente, ha sido la espina dorsal del budismo. Los monásticos han transmitido fielmente las enseñanzas de generación en generación durante más de dos milenios.

En un sentido más amplio, la Sangha consiste en todos los individuos que practican el Dharma con la intención de despertar al misterio de ser. La Sangha es una comunidad basada en una intención compartida, no en la dependencia mutua. Tal como el término *budismo* implica incorrectamente creencia, también el término *budista* implica incorrectamente creyente. Una persona que practica el Dharma es, más exactamente, un seguidor o viajero de un camino, el camino que Buda Shakyamuni descubrió.

El camino no es nada fácil y las dificultades y desafíos son considerables. Los otros viajeros, compañeros en el camino, nos dan no solo apoyo sino también el beneficio de su propia experiencia y comprensión. Cuando a uno de mis colegas se le preguntó por qué pensaba que la Sangha era importante, respondió: «Porque el camino es tan terriblemente difícil que necesitamos todo el apoyo que podamos obtener».

Colectivamente el Buda, el Dharma y la Sangha se conocen como las Tres Joyas. Como joyas, son raras y preciosas. Las Tres Joyas se reverencian profundamente en el budismo, pero no porque tengan poderes sobrenaturales ni mágicos, ni porque se nos recompense por reverenciarlas. Reverenciamos a

Buda Shakyamuni porque él demostró que es posible salir de la confusión de la existencia reactiva común. Reverenciamos el Dharma porque nos provee un modo de abrirnos al misterio de ser. Reverenciamos a la Sangha porque semejantes individuos, a través de sus esfuerzos, han hecho posible nuestra propia práctica.

Cuando hacemos una reverencia ante el Buda, no nos estamos inclinando ante un ser supremo; estamos reconociendo nuestro propio potencial para despertar en la presencia. Cuando hacemos una reverencia ante el Dharma, no nos estamos inclinando ante los libros sagrados; estamos reconociendo que estas enseñanzas proveen un camino de salida de nuestra confusión. Cuando hacemos una reverencia ante la Sangha, no nos estamos inclinando ante ellos porque sentimos que son más santos o más poderosos que nosotros; simplemente estamos reconociendo que compartimos la misma intención al seguir este camino.

El refugio

La metáfora budista original para iniciar el camino del despertar es el refugio. Buda Shakyamuni encaró el misterio de ser con el fin de comprender la naturaleza del sufrimiento. En su despertar descubrió la posibilidad de presencia.

Cuando emprendemos nuestro propio camino de práctica, necesitamos una dirección. En el budismo, la dirección se describe con la frase «tomar refugio en las Tres Joyas».

¿Hacia dónde volteamos en pos de paz? ¿Hacia dónde nos dirigimos para librarnos del sufrimiento? ¿Hacia dónde volteamos para comprender el misterio de la vida? Muchas personas toman refugio en el dinero, la belleza, el poder, la fama, las relaciones o los logros. Piensan o sienten que si pueden obtener suficiente dinero, o lo que sea, serán felices y no sufrirán más. En otras palabras, buscan el fin del sufrimiento fuera de ellos mismos. La visión profunda central del budismo es que no podemos poner fin al sufrimiento buscando afuera; debemos buscar adentro.

En el transcurso de la práctica, el refugio adquiere múltiples niveles de significado. Inicialmente, tomamos refugio reconociendo el ejemplo de Buda Shakyamuni; tomamos refugio en el Buda como el maestro que mostró el camino. Tomamos refugio en el Dharma como las instrucciones para practicar. Tomamos refugio en la Sangha porque los miembros de la Sangha proveen inspiración, guía y apoyo en el camino.

A medida que la experiencia y la comprensión crecen, el sentido del refugio se vuelve más interior. Cuando vemos que el sufrimiento no viene de afuera, sino de nuestros propios patrones reactivos, vemos que tomar refugio en el Buda significa tomar refugio en la posibilidad de presencia, de estar libres de los torbellinos de los patrones reactivos. Vemos que tomar refugio en el Dharma significa que utilizamos las instrucciones para cultivar la atención y la visión profunda de modo que experimentemos la presencia. Tomar refugio en la Sangha significa que trabajamos con nuestros maestros y compañeros en la práctica de la presencia.

Cuando mediante nuestros esfuerzos, comenzamos a experimentar la presencia y la mente original, descubrimos aún otro nivel de significado en el refugio. Tal como se mencionó antes en la explicación de los tres niveles de comprensión, nuestra mente es originalmente vacía, clara y sin obstrucción. Tomar refugio en el Buda es descansar en la vacuidad de la mente original, libre de cualquier referencia o característica que la defina. Tomar refugio en el Dharma es experimentar la claridad de la mente original, la conciencia natural que sabe qué es la experiencia y cómo surge. Tomar refugio en la Sangha es ser uno con el surgir y cesar de la experiencia sin obstrucciones, libre de los tres venenos de la atracción, la aversión y la indiferencia.

¿Cómo se toma refugio? Las palabras son muy sencillas:

Tomo refugio en el Buda.
Tomo refugio en el Dharma.
Tomo refugio en la Sangha.

Esta oración se recita diariamente por budistas de todo el mundo que desean tener presente el camino que han elegido y lo que significa seguirlo.

¿EN QUÉ CONFIAR?

El budismo confía en la experiencia directa a tal grado que en la tradición tibetana tan solo una corta estrofa resume cómo aproximarse a un maestro, cómo comprender lo enseñado y qué comprensión es importante.

No confíes en la persona; confía en la enseñanza.
No confíes en las palabras; confía en el significado.
No confíes en el significado aparente; confía en el significado real.
No confíes en la conciencia ordinaria; confía en la conciencia prístina.

La primera línea es un recordatorio de que el maestro es un ser humano y tal vez no actúe siempre como un modelo de las enseñanzas. Las limitaciones y debilidades de un maestro de ninguna manera disminuyen el poder y la eficacia de las enseñanzas. Recuerda que el maestro no está ahí para salvarte; está ahí para enseñarte. Aprende todo lo que puedas y luego practica para hacer tuyas esas enseñanzas.

La segunda línea es una advertencia sobre el significado literal. Se ha practicado el budismo durante más de 2.000 años en culturas que van desde el Mar Caspio hasta las Filipinas, y en la actualidad, a lo largo y ancho de Europa, y el continente americano. Las palabras utilizadas para expresar las enseñanzas en una cultura posiblemente tengan un significado diferente, aun contradictorio, en otra cultura. En lugar de confiar en las palabras, esfuérzate en comprender lo que significan las palabras como experiencia vivida.

La tercera línea es un recordatorio de que las enseñanzas poseen muchos niveles de significado. La intención de enseñar en el budismo es orientar al estudiante hacia la experiencia de la mente original. A veces, un estudiante no capta la intención de una instrucción y se aferra a la instrucción como si tuviera un significado en sí misma. Cuando eso sucede, el maestro es como una persona que señala la luna con su dedo, mientras que el estudiante es como una persona que se enfoca en el dedo y nunca ve la luna.

Finalmente, la cuarta línea es una instrucción para confiar en la mente original, la conciencia prístina, y no en la conciencia ordinaria que funciona únicamente mediante ideas, nociones, conceptos, emociones reactivas y el dualismo sujeto-objeto. La conciencia prístina, nuestro legado humano, es conciencia pura. Todo lo que se presenta en las páginas siguientes pretende eliminar los patrones reactivos y la confusión que impiden que la conciencia pura se manifieste en nuestra vida.

Recuerda estas cuatro líneas a medida que leas. Recuérdalas cuando practicas. Recuérdalas otra vez si alguna vez enseñas a otros.

CAPÍTULO 3

El cultivo de la atención

—Te instruiré en la metafísica —dijo Nasrudín a un vecino en quien percibió, si bien pequeña, una chispa de entendimiento.

—Me encantaría —dijo el hombre—, ven a casa en cualquier momento y cuéntame.

Nasrudín comprendió que esa persona pensaba que el conocimiento místico podía ser enteramente trasmitido a través de las palabras. No dijo más.

Algunos días después, el vecino llamó al Mulá desde su techo:

—Nasrudín, necesito que me ayudes a avivar el fuego, el carbón se está apagando.

—Seguro —dijo Nasrudín—. Mi respiración está a tu disposición; ven y puedes llevarte tanto como puedas.

IDRIES SHAH
Las ocurrencias del increíble mulá Nasrudín

Imagina que estás en un bote de madera en medio del océano. El bote se está hundiendo y los tiburones dan vueltas a tu alrededor. Te das cuenta de que tienes que construir un bote nuevo a partir de la antigua embarcación deteriorada y tienes que lograrlo sin hundirte. ¿Cómo lo haces?

Llegamos a meditar por muchas razones. Sin embargo, fundamentalmente llegamos porque el bote se está hundiendo y no podemos seguir viviendo como lo hemos hecho hasta ahora. Los tiburones, los patrones habituales, están dando vueltas a nuestro alrededor.

Tal vez la tensión en tu vida haya llegado a un nivel insoportable y sabes que tienes que cambiar o morir. Tal vez, a la luz de un cambio significativo —un divorcio, una enfermedad, un cambio de carrera o la jubilación—, te das cuenta de que no puedes seguir funcionando de la manera en que solías hacerlo. Quizá viviste alguna experiencia que desestructuró tu vida. Tal vez te despertaste un día sintiendo que no tienes conexión con tu vida y te diste cuenta de que eres uno de esos muertos vivientes. No importa lo que nos lleve a meditar, comenzamos a practicar porque queremos cambiar la manera en que vivimos.

El cambio puede venir de dos maneras: por la fuerza o por elección.

Un abogado, por ejemplo, se siente presionado a seguir tomando más casos e incrementar las horas de trabajo que puede facturar. Pasa más tiempo preparando casos y negociaciones de acuerdos y menos tiempo relajándose con su esposa y su familia. Ignora la creciente tensión y rigidez en su cuerpo; se apoya en relajantes musculares para mantenerse trabajando, y en pastillas para dormir para poder pasar la noche. Sin embargo, las pastillas son cada vez menos eficaces y la salud del abogado se deteriora hasta que finalmente se colapsa y no puede seguir funcionando. Esta situación es un ejemplo del cambio forzado.

El cambio forzado sucede cuando no estamos presentes en nuestra vida. No tenemos en cuenta las señales de que algo está mal y seguimos adelante hasta que las estructuras establecidas se desmoronan. En el caso del abogado, no escuchó la tensión de su cuerpo, siguió hasta que colapsó y no pudo seguir trabajando. Por supuesto, podría seguir ignorando su cuerpo y seguir trabajando hasta morir. En cualquiera de los dos casos, hay un cambio.

El cambio forzado es la consecuencia de estar encerrado en una visión rígida de quienes somos y lo que somos, sin tener en cuenta las circunstancias. A medida que el conflicto entre las circunstancias reales y nuestra visión establecida de las cosas se intensifica, algo debe ceder. Se produce un cambio, frecuentemente de forma violenta y trágica. Ignorar los síntomas tiene como resultado que la salud se deteriore; la obsesión con el trabajo hace que los matrimonios se desintegren, y la competitividad despiadada conduce a acciones ineficaces, y el consecuente deterioro en nuestra vida profesional.

Cuando el cambio sucede por la fuerza, no tenemos control sobre qué parte de nuestra vida se colapsa; eso está determinado por fuerzas más allá de nuestra intención. Estamos atorados en patrones habituales y no podemos ver los cambios necesarios ni las inevitables consecuencias de nuestra conducta. En efecto, somos víctimas de nuestro propio patrón de conducta y nos mantenemos en esa situación hasta que despertamos a lo que está sucediendo y tomamos la responsabilidad de realizar cambios en nuestra vida. El cambio forzado, aun cuando lo que esté en juego sean situaciones de vida o muerte, no conduce por su naturaleza, a una ampliación de conciencia ni a ningún tipo de transformación interior. La salud, las relaciones, las carreras, los negocios y los países pueden desintegrarse, y los mismos patrones ciegos siguen funcionando en las ruinas.

Sin embargo, el cambio por elección es la transformación. Mientras que los patrones de conducta estructuradas consuman nuestra energía y atención, el cambio es imposible. Los patrones habituales permanecen intactos y nos llevan una y otra vez al malestar y a los problemas que experimentábamos anteriormente. El cambio por elección se vuelve posible únicamente cuando tenemos cierta atención libre; nuestra atención no está totalmente absorbida por el condicionamiento. La habilidad para actuar y responder (en lugar de reaccionar) depende de la habilidad para mantener ese nivel de atención.

El trabajo interior transformador es primordialmente destructivo; aquellas partes de nuestra vida que resultan de los patrones habituales y dependen de ellos se desmoronan. En otras palabras, para efectuar este trabajo, debemos estar dispuestos a dejar morir la vida que hemos conocido. La esencia del proceso de desmantelamiento es la capacidad para mantener la atención frente a las reacciones habituales y no dejar que nos consuman. Por lo tanto, el trabajo inicial de transformación interior consiste en cultivar la atención, y la práctica de meditación es uno de los métodos más antiguos y confiables para hacerlo.

La esencia de todo trabajo interior transformador es la mente original: la conciencia abierta y natural que es nuestro legado humano. Los patrones condicionados de percepción y conducta impiden que esta conciencia natural se manifieste en nuestra vida. El trabajo interior transformador consiste en desmantelar los patrones habituales que hacen que ignoremos lo que está sucediendo dentro y alrededor de nosotros. La atención es la herramienta primaria. Como alguna vez dijo el maestro Zen vietnamita Thich Nhat Hanh: «La práctica de meditación es el estudio de lo que está sucediendo; lo que está sucediendo es muy importante».

¿QUÉ ES LA ATENCIÓN?

¿Qué sucede cuando miras una flor? Tal vez se activa un recuerdo y el recuerdo empieza a repetirse en tu mente. ¿Adónde se fue la flor? Ah, sí, la tienes entre tus dedos, pero no eres consciente de ella mientras el recuerdo se repite. Probablemente, te has quedado embelesado por los delicados colores y la forma de los pétalos. De nuevo, ¿qué sucede con la flor? En ambos casos, la flor desaparece y solo permanece la reacción. Esto se denomina *atención pasiva*.

Cuando una experiencia absorbe energía emocional, ya sea la experiencia de una flor, un pensamiento, un sentimiento o una creencia, la atención se transforma en pasiva. Estamos menos presentes con lo que está sucediendo. La energía emocional se mueve hacia un nivel inferior. En efecto, somos partícipes pasivos de la experiencia; decimos: «Esa flor captó mi atención», convirtiendo a la flor en el agente activo, en lugar de nosotros. La atención pasiva es inestable, reactiva e involuntaria. No permanecemos con la flor, sino que rápidamente caemos en la red de recuerdos, asociaciones y detalles. El proceso en su conjunto es una reacción —«flor, blanco, vestido blanco, fiesta de graduación, felicidad, ¡ay!, eso sucedió hace tanto tiempo, me pregunto qué será de él»—, una secuencia de pensamientos y sentimientos desencadenada por la flor, una secuencia que fluye automáticamente sin intención de nuestra parte y que, una vez que comienza, no tiene nada que ver con la flor.

Imagina que miras la flor y tu experiencia de verla es vívida y clara. Surgen pensamientos desencadenados por las asociaciones, pero no te distraen. Tal vez, la flor estimule un recuerdo conmovedor y sientas una oleada de emoción; la sientes, pero no te pierdes en los recuerdos ni en los sentimientos. Permaneces vívidamente consciente de la flor en tu mano y de todos los recuerdos y las sensaciones asociados con ella. Eso es la *atención activa*.

Cuando la atención permanece dirigida a un objeto y hay un cambio en la claridad y en la viveza, experimentamos la atención activa. Dos aspectos son importantes: Primero, la atención activa no es una función intelectual; tiene poder por la misma razón que las emociones tienen poder: energía. Segundo, la atención activa está en función de los niveles de energía; mantenerse en atención significa que la energía dirigida a lo que experimentamos está a un nivel más alto que la energía en los patrones reactivos desencadenadas por esa experiencia.

La atención activa es volitiva, estable e inclusiva. Elegimos dirigir la atención; no estamos simplemente reaccionando a un estímulo. La atención activa no se interrumpe por sonidos, pensamientos, por lo que vemos, ni por otros eventos en nuestra experiencia. La atención activa incluye todo, permitiéndonos ser conscientes no solamente del objeto que tenemos enfrente, sino también de todo lo que estamos experimentando en ese momento. Dado que los patrones habituales no perturban la atención activa, mientras más vivimos en atención, menos caemos en el papel de víctimas de los procesos reactivos que funcionan en nosotros.

La atención activa es la puerta a través de la cual salimos de una vida de reacción y hábito y entramos a una vida de presencia. La energía de la atención activa penetra los patrones, altera su funcionamiento y finalmente los desmantela.

Cultivar la atención y el misterio de ser

Muchas personas inicialmente abordan la meditación pensando que van a aprender a controlar la mente. El control es una ilusión; ni siquiera podemos controlar cuál va a ser nuestro próximo pensamiento.

Kilo por kilo, la amiba es el más terrible animal en la tierra.

¿Qué tiene que ver una amiba con la meditación? Nada, por supuesto, ¿pero esperabas estar pensando en una amiba cuando elegiste leer este libro? No podemos y no logramos controlar lo que va a suceder ni en el próximo momento ni mañana, ni mucho menos en el transcurso de la vida.

La vida es un misterio. La vida es lo que experimentamos y no sabemos ni podemos saber qué experimentaremos en el próximo momento. Aunque vivimos en un misterio, tratamos reactiva y automáticamente de controlar lo que experimentamos. Para estar presentes en nuestra vida, debemos soltar la ilusión de control y esto es exactamente lo que practicamos en la meditación.

La atención no es un objeto concreto que podamos fabricar ni reproducir. La atención es una habilidad que puede desarrollarse, tal como el vigor o la flexibilidad física. La atención se cultiva ejercitándola repetidamente, de la misma manera que la flexibilidad se desarrolla a través de estiramientos repetidos. En la meditación, primero ejercitamos la atención de una manera sencilla, experimentando la respiración, sintiendo el ir y venir de la respiración con atención. A medida que la atención crece, se hace más fuerte y puede funcionar a niveles cada vez más altos de energía. Como resultado, empezamos a estar progresivamente más presentes en nuestra vida.

Cultivar la atención es como cultivar una planta; nadie hace crecer a la planta. Una semilla se transforma en una planta por sí misma cuando las condiciones son adecuadas. En la práctica de meditación, proveemos las condiciones adecuadas para que la semilla de la atención crezca.

Todos tenemos ya la semilla de la atención. La semilla es la conciencia natural o mente original. La conciencia natural está presente en cada momento de la experiencia, pero habitualmente queda oscurecida por los patrones condicionados. Para que la atención crezca, el funcionamiento de los patrones habituales tiene que interrumpirse, al menos temporalmente. Una práctica formal de meditación es un elemento crucial en el esfuerzo para interrumpir el funcionamiento de esos patrones.

Meditación: Cultivar la atención

En realidad, sola hay una manera de cultivar la atención: tomar una actividad sencilla que requiere atención, pero no demasiado esfuerzo intelectual y llevarla a cabo una y otra vez. Tan pronto como la atención decae, traerla de nuevo a la tarea y continuar. Sin importar cuál sea la actividad, esta sirve como base para la atención. En este caso, utilizamos la actividad de respirar.

Meditar se resume en un principio clave:

Volver a lo que ya está ahí y descansar.

Este principio se aplica de tres maneras: a nuestra postura física, a la manera en que respiramos y a la manera en que dirigimos la mente.

El cuerpo

Toma un momento ahora mismo e imagina estar sentado con atención. Tan pronto como das atención al cuerpo, eres consciente de la postura erguida natural. Deja que el cuerpo se mueva para adquirir esa postura erguida natural.

Percibe cómo la barbilla cae un poco, cómo el cuello y la columna vertebral se estiran y se enderezan, y cómo el resto del cuerpo se acomoda. Mantén los ojos ligeramente abiertos, sin mirar nada expresamente, pero abiertos. Date cuenta cómo estás más presente y despierto en esta postura. Una vez que reconoces la sensación de la postura erguida natural en el cuerpo, te das cuenta de que siempre está ahí. Lo único que tienes que hacer es dejar que esta postura erguida natural se exprese por sí misma.

La primera aplicación del principio clave es a la postura física: *Siempre que notes que has perdido la postura erguida natural del cuerpo, vuelve a ella y descansa.*

La postura erguida natural no es tensa ni forzada, pero el cuerpo, cargado con años de condicionamiento, posiblemente no esté acostumbrado a expresarla. Consecuentemente, podrías sentir incomodidad en las piernas o en la espalda durante un tiempo, mientras el cuerpo se ajusta a la posición sentada. Dependiendo del nivel de deshabituación del cuerpo, el ajuste puede tardar algunas semanas o aun algunos meses. Al traer la atención a la forma en que te sientas, abandonas la expresión física de los patrones reactivos. Sentarse se vuelve más fácil a medida que el cuerpo se relaja y suelta su rigidez y tensión condicionadas.

Tradicionalmente, uno se sienta con las piernas cruzadas. Se utiliza un cojín de meditación para levantar el trasero del suelo, de manera que la espalda esté naturalmente derecha, pero las limitaciones físicas pueden hacer más recomendable el uso de un banco de meditación o una silla. Cuando te sientas a practicar la meditación, debes estar razonablemente cómodo. La presión, la tensión y el dolor constantes no son propicios para cultivar la atención. Suavemente, pero con constancia aplica el principio: volver a la postura erguida natural del cuerpo y descansar. Permite que el cuerpo haga sus propios ajustes.

La postura física es también un símbolo de la intención de practicar. Sentarse expresa la intención de estar estable y presente. No recargarse en nada expresa la intención de confiar en tus propias capacidades. Mantener los ojos abiertos expresa la intención de estar presente en el mundo sin distracción.

La respiración

Toma un momento otra vez. Siéntate en la postura erguida natural e imagina respirar con atención. Inmediatamente, la respiración se vuelve natural, relajada, no forzada. Respirar con atención implica dejar que el cuerpo se encargue de la respiración.

No trates de controlar la respiración. Podrías notar tensión entre el cuerpo y la respiración. La tensión indica que ya no estás respirando naturalmente. Frecuentemente, esto es el resultado de un patrón emocional que se ha activado y que está minando tu esfuerzo en la atención.

La segunda aplicación del principio clave es al respirar: *Siempre que notes tensión entre el cuerpo y la respiración, vuelve a lo que ya está: la respiración natural y relajada que el cuerpo sabe hacer.* Suelta, deja que el cuerpo respire y descansa.

Muchas técnicas de meditación y transformación de energía utilizan métodos especiales de respiración. Esos métodos son útiles, pero no es de lo que estamos hablando aquí. Nuestra finalidad es cultivar la atención de manera que llegue a ser un aspecto natural y no fabricado de nuestra vida.

Puesto que utilizamos la respiración en la práctica formal, también la utilizamos para reconectar con la atención en las subidas y bajadas de la vida cotidiana. Cuando se le preguntó a un maestro Zen cómo practicaba la presencia en su vida, respondió: «A veces, mi mente está tan confundida con pensamientos y emociones que no sé por dónde empezar. Entonces, recuerdo mi respiración y soy uno con mi tesoro una vez más».

La mente

El tercer paso en la práctica formal es traer la mente a la respiración. ¿Qué es la mente? La mente es experiencia. La mente son todos los pensamientos, sentimientos y sensaciones que constituyen nuestra experiencia de la vida. Traer la mente a la respiración significa que prestamos atención a la experiencia de respirar.

Primero, damos atención a la respiración.

Como antes, toma un momento para sentir la postura erguida natural del cuerpo. Siente el flujo y el ritmo naturales de la respiración. Ahora, pon un énfasis suave en la exhalación; un énfasis suave que no perturbe el ritmo de la respiración.

Los pensamientos se detienen y simplemente eres consciente de la respiración. No estás pensando en la respiración; simplemente eres consciente de cómo sale. Prestar atención con intención corta la atención pasiva. La atención se vuelve activa y experimentas voluntariamente la respiración.

Segundo, deja que la atención descanse en la respiración.

Una vez que has puesto la atención en la respiración, déjala descansar ahí. No hace falta hacer nada más. Respira, descansando la atención en la respiración, sintiendo cómo entra y sale el aire.

La atención es clara, estable y natural. Surgen pensamientos y sentimientos, pero no tienen ninguna consecuencia. Quédate sentado, experimentando intencionalmente cómo entra y sale el aire con la respiración.

En algún momento, irremediablemente, la atención activa decae, se vuelve atención pasiva y te enganchas con un pensamiento, un recuerdo o una imagen, o te deslizas hacia un estado opaco o somnoliento. Un momento, unos pocos segundos o varios minutos más tarde, súbitamente te das cuenta que ya no estás descansando en la respiración. El pensamiento, el sentimiento o la sensación se ha ido y una vez más eres consciente de lo que estás haciendo: practicar la meditación. Exhala para regresar la atención a la respiración.

Para ayudar a identificar la distracción repite mentalmente: «pensamiento» o «pensando» tan pronto como despiertes de lo que sea que te haya distraído. Claro, en ese momento podrías decirte que no estás meditando correctamente, o que eres un fracaso al meditar, o que la meditación no funciona, o que el tiempo está pasando intolerablemente despacio, o que estás incómodo y quieres hacer otra cosa. Pero, todo ese chismorreo interno es simplemente más pensar, más pensamientos, más distracción.

En el momento del reconocimiento, la distracción ya se ha ido. Todo lo que queda es volver a la respiración.

La tercera aplicación del principio clave es a la mente: *Tan pronto como te des cuenta de que has estado distraído, vuelve a la atención clara y estable que descansa en la respiración.*

La meditación, de la manera en que la estoy describiendo, no quiere decir concentrarse en la respiración. El esfuerzo de sostener la atención mediante la concentración crea tensión. No importa lo que hagas, la atención continúa escapándose de la respiración. Lo único que hace la tensión es permitir que se escape más frecuentemente. Terminas cansado y frustrado, en vez de relajado y despierto.

En lugar de tratar de concentrarte, descansa sintiendo la respiración que viene y va. El número de perturbaciones no es importante. Tampoco lo que nos distrae. Michael Conklin, un amigo y colega mío dice:

> No podemos controlar cuántos pensamientos tenemos en un período de meditación. No podemos controlar cuál va a ser nuestro próximo pensamiento. No podemos controlar si el próximo pensamiento nos va a distraer de la respiración. Y no podemos controlar cuánto tiempo vamos a estar distraídos. Lo único que podemos hacer es volver a la respiración cuando reconocemos que nos hemos distraído.

La esencia de la meditación es regresar a lo que ya está ahí y descansar. Regresa a la postura erguida natural del cuerpo y descansa. Regresa al ritmo natural de la respiración y descansa. Regresa a la conciencia natural de la respiración y descansa. No pienses que la meditación consiste en mantener la atención en la respiración. Piensa en ella como poner la atención en la respiración y descansar, una y otra vez.

Tres cualidades te van a ser útiles: la paciencia cuando te des cuenta de que continúas cayendo en las distracciones; la gentileza cuando te des cuenta de que no puedes evitar una distracción, y el sentido del humor cuando observes que la mente es como un mono.

Comentario

Comentarios prácticos sobre los ojos y el intelecto

Primero, a pesar de que explícitamente recomiendo a mis estudiantes que mediten enfocándose en la respiración con los ojos abiertos, el tema de los ojos abiertos o cerrados surge una y otra vez. En esto, no hay una manera correcta y otra incorrecta. Las escuelas budistas del norte generalmente recomiendan los ojos abiertos, mientras que las escuelas del sur recomiendan meditar con los ojos cerrados. La diferencia está en la aproximación filosófica: las escuelas del sur tradicionalmente enfatizan retirarse de las distracciones que surgen al vincularse con el mundo, mientras que las escuelas del norte hacen hincapié en cultivar la presencia en cada momento.

Cuando la intención es estar presente en el mundo, he descubierto que funciona mejor meditar con los ojos al menos parcialmente abiertos; solemos estar más despiertos, el movimiento interno de los pensamientos se nota más rápidamente y la atención se extiende más fácilmente a la vida cotidiana. Inicialmente, se puede experimentar visión doble, visión borrosa, ojos llorosos u otros inconvenientes menores. Sin embargo, después de una o dos semanas, el vínculo condicionado entre la atención y la vista comienza a debilitarse. Los ojos están abiertos, pero no miras a través de ellos mientras estás descansando en la respiración. Cuando los ojos descansan, también descansa la mente.

Segundo, ¿meditar involucra el intelecto? No. Meditar es experiencial, no intelectual. El budismo habla interminablemente sobre la mente, pero en sánscrito y en tibetano *mente* no significa intelecto; más bien, la mente es todo lo que experimentamos. La mente incluye las sensaciones, los sentimientos y el corazón tanto como los pensamientos y el intelecto.

El uso de la palabra *mente* ha introducido una deformación intelectual y cognitiva en los idiomas occidentales que no es válida ni útil en este contexto; «Enfócate en la respiración» no significa «Piensa en la respiración»; significa: «Experimenta la respiración» o «Siente la respiración con tu corazón».

Una estrategia alternativa

El principio clave de la meditación es volver a lo que ya está ahí y descansar. Esta instrucción directa y explícita es como entrar por la puerta del frente. A veces, es mejor entrar por la puerta de atrás y suscitar el esfuerzo apropiado, evitando la confusión generada con frecuencia por un conjunto de

En algún momento de este proceso, te vas a encontrar con la súbita e impactante idea de que estás totalmente loco.

Tu mente es un manicomio sobre ruedas, aullante y tartamudo, despeñándose cuesta abajo sin orden ni concierto, totalmente fuera de control y sin ninguna esperanza.

No hay problema. No estás hoy más loco que ayer.

Siempre ha sido así, pero nunca te habías dado cuenta.

—*Henepola Gunaratana*

instrucciones explícitas. He aquí un conjunto de instrucciones alternativas de la tradición de los ermitaños de las montañas de Tíbet:

Cuerpo como una montaña.
Respiración como el viento.
Mente como el cielo.

Deja que el cuerpo sea como una montaña, quieto, sin esfuerzo, y vuelve a la postura erguida natural del cuerpo.

Deja que la respiración sea como el viento, libre, sin ninguna restricción, y vuelve al ritmo natural de la respiración.

Deja que la mente sea como el cielo, abierto y claro, que incluye pensamientos, sentimientos y sensaciones, sin dejar que la perturben, y vuelve a la atención y a la conciencia natural.

La meditación es un constante regreso al estado despierto natural y a la mente original.

Propósito, método, efectos y resultados

Muchos problemas en la práctica de meditación surgen de la confusión sobre lo que pensamos que debe suceder, lo que queremos que suceda y todo lo que, de hecho, sucede. Una manera de clarificar esta confusión es tener claridad sobre el propósito, el método, los efectos y los resultados de la práctica de meditación.

El *propósito* de la práctica de meditación es cultivar la atención. El *método* es lo que hacemos para cultivar la atención: poner la atención en la respiración y descansar. Los *efectos* son las experiencias que surgen durante la práctica de meditación. Los *resultados* son las cualidades y las habilidades que se desarrollan haciendo la práctica.

Considera las mismas cuatro categorías en el contexto de correr. El propósito de correr es mantenerse físicamente en forma. El método es correr regularmente una distancia o un tiempo preestablecidos a un ritmo predeterminado. Los efectos de correr varían. Algunos días estarás energizado y vigorizado; otros, cansado y desgastado; rígido o adolorido algunos días; flexible y relajado, otros. Los efectos varían de un día a otro: algunos días son positivos, otros, negativos. Los resultados son mayor fuerza, tono muscular, resistencia y buena destreza física en general.

Las mismas distinciones se aplican a la meditación. El propósito es cultivar la atención. El método es poner la atención en la respiración y descansar. Los efectos son variados: algunos días la meditación es como un descanso pacífico en el espacio abierto infinito; otros es más como una lucha durante una tormenta intensa; algunos días la atención es clara y estable; otros, lo único que experimentamos es distracción y dolor. Los resultados son un aumento en nivel de la atención, la habilidad de permanecer en atención tanto durante la práctica formal como en la vida cotidiana, y una menor tendencia a reaccionar en nuestra vida.

Es común confundir los efectos positivos o los resultados de la práctica con el método de la práctica.

Los estudiantes nuevos con frecuencia me comentan cuán frustrados se sienten con la meditación. Han leído un libro o dos y las instrucciones incluyen frases como: «Abre tu mente», «Céntrate», «Deja que tu mente esté vacía», o «Sé uno con tu cuerpo». No pueden comprender qué hacer, porque estas «instrucciones» son efectos de la práctica, no métodos. Cuando los estudiantes se sientan y tratan de sentirse centrados, tratan de abrir la mente y tratan de ser uno con su cuerpo, no pasa nada de eso y terminan sintiéndose frustrados.

Dile a una persona tensa que se relaje y, en general, se tensará más con el esfuerzo. Está tensa porque no sabe cómo relajarse. Dile que haga una inhalación profunda, que exhale lentamente, luego otra inhalación y otra exhalación lenta. Entonces, sí se va a relajar. El método es respirar lenta y profundamente. El resultado es la relajación. En la meditación, el método es descansar la atención en la respiración. Cuando haces esto, te sentirás centrado en algún momento, tu mente se abrirá y se relajará, y te sentirás más conectado con tu cuerpo.

Otra confusión común es tomar los efectos como el propósito.

La gente frecuentemente llega a la meditación con la esperanza de sentirse centrada o de experimentar una mente clara, libre de pensamientos. Después de una o dos semanas de práctica, están frustrados y desilusionados, y dicen: «No puedo meditar», «Tengo la mente muy agitada y cuando no está agitada me duermo. Esto obviamente no funciona». Han confundido el propósito de la práctica con los efectos. Todavía no han advertido que la meditación requiere del esfuerzo repetido de volver a la respiración y trabajar con las distracciones, tales como la agitación y la somnolencia. La atención clara y estable se desarrolla a partir de la práctica, no simplemente porque decidas tener la mente clara. Ver la turbulencia como un error en lugar de como algo con lo que se puede trabajar es confundir los efectos con el propósito. Esa actitud mina la confianza e impide que se desarrolle la atención.

Para evitar semejantes problemas en la meditación o en cualquier otra disciplina, ten claridad sobre estos elementos: conoce el propósito, comprende lo que hay que hacer y simplemente hazlo. Observa todo lo que surge, pero no te quedes enganchado en la experiencia, y sé paciente y constante en la práctica. Deja que los resultados se desarrollen con el tiempo.

PROPÓSITO, MÉTODO, EFECTOS Y RESULTADOS

Categoría	Definición	Meditación	Ejemplo
Propósito	El objetivo de la práctica	Cultivar la atención	Mantenerse en forma
Método	Lo que haces	Volver a lo que ya está ahí y descansar	Correr
Efectos	Experiencias que surgen mientras practicas	Aburrido, distraído, relajado, claro, estable, ansioso	Energizado, vigorizado, tieso, adolorido, cansado
Resultados	Habilidades que se desarrollan con el tiempo	Incremento en la claridad y estabilidad de la atención, disminución de la tendencia a reaccionar	Incremento de fuerza, resistencia y tono muscular

SEIS SOPORTES PARA LA PRÁCTICA DE MEDITACIÓN

Como una piedra que se arroja a un estanque, la práctica de meditación crea ondas que irradian en toda la vida. La meditación, sin embargo, no cambia mágicamente tu vida. Tu vida cambia solo cuando la atención que desarrollas en la meditación funciona en el curso de la vida cotidiana. El primer esfuerzo es hacer de la práctica de meditación un elemento estable en tu día. Este esfuerzo puede resumirse en seis puntos: espacio conducente, necesidades básicas satisfechas, contento, vida manejable, comportamiento ético, y soltar el drama.

Espacio conducente

Está claro que necesitas un lugar donde puedas, de hecho, sentarte y practicar la meditación. Necesita ser un lugar seguro, tranquilo y libre de perturbaciones, como ruidos fuertes o inesperados, o una fuente de luz intensa directamente frente al lugar donde te sientas. No medites en total oscuridad ni con una sola fuente de luz, como una vela. La iluminación debe ser uniforme y no demasiado fuerte, como la luz natural de la mañana temprana.

No es necesario un silencio total. Después de todo, el objetivo es estar presentes sin distracción en nuestra vida. El susurro del viento, los sonidos de la calle o el ruido de fondo de la casa sirven, de hecho, para incrementar tu capacidad de descansar con atención.

La elección del espacio de práctica refleja tu actitud hacia la meditación. Un lugar limpio y ordenado refleja el valor que le das a la meditación. Cuando la práctica de meditación se relega a un armario o al baño, en realidad la estás insertando con dificultad en tu vida. Si tienes que insertar la meditación así en tu vida, pronto otras prioridades la van a sacar. La prioridad dada a la práctica se refleja en dónde y cuándo meditas. Es necesario abordar la meditación directa e inequívocamente: la conviertes en una prioridad y la practicas, o no lo haces y se queda en el camino.

La práctica requiere tiempo. Recomiendo comenzar con sesiones de media hora. Los niveles superficiales de tensión y alboroto típicamente tardan de quince a veinte minutos en disiparse. Solo entonces comienzas a experimentar lo que está debajo. Incluso quince o veinte minutos de meditación son altamente beneficiosos, pero una sesión de media hora implica una diferencia cualitativa en el cultivo de la atención. A medida que la capacidad, la confianza y el interés se incrementan, puedes alargar la sesión de práctica a cuarenta minutos o una hora.

El momento del día en que meditas no es tan importante como la constancia. Practica la meditación todos los días. La mayoría de la gente encuentra que por la mañana temprano funciona mejor. Otros momentos son antes del almuerzo, al final del día de trabajo o por la noche, cada uno de los cuales tiene ventajas y desventajas. Cualquiera que elijas, el tiempo de meditación debe ser un tiempo inviolable que esté libre de todas las otras exigencias; un tiempo en el que no necesites contestar el teléfono ni atender a nadie; un tiempo en el cual puedas sentarte, poner la atención en la respiración y estar ahí completamente.

A nivel práctico, lograrás más progreso si eliminas todo tipo de toma de decisiones conectadas con la práctica de meditación. Medita a una hora predeterminada, durante un periodo predeterminado. Utiliza un temporizador. Antes de que los relojes llegaran a Tíbet, la gente medía el tiempo de meditación poniendo un incienso encendido entre los dedos de los pies. Cuando el incienso los quemaba, el período había terminado. Un temporizador elimina los dedos quemados. También elimina tanto la necesidad de checar el tiempo como la tentación de acortar la sesión. Si la sesión es difícil, mantente sentado hasta que el temporizador suene y aprende a mantenerte sentado incluso cuando experimentas dificultades. Si la sesión es agradable, termina en el momento establecido y aprende a no aferrarte a los estados o las experiencias especiales. Un temporizador, al eliminar la necesidad de verificar el tiempo durante la sesión de meditación, posibilita que sueltes todas las preocupaciones de llegar tarde a una reunión o de llevar a los niños a la escuela.

Necesidades básicas satisfechas

Las necesidades básicas son comida, ropa y un lugar donde vivir. Cuando estas necesidades no se cubren, tu sobrevivencia está amenazada y te pones reactivo, ansioso, y nervioso. Para practicar la meditación, necesitas una base sólida, libre de esas preocupaciones primarias, de manera que puedas sentarte, relajarte y descansar con la respiración.

Cuando llevas a cabo un trabajo interior transformador, sigues necesitando comer y dormir. Tal como Buda Shakyamuni aprendió después de hacerse pasar hambre durante seis años, necesitaba cuidar su cuerpo y su mente. La energía y la claridad son necesarias para desmantelar los patrones habituales y abrirse al misterio de ser.

Las tradiciones espirituales están plagadas de historias sobre gente que deja la sociedad y que vive solo de lo que le llega a través de regalos o donaciones. Estas personas se apoyan en una determinación fuerte y estable para aceptar y trabajar con la incertidumbre. Debido a su fortaleza de mente, pueden practicar eficazmente aun en condiciones inciertas y severas. La mayoría de nosotros no tiene esa fortaleza mental; necesitamos una base más concreta: comida y ropa para mantenernos abrigados, y un lugar donde apoyar la cabeza.

Contento

El contento significa saber cuánto es suficiente. ¿Cuánto dinero es suficiente? ¿Cuánta belleza? ¿Cuánta habilidad física? ¿Cuánto estatus? ¿Cuánta fama? ¿Cuánto poder? ¿Cuánto conocimiento? ¿Cuánto amor? ¿Cuánta felicidad? ¿Cuánta seguridad?

¿Puedes al menos imaginar tener suficiente dinero, poder, estatus o cualquier otra cosa que quieras? Si no, estás enfrentándote a un agujero negro de necesidad insaciable que agota la energía de tu práctica y de tu vida. Nadie puede meditar en atención cuando está distraído por una necesidad insaciable. Estás, en efecto, tomando refugio en un objeto de obsesión, actuando la sensación: «Si puedo tener suficiente de esto, entonces todo va a estar bien; yo voy a estar bien». Esa actitud es una mera ilusión. Todo lo que viene de afuera te lo pueden quitar. ¿Dónde está entonces la seguridad?

A medida que la atención se desarrolla, los objetos del deseo y la obsesión se ven más claramente como lo que realmente son: objetos que tienen poco o nada que ver con el esfuerzo de estar presente en la vida.

Vida manejable

Una vida manejable es una en la cual puedes respirar; tu vida no está tan repleta que tengas siempre que ocuparte de una u otra cosa. Necesitas ser capaz de sentarte y descansar, al menos durante el periodo de meditación formal. Poco después de que comiences con una práctica de meditación, sabrás si tu vida es manejable según la frecuencia con que meditas y lo que te distrae durante tus sesiones de meditación. Cuando observas cómo tu vida consume todo tu tiempo y energía, el primer impulso es eliminar actividades y responsabilidades. ¿Por dónde empiezas? ¿Qué eliminas? Cuando recién comienzas a practicar, no empieces a eliminar cosas, porque podrías ser incapaz de distinguir qué soltar y qué mantener.

Utiliza la práctica de meditación para organizar tu vida. Puesto que has decidido sentarte a meditar todos los días, tienes que hacer tiempo para la práctica. Ajusta un poco tu rutina. Busca unos pocos minutos aquí y unos pocos minutos allá hasta que obtengas media hora para meditar.

A medida que desarrollas la atención, tu relación con la vida cambia. Sabrás clara y directamente lo que es importante y significativo. Entonces, la simplificación sucede naturalmente.

Comportamiento ético

Mantengamos simple la discusión sobre la ética. Olvídate de la lista de lo que hay que hacer y no hay que hacer, que se encuentra en la mayoría de los códigos de ética y moral. Confía en tu propia experiencia.

Imagina que estás en una situación y sabes cuál es el camino correcto. Dudas porque hacerlo te va a costar; podrías perder dinero, prestigio, influencia o incluso respeto. Te sobrepones a tu indecisión y lo haces de todos modos. ¿Cuánto tiempo piensas luego en ello?

Imagina nuevamente la misma situación. Sabes lo que debes hacer y no lo haces. Entonces, ¿cuánto tiempo piensas en ello?

Para la mayoría de nosotros, la respuesta a la primera pregunta es: «No mucho» o «Para nada»; mientras que la respuesta a la segunda pregunta es: «Durante mucho tiempo». Esa diferencia es la esencia de la ética en este enfoque de la práctica. Cuando actuamos éticamente tenemos menos cosas en la mente, y con menos cosas en la mente, nos sentamos con atención más fácilmente.

Soltar el drama

Finalmente, ¿Te parece que todo es muy importante o puedes soltar la tendencia a reaccionar emocionalmente? La tendencia a la reacción emocional toma muchas formas: mantener tozudamente posturas preestablecidas, aferrarse compulsivamente a conexiones emocionales, consumir desesperadamente cada experiencia de tu vida, hilar elaboradas racionalizaciones para justificar tus acciones o desmoronarte ante la más ligera presión. Si no puedes salir de la tendencia a reaccionar ni durante un momento, no vas a meditar; estarás demasiado ocupado reaccionando a la crisis actual. Para meditar tienes que soltar las reacciones emocionales confusas durante un tiempo suficiente para sentarte al menos durante unos pocos minutos.

Si vas a reconocer cómo funcionan las reacciones emocionales, es necesaria una vigilancia constante. Los patrones reactivos pueden llegar a utilizar aun los elementos de la práctica de meditación para seguir funcionando. Había una persona que trabajaba como consultor independiente. Andaba escasa de trabajo, pero tenía lo suficiente para vivir durante varios meses y, sin embargo, su práctica meditativa era inconstante: un día aquí, otro día allá. Cada vez que aparecía un cliente potencial, trabajaba día y noche en una presentación, justificando su descuido de la práctica con la racionalización de tener que ocuparse de satisfacer sus necesidades básicas. En su caso, un patrón (nunca sentir que tenía suficiente) utilizaba un elemento de la práctica (la atención a las necesidades básicas) para perturbar su esfuerzo de atención. Podemos fácilmente caer en el drama de nuestras vidas reactivas. Una vigilancia constante y cierto grado de implacabilidad con el material interno son útiles.

La práctica de meditación sin ninguna duda reforzará los seis elementos básicos que apoyan la práctica. Sin embargo, el esfuerzo inicial debe provenir de tu intención de cambiar el modo en que vives colocando estos seis soportes en su lugar. Sin ellos, la práctica rápidamente se convierte en una molestia y pronto se olvida.

DESARROLLAR LA ATENCIÓN

Atención plena (inglés: Mindfulness)

Al comienzo, meditar es una lucha con demasiados pensamientos. Para algunas personas, la experiencia es tan impactante que piensan que se han vuelto locas. Otros piensan que la meditación es responsable de que tengan más pensamientos y de que estén más distraídos que de costumbre. Te presento a la «mente de mono», un término budista para la caprichosa actividad de pensar. En realidad, los pensamientos han estado surgiendo todo el tiempo, pero nunca habíamos notado lo activa que es nuestra mente.

Imagina que estás tomando un café con un amigo en la terraza de una cafetería. Mientras estás sentado y hablas, no prestas atención a los automóviles en la calle. Sin embargo, cuando terminas la conversación y comienzas a cruzar la calle, notas cuántos automóviles en movimiento hay. Obviamente, el acto de dejar la terraza y fijarte en la calle no causó que pasaran más coches.

Técnicamente, atención plena significa estar presente con el objeto de la atención: en este caso, la respiración. Después de haber practicado durante un tiempo, sucede un milagro: simplemente descansas con la respiración. Ese descanso podría durar tan solo una o dos respiraciones, pero la experiencia de la atención es inconfundible. Felicidades. Acabas de experimentar la atención plena.

Por supuesto que la primera vez que esto sucede, inmediatamente piensas: «Ay, qué bien, estoy descansando en la respiración». Y caes de nuevo en la distracción. Sin embargo, ahora ya sabes, por experiencia personal, lo que es descansar con atención en la respiración, cómo se siente y que es posible. Pensar no es necesario; concentrarse no es necesario. La atención plena es muy sencilla: lo único que tienes que hacer es descansar y sentir cómo entra y sale la respiración.

La experiencia de atención plena tiene tres resultados definidos: la confianza aumenta, la posibilidad de la presencia comienza a tener sentido, y la atención durante el día se vuelve posible.

Con la experiencia de atención plena, la práctica de meditación comienza a adquirir impulso. La confianza en tu capacidad para practicar te ayuda a eliminar las dudas y la indecisión; pero, ten cuidado: si te apegas a la experiencia de atención plena, el impulso se va a disipar rápidamente. En este paso, la atención plena es el resultado de la práctica, no el método. El método de práctica es poner la atención en la respiración.

La atención plena es la primera experiencia de cierto grado de presencia. Con la atención plena descubres la posibilidad de estar en atención. Ahora sabes, a través de la experiencia, la diferencia entre el pensamiento reactivo confuso y la atención, y cuánto más presente estás cuando no estás perdido en pensamientos reactivos.

Ahora que has desarrollado la atención plena en la meditación, extiéndela, brindando atención a tu vida cotidiana. Para vivir en el misterio de ser, debes vivir en atención, de manera que extender la práctica de meditación a la vida cotidiana es un paso importante. En un plano más amplio, la práctica tiene dos componentes: la práctica formal y el resto de tu vida. Durante el periodo de la práctica formal, practicas la atención sin mezclarla con otras actividades. Durante el resto del día, practicas la atención mezclándola con las actividades de la vida: hablar, escuchar, trabajar, jugar.

Por ejemplo, siéntate a la mesa para comer y observa lo que hay en el plato que tienes enfrente. Si surgen pensamientos o sentimientos que te alejen, vuelve tu atención a la comida, date cuenta de los colores, las formas y los aromas. Toma el tenedor, siente su peso y su equilibrio. Siente la resistencia, el peso y la textura de la comida mientras empujas el tenedor debajo de ella o la cortas. Cuando llevas la comida a la boca, date cuenta del primer golpe de sabor y sensación, luego la fluctuación de los diferentes sabores a medida que masticas. Antes de tomar un nuevo bocado, traga la comida completamente y entonces vuelve tu atención completa al plato que tienes enfrente.

Al caminar, el objeto de la atención es caminar: el movimiento del cuerpo, las sensaciones de los músculos contrayéndose, la oscilación del peso de un pie al otro, del tobillo a las puntas de los dedos, y las vistas, sonidos y otras impresiones sensoriales que experimentas. Cada vez que adviertas que la atención al caminar se ha desvanecido y que estás pensando en el destino de tu caminata, o en lo que harás cuando llegues ahí, o en algo que sucedió ayer, vuelve tu atención a lo que ya está ahí, la experiencia de caminar, y mantén la atención en ello. Comienza con una actividad sencilla como caminar o correr, o selecciona otra forma de ejercicio repetitivo. Cualquier actividad que implique un proceso físico sencillo y no un importante esfuerzo intelectual es adecuado: lavar los platos, lijar una pieza de madera, hacer jardinería o ejercicio, o barrer el piso.

Es importante hacer una advertencia aquí. Estar en atención plena no significa simplemente hacer lo que normalmente hacemos en cámara lenta. Hacer las cosas lentamente es una excelente manera de entrenar la atención en las actividades que habitualmente hacemos sin atención. Sin embargo, el resultado que se busca no es una vida en cámara lenta, sino una vida en atención.

Conciencia despierta

La atención plena se vuelve más fuerte y más estable con una práctica de meditación constante. Un día, nuevamente advertirás un cambio: una sensación de abrirte hacia un espacio mayor, de relajarte y descansar con la respiración con mucho menos esfuerzo. De pronto, la meditación es sorprendentemente fácil. Estás relajado y consciente.

Este cambio marca el desarrollo de la conciencia despierta, la cualidad de claridad en la atención. La definición de *conciencia* es saber lo que está pasando. La *atención plena* es estar presente con el objeto de atención, pero la conciencia despierta te permite saber claramente lo que está sucediendo.

Supón que tienes que llevar una copa de vino a través de una habitación llena de gente. La atención funciona de dos maneras. Una es enfocarte en la copa para evitar derramar el contenido. Este aspecto corresponde a la atención plena. La segunda es saber dónde están las personas en relación a tu propia posición para evitar chocar con ellas. Este aspecto corresponde a la conciencia despierta.

En la meditación, el vaso de vino es la respiración. La atención plena consiste en descansar la atención en la respiración. La conciencia despierta consiste en ser consciente de todo lo demás: los pensamientos, los sentimientos y las sensaciones, sin distraerse.

La conciencia despierta tiene una cualidad inclusiva que es esencial para la apertura al misterio de ser. Para generar la sensación de conciencia inclusiva, coloca un pequeño objeto, como un lápiz, enfrente de ti. Descansa tu atención en él. Sin retirar los ojos ni la atención del lápiz, deja que tu campo de visión se expanda para incluir lo que esté cerca de él: la parte de arriba del escritorio y los objetos que hay ahí. Deja que tu campo de visión siga expandiéndose sin retirar tus ojos del lápiz hasta que puedas ver todo lo que se encuentra en tu campo de visión.

Medita en la respiración de la misma manera. La respiración es el lápiz. Inicialmente, desarrollas la habilidad de descansar la atención en la respiración, que es la atención plena. Luego, expande el enfoque y trabaja la conciencia despierta, incluyendo, pero sin distraerte, el ir y venir de los pensamientos, los sentimientos y las sensaciones. Estás atento a tu respiración mientras que también eres consciente del resto de tu experiencia.

Recuerda que el desarrollo de la atención no es lineal. La atención crece. Si bien la mayoría de la gente transita de una conducta inmadura a una conducta madura a medida que crecen, un niño a veces exhibe un comportamiento maduro y un adulto a veces exhibe un comportamiento inmaduro. A medida que practicas la meditación, tu habilidad de estar en atención va a incrementarse, pero será más clara y más estable algunos días que otros. Consecuentemente, no debes tomar la experiencia de una sesión de meditación específica como indicación absoluta de un problema ni de un progreso.

La atención activa se caracteriza por dos cualidades: la estabilidad y la claridad. La *estabilidad* en la atención se denomina atención plena. La *claridad* en la atención se denomina conciencia despierta. La *atención activa* consiste en la atención plena y la conciencia despierta unidas.

La *conciencia despierta* como cualidad de la atención activa es diferente de la conciencia natural mencionada en los capítulos 1 y 2. La *conciencia natural* se refiere a la mente original; la conciencia prístina que es nuestro legado humano y que está naturalmente presente bajo todos los patrones de los hábitos y el condicionamiento. El objetivo de la práctica es desmantelar los patrones condicionados y dejar al descubierto la conciencia natural.

La conciencia despierta como cualidad de la atención activa es una forma de saber que se desarrolla a partir de la atención plena. Estos dos usos de la palabra conciencia están relacionadas en el sentido de que la conciencia despierta en la atención activa es como experimentamos primero la posibilidad de la conciencia natural o mente original.

Relajarse y reanimarse

Una vez que se han desarrollado la atención plena y la conciencia despierta, comenzamos a apreciar diferentes grados de distracción e inatención. En un extremo del espectro está el soñar despierto; estar totalmente absorto en soñar acerca de lo que fue, lo que podría ser o lo que podría haber sido. Te despiertas de semejantes sueños diurnos preguntándote dónde te encuentras. Luego, tenemos la mente agitada u ocupada, en la cual los pensamientos continúan absorbiendo tu atención a pesar de los esfuerzos para permanecer con la respiración. Luego, viene la mente ocupada sutil, en la cual sientes que estás descansando con la respiración, pero persiste una distracción de fondo, como una conversación que puedes oír, pero que no puedes seguir muy bien porque se desarrolla en algún lugar alejado.

En el otro extremo del espectro está el sueño, la distracción total; la meditación se ve constantemente interrumpida por siestas no intencionales. Mi maestro decía que él solía meditar sentado en el alféizar de una ventana para contrarrestar este problema en su práctica: ¡Cada vez que se dormía, se caía del alféizar! También está la somnolencia. Cuando hay somnolencia durante la meditación, te sientes pesado, con la mente borrosa, neblinosa. Tu cuerpo se siente pesado y letárgico. La atención es débil. Luego, viene la somnolencia sutil que es como mirar a una persona en un día de neblina: puedes percibir la forma, pero no los detalles. Descansas en la respiración, pero el descanso no tiene claridad ni vitalidad.

Con la agitación, te ocupas de los pensamientos o las imágenes, y el cuerpo se siente incómodo e inquieto. Cuando notas estas experiencias, tu primer impulso es tratar de forzar la estabilidad. Este impulso es parte del proceso reactivo y solo conduce a un mayor decaimiento de la atención y un correspondiente incremento de la agitación. Rápidamente, caes en un ciclo que se refuerza solo. El esfuerzo apropiado es relajarse. Dado que estás utilizando la respiración como base de la atención, relájate en la respiración; imagínate volviendo a casa después de un pesado día de trabajo y dejándote caer en tu sillón favorito con una gran exhalación: «A-a-a-a-ah».

Coloca el énfasis en descansar, dejando que toda la agitación y actividad giren alrededor de ti como torbellinos de polvo. Recuerda las instrucciones del ermitaño: *cuerpo como una montaña*, descansando sin esfuerzo, y *mente como el cielo*, imperturbable por los vientos y las tormentas. Simplemente, siente cómo sale la respiración y relájate en ello. La relajación no contrarresta inmediatamente la agitación, pero te saca del ciclo reactivo. A medida que continúas respirando y relajándote en la respiración, la agitación comienza a disminuir.

A menudo, nos agitamos porque olvidamos descansar en la respiración y tratamos de que algo suceda durante la meditación. Cuando nos relajamos y descansamos en la respiración, la estabilidad se recupera.

En la somnolencia, la disipación de la atención se experimenta como una pérdida de claridad. Un bloqueo emocional o físico absorbe la energía de la atención y te sientes adormilado, opaco, apático y aletargado. La reacción instintiva es simplemente descansar y, cuando lo haces, terminas tomándote una linda siesta. El esfuerzo apropiado es reanimarte: reafirma la postura, enfócate en los detalles de las sensaciones asociadas con la respiración y sigue la respiración cuidadosamente con atención; en otras palabras, dale más energía en la práctica.

La atención activa tiene dos cualidades: la estabilidad y la claridad. La atención plena desarrolla estabilidad; la conciencia despierta desarrolla claridad. La agitación y la somnolencia son experiencias subjetivas que indican un decaimiento de la atención activa.

La estabilidad es socavada por la agitación. La agitación es el resultado de un proceso reactivo que drena la energía de la atención plena. El proceso reactivo funciona para distraernos del objeto de atención, introduciendo otros objetos que absorben nuestra energía. El antídoto es relajarse, dejar que las cosas sean como son y no reaccionar a los pensamientos ni a las imágenes que llenan la mente.

La claridad es socavada por la somnolencia. La somnolencia es el resultado de un proceso reactivo que drena la energía de la conciencia. El proceso reactivo funciona para opacar nuestra habilidad de permanecer conscientes de manera que no sabemos lo que está sucediendo. El antídoto es revitalizarse, ver lo que está pasando y evitar caer en el estado opaco que se nos presenta.

La práctica de meditación se parece un poco a andar en bicicleta. Al principio, no puedes mantener el equilibrio de ninguna manera. ¿Cómo puede alguien andar sobre ese artefacto? Entonces, después de repetidos esfuerzos y varias equivocaciones, descubres que mientras te mantengas moviéndote, no te vas a caer. De la misma manera, cuando mantienes constancia en la práctica de meditación, no pierdes la costumbre de la práctica a pesar de los altibajos.

Una vez que puedes mantenerte erguido sobre una bicicleta, aguantas durante períodos cada vez más largos, haciendo pequeños ajustes, inclinándote ligeramente a la derecha o a la izquierda, o moviendo el manubrio un poco a la derecha o a la izquierda según sea necesario. En lugar de pelearte para mantener un equilibrio estático, te vuelves hábil en detectar y corregir los desequilibrios. Finalmente, andar en bicicleta se transforma en algo completamente natural e incluso años después de no montarla, puedes andar de nuevo fácilmente sin tener que pasar nuevamente por todo el proceso de aprendizaje.

En la meditación, relajarse y reanimarse corresponden a los movimientos hacia la derecha y la izquierda de andar en bicicleta. El principio básico es relajarte cuando adviertes agitación y reanimarte cuando adviertes somnolencia.

La transformación de la energía

A medida que practicas la meditación, el nivel de la energía de la atención se eleva y te vuelves cada vez más consciente de la riqueza de la experiencia que constituye tu vida. Cuando te sientas por primera vez y das atención a la respiración, te vuelves consciente de tu cuerpo y de las sensaciones asociadas con la respiración. Las sensaciones corporales —picores, dolores e incomodidades— nos distraen tanto como los pensamientos. Podrías notar que muchos de los pensamientos están conectados con sensaciones físicas. En el diagrama a continuación, las flechas punteadas que apuntan hacia abajo indican el funcionamiento de la atención.

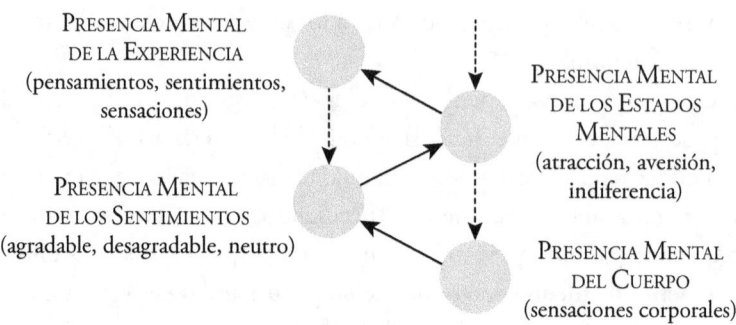

PRESENCIA MENTAL
DE LA EXPERIENCIA
(pensamientos, sentimientos,
sensaciones)

PRESENCIA MENTAL
DE LOS ESTADOS
MENTALES
(atracción, aversión,
indiferencia)

PRESENCIA MENTAL
DE LOS SENTIMIENTOS
(agradable, desagradable, neutro)

PRESENCIA MENTAL
DEL CUERPO
(sensaciones corporales)

**TRANSFORMACIÓN DE LA ENERGÍA Y LOS CUATRO
FUNDAMENTOS DE LA ATENCIÓN PLENA**

La atención en la respiración trae atención al cuerpo, que es lo que indica el círculo de más abajo. A medida que puedes permanecer presente con las sensaciones físicas, la energía que normalmente se disiparía en reacción y distracción se transforma en atención. Ahora, cuando descansas la atención en la respiración, eres consciente de los matices sensoriales agradables, desagradables y neutros asociados con la experiencia sensorial.

Con una práctica constante, el nivel de la atención se eleva y experimentas los tres matices sensoriales sin que te distraigan.

La conciencia despierta de los matices sensoriales conduce a un nivel todavía más alto de atención, la conciencia de los estados emocionales de la mente que se forman como reacciones a los matices sensoriales. Las tres reacciones fundamentales son los tres venenos: la atracción, la aversión y la indiferencia.

Cuando se desarrolla la atención hasta el punto en que los tres venenos no absorben toda la energía, experimentas los tres venenos y otros estados emocionales como emociones, no como lo que es. Entonces, te vuelves consciente de toda experiencia como experiencia —pensamientos, sentimientos y sensaciones— libre de distracción y distorsión.

Las cuatro etapas se conocen tradicionalmente como los cuatro fundamentos de la atención plena.

GENERAR IMPULSO

A medida que cultivamos la atención a través de una práctica de meditación estable, la habilidad y el impulso aumentan. Al principio, la atención es momentánea y fugaz; luego, experimentas periodos de atención que se interrumpen frecuentemente por pensamientos y reacciones. La atención gradualmente se vuelve más continua y eres capaz de permanecer presente en el movimiento tanto de los pensamientos como de las emociones. A la larga, la atención funciona sin ningún esfuerzo explícito y permaneces en atención, tanto en la práctica formal como en la vida.

Un arroyo comienza como un pequeño goteo en lo alto de la montaña y va adquiriendo volumen e impulso hasta convertirse en un poderoso río y se une con la vastedad del océano. La atención desarrolla impulso de una manera similar y, utilizando la metáfora del río, podemos distinguir cinco etapas en su desarrollo.

1ª etapa: Cascada por un acantilado

A medida que el agua cae en cascada por un acantilado, va salpicando de roca en roca. En esta etapa de la meditación, la experiencia subjetiva es de caos. Los pensamientos rebotan por todos lados. No hay un sentido de flujo ni continuidad en la atención.

La primera etapa de la meditación se llama el reconocimiento de los pensamientos. Cuando se coloca la atención en la respiración, abruptamente te das cuenta de lo activa que está la mente.

Aquellos que son principiantes en la práctica de meditación frecuentemente reaccionan a esta primera etapa suponiendo que no sirven para la meditación o que están haciendo algo mal. La primera etapa es el reconocimiento de los pensamientos; así que, el hecho de que estos meditadores vean la mente caótica demuestra que están meditando correctamente. Esta experiencia inicial puede ser muy desalentadora, pero lo único que hay que hacer es continuar practicando.

Hace muchos años, dos psicólogos, un hombre y una mujer, vinieron a hablar sobre la meditación y los invité a asistir a una de nuestras clases semanales. Los dos vinieron a la primera clase, pero después solo regresó la mujer. Nunca volví a ver al psicólogo. Después de varias reuniones, le pregunté qué había pasado con él. «Ay», replicó, «esos dos periodos de meditación que hicimos en la primera clase fueron las experiencias más infernales de su vida; no podría enfrentarse otra vez a algo parecido. Le dije que las cosas cambiarían y que debería continuar con la práctica, pero no quiso escucharme».

La meditación no causa más pensamientos; estos están ahí todo el tiempo. Solo cuando prestamos atención a la respiración nos hacemos conscientes de ellos.

La práctica consiste en volver a la atención una y otra vez, restablecer la postura, volver a la respiración natural y volver la atención a la respiración.

Después de un tiempo, la atención comienza a quedarse en la respiración durante periodos cortos, pero la práctica todavía se siente muy caótica.

2ª etapa: Un torrente en un desfiladero

Empieza a formarse la atención plena y experimentamos una dirección en la práctica. La atención es como el agua en un desfiladero; aunque está revuelta y turbulenta, la dirección del flujo es clara. Al comienzo de esta etapa de práctica, la experiencia subjetiva consiste en periodos cortos de atención plena interrumpidos frecuentemente por distracciones. Comienza a desarrollarse un sentido de continuidad en la práctica. Percibimos los pensamientos, sentimientos y sensaciones antes de que nos distraigan. Ahora podemos poner la atención por completo en la respiración.

Los periodos de atención plena se hacen más largos mientras que las interrupciones y las distracciones son más cortas. A pesar de que es burda y tosca, y está lejos de ser estable, la atención plena está formándose.

3ª etapa: Río con rápidos

A medida que se estabiliza la atención plena, se desarrolla la conciencia despierta. Sentimos como si súbitamente hubiéramos entrado a una gran habitación o a un campo abierto. Nos relajamos y descansamos con la respiración. Una reacción habitual es: «Ay, me gusta esto. ¡Puedo meditar!».

La relajación y la espaciosidad en la meditación son como un río que sale de un desfiladero. Fluye tranquilo por un tiempo y luego pasa por unos rápidos. Después de los rápidos, vuelve a fluir tranquilo hasta que se encuentra con la siguiente serie de rápidos. Todavía surgen la agitación y la somnolencia, pero sabemos cómo volver a la atención.

Se desarrolla la conciencia despierta y la mente de mono rebelde se domestica. Con atención plena y conciencia despierta, somos ahora capaces de estar en atención activa.

La constancia es lo que cuenta en este momento. Cuando experimentas el flujo tranquilo de la atención, podrías sentir que la práctica se ha vuelto aburrida. El aburrimiento es atención excesiva con intención insuficiente. Nos pone directamente en contacto con la necesidad condicionada de querer estimulación constante. La falta de estimulación y de distracción es perturbadora; no sabes quién eres si no tienes nada contra lo cual rebotar. El aburrimiento es el siguiente desafío para dejar los patrones reactivos. Recuerda que tu intención es abrirte al misterio de ser. El flujo tranquilo de la atención es la primera noción del espacio abierto de la mente original. ¿Es esto aburrido?

La calma y la paz en la mente permiten que veas las cosas más claramente. Mientras estás sentado en meditación, la introspección sobre las interacciones con las personas, los temas de trabajo o los problemas personales surgen espontáneamente. Las ideas creativas y las imágenes surgen de quién sabe dónde. Los pensamientos y el acto de pensar realmente no perturban la calidad de la atención. En lugar de solo descansar con la respiración, sientes que puedes emplear la meditación para ser más creativo, para resolver problemas y para generar introspecciones, y que puedes hacer todo eso sin interrumpir la atención.

Estás equivocado.

Este es un momento crítico en la práctica. Si vas a seguir cultivando la atención, cualquier actividad de pensamiento normal durante la sesión formal de práctica —aun las introspecciones más útiles o las ideas más creativas— deben considerarse una distracción. El contenido no es el problema. El problema es el proceso de pensamiento en sí; hay que soltarlo.

Si persigues las introspecciones y las ideas creativas durante la práctica de meditación, la atención deja de desarrollarse. Podrías tener una idea para una gran pintura, la próxima gran novela o una manera de terminar con el hambre en el mundo, pero no desarrollarás atención ni te abrirás al misterio de ser. La energía de la práctica fluye desde la atención hacia los patrones habituales. Sin la práctica de atención, los patrones habituales se vuelven aún más rígidos de lo que eran originalmente. Yo suelo sugerir a los estudiantes que, si desean explorar esas introspecciones, deben establecer dos períodos de práctica: uno para cultivar la atención y otro para explorar lo que surge.

Al comienzo de esta fase podrías permanecer presente ante los pensamientos y algunas emociones reactivas. Al final, puedes permanecer presente ante las emociones reactivas intensas.

4ª etapa: Lago con olas

En un lago, el río está en descanso. Cuando sopla el viento se forman olas, pero las olas no impiden que el agua permanezca en calma. Comenzamos a advertir pensamientos y sentimientos como el movimiento de la mente, no como una distracción de la respiración. La somnolencia y la agitación surgen, pero se calman sin esfuerzo ni dificultades.

En esta etapa, las emociones reactivas surgen, se experimentan y se desvanecen por sí mismas. La fuerza y la duración de la experiencia depende de la emoción y de las circunstancias. La atención está ahora a un nivel de energía suficientemente alto como para que las emociones reactivas no la perturben. La práctica de meditación es ahora parte integral de nuestra vida.

Reconocemos claramente su influencia en la manera en que funcionamos en situaciones difíciles: estamos más presentes, menos reactivos y somos más capaces de dejar ir más fácilmente las preocupaciones innecesarias. La atención plena y la conciencia despierta están completamente desarrolladas en la práctica formal y se manifiestan regularmente en la vida diaria.

5ª etapa: Océano sin olas

El océano es vasto y profundo. En esta etapa, la mente se siente tan vasta como el espacio y tan profunda como el océano. Ningún esfuerzo es necesario. La mente descansa con atención clara y estable.

La etapa final es el desarrollo completo de la atención. Anteriormente, había que efectuar un esfuerzo para encontrarse con el objeto de la atención. En esta etapa, el objeto viene a nosotros. Hacia donde sea que dirijamos nuestra atención, esta descansa sin esfuerzo y sin perturbaciones. La práctica constante produce sensaciones gozosas, primero mentales y luego físicas. Estas sensaciones no son ni la iluminación ni intuiciones profundas; son experiencias de placer que ocurren naturalmente cuando la mente y el cuerpo están descansando y totalmente coordinados.

OBSTÁCULOS

El trabajo interno es un combate mano a mano sin manos. A medida que crece la atención, nos volvemos cada vez más conscientes de los patrones habituales que controlan nuestra vida. Un estudiante me dijo: «Yo era consciente de todos estos asuntos antes de empezar a practicar meditación, pero ahora soy intolerablemente consciente de ellos».

La atención y los patrones están en conflicto directo entre sí. Los patrones funcionan con un solo propósito: corromper la atención de manera que el núcleo emocional del patrón nunca se perciba, se sienta o se conozca en la experiencia. Para estar presentes en la vida, debemos encarar estos patrones en combate. Evitar este conflicto es entregar nuestra vida a los patrones.

El budismo tradicional otorga el título de «Destructor de enemigos» (sánscrito: *Arhat*) a quienes han mantenido este combate y desmantelan los patrones que oscurecen la conciencia despierta y la presencia. La única arma contra el funcionamiento de los patrones, la única arma que hace posible la victoria es la atención activa.

El camino hacia la conciencia despierta y la presencia está bloqueado por numerosos obstáculos creados por los patrones reactivos. No podemos negociar con ellos, pero sí podemos generar suficiente impulso de atención para desmantelarlos. Al cultivar la atención encontramos cinco obstáculos: la falta de voluntad, el olvido, la confusión, no hacer esfuerzo, y esforzarse demasiado. Para generar impulso, utilizamos ocho herramientas: el interés, el esfuerzo, la confianza, la destreza, la atención plena, la conciencia despierta, restablecer el equilibrio y la ecuanimidad. Ya hemos visto la atención plena y la conciencia despierta; ahora presentaremos las demás herramientas brevemente.

Pasar a través de estos obstáculos no significa ignorarlos ni forzar el paso a través de ellos. La palabra clave en *pasar a través* es *pasar*, no *a través*. Cuando cerramos los ojos y seguimos ciegamente, las cosas se rompen por dentro y a menudo tenemos que utilizar tanto tiempo y esfuerzo reparando el daño como hubiéramos empleado inicialmente en desmantelar el obstáculo. Desmantelar semejantes obstáculos requiere desarmarlos, lo cual se efectúa con la atención activa. Los diversos métodos que se describen abajo no son tanto antídotos como métodos para incrementar la intención y la atención lo suficiente como para poder penetrar el funcionamiento de estos obstáculos de manera que se desmoronen.

Falta de voluntad

El primero y posiblemente el más difícil de los obstáculos es la falta de voluntad. La falta de voluntad suele verse como mera pereza, pero decirte a ti mismo que eres perezoso no te ayuda a comprender el obstáculo ni a removerlo.

Evitamos la meditación por razones muy específicas. Para descubrir las razones, primero establece un tiempo y un lugar definidos para la meditación. Cada día a la hora establecida, ve al lugar donde meditas y quédate ahí hasta que suceda una de dos cosas: o bien sabes exactamente por qué no vas a meditar ese día, o te sientas y meditas. En una semana o dos este ejercicio simple (pero no fácil) expondrá al menos una de las razones que subyacen a tu falta de voluntad para meditar. Cuando sabes el motivo, puedes desarmarlo utilizando una o todas las siguientes cuatro herramientas: interés, esfuerzo, confianza y destreza.

Interés

Cuando una persona viene a verme, la primera pregunta que le hago es: «¿Por qué estás aquí?». A menudo, la respuesta es algo así como: «Quiero desarrollar una dimensión espiritual en mi vida» o «Quiero estar más enfocado y menos distraído» o «Estoy interesado en las ideas orientales y deseo ver lo que pueden ofrecerme».

Ideas vagas sobre la dimensión espiritual de la vida, expectativas de beneficios especiales, o curiosidad ingenua no son motivaciones suficientes para sostenernos cuando comience la inevitable batalla con el material interno. Examinando más profundamente nuestras motivaciones, descubrimos que el interés en el trabajo interno está siempre basado en la incomodidad. Algún tipo de incomodidad es el motivo fundamental para cambiar algo: nuestra postura cuando nos sentamos, nuestro trabajo, o cómo experimentamos la vida.

El punto de partida para el interés en la meditación proviene de la incomodidad de sentirse separado, incompleto o dormido frente a la vitalidad del mundo. Cuando sientes esa incomodidad, estás en contacto con la razón por la cual llegaste a la meditación. La práctica se vuelve personalmente importante y vas a encarar la falta de voluntad sinceramente. Desmantelas el obstáculo implementando la intención de mantener la práctica frente a la falta de voluntad. Mientras solo te sientas y respiras, observa las diversas manifestaciones de esa falta de voluntad como el juego de la mente de mono y continúa practicando.

La práctica de la meditación es dura. Nos enfrenta a las formas habituales de funcionar y nos muestra que no sirven. Como una vez dijo Trungpa Rinpoche: «La práctica de meditación es un insulto tras otro».

Esfuerzo

La segunda herramienta es el esfuerzo —no el esfuerzo frontal, del tipo sonríe y aguanta—, sino el flujo natural de energía que surge con el entusiasmo por lo que estás haciendo. A pesar de las dificultades y retrocesos, volcamos nuestra energía en la práctica porque nos sentimos bien con lo que estamos haciendo. ¿Cómo es que desarrollamos ese entusiasmo por una práctica tan difícil? No vemos otra opción.

Después de alrededor de dos o tres meses de practicar la meditación formal, el entusiasmo inicial se desvanece. En ese momento, los estudiantes suelen preguntar cuánto tiempo se necesita para poder trabajar con tal o cual patrón. Buscan garantías de que las cosas vayan a mejorar. No hay semejantes garantías. Lo único seguro es que, si no desarrollas atención, los patrones habituales van a seguir consumiendo tu vida.

Entonces, yo podría preguntar: «Ahora que has descubierto este patrón y puedes ver cómo impide que estés presente en tu vida y que experimentes la única vida que tienes, ¿qué harías si te dijera que quizá tengas que trabajar solo sobre este patrón durante el resto de tu vida?» Invariablemente responden, frecuentemente con un suspiro o una sonrisa forzada: «Trabajar con el patrón».

La esperanza socava el esfuerzo porque nos saca del presente. Al volver a lo que hay en este momento ante nosotros, vemos que la meditación y el trabajo interior transformador son los mejores caminos y los más directos para estar presente en la vida. La energía fluye hacia la práctica porque ves que no tienes alternativa.

Confianza

La tercera herramienta para contrarrestar la falta de voluntad es la confianza. La confianza es la fe en nuestro propio potencial para despertar. No necesitamos ser santos, grandes maestros, adeptos espirituales ni personas especiales; la mente original es nuestro legado humano. La práctica de meditación se basa en confiar en que la semilla de la atención —la conciencia natural o la mente original— está presente en todos. Nuestro trabajo es proveer las condiciones para que esta semilla pueda crecer.

La confianza se basa en la fe, no en las creencias. Las creencias son maneras de interpretar y entender la experiencia que se adaptan a los patrones de percepción preestablecidos. Como tales, se utilizan para justificar la conducta condicionada. Por el contrario, la fe es la voluntad de abrirse al misterio de ser, para encontrarse con todo lo que surge en la experiencia. La fe no fija condiciones sobre lo que es correcto o incorrecto, bueno o malo, aceptable o inaceptable.

La confianza surge a través de la experiencia directa. A medida que crece la atención, experimentas descansar con atención en la respiración. Mientras más permaneces en atención —en la práctica formal y en la vida cotidiana—, menos oportunidad tienen los patrones reactivos para manifestarse. Experimentas directamente una capacidad incrementada para responder y no reaccionar a las situaciones. La duda y la indecisión sobre la práctica se evaporan. No necesitas confiar en lo que alguien más ha dicho o escrito. Sabes a través de tu propia experiencia que la práctica es eficaz. Esa confianza proviene solamente de la experiencia directa de la práctica, así que sigue practicando.

Destreza

La destreza es la cuarta herramienta que desarma la falta de voluntad. La destreza es simplemente el «saber hacer» tradicional; nada especial. A pesar de que la técnica de meditación que utilizamos es muy sencilla, no es fácil. Tal como la confianza, la destreza surge a partir de la práctica, de aprender a trabajar con las diversas dificultades y obstáculos en la meditación. Dos obstáculos comunes son: suponer que tener una mente ruidosa y caótica significa que la práctica de meditación se está haciendo mal, y suponer que tener una mente tranquila y calmada significa que nuestra práctica es correcta.

He practicado un poco de kayak en el mar. Es muy emocionante navegar en un pequeño bote en olas de metro y medio. Una persona que estuviera en otro bote puede estar tan solo unos metros más allá, pero en un momento dado, puede estar tres metros más arriba de mí y al momento siguiente, tres metros más abajo.

Cuando el océano está en calma, mi kayak es estable y me muevo a través del agua fácilmente. Otros días, las rachas de viento hacen que el océano esté agitado y las olas vienen de dos direcciones diferentes. Cuando el mar está así, tengo que colocar mi atención en mantener el equilibrio, sin estar ni muy rígido ni muy suelto; remar es difícil y a menudo siento que no estoy progresando.

Cuando estoy en un kayak en medio del océano, mi primera prioridad es mantener el kayak boca arriba y mantenerme dentro de él. Esa es la medida de mi destreza como alguien que rema en un kayak. No me preocupa para nada que el kayak se mantenga quieto; de hecho, un mar rizado y unas cuantas olas ayudan a desarrollar destreza.

Lo mismo es válido para la meditación. La destreza en la meditación es mantener el esfuerzo de atención aun cuando todo sea ruidoso y caótico dentro de nosotros. Los periodos con una gran cantidad de torbellinos internos a veces son más útiles para aprender a mantenernos presentes que las sesiones pacíficas. Estás trayendo atención justo al centro de la confusión y a la tendencia reactiva del momento.

Destreza significa ser capaz de hacer el esfuerzo, no tener tal o cual experiencia. A medida que la destreza se desarrolla, aprendes a trabajar con el golpeteo de los pensamientos y las olas de las emociones. El punto no es tener un viaje tranquilo; el punto es *mantenerse en el bote*.

Obviamente, las cuatro herramientas se refuerzan mutuamente. El interés es la semilla que, al ser alimentada por el esfuerzo y la confianza, madura y se transforma en destreza. Con mayor destreza, el obstáculo de falta de voluntad se convierte solamente en otra experiencia y lo atravesamos cada vez que aparece. Como analogía, apliquemos estas cuatro cualidades a la actividad de nadar. Una persona que no está interesada en nadar no va a estar dispuesta a lanzarse al agua; tiene que tener alguna motivación, ya sea ejercicio, diversión o una emergencia. Si no le gusta nadar o no lo cree importante, lo va a hacer con pocas ganas, si es que lo hace. Si no tiene confianza en su habilidad de nadar o de aprender a nadar, nunca va a nadar. Finalmente, si no sabe nadar, va a estar muy poco dispuesto a lanzarse al agua.

Emplea estos antídotos cada vez que lo necesites: antes, durante o después de la meditación. Si tienes dificultad para sentarte a meditar por la mañana, comienza sentándote y tomando unos minutos para recordar exactamente por qué originalmente decidiste practicar la meditación, o recuerda la incomodidad que experimentas debido a la falta de presencia. Si tienes dificultad para terminar la sesión de meditación, aplica cualquiera de los cuatro antídotos durante la sesión. Mueve tu atención de la respiración y conéctate con tu sentido de confianza o entusiasmo: «Sí, a pesar de todo el caos, yo puedo hacer esto» o «No importa que sea difícil, voy a continuar».

Los cuatro antídotos antes mencionados funcionan naturalmente. Cuando te conectas con tu intención en la práctica, te sales de los patrones reactivos que nublan tu mente. Cuando pones energía en la práctica, los patrones reactivos no resisten. Cuando tienes confianza en tu potencial de atención y presencia, te pones por encima del nivel de la tendencia a reaccionar. Cuando estás arraigado en el conocimiento de cómo practicar, nada puede sacudirte.

Olvido

¿Cuántas veces has dicho: «Olvidé lo que iba a decir» u «Olvidé por qué vine hasta acá»? En el contexto de la meditación, hay tres niveles de olvido: olvidar practicar, olvidar cómo practicar y olvidar la respiración.

Olvidar practicar sucede demasiado fácilmente. Te despiertas por la mañana, recuerdas que tienes una reunión temprano y comienzas a prepararte para la reunión antes de meditar.

A menudo, el único aviso de que estás descuidando tu práctica es un fugaz pensamiento: «No me siento con ganas de practicar hoy». La práctica se olvida y no te sientas a meditar. Lo mismo sucede al día siguiente y, sin que te des cuenta, han pasado algunos días, semanas o meses desde tu última sesión de meditación. La meditación sucede solamente si la conviertes en una prioridad. La mejor manera para contrarrestar el olvido de sentarte a meditar es hacer de la práctica un elemento no negociable en tu rutina diaria. En otras palabras, medita todos y cada uno de los días.

Olvidar cómo practicar es otra cuestión. Un día experimentamos una tranquilidad maravillosa y un estado mental muy claro; el siguiente día tratamos de reproducir ese estado mental en lugar de simplemente poner la atención en la respiración y sentir cómo entra y sale. Gradualmente, la práctica de meditación se vuelve menos disfrutable, pero no sabemos por qué; hemos olvidado cómo practicar.

Una de mis estudiantes tenía un problema con su práctica. A pesar de sus explicaciones, yo no podía identificar cuál era la causa de esa dificultad, de manera que le pedí que me instruyera en cómo meditar. Me explicó todo correctamente, excepto un punto. Me di cuenta de que el punto que había dejado de lado era la raíz de su problema. Lo conversamos y le pedí que me instruyera de nuevo. Dejó de lado el mismo punto. Así es cómo funciona el olvido.

Olvidar la respiración sucede constantemente durante la meditación. Te sientas, sientes cómo entra y sale la respiración y, de pronto, te das cuenta de que has estado pensando en otra cosa; te olvidaste de la respiración.

El olvido puede ser un obstáculo importante para la práctica. Cuando olvidas lo que estás haciendo, los patrones habituales funcionan libremente. Sin atención plena, los procesos reactivos manejan tu vida.

Atención plena

La atención plena es lo que utilizamos para desmantelar el olvido. Recordarás que en lo expuesto antes dijimos que la atención plena es estar presente con el objeto de atención; en otras palabras, la atención plena es recordar: recuerdas practicar, recuerdas cómo practicar y recuerdas la respiración mientras practicas. La atención plena funciona como arena en el engranaje del funcionamiento de un patrón; simplemente no puedes funcionar automáticamente y, al mismo tiempo tener atención plena. Al principio, experimentas la interrupción del proceso reactivo como inconveniente y desestabilizadora porque interfiere con tu manera habitual de vivir. Sin embargo, finalmente ves que la atención plena te salva de que te consuman los patrones reactivos.

Confusión

Después del obstáculo del olvido, te topas con el obstáculo de la confusión. Un momento estás descansando con la respiración y, al momento siguiente, estás o dormido o recordando una conversación con un amigo. La atención está solo parcialmente establecida, de manera que cuando la atención plena decae, te encuentras de nuevo funcionando según los patrones reactivos. Como vimos antes, las dos causas más comunes de la pérdida de atención son la agitación y la somnolencia.

Inicialmente, tienes que tratar con la mente de mono y otras formas de agitación. A medida que se desarrolla la atención, la mente se une con el objeto de la meditación (en este caso, la respiración) y cuerpo y mente se relajan. La somnolencia y la pesadez mental son ahora los problemas principales. Vas de aquí para allá: de la agitación a la somnolencia, con parches de atención plena en medio. Toda la experiencia es muy confusa.

Conciencia despierta

La conciencia despierta, la cualidad inclusiva y espaciosa de la atención, provee los medios para atravesar el obstáculo de la confusión. Con la conciencia despierta sabes si la mente está clara u adormilada, estable o agitada. La conciencia despierta evita que caigas en la confusión, que suele manifestarse como turbulencia emocional.

Cuando somos conscientes, comenzamos a apreciar diferencias en la meditación y en el funcionamiento diario que no podíamos distinguir antes. Experimentamos una clara diferencia entre estar perdidos en un tren de pensamientos y estar presentes con la respiración. Sabemos que comer y caminar atentamente es diferente a simplemente desplazarnos por nuestra vida perdidos en un torbellino de pensamientos y sentimientos. Vemos la diferencia entre reacción y respuesta.

Un hombre de negocios jubilado que había practicado meditación durante algún tiempo recibió una llamada de su exesposa. Telefoneando desde Francia, le dijo que habían entrado ladrones en su habitación del hotel y que le habían robado tanto su pasaporte como sus cheques de viajero. «No hay problema», le respondió. «Ve al consulado americano y te darán un pasaporte provisional. Después ve a American Express con el recibo amarillo que sacaste del talonario de cheques de viajero y te los volverán a emitir».

«El recibo amarillo estaba todavía en el talonario de cheques», respondió ella. «No lo saqué».

Debido a su práctica de atención plena, observó cómo comenzaban a surgir todas las viejas frustraciones, así como el impulso de decirle a su exmujer cuán estúpida él pensaba que era. Entonces, debido a la conciencia despierta, supo que estaba surgiendo un patrón reactivo que no tenía nada que ver con la situación en ese momento. Dejó que la reacción surgiera y se desvaneciera y luego preguntó: «¿Qué necesitas?».

Sin la conciencia despierta no puedes penetrar la confusión de la somnolencia y la agitación. Sin una práctica constante, la atención plena nunca va a dar lugar a la conciencia despierta.

No esforzarse

El siguiente obstáculo es no esforzarse. Aun cuando sabemos, a través de la conciencia despierta, que la atención está decayendo hacia la confusión, dejamos que la confusión tome el control.

En la vida cotidiana, nos encontramos con el mismo obstáculo: sabes que te estás acatarrando, pero no te tomas un tiempo para descansar; sabes que está llegando el límite del plazo para entregar el proyecto que tienes entre manos y aun así, te ocupas de cuestiones menos urgentes. En ambos casos, sabes que un problema se está gestando, pero no tomas ninguna acción para evitarlo. En la meditación, no esforzarse significa que no haces nada para volver a la atención activa cuando sabes que te estás deslizando hacia la confusión de la somnolencia y la agitación.

Restablecer el equilibrio

Para atravesar el obstáculo de no esforzarse, restablece el equilibrio relajándote y reanimándote, como lo describí previamente. Para relajarte, inhala profundamente, exhala lentamente, luego efectúa otra inhalación y exhala lentamente. Relajarse en atención socava la tensión que genera la agitación. Para reanimarte, restablece tu postura y enfócate en los detalles de las sensaciones asociadas con la respiración, y sigue la respiración cuidadosamente con atención. Reanimarte en atención contrarresta la laxitud que produce la somnolencia.

La «meditación de una sola respiración» combina tanto la relajación como la reanimación; penetra a través de la agitación y la somnolencia. La esencia de este método es cortar una vez y descansar. Imagina que la respiración es como una espada. Al exhalar, siente que la espada está cortando la agitación y la somnolencia. Con una respiración, cortas toda agitación y somnolencia y descansas en atención clara y estable. Tu intención de estar presente es tan fuerte que al final de esta única exhalación, estás completamente claro y relajado. Ahora descansa, sintiendo el ir y venir de la respiración. Respira naturalmente y permanece presente en la respiración.

Si la somnolencia o la agitación es particularmente intensa, practica cortando una vez y descansando diez o quince veces seguidas. Cada corte debe ser completo o quedará algo de laxitud residual. Descansar con la respiración después de cada exhalación es esencial; si no, simplemente generarás mucha tensión y más agitación.

Esforzarse demasiado

El obstáculo final es el de esforzarse demasiado. Estás descansando en atención y los pensamientos van y vienen mientras tu atención permanece sin perturbaciones, pero no estás satisfecho. ¡Tiene que ser perfecto todo el tiempo!

En las etapas iniciales de la práctica de meditación, el juego de la claridad y la estabilidad será un poco áspero; oscilamos de una a otra. La tentación es intentar mantener la atención exactamente en el punto de equilibrio, pero no podemos; inevitablemente, nos desviamos hacia la agitación o hacia la somnolencia. Volviendo al ejemplo de la bicicleta, aun cuando nos estamos moviendo velozmente, la bicicleta se inclina ligeramente hacia un lado y hacia el otro. La bicicleta nunca se mantiene exactamente en equilibrio. El ímpetu de la rotación de las ruedas produce un efecto giroscópico y actúa para volver la bicicleta a la vertical. Si tratas con fuerza de mantener la bicicleta perfectamente en equilibrio, derrochas gran cantidad de esfuerzo inútil e impides que el efecto giroscópico siga funcionando y te estrellas.

Mantener tanto la claridad como la estabilidad significa descansar cuando ambas están presentes. A medida que la atención acumula impulso, se sostiene a sí misma. Esforzarse demasiado proviene de un patrón habitual de querer controlar. Este patrón proviene de sentirte separado de lo que experimentas e impide el desarrollo de la atención autosostenida.

Ecuanimidad

Para superar el obstáculo de esforzarte demasiado, apóyate en la ecuanimidad. La ecuanimidad es la habilidad de dejar que las cosas sean como son. Por ejemplo, cuando un niño crece, sus padres tienen que soltarlo y confiar en que ha aprendido cómo enfrentar los desafíos de la vida. Soltar y confiar son la esencia de la ecuanimidad. Una vez que aprendes a descansar con atención en la respiración, debes confiar en que descansar en la respiración con atención clara y estable es suficiente para que se desarrolle la atención y se transforme en atención autosostenida.

La atención activa no es un equilibrio entre la claridad y la estabilidad. Es un nivel más elevado de energía dirigida, en el cual tanto la claridad como la estabilidad están presentes. Te mueves a un nivel más elevado de energía, manteniendo tanto la claridad como la estabilidad. Sentirás el cambio. Cuando tanto la claridad como la estabilidad están presentes, descansa; no hagas nada más. Aunque surjan pensamientos, si no perturban la claridad y la estabilidad, no trates de librarte de ellos; no van a permanecer mucho tiempo. Cuando sientas que la calidad de la atención decae (caracterizada por una pérdida de claridad o una pérdida de estabilidad), aplica los antídotos apropiados. Sin embargo, si la atención es clara y estable, simplemente descansa. Descansa en atención y deja que se acumule el impulso de la atención.

El siguiente cuadro resume el tema de los obstáculos y los antídotos:

OBSTÁCULOS	ANTÍDOTOS
falta de voluntad	interés
	esfuerzo
	confianza
	destreza
olvido	atención plena
confusión	conciencia despierta
no esforzarse	restablecer el equilibrio
esforzarse demasiado	ecuanimidad

TRABAJO CON LAS EMOCIONES REACTIVAS

Un marido y su esposa piensan salir a cenar. Dado que él tiene mucha presión en su trabajo, le pide a su esposa que haga las reservaciones. Demorados por el tráfico, llegan un poco tarde y no encuentran donde estacionarse. El marido comienza a sentirse incómodo, pero su mujer permanece imperturbable. Ella continúa dando vueltas alrededor del restaurante hasta que finalmente encuentran un lugar para estacionar el auto. Sin embargo, para entonces su marido está furioso. Una ligera lluvia comienza a caer y deben caminar cien metros para llegar al restaurante; por suerte, su reservación se mantiene de manera que pronto se sientan. Él sabe que está reaccionando de una manera desmesurada pero no puede dejar de hacerlo. No obstante, ella no puede entender por qué él está alterado. Se sientan juntos y comen en silencio pétreo.

La reacción se basa siempre en experiencias pasadas. Los elementos de cualquier situación presente resuenan con el pasado y desencadenan patrones habituales que se formaron y se desarrollaron sobre la base de la experiencia pasada. Cuando los patrones se activan, la atención sale por la ventana. Lo que vemos, lo que sentimos y lo que hacemos está moldeado por las complejas interacciones de los patrones condicionados del pasado.

Cuando el marido examinó su reacción más tarde, primero identificó lo exasperado que se sentía porque su mujer no había hecho algún arreglo para estacionarse o, al menos, tenía un plan de respaldo. «Eso es lo que yo habría hecho», dijo. Cuando se le preguntó por qué el no haber planeado nada respecto al estacionamiento lo había alterado tanto, replicó con petulancia que él siempre se aseguraba de que cualquier eventualidad estuviera cubierta al menos de dos maneras, una habilidad que le había funcionado muy bien como empresario. Investigando más a fondo, se reveló que él realmente se sentía inseguro si tenía que dejar algo al azar; toda su vida estaba basada en controlar los resultados tanto como fuera posible.

Su patrón de control le impedía apreciar que su mujer tenía su propia manera de manejar las situaciones y que era paciente, ingeniosa y flexible. A pesar del hecho de que realmente nada había salido mal, su reacción a la falta de un plan alternativo le impidió disfrutar del resto de la noche. Era víctima de sus propios patrones reactivos.

Las emociones reactivas juegan un papel importante en la manera en que experimentamos la vida. Probablemente la pregunta más frecuente sobre la práctica de meditación sea: «¿Cómo uso la meditación para manejar las emociones?». En los capítulos siguientes, se explican técnicas específicas para desmantelar los patrones emocionales reactivos. En estas técnicas, la atención desarrollada en la práctica de meditación se utiliza para salir de los estados emocionales reactivos.

¿Cómo funcionan las emociones reactivas? La tendencia emocional a reaccionar es un proceso que se inicia con un estímulo, continúa a través de varias etapas internas y culmina en la expresión de una reacción.

Tomemos un ejemplo: eres parte de un equipo y presentas tu idea para el proyecto en curso. Un integrante de tu propio equipo dice airadamente: «Si seguimos esa estúpida idea, vamos a tener que rehacer todo».

¿Cómo reaccionas? Una posibilidad es tomar el comentario como un insulto y replicar de la misma manera. Otra es tragarte tu propio enojo y dejarlo que dé vueltas en tu interior durante el resto del día. El proceso puede dividirse en cinco pasos (que corresponden a los cinco *skandhas*).

1. La primera experiencia es el sonido de la voz del compañero de trabajo.
2. Se da acompañada por un sentimiento desagradable.
3. El sonido, el tono y las palabras se interpretan como insultantes y ofensivas.
4. El enojo surge como una reacción emocional.
5. El enojo se expresa o se reprime: das una respuesta hiriente o te tragas el enojo y no dices nada.

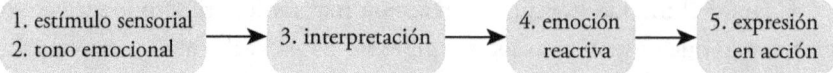

A medida que practicas la meditación, ves una posibilidad de apertura entre los pasos 4 y 5. Ves una diferencia entre la emoción reactiva del enojo y la expresión de ese enojo en acción. La atención nos permite diferenciar entre el sentimiento y la expresión del sentimiento. En circunstancias reales, la mayor parte de la gente tiene dificultades para aprovechar esa apertura porque, al llegar al paso 4, el proceso reactivo ha tomado demasiado impulso.

A medida que continúas practicando, la atención activa penetra el proceso reactivo más profundamente y te permite captar la transición del paso 3 al 4, entre la interpretación y la emoción reactiva. Salir del proceso reactivo en este momento es más fácil porque la energía en la reacción está a un nivel más bajo; no tiene tanto impulso. Sin embargo, las primeras veces que lo intentas, puede sorprenderte un segundo proceso del cual no eras consciente hasta ese momento.

Cuando te das cuenta de la transición entre la interpretación y la emoción reactiva y te sales del proceso reactivo, experimentas un condicionamiento acumulado asociado con esa interpretación particular. El condicionamiento incluye experiencias pasadas similares y las emociones reactivas generadas por esas experiencias. Tienes la sensación de haber sido golpeado por una ola que surgió de la nada. Aunque las asociaciones emocionales no estén conectadas con la situación presente, suelen empujarte de vuelta a la reacción. A medida que se desarrolla la atención, puedes distinguir cada vez más entre las asociaciones pasadas y el presente, soltarlas y no reaccionar.

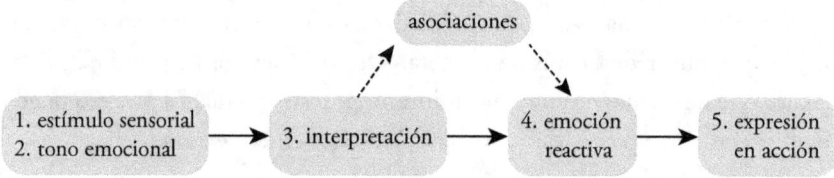

En el caso del comentario airado de tu colega, tu trabajo sobre la atención te permite saber que estás alterado. A medida que sientes surgir el enojo, te das cuenta de que estás alterado porque te han llamado estúpido. Sabes que no eres estúpido, y sabes que la idea no es estúpida. Sabes que tu compañero de trabajo generalmente desvaloriza las ideas nuevas y que su comentario no está realmente dirigido hacia ti. No obstante, aún te sientes enojado. Mientras permaneces en atención con el enojo, sientes enojos y frustraciones viejas por haber sido llamado estúpido y no haber sido comprendido en otras situaciones que no tienen que ver con la de hoy.

El cultivo continuo de la atención nos permite captar el proceso reactivo aun antes. En cada experiencia sensorial, surge un tono emocional agradable, desagradable o neutro. El tono emocional desencadena uno de los tres patrones reactivos básicos: atracción, aversión o indiferencia. Cuando experimentas el tono emocional en atención, no caes en la estructura reactiva correspondiente. Experimentas placer cuando ves una flor en un prado y no tienes que arrancarla y hacerla tuya.

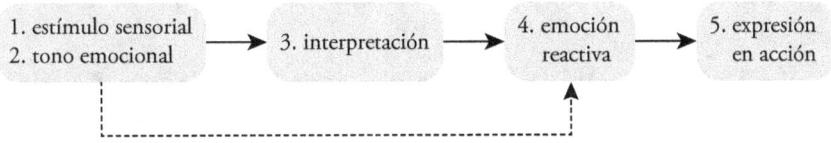

La mayor parte de la gente trata de aplicar la práctica de meditación a las últimas etapas del proceso, esto es, cuando sienten enojo y no quieren expresarlo de manera inapropiada. Desafortunadamente, para ese momento la reacción emocional ha acumulado demasiada energía como para poder detenerla. El beneficio de la práctica de meditación y atención es que podemos captar el proceso mucho antes.

Si hay suficiente energía en la atención, una nueva posibilidad se abre en cada paso. Volvamos al compañero de trabajo y su comentario ofensivo. Entre los pasos 4 y 5, podrías decir: «Solo porque me siento enojado no significa que tengo que desquitarme». Entre los pasos 3 y 4, podrías decir: «Solo porque rechazó la idea no significa que tengo que enojarme». Entre las etapas 2 y 3, podrías decir: «Solo porque el comentario sonó desagradable no significa que tengo que tomarlo como un rechazo». Los pasos 1 y 2 suceden juntos. El cambio en este momento es: «Solo porque el sonido es desagradable no significa que tenga que reaccionar con aversión».

La elección depende de que seas capaz de percibir una alternativa. Si no eres capaz de percibir una alternativa, la noción de elección no tiene sentido. Cuando el proceso reactivo está funcionando, no hay conciencia despierta. Para actuar de una manera diferente, necesitas tener atención libre. La atención libre es energía que no está consumida por los patrones habituales. Con ella, ves y experimentas los eventos de manera diferente. Se abren nuevas posibilidades de acción.

Los procesos reactivos funcionan de dos maneras principales: la expresión y la represión. La emoción reactiva se lleva hacia afuera como acción o se empuja hacia dentro, fuera de la conciencia. En ninguno de los dos casos sentimos la emoción reactiva o el proceso reactivo.

Cuando expresamos o empujamos la carga emocional hacia la acción, esta se vuelca sobre el mundo y afecta a quienes nos rodean. Cuando reprimimos o empujamos la carga emocional hacia adentro, se introduce en el cuerpo y produce enfermedades o conductas compensatorias tales como la adicción.

La atención abre una tercera manera de trabajar con las emociones reactivas. Las mantenemos en atención, sin expresar ni reprimir la reacción. Cuando sentimos la emoción completamente, la energía de la emoción se transforma en atención.

¿Cómo transformas la energía reactiva en atención? Cuando surge una reacción emocional intensa, descansa la atención en la respiración e incluye la experiencia de la emoción. Suelen cometerse dos errores: enfocarse en la emoción misma, y enfocarse en la respiración y excluir la emoción. Si te enfocas en la emoción misma, tiende a fluir más energía hacia el patrón reactivo y terminas reaccionando aún más intensamente. Si tratas de excluir la emoción de la atención, terminas reprimiéndola.

En lugar de eso, mantén la atención en la respiración e incluye la sensación de la emoción tanto como puedas, sin caer en la agitación ni en la somnolencia. Cuando logres descansar un poco en la emoción, incluye más del sentimiento en tu atención. Luego, incluye todas las reacciones físicas, emocionales y cognitivas de la reacción emocional inicial. Finalmente, experimentarás un cambio y podrás descansar en calma y a gusto aun cuando recuerdes la situación original. Te sentirás más claro y más presente. En ese momento, el proceso reactivo se ha transformado en atención. Has comenzado a derribar el condicionamiento asociado a los patrones subyacentes.

Finalmente, hay una trampa en la práctica de meditación que debes evitar: La práctica de meditación eleva el nivel de energía en tu sistema en forma de atención activa. El nivel elevado de energía inevitablemente te pone en contacto con patrones emocionales reactivos; si te pones selectivo y reprimes ciertas emociones, sacándolas del campo de la atención, suceden dos cosas: el alto nivel de energía en tu sistema fluye hacia el patrón reactivo y lo hace más fuerte, y fluye también hacia el patrón represivo y también lo hace más fuerte. Se refuerzan tanto los patrones reactivos de emoción como los represivos y terminas escindiéndote en dos: una parte de ti es capaz de prestar atención y responder, y la otra parte se vuelve cada vez más rígida e inflexible y toma el control imprevisiblemente cada vez que la emoción reprimida se desencadena por eventos o situaciones.

Así, la persona se vuelve más arrogante y autoindulgente, obsesionada con el poder, el dinero, el sexo, la seguridad u otras fijaciones, e intenta controlar o acumular el objeto de la obsesión. Los practicantes con muchos años de experiencia y los maestros que protegen ciertas áreas de su vida para que no las toque su práctica, suelen toparse con este problema con resultados desafortunados y, a veces, trágicos. Corremos el riesgo de un destino similar si protegemos cualquier área de nuestra personalidad o de nuestra vida para que no la toque la conciencia incrementada que se desarrolla en la meditación.

Para resguardarte de este problema, mantén siempre al menos a una persona, un maestro, un colega o un amigo, con quien puedas conversar sobre todos los aspectos de tu práctica y tu vida. Esta persona necesita ser alguien en quien confíes y a quien escucharás independientemente del estado mental en que te encuentres o de lo que él o ella diga. La *única* manera de estar seguro de no proteger algún área de tu personalidad habitual de los efectos de la práctica es tener a semejante persona en tu vida.

EN RESUMEN

La atención activa es esencial para cualquier trabajo de transformación interna; solo a través de la atención podemos salir del proceso reactivo que controla nuestra vida. La atención es esencial para descubrir la conciencia natural que es nuestro legado humano.

El método aparentemente simple de volver a lo que ya está ahí está basado en las perspectivas y métodos de las escuelas de conciencia directa del budismo tibetano. Simple no significa fácil. A medida que practicamos, nos volvemos cada vez más conscientes de las muchas maneras en que nos salimos de la atención. Comenzamos a apreciar que debemos apoyar el cultivo de la atención haciendo ajustes en nuestra vida.

El apoyo para la práctica proviene fundamentalmente de soltar aquellos aspectos de la vida que socavan o contrarrestan el cultivo de la atención. Al final, la motivación para efectuar semejantes cambios debe provenir de tu propia experiencia de atención, no de una persona ni de un cuerpo de enseñanzas que te digan qué hacer. Para que la práctica sea verdaderamente tuya, la motivación y el esfuerzo deben provenir de tu interior. Incluso una pequeña experiencia de la diferencia entre la tendencia a reaccionar y la presencia va a ser muy útil para generar la confianza e inclinación necesarias para continuar haciendo más esfuerzos.

Refinar la práctica implica comprender los principios de la meditación y cómo aplicarlos. El principio clave es el juego entre la claridad y la estabilidad. Relajándote cuando estás distraído por pensamientos y reanimándote cuando estás somnoliento, encuentras la manera de hacer el ajuste correcto en el que tanto la claridad como la estabilidad están presentes.

Una práctica constante es la respuesta para la mayoría de los problemas que surgen en la meditación y en la vida. No ganarás cada batalla; la resistencia y los patrones son tenaces y persistentes. Con una intención clara, esfuerzo constante, confianza y comprensión clara de los principios de la práctica, puedes lograr y lograrás desmantelar los patrones que impiden que experimentes tu vida. No pierdas un día de práctica. Y cuando lo hagas, no sucumbas a la reacción de que todo está perdido y que más valdría abandonarla. Un día perdido es como un pensamiento que distrae. Una vez que reconoces que no estás practicando, comienza de nuevo. Recuerda que la esencia de la meditación es volver, volver, volver a la conciencia natural que ya está ahí.

Al cultivar la atención, tenemos la herramienta primaria que necesitamos para movernos hacia la presencia. La mente original está cubierta por muchas capas de condicionamiento, incluyendo los patrones de percepción, la tendencia a reaccionar emocionalmente, la historia familiar y los condicionamientos sociales y culturales. Todas estas capas deben desmontarse si vamos a abrirnos al misterio de ser. Sin embargo, todo este condicionamiento constituye la experiencia de la vida tal como ahora la conocemos. Desmantelar esos patrones es desmantelar nuestra vida, morir a la vida que conocemos. Ese es el desafío que nos aguarda: morir voluntariamente y con plena conciencia.

CAPÍTULO 4

Desmantelar el apego al éxito convencional

—*Si nadie dice nada que me entretenga* —*grító un rey tiránico y decadente*—, *les cortaré la cabeza a todos en la corte.*

Mulá Nasrudín, de inmediato, dio un paso al frente.

—*Majestad, no me corte la cabeza. Haré algo.*

—*¿Y qué puedes tú hacer?*

—*¡Puedo enseñarle a leer y a escribir a un burro!*

El rey respondió:

—*¡Es mejor que lo hagas o te desollaré vivo!*

—*Lo haré* —*dijo Nasrudín*—, *¡pero tardaré diez años!*

—*Muy bien* —*dijo el rey*—. *Tienes diez años.*

Cuando la audiencia terminó, los cortesanos rodearon a Nasrudín.

Mulá —*dijeron*—, *¿puedes realmente enseñar a un burro a leer y a escribir?*

—*No* —*dijo Nasrudín.*

—*Entonces* —*dijo el más sabio de los cortesanos*—, *solo has traído una década de tensión y ansiedad, ya que seguramente te ejecutarán. ¡Ah!, qué locura preferir diez años de sufrimiento y contemplación de la muerte a un corte rápido del hacha del verdugo...*

—*Has pasado por alto una sola cosa* —*dijo el Mulá*—. *El rey tiene setenta y cinco años de edad y yo, ochenta. Mucho antes de que termine el plazo, otros elementos habrán entrado en la historia...*

IDRIES SHAH
Las sutilezas del inimitable mulá Nasrudín

La muerte, inevitable y final, nos obliga a enfrentar el misterio de ser: «¿Qué es esto que ahora experimento, que puede terminar en cualquier momento?»

La muerte ha motivado a muchos grandes maestros a lo largo de los siglos. Haber visto a un cadáver destrozó la ilusión de la felicidad continua de Siddhartha. Gampopa, maestro tibetano del siglo XII, se ocupó del gran tema de la vida y la muerte cuando perdió a su esposa poco después de casarse. El maestro de mi propio maestro era el sastre del monasterio. Un día se dio cuenta de que él también iba a morir, así que se encerró en las letrinas del monasterio durante siete años para practicar la meditación.

¿Por qué pasar tiempo pensando en la transitoriedad y la muerte? Contrariamente a las opiniones de nuestra cultura, la muerte no es lo opuesto a la vida; es el final de la vida. Como tal, la muerte es una parte tan importante de la vida como el nacimiento. Cuando ignoramos la muerte, no podemos saber lo que es realmente la vida y, por lo tanto, no la experimentamos plenamente. En cambio, tomamos lo que es transitorio —el dinero, la fama, el poder, las relaciones— como algo real y basamos nuestra vida en la consecución de algo que no puede durar —la felicidad, la riqueza, la fama y el respeto—. Cuando basamos la vida en aquello que se nos puede arrebatar, cedemos el poder sobre nuestra vida a cualquiera que pueda quitárnoslo. Nos volvemos dependientes de los demás y de la sociedad para tener un sentido de bienestar; regalamos nuestra vida a los otros y a lo que ellos consideran importante.

Un día moriremos; eso es seguro. Cuándo y cómo, nadie puede asegurarlo. Sin embargo, si estamos vívidamente conscientes de que la muerte puede llegar en cualquier momento, nuestra atención se enfoca en la experiencia real de la vida, no en el esfuerzo por alcanzar la fama o la fortuna. Cuando verdaderamente entendemos que todo es transitorio, vemos el dinero, la fama, el poder e incluso las relaciones con ojos diferentes. El apego a las nociones convencionales de éxito y fracaso se rompe. Sabiendo que cada relación que tengamos terminará, no damos nada por sentado y saboreamos cada momento con nuestro cónyuge, nuestros padres o nuestros hijos. Meditar sobre la muerte y la transitoriedad nos libera de los condicionamientos de la cultura, la sociedad y la educación, y nos acerca a la vida y al misterio de ser.

La muerte no es un tema popular. Poco después de terminar mi primer retiro de tres años, participé en una cena con un grupo de personas, una de las cuales era psicólogo. Como le interesaba mi experiencia, me preguntó qué había estudiado durante ese retiro. Le contesté que el noventa por ciento del currículo tenía que ver con aprender a morir. Todas las conversaciones se detuvieron y se hizo un silencio.

Reflexionar sobre los aspectos específicos de la transitoriedad y sus implicaciones nos confronta directamente con los puntos de vista habituales y los patrones emocionales que distorsionan la experiencia de la vida. Estas meditaciones desmantelan las actitudes socialmente condicionadas sobre el sentido y el propósito de la vida. Cambiarán profundamente tu forma de ver la vida y la práctica espiritual.

El entrenamiento básico en meditación es un prerrequisito para las meditaciones sobre la muerte y la transitoriedad; los patrones habituales solo pueden desmantelarse cuando eres capaz de experimentar el funcionamiento de esos patrones reactivos con atención. Estas prácticas te colocan cara a cara con temas ignorados durante mucho tiempo, temas que desafían la manera en que cotidianamente le das sentido al mundo. Quizás te sentirás incómodo, ansioso, o asustado, arrepentido, avergonzado, enojado, mareado, emocionado, perplejo, inútil, estúpido: todos los sentimientos que te llevaron a abandonar tu vida para obtener la aprobación de los demás. Necesitarás tener una práctica constante y saber cómo descansar en atención, cómo trabajar con la distracción y cómo mantener la atención con las emociones reactivas. Perder el rumbo en las reacciones emocionales solo las hará más fuertes, así que la atención es un prerrequisito.

Por consiguiente, te animo a tener una buena base en la práctica de la meditación y a que trabajes con un maestro o guía con conocimiento y experiencia.

CÓMO PRACTICAR

Tres pasos: Estudiar, reflexionar y cultivar

Las cinco meditaciones sobre el cambio y la muerte son significativamente diferentes de la meditación básica sobre cultivar la atención. En la meditación básica, soltamos el proceso de pensar y regresamos la atención a la respiración una y otra vez. Las prácticas sobre la muerte y la transitoriedad utilizan un proceso de tres etapas: estudiar, reflexionar y cultivar. Utilizamos estas tres etapas en todas las meditaciones que siguen.

Estudiar

El primer paso es aprender las guías para estas meditaciones. Estúdialas hasta que obtengas una clara comprensión intelectual y puedas traerlas a la mente a voluntad.

En el caso de la muerte y la transitoriedad, este paso no es difícil. Una lectura cuidadosa de las guías generalmente es suficiente. A nivel intelectual, ya conoces la mayor parte del material. Sabes que todo cambia. Sabes que morirás.

El conocimiento intelectual, sin embargo, no es suficiente. Puedes decir: «Sí, sí, ya lo sé, todo el mundo se muere», y aún creer que ciertas cosas nunca van a cambiar: el amor de un marido, la seguridad de tu casa, el roble en tu jardín.

Algo muy dentro de ti se aferra a la creencia de que nunca morirás. Como dijo una vez William Saroyan: «Todos sabemos que vamos a morir, pero yo realmente pensé que en mi caso se haría una excepción».

Reflexionar

La reflexión es donde comienza el trabajo. Por ejemplo, el tema de la primera meditación es «Todo cambia, nada permanece igual». Construye una secuencia de imágenes (si trabajas visualmente) o de ideas (si trabajas verbalmente) que representen el tema. Usa la guía de la meditación y reflexiona sobre cada punto manteniéndolo en atención; pensando sobre él y sopesándolo durante algunos minutos. En las primeras sesiones de práctica, mantén la guía abierta frente a ti. Lee un punto y piensa sobre él; luego pasa al siguiente. Después de unas cuantas sesiones, no necesitarás leerlas.

Piensa activamente sobre el hecho de que todo cambia y nada permanece igual. Inicialmente te distraerás con temas totalmente desvinculados. Pacientemente, vuelve a la guía y a la secuencia elegida. Te encontrarás con estados de agitación y de opacidad, como los descritos en el capítulo anterior. A veces, caerás en un estupor opaco o simplemente te dormirás. Ambas reacciones: distraerse y dormirse, son manifestaciones de la parte de nosotros que sostiene la creencia de que viviremos para siempre. Esta parte funciona mecánicamente, erosionando la atención y cerrando incluso la posibilidad de explorar la transitoriedad. A medida que empieces las meditaciones sobre la muerte, habrá mecanismos reactivos similares que funcionarán aún más poderosamente. Semejantes perturbaciones son comunes. Simplemente haz la práctica y podrás atravesarlas.

El punto de la reflexión es validar el material con tu propio entendimiento. ¿Alguna idea en particular de esta guía tiene sentido para ti? ¿Resuena con tu propia experiencia? A medida que reflexiones una y otra vez en cada punto de la guía sentirás un cambio en tu percepción y comprensión. Este cambio está marcado por la disminución de la distracción. Ahora la meditación tiene un mayor impacto emocional; el esfuerzo hecho en la reflexión ha desmantelado parte del patrón de ignorar. Ahora reconoces que todo es transitorio, que nada permanece igual; sientes la verdad del cambio y aprecias cuánto has ignorado las implicaciones de la transitoriedad en tu vida.

Cultivar

El tercer paso comienza aceptando la validez del punto clave, en este caso, todo cambia, nada permanece igual. Ahora dedica más tiempo a las imágenes e ideas. Como una esponja que absorbe agua, mantén el tema, las imágenes y las ideas con tu atención y deja que el mensaje penetre. Descansa en atención con cada elemento de la secuencia, permitiendo que te hable sobre el cambio y la muerte.

La comprensión se desplaza del nivel intelectual («Sí, sí, ya lo sé») al emocional («Ah, ahora veo, ¡realmente no hay nada con lo que pueda contar!»). La energía de la atención es ahora suficiente para permitir que te mantengas presente con las reacciones emocionales ante la transitoriedad. La comprensión emocional no es un estado de perturbación y reacción; por el contrario, es un nivel más profundo de aprecio, en el cual las tendencias reactivas han amainado y se están reemplazando por la comprensión y la aceptación.

El cultivo es la fase en la cual se desarrolla realmente la comprensión emocional y donde tu experiencia y visión de la vida cambian. Por ejemplo, cuando verdaderamente tomas a pecho que te vas a morir, naturalmente enfocas energía y atención en los aspectos de la vida en los que te sientes más vivo y presente. Y cuando verdaderamente tomas a pecho que podrías morir en cualquier momento, prestas plena atención a las relaciones importantes en tu vida. Cuando sales para el trabajo por la mañana, sabes que puedes no volver a ver a tus hijos otra vez. Imagina lo diferente que sería tu vida si nunca dieras por sentados mañana o la semana próxima o el año que viene.

En medio de la acción, la comprensión intelectual es mucho más lenta y menos poderosa que la comprensión emocional. Para acceder a la comprensión intelectual debemos recordar, traer a la situación presente lo que conocemos intelectualmente. Con la comprensión emocional, la comprensión forma parte de nuestra experiencia de la situación; no tenemos que recordar. Por esa razón, la comprensión emocional conduce a transformaciones más amplias y profundas en nuestra vida.

Cuestiones prácticas

Para las meditaciones sobre la muerte y la transitoriedad, divide una sesión de práctica formal en tres secciones: primero, establece una base de atención; después, presta atención al material y, finalmente, deja que la comprensión se propague a través de todo tu ser. Mientras una sesión de media hora era suficiente para lograr un buen progreso en la meditación básica, ahora necesitas extender la práctica formal a unos cuarenta y cinco minutos o una hora.

La primera parte de cualquier sesión de práctica formal se utiliza para establecer una base de atención estable. Durante quince o veinte minutos, siéntate en meditación básica, descansando la atención en la respiración.

A continuación, dedica entre veinte y treinta minutos a traer la atención a las imágenes e ideas derivadas de las pautas de esa meditación. Este tiempo es suficiente para producir buenos resultados con una práctica cotidiana constante y no es tan extenso como para que se instalen el aburrimiento o la falta de frescura.

Finalmente, dedica otros diez o quince minutos para permitir que la comprensión se propague a través de todo tu ser, regresando la atención a la respiración, sintiendo que todo tu cuerpo respira y soltando las imágenes e ideas que has estado contemplando.

Las reflexiones sobre el cambio y la muerte funcionan lenta y profundamente. Con frecuencia, te distraerá la agitación o caerás en un estado mental opaco. Tal como cuando cultivas la atención, aplica las técnicas de relajación y revitalización, y luego vuelve a la secuencia de imágenes e ideas. A menudo, te encontrarás confundido y perderás el hilo de la meditación. Cuando esto suceda, vuelve a la guía.

Cuando comiences a sentir confianza en tu práctica —cuando puedas descansar la atención en la reflexión y seguir la progresión de ideas—, surge un segundo nivel de resistencia: «A mí no me gusta esta práctica ni sus implicaciones». La incomodidad es un signo alentador; indica que el apego a la visión convencional del mundo se está desintegrando. Sé constante y continúa, sin ignorar la resistencia y sin dejar que interrumpa tus esfuerzos. Experimenta la resistencia volviendo a la respiración y expandiendo la atención para incluir las sensaciones que la acompañan. La resistencia se disipará o advertirás la siguiente capa de resistencia. Paso a paso, la atención penetrará las capas de reacción hasta que surja la comprensión a nivel emocional. En ese momento, estarás en contacto directo con la muerte y la transitoriedad, y tu visión y enfoque de la vida cambiarán.

Practicar un conjunto de meditaciones solo para decir que las «has hecho» no tiene sentido. El objetivo de estas prácticas es comprender la muerte y la transitoriedad a nivel emocional. Cuando la comprensión alcanza tal nivel, sientes que algo se rompe o cambia dentro de ti. ¿Cuánto tiempo tarda? Eso varía ampliamente de persona a persona. Una idea o una creencia se ha hecho añicos y sabes que no puedes volver atrás. Idealmente, deberías practicar cada una de estas meditaciones hasta que percibas ese cambio. Entonces pide a tu maestro que confirme tu comprensión. Un viejo proverbio dice: «Practica hasta que tengas un resultado. Luego, practica durante tres días más y luego tres más y luego tres más».

Realiza estas prácticas inteligentemente. Algunos días te sentirás flexible y te abrirás fácilmente al material. En esos momentos trabaja intensa y profundamente. Otros días, te sentirás duro, rígido y tal vez incluso frágil. Cuando eso suceda, trabaja con las prácticas con constancia, pero no trates de abrirte paso a través de la rigidez directamente; ejercer presión frontal sobre la resistencia solo la fortalece.

Kalu Rinpoche solía enfatizar la importancia de mantener la mente flexible y trabajable. «Cuando la mente se vuelve tiesa y rígida, la práctica se vuelve muy difícil. Entonces, la mente es como una bolsa de cuero que se ha utilizado para almacenar mantequilla. Cuando la mantequilla penetra en el cuero, este se vuelve duro y quebradizo; la bolsa queda inservible y hay que desecharla. No importa cuánto se intente, el cuero nunca volverá a ser suave y dúctil. No dejes que a tu mente le suceda lo mismo».

Estructura y uso de las guías y los comentarios

La meditación sobre la muerte y la transitoriedad se divide en cinco meditaciones, que siguen una secuencia; cada una de ellas se fundamenta en las anteriores. Cada meditación incluye un propósito, una frase clave y una secuencia de imágenes e ideas. Cada una está diseñada para despertarte ante un aspecto específico del cambio o la muerte.

Las cinco frases clave son la forma original de una meditación Kadampa que data del siglo XIV en el Tíbet. Estas frases funcionan como llaves. Después de que hayas dedicado una buena cantidad de tiempo a contemplar la muerte y la transitoriedad, traer a la mente una frase clave puede abrir todo el esfuerzo que has puesto en la práctica, dándote acceso instantáneo a la comprensión que se ha desarrollado en ti. Las frases son concisas y fáciles de memorizar. Memorízalas.

La secuencia de imágenes e ideas se utiliza para enfocar la atención durante la práctica de meditación. La secuencia no es sacrosanta; si encuentras otras imágenes o ideas que resuenen más profundamente contigo, úsalas.

Los comentarios en cada una de las meditaciones incluyen meditaciones guiadas para darte una idea de cómo usar las guías para reflexionar y cultivar.

En las guías se incluye una serie de citas de fuentes tradicionales. La mayoría proviene de Gampopa. Él, a su vez, se inspiró en una larga tradición de textos y comentarios de maestros indios y tibetanos.

Trabajar con el miedo

La muerte es aterradora; el cambio es aterrador. Cuando haces estas prácticas, suele surgir miedo. Sentirás miedo en tu cuerpo, sentirás miedo emocional y tendrás pensamientos aterradores. La muerte te perseguirá cada vez que subas a tu auto. Algunas noches, quizás no puedas dormir; más bien permanecerás despierto pensando en tu inevitable muerte.

A nivel del pensamiento, reaccionamos al miedo pensando en otras cosas o deslizándonos hacia un sopor opaco. El aburrimiento y la irritación con la práctica son comunes, pero suspenderla no producirá beneficio alguno; dejar de meditar en la muerte y la transitoriedad no evitará que mueras. La única cuestión es si vas a seguir ignorando tu propia mortalidad y tu propia vida.

> Antes de morir, todos los hombres deberían tratar de saber de qué están huyendo, hacia dónde y por qué.
>
> —*James Thurber*

Una mujer de unos cuarenta años había practicado estas meditaciones durante varios meses. Un día, vino a mi oficina, se sentó y me miró. «¡Odio estas meditaciones! Son cada vez peores. Francamente, Ken, no sé por qué hay gente que estudia contigo».

Después de unos instantes pregunté: «¿Así que estas meditaciones no han sido útiles?»

Pensó un momento en la pregunta y contestó: «No dije eso. Me despierto, hago las meditaciones y no son divertidas. Luego sigo con mi día, con la muerte caminando detrás de mí, como sugeriste; nunca me he sentido más viva».

«Muy bien», contesté.

Entonces, se rio. «Sigo sin saber por qué alguien estudiaría contigo».

Aunque la incomodidad física es común en esta práctica, no morirás por hacer estas meditaciones. El cuerpo, sin embargo, no lo sabe. Intermitentemente, tu corazón podría latir más rápido, podrías sentir malestar estomacal, o ponerte tenso y agitado. De hecho, todos estos son signos de una práctica eficaz: Te estás acercando al fuego. Cuando experimentes estos signos, trabaja con una atención inclusiva, descansando en la respiración e incluyendo las sensaciones físicas de tensión, agitación y miedo.

Ábrete emocionalmente a la experiencia misma de miedo; utiliza la respiración como base de atención y luego ábrete a la sensación. Si el miedo es muy intenso, ábrete solo un poco, experimentando tanto como puedas mientras mantienes la atención en la respiración. Cuando puedas permanecer presente con ese atisbo de miedo, ábrete un poco más y luego un poco más.

Se está formando un nivel más alto de atención que te permite sentir miedo sin caer en un patrón reactivo. Sabes, a nivel emocional, que todo cambia y que todos moriremos. No necesariamente te sobrepondrás al miedo, pero aprenderás a permanecer presente en él.

La habilidad para experimentar las emociones y no caer en la distracción ni en la reacción es uno de los aspectos más importantes de la práctica. Después de que los estudiantes asimilan la comprensión de un tema en particular, les sugiero que dejen de utilizar la guía y que pasen más tiempo sintiendo el impacto de su introspección. Por ejemplo, en la segunda meditación, vemos que la muerte es inevitable. Siéntate durante un par de semanas más o durante un mes más con la pregunta: «Voy a morir. ¿Cómo me siento al respecto?». La pregunta actúa como un peso, llevándonos a las aguas profundas de nuestro miedo y trayendo atención plena y conciencia despierta a aquellas áreas donde solamente hay miedo y confusión.

A nadie le gustan estas meditaciones, pero no podemos estar presentes en la vida hasta que dejemos de ignorar la muerte y el cambio. Comenzamos con el cambio.

Meditación 1: Todo cambia

PROPÓSITO:
Saber que todo lo que experimentamos es transitorio.

FRASE CLAVE:
Considera cómo todo cambia; nada permanece igual.

Cambio en el mundo

- Galaxias, estrellas y planetas
- Océanos, continentes, montañas, colinas, lagos y ríos
- Plantas, árboles, arbustos, pastos, prados, praderas, bosques

- Animales, mamíferos, pájaros, reptiles, peces, insectos
- Sociedad humana, imperios, países, naciones, gobiernos
- Ropas, modas, novedades
- Filosofías, teorías sociales y científicas, formas artísticas
- Climas, ciclos de largo plazo, estaciones, de día en día
- El cambio momento a momento en el mundo que nos rodea

Cambio en el cuerpo

- Cambios externos: pelo, piel, uñas de las manos y uñas de los pies
- Cambios internos: músculos, huesos, sangre, corazón, pulmones y otros órganos
- Capacidad: ver, oír, gustar, tocar, oler, pensar, recordar
- Apetitos: comida, sexo, ejercicio, sueño
- Cambios de estatura, peso y forma, a medida que maduramos y envejecemos
- Cambios celulares y metabólicos

Cambio en la personalidad y en los sistemas de creencias

- Rasgos de personalidad predominantes
- Gustos y disgustos
- Creencias e ideas sobre quienes somos
- Creencias e ideas sobre el mundo
- Cómo somos en las relaciones
- Cómo vemos y experimentamos el mundo
- Cómo pensamos y cómo interpretamos la experiencia

Comentario

Esta meditación nos despierta a la comprensión de que todo es transitorio. La meditación está dividida en tres secciones. Invierte tres o cuatro semanas para cada sección.

Cambio en el mundo

Comienza por visualizar los objetos más grandes y estables del universo y ve hacia abajo, hasta llegar a los más pequeños y más inestables, observando cómo cada uno de ellos se forma, permanece y finalmente se desintegra.

Desde las galaxias hasta los planetas y las estrellas, desde los mares y océanos hasta los charcos y las lagunas, desde los continentes hasta las islas, todo cambia. Todos los seres vivos, desde los animales y las plantas más grandes hasta las bacterias y los virus más pequeños, están evolucionando y adaptándose aun mientras convierten constantemente la materia en energía y la energía en materia de desecho. Las moléculas, los átomos e incluso las partículas subatómicas se crean, permanecen y se desintegran, algunos a lo largo de períodos inconcebiblemente largos, otros tan rápidamente que los más sofisticados sistemas de medición apenas pueden detectarlas. Nada permanece igual: Las montañas se erosionan, los océanos se secan y especies enteras de plantas y animales se extinguen, mientras otras toman su lugar a medida que evolucionan a lo largo de milenios.

Observa los patrones cambiantes de forma, color, luz, sonido, tono y timbre que percibes. Las experiencias sensoriales son un juego constante de cambios de luz, sonido, sabores, olores y texturas. Nota cómo las olas cambian de forma a medida que se aproximan a la costa, cómo las nubes aparecen y desaparecen en el cielo y cómo los colores cambian con una luz que se modifica a medida que el día pasa a ser noche. El juego de los sonidos —la música, el llanto de un bebé, la alarma de un coche, el rugido de un avión, el viento en los árboles— todo se mueve y cambia constantemente. Cómete una fresa y observa lo rápido que el sabor cambia de dulce a ácido y a dulce de nuevo. Luego, prueba con los otros sentidos —el olfato, el tacto y el oído— y asiéntate en la experiencia del cambio.

Extiende estas reflexiones a todo, tanto el mundo de la naturaleza como el mundo construido por los seres humanos. Ve los ciclos de cambio en la naturaleza y los ciclos de cambio en las sociedades: edificios, instituciones culturales, movimientos artísticos, sistemas de pensamiento, gobiernos y países.

Gradualmente, el sentido de que todo alrededor de ti está cambiando penetra cada vez más profundamente, activando reacciones emocionales. Puede ser que te sientas confundido por la incertidumbre del cambio, u obsesionado, deprimido, tenso, agitado o ansioso debido a eso. Aquí es donde rinde sus frutos la atención cultivada en la meditación básica.

Cuando las reacciones emocionales te distraen o perturban tus reflexiones, vuelve a la respiración; siente cómo viene y va hasta que nuevamente puedas descansar en ella; este paso restablece una base de atención. Luego, mientras continúas descansando la atención en la respiración, ábrete a las reacciones emocionales que surgen en ti: irritación, ansiedad, incertidumbre, miedo intenso, y así sucesivamente. Cuando puedas descansar con calma en la experiencia de la reacción, la reacción se vuelve meramente un objeto de atención; no eres tú. La irritación puede permanecer, pero ya no te identificas con ella. La irritación (o cualquier otra reacción emocional) se disipa o da paso a otra capa de reacción. Si la reacción cede, vuelve a la contemplación de la transitoriedad. Si se ha revelado otra capa de reacción, vuelve a la respiración una vez más y repite el proceso.

Al ir desprendiendo capa tras capa de patrones habituales, llegas al miedo en el núcleo de la reacción emocional. Surge como una sensación parecida a encontrarse en un terremoto, o a ser arrastrado por una ola, o a estar totalmente solo, o a caer de una gran altura, o a no ser nada. Tu impulso inmediato será escaparte de la sensación de cualquier manera que puedas. En vez de eso, respira y mantente presente; incluye en tu atención todo el miedo que seas capaz de experimentar sin caer en la confusión ni en la reacción.

Otro modo de contemplar la transitoriedad es simplemente sentarte con la pregunta: «¿Hay algo que no cambie?». Descansa la atención en la respiración y formula la pregunta. Sentirás un cambio en la atención y la pregunta se asentará pesadamente en tu cuerpo. Deja que la pregunta actúe como un peso y medita soportando el peso: ¿Hay alguna cosa que no cambie? Surgirán incomodidad, tristeza, desesperación y otros sentimientos. Igual que antes, utiliza la respiración como base de atención para mantenerte presente con las reacciones.

Los períodos de práctica formal frecuentemente están llenos de distracciones, sensaciones incómodas y otros retos. Sin embargo, mientras vas de aquí para allá en tu día, te sientes más liviano, más claro y aprecias más cada momento de la experiencia. Todas estas son señales de que ha comenzado a formarse una verdadera comprensión y aceptación del cambio.

Cambio en el cuerpo

Después de tres o cuatro semanas, comienza la siguiente sección, sobre el cambio en el cuerpo. Nota los cambios que ocurren en el cuerpo desde el momento en que nace hasta el momento en que muere.

De bebé, eras redondito y suave, muy flexible pero limitado en tus movimientos. De niño, aprendiste a caminar y a hablar, y tu cuerpo creció hasta que los músculos y huesos se fortalecieron. En la adolescencia, tu cuerpo cambió de nuevo, desarrollándose de acuerdo a tu género. En la edad madura, la piel comienza a endurecerse, aparecen arrugas y el pelo pierde su brillo y comienza a volverse gris. Finalmente, la cara se surca por las arrugas, el cuerpo se dobla por la edad, los huesos son frágiles y los músculos tan débiles que no responden.

A medida que imaginas tu cuerpo envejeciendo, te sientes incómodo; culturalmente estamos condicionados a valorar la juventud y la apariencia de la juventud. Una mujer, después de practicar esta meditación durante un par de semanas, vino a clase, me miró directamente a los ojos, y me dijo: «¡Te odio!».

Nuestros cuerpos inevitablemente envejecen; nos podemos mantener en forma y flexibles con ejercicios y una dieta adecuados, pero nada puede detener el envejecimiento del cuerpo.

Reflexiona también sobre cómo la composición del cuerpo cambia constantemente. Con cada respiración tomas oxígeno y desechas dióxido de carbono. Ingieres alimentos; los componentes nutritivos se absorben y los demás elementos se eliminan. El cabello y las uñas crecen. La piel se descama y se reemplaza. El oxígeno y la comida se combinan en el cuerpo para proveer calor y energía. La sangre, impulsada por el latido regular del corazón, circula constantemente. Cada célula del cuerpo absorbe nutrientes hasta que se divide y se transforma en dos células. Nada permanece constante. Si dejas de respirar, te mueres.

Cambio en la personalidad y los sistemas de creencias

De nuevo, después de tres o cuatro semanas, continúa con los cambios en las actitudes, en las visiones del mundo, en tu personalidad, en el sentido de quien eres y lo que eres, y en cómo te relacionas con el mundo.

El primer pensamiento suele ser que estas cosas no cambian mucho. Automáticamente, sentimos que la forma en que pensamos y la forma en que nos comportamos se mantienen iguales a pesar del paso de los años. Sin embargo, un examen cuidadoso de nuestra vida en intervalos de, digamos cinco años, puede revelar muchos cambios. Imagínate a los cinco años y recuerda lo que te gustaba y lo que no te gustaba, las relaciones importantes en tu vida, cómo te sentías, cómo te comportabas, cómo mirabas el mundo y en lo que creías. Después trasládate a los diez años y haz las mismas reflexiones, y luego a los quince y sigue así, hasta el momento presente y más allá. Surge una pregunta: «¿Qué hay en mí que no cambie?».

Cuando repasas tu vida, ves patrones de conducta y conexiones entre eventos que nunca antes habías detectado. Un exinfante de marina, una persona que había visto mucha muerte y destrucción durante la guerra de Vietnam hizo una buena transición de retorno a la vida civil. Sentía que había puesto sus demonios a descansar por haber escrito tres relatos catárticos del largo de una novela sobre sus experiencias de guerra. Tenía ahora un próspero negocio de consultoría. En su práctica de meditación, notó que su padre había estado ausente durante la mayor parte de su infancia y se dio cuenta de cuánto había echado de menos su compañía. Entonces, recordó que su padre había sido infante de marina y que él había tomado la decisión de inscribirse en la Infantería de Marina poco después de la muerte de su padre. Hasta ese momento, no había tenido noción de ninguna conexión entre su padre y su decisión de incorporarse a la Infantería de Marina.

Al reflexionar acerca de cómo cambias a medida que vas por la vida, verás cómo tu vida está moldeada, si no determinada, por profundos patrones emocionales que funcionan fuera de la conciencia.

Con el tiempo, ves que el cambio es parte de todo lo que experimentas. La comprensión emocional está madurando en una percepción diferente del mundo; comprendes que todo cambia, que lo que parece ser tan constante y permanente puede, en realidad y por razones que están totalmente fuera de tu control, desaparecer o cambiar tanto en cualquier momento que resulte irreconocible. Haces lo que hay que hacer, pero tu anticipación y tus expectativas de ver los resultados de tus acciones se reemplazan con más atención sobre lo que, de hecho, estás haciendo y sobre tu experiencia de cada momento. Comienzas a apreciar que la noción del control es una ilusión. Las circunstancias cambian y simplemente no sabes lo que sucederá. Lo único que puedes hacer es lo que está frente a ti, dando el mejor esfuerzo posible. Tu perspectiva de la vida se transforma en: «Esto es significativo para mí ahora, así que haré el esfuerzo. Desconozco lo que saldrá de aquí, pero es lo que hay que hacer en este momento».

Un campesino vivía con su hijo en unas pocas hectáreas de tierra. No eran ricos, pero sí tenían un caballo, un buen caballo, con el cual podían arar el campo. Un día, mientras reparaban el establo, el caballo se escapó. Cuando los vecinos se enteraron de la pérdida, los visitaron para compadecerse. El campesino no estuvo de acuerdo con la actitud. «¿Qué les hace pensar que esto es un desastre?», les preguntó y los echó.

Una semana después el caballo volvió acompañado de un caballo salvaje. ¡El campesino ahora tenía dos caballos! Cuando los vecinos escucharon la noticia, volvieron para celebrar, pero, de nuevo el campesino no estuvo de acuerdo con la actitud. «¿Qué les hace pensar que esto es una bendición?», preguntó.

Algunas semanas después, el hijo se cayó del caballo nuevo mientras lo domaba y se rompió gravemente la cadera. Se curó hasta cierto punto, pero a pesar de que todavía podía ayudar a su padre, sus actividades ahora estaban limitadas. De

nuevo, los vecinos vinieron para compadecerse y de nuevo el campesino les pre-
guntó: «¿Qué les hace pensar que esto es un desastre?».

El mes siguiente, un ejército pasó por la región. Necesitados de soldados, los
oficiales reclutaron a todos los hombres jóvenes y capaces que pudieron encontrar
y los forzaron a punta de pistola a unirse a su guerra. Sin embargo, el ejército no
podía emplear a alguien con la cadera fracturada.

Cada vez que mi maestro enseñaba sobre la transitoriedad, invariablemente comenzaba su discurso con los cuatro finales:

El final de la acumulación es la dispersión.
El final de la construcción es la ruina.
El final del encuentro es la separación.
El final del nacimiento es la muerte.

Estas cuatro líneas resumen el cambio y son fáciles de recordar. Úsalas para
traer tu atención al cambio durante el día.

Meditación 2: La muerte es inevitable

PROPÓSITO:
Saber que vamos a morir.

FRASE CLAVE:
Reflexiona sobre los muchos que han muerto.

Historia de la humanidad

- Los prehumanos y las primeras especies de homínidos
- Las personas de diferentes civilizaciones: chinos, griegos, romanos,
  europeos, aztecas, incas, etc., desde el comienzo de la historia hasta el
  presente
- La población mundial de los últimos cientos de años, personas en
  diferentes países

  Es dudoso que alguna vez veas o escuches de alguien
  Que ha nacido y no morirá.

  —ASVAGOSHA

Gente con habilidades excepcionales

- Los atletas (gente con gran destreza física)
- Los gobernantes y políticos (gente con gran poder temporal)
- Los líderes militares y los luchadores (gente que trata directamente con la muerte)
- Los eruditos, académicos e investigadores (gente con grandes poderes intelectuales)
- Los artistas (gente con grandes habilidades creativas)
- Los sabios (gente con grandes habilidades intuitivas y milagrosas)

Aunque los grandes sabios con sus cinco tipos de conocimiento milagroso,
Pudieran caminar lejos en el cielo,
No podrían ir a un lugar
Donde no morirían.

—Tomado de SHOKAVINODANA

- Los santos y líderes religiosos (gente con gran introspección y comprensión espirituales)

Tu familia y tú

- Tus antepasados
- Tus padres y parientes
- La gente que amas y de quien te ocupas
- Tú

Comentario

El propósito de esta meditación es despertar al hecho de que nos vamos a morir. Tiene tres secciones y debes practicar cada una durante más o menos dos semanas.

A pesar de que cada sección tiene un enfoque diferente, aproxímate a todas ellas con una sola pregunta: «¿Alguna vez ha habido alguien que no haya muerto?». A pesar de que la respuesta es obviamente negativa, la comprensión a un nivel emocional solamente surge cuando prestas atención a la pregunta una y otra vez.

Después, pasa dos semanas adicionales practicando con la certidumbre de la muerte tal como se explica a continuación.

Historia de la humanidad

Comienza con la prehistoria. Imagina a los homínidos primitivos vagando en Serengueti, cazando para alimentarse y evitando convertirse en alimento. ¿Alguno está vivo todavía? Más tarde, evolucionaron diferentes especies de seres humanos, pero excepto el *Homo sapiens,* todas ellas se han extinguido. ¿Alguno de los *Homo sapiens* originales está vivo todavía?

Tanto el calendario judío como el chino poseen más de cinco mil años de antigüedad. ¿Dónde están todas las personas que vivieron hace diez mil o quince mil años?

Continúa considerando a las grandes civilizaciones asiáticas y europeas, las civilizaciones africanas y las muchas sociedades de la Polinesia. ¿Alguna de ellas evitó la muerte? Todos sabemos lo que sucedió en Pompeya, pero ¿qué les sucedió a todas las demás personas que vivían en ese momento en Italia?

¿Qué pasó con el Nuevo Mundo, con las culturas maya, azteca e inca? Si investigas todas las culturas que han ido y venido, la respuesta comienza a reverberar: *Todo el mundo se muere.*

Al hacer esta meditación, un estudiante llegó a ver a la humanidad como un vasto mar. Las culturas y las sociedades son como las olas, surgen y desaparecen, se mueven a través del tiempo y del espacio. Las crestas son el apogeo de los imperios tales como el egipcio, el romano o el chino. Los valles son los períodos intermedios de caos tales como la Edad Media en Europa o el Período de los Reinos Combatientes en China, cuando culturas enteras morían y otras nuevas nacían. Sin embargo, todos, ya sea que vivan en una cresta o en un valle o entre ambos, mueren.

Gente con habilidades excepcionales

Tal vez pienses que la muerte hace una excepción con las personas con habilidades excepcionales. Considera las cualidades y habilidades especiales que admiras y que quieres desarrollar en ti mismo. Considera a los individuos que tienen o han tenido esas habilidades. ¿Murieron o morirán? ¿Hay algún rasgo o capacidad que impida la muerte?

Una capacidad física en sí no es suficiente. Los corredores más rápidos no pueden aventajar a la muerte. Los levantadores de pesas más fuertes no pueden avasallar a la muerte. Los más resistentes y preparados para sobrevivir no pueden resistir a la muerte para siempre. Las personas más aptas no pueden utilizar su condicionamiento ni su dieta para evitar la muerte. Las más bellas no pueden seducir ni hechizar a la muerte. El poder político no cuenta para nada. Los políticos no pueden legislar el fin de la muerte.

Los dictadores no pueden prohibir su propia muerte. Los soldados no la pueden intimidar, amenazar ni matar. Los académicos y los investigadores pueden haber considerado profundamente la muerte, pero todas sus ideas y sus conclusiones no evitarán que mueran. Los artistas pueden capturar la realidad en versos o en lienzo, pero aún con todas sus habilidades creativas, la muerte también les llega. Los médicos y las enfermeras no pueden evitar que ellos u otros mueran; solo pueden posponer lo inevitable. Todos los sabios sucumbieron; su conocimiento, sus introspecciones o sus poderes milagrosos no pudieron evitar la muerte. Aun las más grandes figuras religiosas —Buda Shakyamuni, Lao Tse, Jesús y los maestros de todas las tradiciones— han muerto, a pesar de su comprensión de la verdad, de la divinidad o de la realidad, o de su entendimiento sobre Dios, la vacuidad o el Atman.

La influencia y el poder políticos, la fortaleza física, la belleza, el encanto, la brillantez intelectual, la creatividad, la inventiva, el valor, la comprensión, la visión profunda: ninguna de estas cualidades impedirá que mueras.

Tu familia y tú

Todos tus antepasados han muerto: tus abuelos, tus bisabuelos, todos, desde el comienzo de los tiempos. Tus padres han muerto o morirán. Los tíos y tías de ambas ramas de tu familia se han ido. Todos aquellos de quienes has heredado tu constitución genética han muerto o morirán. ¿Será diferente contigo? Te sientas, y ahora sabes: «Me voy a morir».

La desesperación se instala. ¿Cuál es el sentido? ¿Cuál es el sentido de hacer cualquier esfuerzo en la vida? ¿Para qué tratar de aprender o de hacer algo si simplemente me voy a morir?

Ahora aparece el arrepentimiento. La ilusión de que pudieras de alguna manera evitar morirte haciendo el esfuerzo correcto se ha destrozado. Súbitamente adviertes cuánto de tu vida se ha tratado de evitar la muerte. ¿Y ahora qué haces?

Meditar con la certidumbre de la muerte

Una vez que sientas el frío aliento de la muerte, pasa una o dos semanas más sentado en meditación con la pregunta: «Me voy a morir; ¿cómo me siento acerca de eso?». No trates de analizar ni de razonar. Descansa la atención en la respiración, plantéate la pregunta, siente el cambio y siente cómo la pregunta adquiere peso. Mantenla en atención y ábrete a lo que sientes. La comprensión penetra más profundamente y estás más consciente y presente en tu vida.

Un rey disfrutaba mucho del bufón de la corte. Después de una tarde particularmente entretenida, el rey le dio al bufón una bolsa de monedas de oro y le dijo:

—¡Sin duda, eres el más tonto de todos los tontos del mundo!

El bufón inclinó la cabeza y dijo:

—Su Majestad es muy generoso, pero yo conozco a un tonto más grande todavía.

El rey respondió:

—Bueno, entonces muéstramelo. ¡Tráelo aquí!

—Ahora no es el momento, Su Majestad, pero a su debido tiempo, se lo mostraré.

Pasaron muchos años. El rey enfermó y los médicos no pudieron curarlo. Incluso él mismo se dio cuenta de que estaba muriendo Estaba asustado y temeroso, así que llamó a su bufón para que lo entretuviese.

El bufón llegó y le dijo:

—Ah, Su Majestad, ¡estaba a punto de venir a verlo!

—¿De verdad? ¿Por qué?

—¿Recuerda que le dije que conocía a un tonto más grande que yo?

—¡Sí! —dijo el rey y sus ojos destellaron con una chispa de vida a pesar de su estado—. Lo recuerdo.

—Se lo puedo mostrar ahora mismo, si lo desea —dijo el bufón.

—Sí, sí, muéstramelo ahora mismo.

—Es usted, Su Majestad. Toda su vida usted supo que un día iba a morir y, sin embargo, no hizo nada para prepararse para este momento. Ahora está asustado y temeroso y no puede hacer nada porque está enfermo y débil. ¿No está de acuerdo en que usted es un tonto mucho más grande que yo?

La muerte proyecta una luz diferente sobre la vida. Cuanto más plenamente te relaciones con la muerte, más plenamente te relacionas con la vida. Tienes más claridad sobre lo que es y lo que no es importante, lo que se puede y no se puede hacer, lo que es y no es significativo. Miras, cada vez más, por debajo de la superficie de las cosas y buscas lo que realmente importa. Las fórmulas sociales y las promesas de éxito o de seguridad suenan huecas. Las definiciones convencionales de éxito y fracaso, felicidad e infelicidad, ganancia y pérdida, fama y anonimato, respeto y desprecio pierden su atractivo. Tu relación con la sociedad cambia; dejas de seguir las convenciones por las convenciones mismas o la tradición por la tradición misma; quizá hagas muchas de las mismas cosas, pero las harás por razones diferentes, más personales. Cada acción, cada reunión, cada palabra que dices proviene de una conexión personal con la vida, no de lo que te han dicho que debías creer o hacer. Cuanto más aceptas la muerte, más acoges la vida.

Meditación 3: La muerte puede llegar en cualquier momento

PROPÓSITO:
Saber que podemos morir en cualquier momento.

FRASE CLAVE:
Una y otra vez, reflexiona en las muchas causas de muerte.

La muerte puede llegar de muchas maneras

- Repasa un día típico y observa de cuántas maneras podrías morir.
- Haz un inventario de tu casa y de tu lugar de trabajo, y observa cuántos objetos podrían causar tu muerte.

La muerte puede llegar en cualquier momento

- ¿Hay un momento en el cual sería imposible morir?

La muerte no puede impedirse

- ¿Hay algo en tu cuerpo que impida que mueras?

Primero, abre este montón de piel con tu intelecto,
Luego, separa la carne de los huesos con el bisturí de la conciencia despierta.
Abre los huesos y observa la médula.
Y ve por ti mismo
Si hay algo sólido.

—SHANTIDEVA

- ¿Pueden la riqueza, las posesiones, los amigos o las habilidades impedir que mueras?

No hay nadie a quien podamos pedir ayuda.

—SHANTIDEVA

No podemos derrotar a la muerte, no podemos aventajarla,
Ni discutir con ella, ni seducirla.

—KALU RINPOCHE

Comentario

La tercera meditación tiene dos secciones: reflexionar sobre la guía y meditar sobre la fragilidad de la vida. Dedica de dos a cuatro semanas para trabajar con la guía hasta que aprecies con claridad que la muerte puede llegar en cualquier momento. Entonces dedica otras dos semanas para meditar sobre la fragilidad de la vida.

Un sentimiento prevaleciente en el mundo de hoy es que todos tenemos «derecho» a vivir «plenamente» nuestra vida. En muchas tradiciones religiosas, un mito tácito pero prevalente es que, si vivimos «apropiadamente», se nos recompensará con una larga vida. Las plataformas de muchos partidos políticos dicen que, como seres humanos, nosotros «merecemos» una vida larga y saludable. Los derechos, las recompensas y los merecimientos no tienen nada que ver con la vida y la muerte. La vida es frágil. Las buenas personas mueren inesperadamente, así como las malas personas. Cualquiera que observe el ir y venir de la respiración sabe que la vida y la respiración son sinónimas. Cuando la respiración se detiene, también lo haces tú. No podemos invocar un «derecho» a la vida igual que no podemos renunciar a un «derecho» a morir.

La muerte está presente por doquier en la vida a pesar de las elaboradas protecciones que la sociedad y la gente desarrollan para establecer un entorno libre de muerte.

Mira cómo la muerte merodea a la vuelta de cada esquina mientras vas por un día típico: Te despiertas y mientras sacas las piernas de la cama, tus pies se enredan las sábanas. Tropiezas, te golpeas la cabeza contra el tocador, te fracturas el cráneo y yaces muriendo en el piso de tu dormitorio. Quizá te libres de ese destino y camines hasta el baño. Las tuberías son viejas y gotean. Las aguas residuales se han mezclado con el agua potable con que te cepillas los dientes. La muerte ha entrado en tu cuerpo. Quizá te resbales en la ducha y te fracturas el cráneo o te electrocutes con una rasuradora eléctrica o una secadora de pelo. Entras a la cocina donde los cuchillos, la electricidad, el gas y las bacterias están todos preparados para eliminarte. Sano y salvo tras la letal carrera de obstáculos de tu propia casa, partes hacia el trabajo. Los escalones están mojados y helados, así que resbalas y te caes. Una vez en tu auto, las probabilidades de llegar a tu destino descienden bruscamente. Todos los días hay accidentes de tráfico fatales; solo has tenido suerte hasta ahora.

Continúa con tu día, notando todas las diferentes maneras en que puedes morir a cada momento. No tienes que ser especialmente creativo. Mira con atención y verás que la muerte está al acecho en todos lados.

Repasa tu casa, advirtiendo los cubiertos y los platos, los utensilios de cocina, los equipos mecánicos y eléctricos, los solventes para la limpieza y otros productos químicos, los objetos de arte, las pinturas en marcos pesados y otros objetos que podrían ser la causa de tu muerte.

Párate en la acera de una calle concurrida. Un paso, un empujón y te mueres. A pesar de las precauciones que se toman frente a la contaminación alimenticia, nunca estás completamente seguro. El atún enlatado que comiste a la hora del almuerzo puede ser lo último que comerás. Las empresas frecuentemente retiran del mercado grandes cantidades de carne inadecuadamente procesada. La muerte puede llegar en cualquier momento.

¿Puedes pensar en un momento o en un lugar en que sea absolutamente imposible que mueras? ¿Un hospital? Piensa en todos los diferentes tipos de bacterias y virus, sin mencionar los errores quirúrgicos o de medicamentos. ¿Tu propio hogar? Ya has visto que es una trampa mortal. ¿Afuera en la naturaleza? Podrías morir a causa de un rayo, un terremoto, un tsunami, un volcán, rocas que caen, ramas que caen o mordeduras de insectos o víboras. ¿Dónde y cuándo estás completamente a salvo de la muerte? Una vez, el caricaturista Graham Wilson dibujó una viñeta de una mujer madura con la mirada fija en el sombrero de un hombre aplastado por un meteoro. La leyenda decía: «Harry siempre dijo que lo alcanzaría un meteoro».

¿Hay algo en tu cuerpo que impida que mueras en este momento? El cuerpo es un organismo complejo en el cual incluso una pequeña disfunción puede conducir rápidamente a la muerte.

¿Pueden tu riqueza, tus amigos o tus habilidades impedir que mueras en un momento determinado?

Fuera del período de práctica formal, continúa cultivando la conciencia despierta de lo cercana que está la muerte todo el tiempo. Imagina que la muerte camina detrás de ti a medida que vives tu día. Imagina que sientes el aliento de la muerte mientras hablas con la gente, haces tu trabajo, manejas tu coche, caminas de vuelta a casa, vas al cine o haces el amor.

En la noche, cuando te acuestes, imagina que de hecho estás muriendo. Tu vida terminó; no vas a despertar. Cualquier cosa puede suceder. No es seguro qué llegará primero: el día de mañana o el siguiente mundo.

Cuando te sientes en meditación, imagina que cada inhalación que tomas es la última.

Meditar sobre la fragilidad de la vida

A medida que la posibilidad de morir en cualquier momento va penetrando en ti, el primer impulso es impedirle la entrada para no tener que encarar la incertidumbre, el miedo y la incomodidad. En su lugar, utiliza la respiración como base para la atención y experimenta la incertidumbre, el miedo y la incomodidad *en atención*. Siéntate con la pregunta: «Podría morir en cualquier momento; ¿cómo me siento al respecto?». Como en la práctica anterior, no analices ni razones; simplemente ábrete al impacto emocional de la fragilidad de la vida.

La obsesión con la seguridad hace que la gente se sienta impotente ante las situaciones amenazantes, los conflictos o las dificultades. En otras palabras, el miedo a la muerte debilita tu conexión con el poder. Los estoicos valoraban las cosas que nadie les podía quitar. Puesto que otra persona nos puede quitar la vida, ellos no la consideraban como el valor más importante y estaban preparados para ofrecer su vida por algo que sí tuviera valor. ¿Qué tiene valor para ti?

Puedes morir en cualquier momento. Gastar energía para sentirte

> Soy en el presente. No puedo saber lo que mañana traerá; solo puedo saber lo que es verdad para mí hoy. Ese es el llamado al que respondo y lo cumplo en total lucidez.
>
> —*Igor Stravinsky*

completamente seguro es, en última instancia, un desperdicio. Mejor canalizar la energía para sentirse preparado para morir en cualquier momento. ¿Estás preparado para morir ahora mismo? ¿Qué has dejado sin decir o sin hacer en tus relaciones importantes? ¿Qué deudas, obligaciones o responsabilidades no has cumplido? ¿Qué necesitas hacer para que tu vida esté completa en cada momento? Estas son las preguntas importantes en la vida que esta práctica trae al primer plano.

Los dos hechos centrales de la experiencia humana son que nos vamos a morir y que no sabemos cuándo. Solemos ignorar tales hechos y vamos por la vida en un estado cuasi onírico. Sin embargo, si quieres estar presente en la vida para penetrar en el misterio de la vida misma, no puedes ignorarlos.

Tienes que encarar la cuestión de cómo vivir con la absoluta certidumbre de la muerte y la completa incertidumbre de la vida.

Por un lado, sabes que nada dura para siempre, que cada relación terminará y que llegará el momento en el cual tengas que dejar atrás todo lo que conoces. ¿Qué es importante para ti? ¿Qué es merecedor de tu atención? ¿Por qué cosa estás dispuesto a vivir y a morir?

Por otro lado, no sabes cuándo morirás. Las relaciones pueden terminar en cualquier momento, o pueden durar muchos años. Podrías nunca ver los resultados de tu trabajo, pero con la misma facilidad podrías verlo completado y entonces tener que decidir lo que harás después. Tal vez mueras hoy, tal vez en cincuenta años. ¿Qué haces ante tal incertidumbre?

En otras palabras, dado que no puedes contar con el futuro pero que es posible que no mueras en este instante, ¿cómo vives? Supón que eres una madre que llega por la noche a su casa después del trabajo. ¿Preparas la cena de mañana o no? Supón que eres un médico investigador y descubres un nuevo tratamiento para la artritis. ¿Continúas preparando pruebas de campo que tomarán muchos años en completarse? Imagina que eres un contratista y tu cliente se niega a pagarte por tu trabajo. ¿Qué haces?

La vida es lo que experimentamos. La inevitabilidad de la muerte es el recordatorio siempre presente de que la vida es lo que experimentamos: no lo que poseemos, no lo que dejamos atrás y no la manera en que nos ve la historia. La fragilidad de la vida nos recuerda que la experiencia del momento presente es todo lo que tenemos. Estar presente en la vida es experimentar el momento presente. Está presente en el momento y sabrás qué hacer.

Meditación 4: Morir

PROPÓSITO
Saber lo que sucede en el momento de la muerte.

FRASE CLAVE
¿Qué sucede cuando muero?

ESTA MEDITACIÓN TIENE TRES PARTES:
1. Acercarse a la muerte
2. El proceso de morir
3. La vida es lo que experimentas

ACERCARSE A LA MUERTE

Morirse de viejo

- ¿Qué experimento mientras me acerco a la muerte?
- ¿Cómo me siento respecto a mi vida: hay cosas de las que me arrepiento, o se siente completa mi vida?
- ¿Cómo me he preparado?
- ¿De quién me despido y cómo?
- ¿Cómo me siento sabiendo que esta es la habitación donde moriré?
- ¿Quién quiero que esté conmigo?

Morirse de una enfermedad terminal

- ¿Cómo me siento ahora que estoy pronto a morir?
- ¿Qué necesito hacer para que mi vida esté completa?
- ¿Cómo me he preparado?
- ¿De quién me despido y cómo?
- ¿Dónde quiero estar?
- ¿Con quién quiero estar?
- ¿De qué me arrepiento?
- ¿Qué agradezco?

Morirse en un accidente automovilístico

- ¿Qué experimento a medida que se me escapa la vida?
- ¿Cómo me siento sabiendo que este coche o este pavimento es la última cosa que veré en este mundo?
- ¿Cómo me he preparado?
- ¿Qué deseo ahora haber hecho o dicho?

Comentario: Acercarse a la muerte

La guía para acercarse a la muerte contiene tres escenarios: la vejez, una enfermedad terminal y un accidente automovilístico. Dedica una semana o más a cada una. Por supuesto que puedes utilizar otros escenarios, pero procura que cubran los tres modos de morir: la muerte que es el final natural de la vida, una muerte prematura y una muerte súbita o inesperada.

Morirse de viejo

Imagínate que eres viejo. Has vivido durante 70, 80 o 90 años. El declive gradual de tu cuerpo te ha forzado a dejar de lado muchas actividades que disfrutabas. Sabes que el tiempo se está acabando y que, al igual que todos tus amigos y compañeros, morirás pronto. Estás físicamente frágil; ya no puedes conducir; no puedes ver claramente y tus brazos y piernas no responden de la manera que solían hacerlo. Has perdido tu vigor y vitalidad; necesitas la ayuda de otros para hacer hasta las cosas más sencillas, tales como ponerte la ropa, cortar tu comida o prepararte para dormir en la noche. Tienes dificultades para comunicar lo que quieres o necesitas. Escuchas a la gente hablándote, pero tienes dificultad para comprender lo que dicen. Apenas puedes caminar o sentarte. La comida te sabe insípida; todo te irrita, y dependes cada vez más de otros. Ya no puedes ni comer, ni lavarte ni ir al baño sin ayuda. Tu cuerpo lucha por mantenerse vivo, a pesar de que todos los sistemas se están desmoronando. La muerte no viene fácilmente.

¿Qué pasa por tu mente? ¿Te has reconciliado con tu vida; con los éxitos, los fracasos, los sueños y las desilusiones? ¿La proximidad de la muerte te hace reexaminar tus relaciones y lo que has o no has logrado? ¿Sientes que has vivido en una ilusión creada por ti mismo y que ahora la ilusión se está desintegrando? ¿Estás amargado, asustado, triste, confundido, aliviado o en paz? ¿Estás preocupado por cómo encararás la muerte o por lo que pasará después? ¿Haces como si no estuvieras muriendo y le dices a todo el mundo que estás perfectamente bien? ¿Tienes confianza en que nada muere, tal como enseñan algunas tradiciones espirituales? ¿Esa confianza viene de una creencia o de un conocimiento? En las palabras de un hombre que moría de sida: «En el fuego de la muerte, las filosofías se derriten como cubos de hielo».

Morirse de una enfermedad terminal

En un segundo escenario, imagina que tu médico te llama después de un reconocimiento de rutina y te pide que vayas a su consultorio. Te sugiere que vengas acompañado de algún ser querido. Sentado en una silla cómoda frente a su escritorio, te enteras de que tienes una enfermedad terminal. No hay opciones de tratamiento. Te quedan de seis a ocho meses de vida.

Cuando sales del consultorio, ¿qué sucede entre la persona querida que te acompaña y tú? ¿Hablan? ¿Qué se dicen? ¿Cómo vives estos últimos meses de tu vida?

¿Te enfocas en cuestiones prácticas tales como tus asuntos personales y la seguridad económica de los tuyos, o te enfocas en las relaciones? ¿Viertes tu energía en un proyecto consentido o reflexionas en lo que ha significado la vida para ti? ¿Caes en la confusión y no tienes idea de hacia dónde dirigirte ni qué hacer?

Una enfermedad terminal inesperada suspende todas las expectativas, los planes y las esperanzas para el futuro. Los logros anhelados se esfuman como el aliento en un espejo. ¿Cómo reaccionas ante la realidad implacable de tu enfermedad y de tu vida acortada?

¿Estás en paz con cómo has vivido? Sí, extrañarás ver a tus hijos crecer y convertirse en adultos, ¿pero te arrepientes de cómo has vivido y de lo que has hecho con tu vida?

¿Vives lamentándote por el tiempo perdido y las oportunidades que se te fueron? ¿Culpas a otros por tus fracasos y desilusiones? A la luz de la muerte, ¿ves las cosas más claramente, identificando cómo el orgullo y el enojo, el deseo y el miedo moldearon lo que sucedió o no sucedió en tu vida?

Sentado en meditación con semejantes reflexiones e introspecciones es como acostarse en una cama de clavos. El dolor de nuestra estupidez y ceguera es penetrante e inexorable.

¿Qué necesitas para poder soltar y morir en paz? ¿Necesitas reparar tus relaciones, entender de qué se trata la vida o saber que alguien cuidará de los tuyos? ¿Tu enfermedad te deja suficiente fortaleza emocional y física para hacer este esfuerzo o morirás lamentándote, sabiendo lo que tienes que hacer, pero incapaz de hacerlo?

Morirse en un accidente automovilístico

En el tercer escenario, imagina que estás en un accidente y sales volando del auto. Tu cuerpo está roto y tienes mucho dolor. Tal vez entres en *shock* y tu cuerpo quede entumecido. Estás inmovilizado e incapacitado. Con total incredulidad, te preguntas: «¿Cómo sucedió este accidente? ¿Cómo es posible que me esté muriendo? Hace un instante estaba lleno de vida y físicamente capaz, y ahora estoy aquí tirado en el suelo muriéndome. Esta calle o tierra o pasto es lo último que veré. No quiero morir; no estoy preparado».

> Deja para mañana solo lo que estés dispuesto a dejar inacabado si mueres.
>
> —*Pablo Picasso*

Una serie de ideas y pensamientos se precipitan en tu mente: «Nunca le dije que lo sentía», «Nunca volveré a ver a mis hijos», o «No, me niego a morir». Sientes cómo la sangre y la energía vital se escapan. Yaces muriendo en medio de la confusión mientras que los paramédicos y la policía tratan de poner orden en el caos.

En unos cuantos instantes, tienes que despedirte de todo lo que conoces. Nadie puede hacer nada para ayudarte. Los remordimientos sobre cómo has vivido, las relaciones incompletas y los sueños nunca perseguidos inundan tus pensamientos. Tú solo, tienes que hacer frente a semejante marea de sensaciones, pensamientos, introspecciones y revelaciones. ¿Puedes hacerlo con apertura, claridad y aceptación?

Una infinidad de ejemplos pueden citarse para ilustrar cómo la perspectiva de la muerte inminente nos obliga a ver más claramente lo que es verdadero, real y valioso. Irónicamente, solemos no hacer el esfuerzo para saber lo que valoramos verdaderamente hasta que nos encontramos ante nuestra propia muerte, la muerte de alguien cercano u otra crisis. Pasamos gran parte de nuestra vida corriendo tras valores que hemos aceptado por condicionamiento, enfocándonos en lo que es valioso para otros sin vivir sobre la base de nuestro propio saber y conciencia.

> No recibimos sabiduría; tenemos que descubrirla nosotros mismos después de un viaje que nadie puede hacer por nosotros ni evitárnoslo.
>
> —*Marcel Proust*

Lee Atwater, expresidente del Comité Republicano Nacional de los Estados Unidos y uno de los más brillantes y despiadados estrategas políticos de los últimos tiempos, fue diagnosticado con un cáncer incurable cuando tenía 39 años. El cáncer lo llevó a ver su vida de forma diferente y no le gustó lo que vio:

> Más que todo, me arrepiento de la manera en que he juzgado a otras personas; como un buen general, he tratado a cualquiera que no estuviera conmigo como si estuviera en mi contra. Después de la elección, cuando me topaba con Ron Brown, mi contraparte en el Partido Demócrata, lo saludaba y lo canalizaba con uno de mis asistentes. De hecho, creía que hablar con él me haría parecer vulnerable. Desde que me enfermé, Ron ha sido enormemente gentil y he aprendido una lección: la política y las relaciones humanas son dos cosas distintas. Puedo no estar de acuerdo con el mensaje de Ron Brown, pero puedo quererlo como hombre.

Los años 80 se trataban de adquirir —riqueza, poder y prestigio—. Yo lo sé. Adquirí más riqueza, poder y prestigio que la mayoría. Pero puedes adquirir todo lo que quieras y todavía sentirte vacío. ¿Qué poder no cambiaría yo por un poco más de tiempo con mi familia? ¿Qué precio no pagaría yo por una noche con mis amigos? Tuvo que venir una enfermedad mortal para ponerme frente a frente con esa verdad, pero es una verdad que el país, atrapado en sus ambiciones brutales y su decadencia moral, puede aprender a mi costa.

Pero, no podemos aprender a costa de los demás; tenemos que aprender nosotros mismos.

EL PROCESO DE MORIR

Disolución de las estructuras psicofísicas

- La tierra (la solidez) se disuelve
  Incapacidad para mover el cuerpo
  Experiencia de un peso aplastante
  La conciencia ordinaria es como un espejismo brillante

- El agua (la fluidez) se disuelve
  Pérdida de control de los fluidos
  Experiencia de inundación
  La conciencia ordinaria es neblinosa y humosa

- El fuego (el calor) se disuelve
  El calor se retira de las extremidades
  Experiencia de intenso calor
  La conciencia ordinaria es como chispas o luciérnagas

- El aire (el movimiento) se disuelve
  La respiración se detiene
  Experiencia de un fuerte viento
  La conciencia ordinaria es como una brasa incandescente

- El espacio (la conciencia ordinaria) se disuelve
  Disolución de las facultades sensoriales
  Experiencia de espejismo, humo, chispas y brasa

- Disolución del sentido explícito de "yo" (ira)
  Experiencia de brillantez blanca (luna)

- Disolución del sentido implícito de "yo" (deseo)
  Experiencia de brillantez roja (sol)

- Disolución de las estructuras de la ignorancia
  Experiencia de brillantez negra

- Disolución total
  Claridad prístina o luminosidad

Comentario: El proceso de morir

Según el budismo tibetano, toda experiencia surge como una combinación de cinco elementos: tierra, agua, fuego, aire y espacio. El cuerpo se compone de los cinco elementos: los músculos y los huesos son tierra, los fluidos en el cuerpo son agua, el calor en el cuerpo es fuego, la energía y la respiración son aire, y las cavidades en los pulmones y otros órganos son espacio. La tierra se manifiesta como solidez y estructura; el agua, como flujo y adaptabilidad; el fuego, como calor e intensidad; el aire como movimiento y actividad, y el espacio, como vacío y totalidad. La experiencia de estabilidad es tierra; de conexión emocional, agua; de pasión, fuego; de las ideas y la introspección, aire, y de completud, espacio.

La experiencia que llamamos vida también está formada de estos cinco elementos. Al momento de la muerte, se disuelven de vuelta en la vacuidad y la experiencia de la vida termina.

Los textos clásicos dicen que un elemento se disuelve en el siguiente, pero según mi maestro, Kalu Rinpoche, el proceso es un poco más complejo. A medida que cada elemento se disuelve, la energía almacenada se libera, afectando nuestra percepción y conciencia ordinaria. La experiencia subjetiva de ese elemento se intensifica temporalmente. Cuando la energía se ha dispersado, el siguiente elemento comienza a desintegrarse.

Al repasar el proceso de morir, imaginando que, de hecho, nos estamos muriendo, nos encontramos con los miedos y las reacciones que nos impiden estar presentes a la experiencia de la muerte. Reconocemos que las mismas reacciones surgen cada vez que afrontamos el cambio: el fin de una relación, la pérdida de un trabajo, la ruptura de una creencia. La meditación sobre el proceso de la muerte nos ayuda a estar presentes en las muchas pequeñas muertes que la vida nos brinda.

Para esta meditación, primero descansa la atención en la respiración durante diez a quince minutos y luego imagina que te estás muriendo. Siente como te abraza la muerte a medida que adviertes que el fin ha llegado. Respira. Permanece presente con cualquier miedo u otra reacción que surja.

Lentamente, te das cuenta de que ya no puedes mover los brazos ni las piernas. Reconoces ese cambio como indicación de que el elemento tierra se está desintegrando. Te sientes aprisionado en tu cuerpo como si fuera de roca. Mil kilos de piedra aplastan tu pecho. No te puedes mover en absoluto. Tu conciencia ordinaria pierde su estabilidad. Todo alrededor de ti, la habitación y las personas que se ocupan de ti, flotan como un espejismo. El miedo te oprime. ¡Te están aplastando y tu mente se está yendo! Haces lo mejor que puedes para no entrar en pánico y tratas de mantenerte presente con lo que está sucediendo.

Te das cuenta de que estás orinando, de que hay babas goteando de tu boca y de que las lágrimas llenan tus ojos. Ya no puedes controlar los fluidos en tu cuerpo; el elemento agua se está disolviendo. A medida que se disuelve, sientes como si te llevara un río, agitado por olas enormes, envuelto en toneladas de agua. ¡Te estás ahogando! Tu percepción del mundo pierde claridad. Todo a tu alrededor se vuelve nublado y brumoso. Piensas que algo anda mal en tus ojos. De nuevo, descansa en las sensaciones, manteniéndote presente en lo que está sucediendo y en lo que estás sintiendo. Experimenta la desorientación y el miedo.

Oyes a alguien decir: «¡Ay, sus manos están heladas!». Te das cuenta de que el calor está retirándose de tus extremidades, signo de que el elemento fuego se está disolviendo. Sin embargo, estás ardiendo. Estás desesperadamente sediento, pero no le puedes decir a nadie lo que necesitas. El calor es peor que la peor fiebre. Cada célula de tu cuerpo se siente como si estuviera ardiendo. Tu percepción se vuelve débil, reduciéndose a pequeños destellos, una chispa de tanto en tanto.

Respirar se vuelve cada vez más difícil. Tu aliento raspa cuando entra y hace un estertor cuando sale. Cada respiración es una lucha y vagamente te das cuenta de que el elemento aire se está disolviendo. Estallidos de energía, como ráfagas de viento, recorren todo tu cuerpo. Te pierdes en toda la conmoción como si unos vientos poderosos te llevaran y te hicieran girar. Tu conciencia ordinaria se vuelve muy tenue, como una brasa débilmente encendida. Apenas eres consciente de las personas que te rodean.

Tus facultades sensoriales se desintegran por completo. La vista, el oído, el gusto, el tacto y el olfato han desaparecido. Tienes una rápida serie de alucinaciones en la cual todo aparece como un espejismo, luego neblinoso, luego como débiles destellos de luz y luego como un resplandor débil. Después, todo se disuelve en luz. Percibes un movimiento de energía descendente y estás en un campo de luz que no tiene centro ni periferia. No hay nadie más y toda sensación de aversión ha desaparecido.

En esta fase, se disuelven la conciencia ordinaria del pensamiento y el sentido conceptual explícito de «yo». El sentido explícito de «yo» es la percepción de que el «yo» es algo único, permanente e independiente. Nos separa del mundo y, por lo tanto, funciona como la base para el enojo. A medida que este patrón se disuelve, las estructuras que sostienen el enojo y el rechazo también se disuelven. Hay una experiencia de claridad sin dimensión. Tradicionalmente, se conoce como la brillantez blanca y se compara con la luz de la luna. Es la primera de cuatro experiencias de claridad pura que surgen a medida que la ilusión de la conciencia ordinaria se disuelve.

Entonces sientes un movimiento de energía ascendente y la luz se intensifica. Si la primera experiencia de luz fue como la luz de la luna, esta segunda experiencia es como la luz del sol. El sentido de «yo» y cualquier sensación de atracción han desaparecido. Solo hay una experiencia de luz.

La segunda fase es la disolución de la mente emotiva y del sentido implícito de «yo». El sentido implícito del «yo» es el que persiste, incluso cuando la mente está quieta y estable. Ve todo como si le perteneciera y, por lo tanto, funciona como la base del deseo y la atracción. A medida que estas estructuras se disuelven, la atracción deja de funcionar y surge una experiencia más intensa de claridad. Esta claridad se conoce como la brillantez roja y se compara con el sol. Esta claridad, sin embargo, no es de hecho roja. El color tiene un significado simbólico e indica una intensidad mayor que la de la experiencia anterior.

Entonces los dos movimientos de energía convergen. Lo que era luz infinita ahora se transforma en una negrura infinita: no hay arriba, no hay abajo, no hay derecha, no hay izquierda, no hay centro, no hay frente, no hay delante, no hay atrás. No hay nada para orientarte, solo oscuridad.

La disolución de la ignorancia base viene a continuación. La ignorancia base, o el no saber fundamental, es el no saber sobre el cual se basa la percepción errónea de «yo». A medida que este no saber fundamental se disuelve, una experiencia correspondiente de claridad, llamada la brillantez negra, surge. En esta experiencia no hay referencia, no hay orientación. Hay una total negrura. La conciencia ordinaria base se está disolviendo en la conciencia prístina fundamental.

El proceso de morir es reversible durante las primeras dos fases de la disolución. Cuando surge la tercera fase, la brillantez negra, el proceso ya no puede revertirse. Estás muerto.

A continuación, la negrura se disuelve y experimentas un campo infinito de luz como si estuvieras en el centro del sol. Experimentas la vacuidad total y absoluta indivisible de la claridad brillante. Esta es la mente original. Descansa en esta mente original brillantemente clara y vacía durante algunos minutos.

La conciencia prístina se experimenta como claridad pura, más brillante e intensa que cualquier otra cosa que haya surgido antes. De acuerdo con la tradición tibetana, en este momento, si la atención funciona a un nivel suficientemente alto de energía, se experimenta el despertar total. Si la atención es débil e inestable, la ignorancia base se reafirma y oscurece esta claridad; los patrones habituales se reafirman y la experiencia de la existencia separada comienza nuevamente.

LA VIDA ES LO QUE EXPERIMENTAS

- Genera la intención de estar en tu vida.
- Conviértete en quien eres normalmente y lleva contigo el sentido de claridad prístina.
- Realiza las actividades de tu día como si estuvieras muerto y todo lo que experimentaras fuera como un sueño.

Comentario: La vida es lo que experimentas

Ahora, genera la intención de experimentar tu vida, tu casa, la gente que conoces y la rutina del día. Descansa algunos minutos más de manera que sepas dónde estás, pero lleva el sentido de mente original, de luz infinita. Luego, realiza las actividades de tu día como si estuvieras muerto y todo lo que experimentaras fuera simplemente algo que surge en tu mente. Recuérdate una y otra vez: «Estoy muerto; todo lo que experimento surge de la nada y se disuelve de vuelta en la nada. Es tan solo una experiencia».

La práctica de realizar las actividades de nuestro día como si estuviéramos muertos es muy poderosa. Aprendemos que podemos funcionar eficazmente en el mundo sin depender del encuadre de «yo» y «otro». El poder de las emociones reactivas y del condicionamiento social disminuye mucho. Nos damos cuenta de que la vida consiste puramente en lo que experimentamos en cada momento, nada más y nada menos. Nos damos cuenta de que, al estar atrapados en las reacciones emocionales sobre lo que sucedió en el pasado o lo que sucederá en el futuro, solemos prestar poca atención a lo que verdaderamente vivimos.

Meditación 5: Después de la muerte

PROPÓSITO:
Saber lo que es importante en la vida.

FRASE CLAVE:
¿Qué sucede después de que muero?

Contenido de esta vida

* El cuerpo se desintegra.

Es consumido por un fuego ardiente,
ahogado en agua y comido por gusanos,
o escondido lejos en la tierra donde se pudre.

—SHANTIDEVA

* Todo lo que poseías se lo queda alguien más o se desecha.
* Tu papel de padre o abuelo ahora lo ejerce alguien más.
* Tu trabajo lo hacen otros o se olvida.
* Otras personas toman el puesto que era tuyo.
* La gente encuentra nuevos amigos.
* Todo lo que queda de tus logros es un objeto, una institución, recuerdos en las mentes de otros, artículos o fotografías.

Tu relación con esta vida

* Nunca puedes cambiar nada de lo que hayas hecho.
* Nunca más experimentarás esta vida.

Comentario

El propósito de esta meditación es entender que, en última instancia, no somos el contenido de nuestra vida. Decir exactamente qué somos es muy difícil. Generalmente, definimos quienes somos y lo que somos en términos de nuestro cuerpo, nuestra riqueza y posesiones, lo que hemos logrado o nuestra posición en la familia, en el trabajo y en la sociedad. Todo eso termina con la muerte. La muerte hace pedazos la ilusión de que nuestro cuerpo, nuestras posesiones o nuestras relaciones definen lo que realmente somos.

¿Eres tu cuerpo? Imagina tu cuerpo en un velatorio. Tu cuerpo se preserva con formaldehído y se reacomoda después de los rigores de la muerte. El empleado de la funeraria lo hace parecer tan atractivo y vivo como sea posible, empleando maquillaje, tintura para el pelo y tus mejores ropas. ¿Es esto lo que eres, una caricatura de la vida? Se hace todo esfuerzo posible para dar la impresión de que estás simplemente durmiendo, de que sigues siendo parte del mundo.

Un poco más tarde, tu cuerpo se quema o se entierra. El cuerpo se descompone en los átomos y moléculas que lo componían, ya sea en las intensas llamas de un crematorio o en el aparato digestivo de gusanos e insectos. Los huesos duran más, pero incluso ellos finalmente se deshacen y se transforman en polvo.

¿Qué pasa con tus posesiones? Imagina que todo lo que te pertenecía en el momento de tu muerte se amontona en una gran pila: todos los libros, la ropa, los muebles, las joyas, los coches, los equipos de deporte, las pinturas y otros objetos de arte, las casas y los terrenos. ¿Es esto lo que eres? Todo lo que está en esa pila se desecha o pasa a manos de alguien más. Un mechón de cabello de tu primer amante, una fotografía tuya de niño con tus padres, un libro, un collar; esos objetos tienen un significado especial para ti, pero para aquellos que siguen vivos no significan nada. Son tan solo cosas que podrían conservarse en un museo si tuvieran un significado histórico, venderse si valen algo, donarse a una institución de caridad si todavía son utilizables o simplemente desecharse. No, tú no eres tus posesiones.

Tu riqueza sufre un destino similar. Va a tus herederos, a organizaciones o al estado, dependiendo de qué documentos legales hayas o no dejado atrás. Nuestros sistemas legales poseen complejos y detallados procedimientos para la transferencia de la propiedad del nombre de un muerto a quienes están aún vivos. Términos como «el patrimonio de Fulano» se emplean para referirse a las propiedades, pero nadie tiene la ilusión de que Fulano todavía sea dueño de esas propiedades. Esos bienes son ahora propiedad de los herederos. De una manera u otra, el total de tu riqueza se transfiere al control o a la propiedad de otros; ya no está de tus manos.

Tu papel en la familia ha terminado. Si eras la cabeza de la familia, la persona en quien todo el mundo se apoyaba, alguien más cumplirá esa función.

Tal vez la familia se desmiembre y tus parientes sigan sus vidas de diferentes maneras. Si mueres antes que tus padres, ellos sentirán una pérdida y un dolor profundos. Tu vida se acabó. Ellos siguen viviendo. Tú has muerto; su hijo ya no existe. Puede que ya no sean los mismos después de tu muerte; tú ya no eres parte de su vida.

Una persona, al efectuar esta práctica, se sorprendió al advertir que en cien años no habría nadie vivo que lo hubiera conocido y que, aún en el mejor de los casos, sería tan solo un nombre o tal vez nada más que una foto en un libro.

En tu trabajo, la situación es aún más cruel. Te reemplazarán tan pronto como sea posible o tu puesto desaparecerá. De todas maneras, tu trabajo corresponderá a otra persona. Claramente, tú no eres tu trabajo.

Un productor de Hollywood estaba supervisando la filmación en exterior de un anuncio en el cual participaba una orquesta sinfónica completa. El día era caluroso y el sol caía sobre los músicos. Súbitamente, el oboísta sufrió un ataque cardíaco y murió. Antes de que llegaran los paramédicos, el productor estaba llamando al sindicato de músicos diciéndoles: «¡Necesito un oboísta ya!».

Tu trabajo quizá nunca se complete. ¿Cuántos pintores, escritores y científicos han muerto dejando su trabajo incompleto y olvidado? Aun si has hecho contribuciones importantes para el bienestar de otros, para el avance de las ideas o para la introducción de nuevos valores o perspectivas, todo tu trabajo se convierte en el trabajo de otros. Se cambia, se confirma, se modifica o se desarrolla; se olvida, se descarta, se deja de lado o se descuida. No, tú no eres tu trabajo ni tus logros.

¿Cómo puedes saber lo que sucederá después de que mueras? Mira lo que pasa con la vida de otras personas tras su muerte. Observa a los ricos y famosos, a los pobres y desconocidos, a los respetados y los humillados, a los admirados y los despreciados. Mira a quienes acapararon todo lo que pudieron y a quienes vivían simple y frugalmente, sin dejar casi nada atrás. Mira a quienes dedicaron su tiempo y energía a los demás, a quienes dieron generosamente y contribuyeron mucho al mundo. Mira y ve lo que sucede con el contenido de sus vidas, su cuerpo, sus posesiones, su riqueza, su familia, su trabajo, sus contribuciones y su efecto en el mundo.

Una vez que mueres, no puedes cambiar nada de tu vida. No puedes pedirle perdón a un amigo a quien le fallaste. No les puedes decir a quienes querías cuánto significaban para ti. No puedes desdecirte de aquello que te arrepientes de haber dicho. No puedes reparar relaciones dañadas por tus acciones. No hay vuelta de hoja.

Nunca más experimentarás despertarte con tu pareja junto a ti. Nunca más experimentarás a tus hijos dándote la bienvenida. Nunca más experimentarás el apoyo y el aprecio de tus amigos y de las personas con quienes trabajas. Nunca más olerás una flor ni tomarás un vaso de vino.

Esta experiencia que llamamos vida llega a su fin. ¿Cuánto de ella experimentas? ¿Cuánto de ella te pierdes porque estás perdido en la confusión y en la reacción? Cuando consideras profundamente lo que sucede después de la muerte, te das cuenta con mayor claridad de que todo lo que tenemos es nuestra experiencia inmediata: Eso es la vida. Todo lo demás —la ganancia, la fama, el respeto, la pérdida, la oscuridad, el desdén, aun la felicidad y la infelicidad— es una construcción, si no una abstracción. Tomando tales construcciones como reales, pasamos nuestra vida persiguiéndolas o evitándolas. En el proceso, nos perdemos la verdadera experiencia de la vida misma. ¡Qué desperdicio!

LA MUERTE Y LA PRESENCIA

Cada uno de nosotros es una combinación única de conciencia ordinaria, percepción, ambiente, familia, crecimiento, y desarrollo. Morimos, y quienes somos o lo que somos desaparece para siempre. ¿Seguirá surgiendo la experiencia después de la muerte? ¿Cómo podemos saberlo? Sin embargo, la aparente oscuridad de no saber ilumina la experiencia de la vida. La presencia es posible únicamente cuando estamos en contacto con la totalidad de la experiencia, tanto lo que parece surgir internamente como lo que parece surgir externamente. Para contactar con la totalidad, tenemos que dejar ir las creencias, es decir, lo que pensamos que sabemos. No saber se convierte en un camino.

El camino no es fácil. Nuestra personalidad está organizada sobre la base del control. Entrar en el no saber significa salirse de la ilusión del control. Los patrones habituales no se van fácilmente. La resistencia frecuentemente surge como miedo, miedo a lo desconocido. Se abre una brecha ante nosotros y no sabemos lo que pasará si entramos en ella. Encontrarnos con esa brecha es la esencia de la práctica espiritual. Es por ello que la meditación sobre la muerte es tan importante. Entrar en ese no saber es morir a la vida que pensamos que conocemos y controlamos. Vivir despiertos significa encarar este morir en cada momento.

Durante mis siete años de entrenamiento en retiro, una de las sorpresas genuinas fue el alcance que tenía el tema de la transitoriedad y la muerte; permeaba la práctica avanzada de meditación, particularmente las prácticas de conciencia directa que trataremos más adelante.

> Uno no descubre nuevas tierras sin aceptar perder de vista la costa durante un largo tiempo.
>
> —*André Gide*

La conciencia directa se practica soltando todas las expectativas de manera que permanezcamos en total conciencia. Dejar ir todas las expectativas es morir en ese momento. Por lo tanto, la meditación sobre la muerte y la transitoriedad juega un papel crucial para preparar y sostener la práctica de la conciencia.

Con la práctica no se trata de alcanzar estados alterados de conciencia ordinaria. Se trata de usar la materia prima de nuestra vida para profundizar nuestra relación con la vida misma. La esencia de la práctica es la presencia. La presencia es la conciencia natural; es nuestro legado humano. La conciencia de la muerte y la transitoriedad corta los velos de los hábitos personales y de los programas condicionados socialmente. Nos pone en contacto con la vida misma.

CAPÍTULO 5

El karma y desmantelar las creencias

—¿Qué es el destino? —le preguntó un erudito a Nasrudín.

—Una interminable sucesión de eventos entrelazados, donde cada uno influencia al otro.

—Esa es difícilmente una respuesta satisfactoria. Yo creo en la causa y el efecto.

—Muy bien —dijo el mulá—. Mira eso.

Señaló una procesión que pasaba por la calle.

—A ese hombre lo están llevando a la horca. ¿Esto es porque alguien le dio una moneda de plata y le posibilitó comprar el cuchillo con el cual cometió el asesinato; o porque alguien lo vio hacerlo o porque nadie lo detuvo?

IDRIES SHAH
Las hazañas del incomparable mulá Nasrudín

¿Qué es esta experiencia que llamamos vida? Ese es el gran misterio. La vida que pensamos que es real y sustancial —los cuerpos, las familias, las relaciones, los logros, nuestra riqueza y posesiones— realmente es solo una experiencia tras otra. El mundo compartido de la comunicación, con sus creencias concomitantes en el orden, las relaciones y los valores, aunque importante, es solo un aspecto de la vida. El llamado mundo objetivo es una abstracción de lo que efectivamente experimentamos. Para saber lo que es la vida, debemos abandonar la creencia de que el mundo objetivo de la experiencia, el cual compartimos todos, es lo que realmente existe.

Solemos dirigir nuestra energía vital hacia la obtención de poder, riqueza, respeto y seguridad: valores que dependen todos de una percepción compartida. Ni el oro ni una concha del mar son intrínsecamente valiosos. Una cultura valora el oro, de manera que este se vuelve una medida de riqueza. Otra valora las conchas del mar, de manera que estas se vuelven la medida de riqueza. Una cultura admira y respeta a quienes nunca exteriorizan sus sentimientos. Otra cultura admira y respeta a quienes exteriorizan apasionadamente sus sentimientos. Al enfrentar la muerte, vemos claramente que tales valores basados en la cultura no son lo que es real. El mundo compartido desaparece cuando morimos. La muerte nos sitúa frente a frente con el misterio de la experiencia, el misterio de la vida.

Cuando nos confronta un misterio, recurrimos a las creencias. Nos preguntamos: «¿Por qué sucedió eso?» o «¿Por qué me está sucediendo esto a mí?». Las creencias proveen un modo de interpretar lo que sucede en la vida como parte de un orden, un plan o una estructura más amplios. Nos dicen lo que es posible y lo que no lo es. Las creencias parecen confirmar nuestro lugar en el esquema de las cosas porque la interpretación que ofrecen coincide con lo que ya está dentro de nosotros. Las creencias brindan la impresión de seguridad y cobijo ante el misterio de ser. Las creencias son una forma de dormir.

Todos nosotros, en algún momento de nuestras vidas, hemos volteado a ver un claro cielo azul y nos hemos preguntado: «¿Por qué es azul el cielo?». Ahí está, tan azul como puede serlo, y sentimos el misterio. En ese momento, una curiosidad, una apertura, se estimula en nosotros.

La ciencia sostiene la creencia de que el cielo es azul porque la composición química de la atmósfera es tal que la luz de ciertas frecuencias se absorbe o se dispersa y el resultado es un cielo azul. Una creencia de la cultura de la India budista alrededor del año 500 E.C. sostenía que el cielo es azul debido a que refleja las laderas azules

> Uno debe ser expulsado de un ciclo de vida concluido, y ese salto es el más difícil de dar: renunciar a la propia fe, al propio amor, cuando uno preferiría renovar la fe y recrear la pasión.
>
> —*Anaïs Nin*

de la montaña en el centro del universo. Ambas creencias tratan de encontrar una explicación convincente para el misterio, pero ninguna lo logra realmente. La ciencia no nos dice por qué la física del universo es tal que la atmósfera filtra exactamente esa frecuencia ni cómo ni por qué llamamos al cielo «azul». La cosmología budista no explica por qué la ladera de la montaña es azul.

Aun si aceptamos estas y otras creencias, nos dejan muertos por dentro. Al preguntarnos: «¿Por qué es azul el cielo?», no estamos pidiendo una explicación ni la reiteración de una creencia. Algo más está sucediendo.

Mira el profundo azul del cielo y pregúntate: «¿Por qué es tan azul? ¿De dónde viene el azul?». Siente lo que sucede en tu interior. No analices el cielo ni lo que se te despierta interiormente. Solo descansa allí, en el misterio de todo ello. Algo se abre dentro de ti y te sientes más presente en la vida. Sin embargo, si lo que se suscita en tu interior te causa mucha incomodidad, te das la vuelta —«¡Esto es una tontería!»— y te vuelves a dormir.

EL KARMA COMO CREENCIA

La mayor parte de la actividad humana que no está conectada directamente con la supervivencia es una respuesta a dos preguntas:

- ¿Por qué experimento lo que experimento?
- ¿Cómo cambio lo que experimento?

Las enseñanzas sobre el karma son la respuesta del budismo a estas dos preguntas. Como tales, su propósito es desmantelar las creencias y ayudarnos a abrirnos al misterio de la experiencia. Irónicamente, suele suceder lo contrario. El karma se toma como creencia y se utiliza para encontrar una explicación convincente a los misterios de la vida.

Las diferencias en la experiencia individual

¿Por qué una persona es alta y otra, baja? ¿Por qué una persona nace en gran riqueza y otra, en pobreza? La creencia occidental es que las diferencias individuales están basadas en la genética, la psicología evolutiva, la sociología, la historia, y demás. La creencia en el karma atribuye las diferencias a los resultados de las acciones en las vidas pasadas. La maduración de las acciones pasadas es responsable de las condiciones de la vida actual, ya sea que seamos ricos o pobres, que disfrutemos de buena o mala suerte, que seamos guapos o feos, o que seamos fuertes, débiles, saludables, enfermizos, inteligentes, tontos, extrovertidos o introvertidos.

El karma también explica las diferencias en cuanto al destino. ¿Por qué una persona sale ilesa de un accidente mientras todos los demás mueren o se lesionan gravemente? ¿Por qué una persona muere después de una comida mientras que nadie más, habiendo comido lo mismo ni siquiera se enferma? ¿Por qué algunos trabajan duro y no les queda nada que demuestre sus esfuerzos, mientras que otros trabajan muy poco y se vuelven ricos? Hablando kármicamente, la muerte prematura, la enfermedad y la incapacidad se consideran todas como consecuencias de haber dañado a otros en vidas previas. En el caso de los individuos que gozan de longevidad, vitalidad y habilidades extraordinarias, se considera que están coseChando los resultados de haber ayudado a otros en vidas previas, independientemente de su personalidad, su carácter o su conducta en esta vida. ¿Semejante perspectiva nos acerca al misterio de la experiencia o solo nos permite estar más cómodos con las discrepancias que observamos?

La creación y el karma colectivo

¿Cómo se creó el universo y por qué es como es? En la cosmología budista, el universo evoluciona a partir del karma de los seres que nacerán en él. Su energía kármica se manifiesta como un viento que primero se condensa en nubes y luego en lluvia, que forma un océano. El viento agita el océano y se produce tierra, tal como al agitar leche se produce mantequilla. Cuando el universo y sus múltiples sistemas de mundos se han formado, los seres, cuyo karma ha dictado sus particularidades, nacen. Lo que se experimenta como el mundo objetivo es la manifestación del karma de los seres que lo habitan. A medida que se agota el karma en esta manifestación particular, el universo vuelve a disolverse en la nada y la energía kármica de los seres forma otros universos.

El concepto del karma colectivo emerge naturalmente de esta explicación. El karma colectivo de un grupo es el total de los karmas individuales de los seres que lo conforman, ya sea que el grupo sea un universo de seres, un país, una institución o una familia. El funcionamiento del karma no solamente se aplica ahora a los individuos, sino también a las entidades que son el producto de un mundo compartido de experiencia.

Al respaldar el mundo objetivo, ¿las explicaciones cosmológicas nos han acercado al misterio de ser o nos han alejado de él?

¿Es justo el universo?

El misterio de la experiencia ha incitado una y otra vez a las personas de numerosas culturas diferentes a proyectar valores humanos sobre el universo. Hace algunos años, comencé una clase sobre el karma preguntando a todos lo que pensaban que era el karma. Más de las tres cuartas partes de la clase respondió que el karma era el mecanismo que hacía justo al universo.

El deseo de justicia es un deseo humano. Todos nosotros queremos vivir en una sociedad que ponga por encima de todo los derechos de los individuos, tanto en su cultura, como en sus costumbres y sus leyes. Naturalmente, también nos gustaría creer que el universo es justo. El karma, desde este punto de vista, es el mecanismo que castiga a quienes violan los derechos de otros y premia a quienes cuidan y hacen el bien a los demás.

Cuando la idea del karma como el mecanismo de equilibrio en un universo justo se combina con la idea de que el karma causa las diferencias individuales, nos vemos forzados a proyectar hacia vidas pasadas y futuras para evitar que estas perspectivas estén en conflicto con nuestra propia experiencia. Cuando la gente inocente es asesinada o muere en una epidemia, un terremoto o una guerra, su destino se considera como el resultado del mal o la crueldad que llevó a cabo en una vida previa. De igual manera, cuando vemos a gente que saca provecho de la crueldad, la tiranía, el robo, el asesinato, la violación o la hipocresía, debemos atribuir su buena fortuna actual a su actividad virtuosa en vidas previas. Tales conclusiones se imponen si hemos de mantener tanto nuestra creencia en el karma como nuestra creencia en que el universo es inherentemente justo. El marco temporal puede ser vasto, pero las creencias están determinadas: las buenas acciones conducen a buenas experiencias en vidas futuras; las malas acciones conducen a malas experiencias; y al final, todo se equilibra. Semejantes conclusiones no son validadas por la experiencia y, además, conducen a un enfoque pasivo de la vida.

Los sistemas políticos y sociales

Las instituciones políticas y sociales reflejan y encarnan las creencias imperantes y la visión del mundo que tiene una sociedad. Cuando las injusticias presentes en una cultura se atribuyen al buen y mal karma de los individuos, la atención se desvía de la manera en que la misma estructura política o cultural podría estar creando y perpetuando estas iniquidades. La creencia en el derecho divino de los reyes desvía la atención de las injusticias sociales, tal como la creencia en la eficacia del capitalismo de libre comercio desvía la atención de las injusticias económicas.

Así, el karma como creencia puede contribuir a mantener las estructuras políticas y sociales; los comportamientos que sustentan el sistema inevitablemente se convierten en parte del código moral de la cultura. ¿Cómo

> Al comienzo, se creó el universo. Esto hizo enojar a mucha gente y se ha considerado ampliamente como una mala idea.
>
> —*Douglas Adams*

podemos saber si los códigos morales están al servicio o no de una estructura cultural? Un indicador es que la cultura desalienta el cuestionamiento de los comportamientos establecidos. Los códigos deben respetarse incluso cuando no existe una base clara, espiritual o de otra índole para los comportamientos que se prescriben.

La rigidez en la postura moral

La creencia en el karma se considera uno de los criterios para la «visión correcta» en la mayoría de las tradiciones del budismo. Las creencias sobre el mundo y sobre quienes somos forman la base para que determinemos lo que es moralmente correcto e incorrecto. Cuando esas creencias están firmemente establecidas, nos apoyamos en la autoridad de las creencias en lugar de en nuestra propia conciencia y experiencia para definir lo correcto y lo incorrecto. Nos resulta difícil aceptar acciones que, aunque apropiadas para la situación, violan la moralidad establecida.

El sistema de castas en la India es un ejemplo de lo rígida y estratificada que puede volverse una sociedad cuando el karma se toma como una explicación de por qué el mundo es como es. Otro ejemplo es la postura que adoptaron en Japón las instituciones Zen durante la Segunda Guerra Mundial, apoyando el esfuerzo de la guerra, celebrando la agresión de los militares y justificando la matanza de personas, porque creían que el emperador y el ejército japonés eran instrumentos del karma. En el cristianismo, se usaron justificaciones igualmente engañosas para las Cruzadas.

También nosotros interpretamos lo que sucede en términos de nuestras creencias. Dado que esas creencias forman la estructura que subyace a quienes somos y a nuestro lugar en el mundo, resistimos intensamente, a veces con violencia, cualquier interpretación de los acontecimientos y las experiencias que pudiera ponerlas en duda.

> Un régimen no puede comprenderse en su esencia, a menos que su realidad moral subyacente se vea por lo que es.
>
> —*Michael Ignatieff*

Fe versus creencia

La fe, no la creencia, es el modo de acercarse al misterio de ser. La creencia es el esfuerzo para eliminar el misterio interpretando la experiencia de modo que coincida con lo que ya está condicionado en nosotros.

Apoyarse en el karma como creencia inhibe el trabajo de desmantelar los patrones habituales y despertar a cómo son las cosas realmente. La creencia en el karma va en contra del esfuerzo de adentrarse en el misterio de ser; nos arrulla, contándonos que el universo posee un orden y que ese orden es justo; nos permite proyectar el universo que nos gustaría que existiera. También se utiliza para justificar la injusticia social y una moralidad inflexible que da la espalda al sufrimiento obvio.

La fe es la disposición de abrirse al misterio de la vida misma: de ver y conocer las cosas como son, no como nos gustaría que fueran.

EL KARMA COMO EVOLUCIÓN DE LOS PATRONES

¿Qué es el karma? El maestro itinerante Kagyu Khenpo Tsultrim define el karma como:

> Los actos físicos, verbales y mentales que imprimen tendencias habituales en la mente.

Tradicionalmente, el budismo presupone que todas las acciones son volitivas. El psicoanálisis, el conductismo y otras teorías psicológicas modernas presuponen lo contrario, que todas las acciones están condicionadas. Ninguno de estos dos puntos de vista es completamente cierto.

Todos nosotros hemos pasado por la experiencia de actuar de maneras no intencionales cuando el enojo, el amor, la codicia o la vergüenza dictaron nuestras acciones. Todos nosotros hemos pasado por la experiencia de actuar volitivamente, cuando nos opusimos a todos nuestros impulsos y condicionamientos, sabiendo de alguna manera lo que tenía que hacerse y simplemente haciéndolo sin más. Las meditaciones presentadas aquí tienen dos propósitos: exponer cómo los patrones habituales gobiernan gran parte de nuestra vida y mostrar cómo podemos poner fin a su tiranía.

Cuatro características se asocian con los patrones: mecanicidad, resonancia, cristalización y habituación. La *mecanicidad* captura la naturaleza automática, no volitiva de los patrones. La *resonancia* describe cómo los patrones absorben la energía de la atención y hacen que la atención decaiga. La *cristalización* se refiere a la formación de estructuras internas que propagan el funcionamiento mecánico de los patrones de un momento a otro. La *habituación* es la acumulación de energía en el funcionamiento de un patrón. En otras palabras, entre más se activa, más fuerte se vuelve.

A modo de ejemplo: una persona que conozco es experta en atraer la atención. En cada situación, encuentra la manera de contar un chiste, hacer un comentario astuto, plantear un asunto personal de salud u ofrecer un consejo. Extrovertido, entretenido e interesante, es incapaz de formar parte de un grupo o un evento sin, en algún momento, atraer la atención expresamente hacia sí mismo.

El patrón ha cristalizado de tal manera que él justificaba sistemáticamente su conducta como servicial, como expresión de preocupaciones legítimas o perspectivas importantes o como entretenida. La mayor parte del tiempo sus acciones eran serviciales. Él y yo deliberamos sobre este comportamiento y él insistía en que era volitivo. Como yo no estaba convencido, le sugerí que hiciera un esfuerzo explícito para contenerse de intentar atraer la atención hacia sí mismo en el siguiente evento social al que asistiera.

Poco tiempo después fue a una cena con un grupo de amigos. Todo el mundo conversaba animadamente, pero él no conocía bien el tema de la plática. La sensación de quedarse excluido resonó con el núcleo del patrón que exigía atención. Olvidó nuestra conversación y el patrón comenzó a funcionar mecánicamente. Sacó un tema altamente polémico, desviando la charla previa, y se convirtió en el centro de atención; expuso apasionadamente su argumento, aunque terminó asumiendo una posición contraria a sus propios valores. Más tarde esa noche, después de irse de la reunión, se dio cuenta de que no tenía interés alguno en el tema en sí y que no podía justificar la postura que había estado defendiendo. Se dio cuenta de que, al menos en esta ocasión, su conducta no había sido volitiva y que el patrón estaba más profundamente habituado de lo que él había pensado.

Las meditaciones de este capítulo traen atención a la naturaleza y el funcionamiento de los patrones condicionados. Los patrones se manifiestan como estructuras autónomas, que se organizan y perpetúan a sí mismas y funcionan para degradar la atención. Se forman en respuesta a una experiencia demasiado poderosa de afrontar, se convierten en condicionamientos y continúan complicándose a lo largo de nuestra vida. Grandes áreas y largos períodos de nuestra vida están determinados no por nuestra voluntad sino por el funcionamiento de esos patrones. El sufrimiento es inevitable debido a que los patrones dan lugar precisamente a las experiencias que estamos tratando de evitar. Estas meditaciones muestran cómo aplicar la atención a fin de desmantelar los patrones habituales y crear la posibilidad de una acción volitiva. El resultado es la mente original, una mente sin restricciones que nos permite vivir en conciencia y actuar volitivamente.

El cambio fundamental no sucede sin una intensa motivación, así que los maestros a través del tiempo han enfatizado la motivación sobre la técnica. El propósito de las meditaciones sobre la muerte y la transitoriedad es desmantelar el apego al éxito convencional a fin de moldear un ambiente interno conveniente para la práctica espiritual. El propósito de las meditaciones sobre el karma es desmantelar la creencia de que cada uno de nosotros es un individuo autónomo que actúa racional y volitivamente. Cuando vemos claramente hasta qué punto el condicionamiento domina nuestra vida, estamos intensamente motivados para ir más allá y desmantelar los patrones que forman y moldean nuestra experiencia.

GUÍAS PARA LA PRÁCTICA

Dedica entre cuarenta minutos y una hora cada día a estas meditaciones, trabajando durante dos a cuatro semanas con cada una. Podrías necesitar más tiempo en algunas meditaciones y menos en otras. El propósito aquí no es solo hacer estas prácticas, sino cambiar el modo en que percibes tu vida y todo lo que la hace funcionar. Cuando se trabaja con la meditación o con los patrones, el autoengaño es siempre un peligro, así que corrobora tu comprensión con tu maestro a cada paso.

Para cada meditación, comienza leyendo cuidadosamente tanto la meditación como el comentario relacionado. Muchas de las perspectivas serán nuevas y posiblemente desafiantes. Durante el período de meditación, utiliza ejemplos específicos y episodios de tu propia vida en los cuales los patrones te hayan causado problemas, dificultades y dolor. Repasar acontecimientos dolorosos es desagradable; no obstante, hasta que veamos qué patrones están funcionando y los desmantelemos, somos susceptibles a las mismas reacciones en el futuro.

Una sesión de práctica consiste en tres partes: formar una base de atención (meditación básica), traer la atención al material, y dejar que la comprensión se propague por todo tu ser.

Dedica de quince a veinte minutos a la meditación básica para establecer una base de atención.

Luego, dedica entre veinte minutos y media hora en traer la atención a las imágenes o a las ideas en las guías

> Ver tus propios problemas y saber que tú mismo y nadie más los provocó es un asunto doloroso.
>
> —*Sófocles*

de la meditación. Ese tiempo es suficiente para producir buenos resultados en una práctica diaria regular, pero no tan largo como para que la resistencia se manifieste como aburrimiento.

Al final de cada período de práctica, dedica otros diez a quince minutos para dejar que la comprensión se propague en tu interior; regresa la atención a la respiración y siéntate con la atención muy abierta, como si estuvieras mirando el cielo o un paisaje vasto. Suelta todas las ideas y reflexiones de la meditación y solo descansa en la conciencia abierta. Este período de cierre reduce la probabilidad de que las reacciones emocionales suscitadas por la práctica de meditación se transmitan directamente a tu vida.

Las meditaciones sobre el karma, como las meditaciones sobre la muerte, usan el proceso de tres etapas: estudio, reflexión y cultivo. El propósito es el mismo, infundir la comprensión en los niveles intelectual y emocional.

La clave de una práctica eficaz es apoyarse en la atención y no apoyarse demasiado en el intelecto. El análisis y el razonamiento constantes solo crearán confusión y frustración. El material de la meditación está concebido para iluminar tu experiencia, no para establecer un nuevo conjunto de creencias. El estudio y el aprendizaje se usan para desarrollar una comprensión firme del material de la guía; emplea la reflexión para contrastarla con tu propia experiencia.

Un cultivo eficaz depende de la habilidad para mantener la atención en lo que estás observando. Cuando sostienes la atención en un tema, una situación o un estado mental, gradualmente se despliega y revela cómo funciona y de qué está compuesto. La comprensión surge primero como sensación y luego como percepción. La deducción no forma parte del proceso.

Muchas de las transiciones y estados mentales descritos en las meditaciones son momentáneos y fugaces; su naturaleza efímera los hace difíciles de identificar. Usa episodios de tu propia vida; evócalos una y otra vez, hasta que puedas identificar los cambios descritos en las guías de meditación.

A medida que sostienes la atención en diferentes partes de tu vida, observarás una gama de reacciones: distracción, fantaseo, embotamiento, sueño, agitación, miedo, ansiedad e ira, por nombrar solo unas cuantas. Estas reacciones son también patrones habituales que funcionan para absorber la energía de la atención, de manera que esta no pueda penetrar en lo que yace por debajo. Recuerda, todas las distracciones y dificultades que experimentes en la meditación son el resultado del funcionamiento de los patrones. Mantén también la atención en las reacciones; déjalas estar allí; no trates de evitar que surjan, y no te pierdas en su funcionamiento.

Tanto para el material de la meditación como para las reacciones, deja que tu atención descanse en la respiración y luego incluye cuanto te sea posible del material y de las reacciones sin perder la atención. Inicialmente, serás capaz de incluir solo un poco porque las sensaciones desencadenadas son tan intensas que o te duermes o te distraes. Tu habilidad se incrementará a través de una práctica constante. Cuando puedas sostener la atención tanto en el material de la meditación como en las reacciones, la meditación comenzará a desplegarse.

El funcionamiento del intelecto es fácilmente asimilado por los patrones habituales. Podrías terminar en un callejón sin salida o con tantas perspectivas diferentes que sería imposible distinguir qué es qué. Cuando eso suceda, reconoce que los patrones habituales ganaron una ronda y regresa la atención a la respiración; restablece una base de atención y luego reanuda la meditación. Puedes perder una batalla o muchas, pero ningún patrón puede resistir la aplicación constante y resuelta de la atención. Ganarás la guerra.

Cuando surjan destellos de comprensión, no supongas de inmediato que tu comprensión esté completa. Aparecen pequeños «ajás» todo el tiempo; vienen y van muy rápidamente. Mantén también la atención en estos destellos. Primero te darás cuenta de algunos aspectos de la conducta y la reacción y, luego, verás el panorama completo. La comprensión surge como percepción y como experiencia sin apoyarse en el análisis o la razón. Sabrás que las meditaciones han penetrado al nivel de comprensión emocional cuando percibas un cambio en el modo en que te sientes y en el modo en el que consideras los patrones de conducta de tu vida.

Las reflexiones sobre el karma son difíciles. Desafían nuestras creencias acerca de quienes somos y lo que somos. Las creencias son muy resistentes. No te sorprendas si experimentas intensas reacciones tanto físicas como emocionales hacia estas meditaciones. Acéptalas como efectos de la práctica.

En las meditaciones sobre la muerte, uno se encuentra con el miedo una y otra vez. Puesto que la muerte implica el fin de la existencia física, el miedo se activa al nivel del cuerpo. En las meditaciones sobre el karma, sin embargo, es más probable que te topes con nerviosismo y náusea; nerviosismo en cuanto a quién eres y lo que eres, y náuseas con respecto a cuánto de tu vida está regido por los patrones.

Cuando por primera vez sospechas que tu novia o tu novio no te ama, te sientes nervioso y ansioso. Cuando confirmas que realmente no te ama, te sientes enfermo y con náusea. Desmantelar las creencias sobre lo que somos y cómo funcionamos no es amenazante a nivel del cuerpo, pero es profundamente amenazante para nuestra sensación y concepción de lo que somos y de nuestras relaciones con los demás. El nerviosismo surge cuando comenzamos a sospechar o anticipar que las cosas no son como habíamos pensado. La náusea es una reacción cuando nos damos cuenta de que hemos estado emocionalmente apegados a una ficción: la ficción de un «yo» autónomo con voluntad propia.

Más adelante, te sentirás más liviano, más claro, y emocionalmente vivo; entonces aceptarás aquello ante lo que antes te resististe. Con frecuencia lo haces con un dejo de tristeza porque una preciada ilusión se hizo añicos. La comprensión intelectual no tiene los mismos efectos. Si bien puedes tener una sensación de confianza en tu entendimiento, la vitalidad emocional no está presente.

La intención de la práctica formal de meditación es desarrollar suficiente atención para examinar el funcionamiento de los patrones y desmontarlos, pero esta es solo la mitad de la práctica. La otra mitad es ejercitar la atención en tu vida cotidiana, de manera que tus acciones surjan desde la presencia en lugar de a partir de los patrones reactivos.

Mantente alerta al funcionamiento de los patrones en tu vida cotidiana. Las imágenes gráficas y arquetípicas de algunas de las meditaciones provocan reacciones intensas y te ayudan a identificar patrones. Cuando adviertes las mismas reacciones en tu vida, sabes que un patrón se puso en funcionamiento. Obsérvalo, y cuando puedas, córtalo con atención.

Durante el día, probablemente advertirás tus reacciones más que antes. Aunque a menudo es desconcertante, la conciencia creciente sobre un patrón reactivo es un buen avance. Primero, te da la oportunidad de ver cómo funciona en tu vida. Puedes sentirte como una marioneta zarandeada de aquí para allá, pero comienzas a ver tu conducta por lo que es: el funcionamiento de los patrones más que lo que tenías intención de hacer. Cuando prestó atención a sus patrones del habla, una mujer comentó en el grupo: «¡Nunca se calla!», refiriéndose a sí misma.

En segundo lugar, tu relación con un patrón cambia a medida que continúas observando su funcionamiento. Lo verás claramente como una fuente de dificultades en tu vida y estarás motivado a desarmarlo y liberarte de él. Durante esta fase, también encontrarás que los acontecimientos y las situaciones aparentemente intrascendentes suscitan sensaciones intensas y poderosas; súbitamente te sientes muy enojado o herido o desamparado. Estas oleadas de emoción surgen porque estás en contacto con el patrón y con su núcleo emocional; necesitas estar aún más atento a la práctica de atención plena durante el día para que estas oleadas no se apoderen de ti.

Finalmente, descubrirás nuevos modos de actuar en diversas situaciones, modos que antes no podías imaginar, ver ni practicar. La primera vez que actúes de manera diferente puedes experimentar una amplia gama de sensaciones: euforia, poder, ira, confusión; todas al mismo tiempo. Las sensaciones resultan de la liberación de la energía que estaba encerrada en el patrón. La práctica de la atención plena es particularmente importante en este momento para evitar que te arrastre la energía liberada.

Meditación 1: Los seis reinos

PROPÓSITO
Comprender el sufrimiento inherente en los mundos proyectados por las emociones reactivas.

MÉTODO DE MEDITACIÓN

Comienza cada sesión con un período de meditación básica, descansando la atención en la respiración.

Para la parte principal de tu sesión de práctica, reflexiona sobre las imágenes de cada reino hasta que encuentres una imagen que capture tu experiencia de la emoción correspondiente. Recuerda episodios de tu vida que provocaron sensaciones similares a las descripciones del reino. Observa cómo, cuando la emoción reactiva está funcionando, estás efectivamente viviendo en ese reino.

Pasa por lo menos otros diez minutos descansando la atención nuevamente en la respiración. Deja que las imágenes y las sensaciones disminuyan y se desvanezcan. Descansa con la mente y el corazón abiertos, como si estuvieras sentado en medio del espacio infinito.

Dedica más o menos dos semanas a cada reino.

El enojo y el odio: El reino de los infiernos

El reino de los infiernos es el reino del enojo; incluye tanto el enojo caliente que estalla para incinerar cualquier oposición, y el odio frío y persistente que te congela por dentro y hace que cada movimiento sea atrozmente doloroso. Los infiernos vecinos describen lo que sucede cuando tratas de evitar el enojo que arde en tu interior.

Infiernos calientes

Los infiernos calientes se relacionan con el enojo abrasador, hirviente y explosivo. El aire cruje con agresión. El suelo es roca al rojo vivo con ríos de metal fundido. Los árboles son torres de llamas y el aire, que respiras con dificultad, te quema los pulmones. Dondequiera que mires, hacia donde sea que voltees, hay figuras demoníacas resueltas a destruirte. Empuñan armas afiladas y dentadas que cortan y desgarran la carne de tus huesos. Colapsas en el suelo candente, solo para revivir y experimentar una nueva llamarada de ira. Lanzas ardientes perforan tu cuerpo y carbonizan tu carne. Una vara de hierro al rojo vivo, que atraviesa tu torso, te quema de adentro hacia afuera. Montañas de rocas blancas calientes se desploman y te sepultan. Estás atrapado en una casa cuyas paredes llameantes te cercan implacablemente y te aplastan. La agresión y la confusión tienen tal agarre sobre ti que no sabes lo que es interior y lo que es exterior; lo único que sabes es que todo está ardiendo; simplemente no hay ningún alivio. Las llamas se alzan adentro y afuera. Cuando pides a gritos una tregua, todo lo que oyes es el estruendo del fuego; todo lo que sientes es el calor del momento. Lo único que puedes hacer es correr y pelear y pelear y correr. Siempre que atacas lo que está frente a ti, estalla en llamas y te destruye. Pierdes todo sentido del tiempo y esta ardiente pesadilla es todo lo que conoces.

Infiernos fríos

Los infiernos fríos se tratan del odio, el tipo de odio que primero congela tu corazón y luego no se mueve nunca. Todo está congelado en los infiernos fríos; el hielo cubre el suelo. Solo el viento se mueve y su fría intensidad penetra en la médula de tus huesos. Aquí, el tiempo no tiene significado. Las cosas nunca cambian. El frío persistente es insoportable. No puedes distinguir si proviene de afuera o de adentro. El odio glacial es un tormento. Quieres gritar, pero tu boca está congelada, torcida por el odio, y de tus labios no salen ni palabras ni sonidos. Te escuchas llorando y gimiendo, pero ningún sonido escapa de tu boca. Tu cuerpo se resquebraja y el frío entra por las grietas hasta que el dolor es inaguantable. Intentas moverte, pero no puedes. Todo tu cuerpo está tan agarrotado, tan helado, que mover un brazo o un dedo o cambiar de postura aun ligeramente es impensable. Estás tan rígido por el frío que el menor movimiento hará que tu cuerpo se raje o se quiebre. Te sientas en el frío, pero tu cuerpo se despedaza de todas maneras.

Infiernos vecinos

Caminas de puntillas a través de un lecho de llameantes brasas calientes, tratando arduamente de no perturbar el enojo que hierve en lo hondo dentro de ti. Te distraes un momento y caes en una fosa llena con las llamas de tu furia: te incineras. Tratas de caminar sobre el agua, sobre la superficie de tu ira, una ciénaga fétida y nauseabunda. Pierdes la atención un instante y caes en el agua inmunda donde horribles gusanos abren hoyos en tu carne y te perforan. Trepas para salir del pantano, pero descubres que el pasto está formado por hojas de afeitar, que rasgan tus pies con cada paso que das. Tratas de encontrar un lugar más seguro corriendo hacia el bosque, pero las hojas de los árboles son enormes cuchillas metálicas que, agitadas por el viento, te cortan en pedazos.

Oyes un sonido como un grito desde la cima de una colina y estás seguro que viene de tu hijo o tu pareja o de un ser querido. Corres hacia arriba de la colina, que está cubierta de espinas de hierro. Cuando llegas, no hay nadie allí, pero ahora los gritos proceden de la base de la colina. Corres hacia abajo y, ahora, las espinas apuntan contra ti. En cada dirección, algo o alguien está bloqueándote, empujándote otra vez hacia el ciclo de enojo y violencia. No puedes escapar.

La codicia: El reino de los espíritus hambrientos

El reino de los espíritus hambrientos es el reino de la codicia: una codicia de bordes afilados que todo consume y nunca puede satisfacerse. Imagina una persona alta y delgada, con miembros largos y huesudos, inclinada hacia delante, con ojos atormentados, un rostro que lucha por encubrir la desesperación interior, y dedos largos y delgados, que tratan de asir y aferrarse a todo lo que puedan.

El reino de los espíritus hambrientos se describe de tres maneras: distorsión externa, distorsión interna y distorsión general. Cada tipo de distorsión captura un aspecto de la codicia.

La distorsión externa se refiere a cómo la codicia no te permite encontrar ninguna satisfacción o goce en el mundo que te rodea. Ves el mundo como desolado y estéril, desprovisto de alimento, agua y las cosas básicas para la vida. Vientos fuertes levantan polvo y arena que obstruyen tu boca, tu nariz y te dejan ciego. Desesperadamente necesitas alimento y agua, pero no puedes encontrar ni un bocado de comida ni una gota de agua. Deambulas, desorientado y confundido en un inútil intento de encontrar algo que puedas ingerir. Estás en un mundo de pobreza: no hay cosechas, no hay comida, no hay trabajo y no hay dinero. Todos acaparan todo lo que tienen. Todos quieren algo, pero no darán nada para obtenerlo. El robo y el engaño son desenfrenados. En tu mentalidad agobiada por la pobreza, no ves riqueza ni belleza en el mundo.

La distorsión interna retrata el modo en el cual la codicia te impide gozar de cualquier cosa que sí encuentras. Como espíritu hambriento, tienes un cuerpo horriblemente distorsionado. Tu boca es tan pequeña que ni siquiera el más mínimo bocado de alimento ni gota de agua puede pasar por ella. Tu cuello y tu garganta son como hebras, pero tu estómago es una enorme caverna. Buscas y buscas algo de comer. Encuentras una cáscara de plátano medio podrida en la basura. Es bastante asquerosa, pero es todo lo que puedes encontrar. ¿Es esto todo lo que tiene el mundo para darte? Estás tan irritado, amargado y resentido que no puedes ver bien. En tu desesperación, la empujas dentro de tu minúscula boca. No puedes masticarla. Tu boca está tan seca que tienes dificultad al tragar. De todos modos, la tragas y la garganta te arde y te duele por el esfuerzo. Dolorosamente, la cáscara sigue su trayecto. Ahora te sientes todavía más hambriento, porque ese pequeño trozo de alimento solo te hace más consciente de lo despojado y necesitado que estás. Tus necesidades son insaciables y no tienes manera de aplacarlas. Te sientes despojado y deprimido. Estás enloquecido por tu propio estado de necesidad.

La distorsión general refleja el modo en que la codicia te impide sentir alguna satisfacción aún en medio de la abundancia. Vives en un lujo suntuoso. Todo alrededor de ti es bello, rico y sensualmente provocativo. Tomas un trozo de fruta, pero se vuelve basura podrida en tu mano. Llevas un vaso de aromático vino a tus labios, pero estalla en llamas. Tienes el toque de Midas invertido. Tu cuerpo es enorme y está infestado de miles de otros espíritus hambrientos que viven en él. Se alimentan de tu cuerpo, pero lo odian porque nunca los satisface. Tu propio estado de necesidad está devorándote, comiéndote de adentro hacia afuera.

El instinto: El reino animal

El reino animal representa el instinto, que está interesado tan solo en las necesidades más básicas: el alimento, la supervivencia, la reproducción y evitar el dolor. Eres extremadamente competente dentro del estrecho marco de tu condicionamiento, pero fuera de él no tienes idea de cómo funcionar.

Imagina que eres un pez en el océano. Nadar es tu instinto natural. Te deslizas a través del agua sin esfuerzo. También estás en la cadena alimenticia. Los peces grandes comen a los peces pequeños y la cadena se completa cuando los peces más pequeños (los parásitos) se comen a los más grandes. Todo el mundo come y es comido por alguien. Tu existencia entera está determinada por dos imperativos: encontrar algo de comer y evitar que te coman. Nadas en un banco con otros peces para mejorar tus posibilidades de supervivencia. Tu vecino gira hacia un lado y tú haces lo mismo. Estás constantemente buscando comida, husmeando en el fondo o instintivamente siguiendo las corrientes en el océano. Tan solo el instinto te conduce. ¿Cuándo, en tu vida, vives de este modo? Por algún accidente, caes sobre la playa. ¿Sabes dónde estás? ¿Sabes qué hacer? No. Todo lo que sabes es que no puedes respirar y te sacudes desesperadamente. No tienes idea dónde está el océano o el río. Te sacudes y te sacudes hasta que, de causalidad, caes de nuevo al agua o mueres.

Imagina que eres un alce. Además de preocuparte por la comida, debes lidiar con el calor y el frío. En verano, migras hacia altitudes elevadas; en invierno, desciendes a los valles. Luchas por el derecho a reproducirte. Siempre estás vigilante de los lobos y los pumas. El resto del tiempo te dedicas a pastar. No hay menús elaborados para ti, tan solo pasto y brotes; sin embargo, sabes exactamente cuál es bueno, dónde crece y cuándo. Sigues a la manada, cuidando de nunca quedar separado y te aseguras de que tus crías también permanezcan con la manada. Supón que vagas hasta llegar a una autopista. ¿Y ahora qué? ¿Cómo interpretas estos objetos que pasan zumbando más rápido que lo que tú o cualquier lobo podría correr?

Imagina que eres un gusano. Tu existencia entera consiste en hacer hoyos en la tierra, ingiriéndola y excretándola. Te topas con otra lombriz, te apareas y luego regresas a la tierra. Cuando llueve y tu mundo se inunda, asomas la cabeza en busca de aire, ahí donde los pájaros están esperando.

Elige diferentes animales y sumérgete completamente en su mundo. Mira el mundo como ellos lo hacen; haz lo que ellos hacen. Imagina cómo podrían reaccionar en situaciones ajenas a su condicionamiento.

Como animal, luchas por disminuir la incomodidad. El instinto te conduce y no puedes imaginar otras maneras de actuar ni comportarte. Tus conductas son especializadas y altamente eficaces en su propio dominio. No obstante, cuando encuentras circunstancias que no se ajustan a tu condicionamiento, primero estás desconcertado y luego te repliegas hacia lo conocido. Ya sea que funcione o no, solo continúas haciéndolo.

Esta es la aflicción de la mayoría de los animales salvajes y domésticos. ¿Por qué otra razón soportarían los animales domésticos el sufrimiento que los humanos les infligen, criándolos para alimento, sacrificándolos en masa, haciéndolos trabajar, haciéndolos pelear o correr para el entretenimiento humano? Imagina lo confuso, desesperado y, finalmente vencido que te sientes cuando no puedes encontrar ninguna manera de cambiar las cosas. Todo lo que puedes hacer es resistir lo mejor que puedas.

El deseo: El reino humano

El reino humano se relaciona con el deseo y el ajetreo que lo acompaña. Se trata de establecer preferencias y de vivir según esas preferencias. Trabajas para obtener lo que quieres, pero lo que quieres siempre cambia. Tienes tu coche, tu trabajo y tu familia, pero ahora quieres un coche más grande, un mejor trabajo y más tiempo para estar con tu familia, así que trabajas más duro. Tu trabajo consume cada vez más tu vida. Perseveras porque sabes que, al final del arcoíris, existe realmente una olla de oro.

La diferencia entre la codicia (el reino de los espíritus hambrientos) y el deseo (el reino humano) es la satisfacción. La codicia nunca se satisface; el deseo se satisface temporalmente. Te sientes bien cuando tus deseos se sacian. Quieres esa sensación y estás dispuesto a trabajar duro para obtenerla.

No obstante, tan pronto como obtienes lo que quieres, comienzas a preocuparte sobre cómo conservarlo. Otros tratan de quitártelo todo el tiempo. Inventaste el gobierno, los bancos y otras instituciones para proteger tu dinero, tus posesiones, tus seres queridos y tu libertad, pero estas instituciones ahora te quitan el dinero en forma de impuestos, cuotas y otros cargos. Debes trabajar aún más arduamente solo para quedarte en el mismo lugar. ¿Dónde termina esto?

Todo lo que quieres es estar con las personas que son importantes para ti, pero eso no es tan sencillo. Compras una casa para tu familia y luego dedicas la mayor parte de tu tiempo a ganar dinero para pagar la hipoteca. Ahora tienes aún menos tiempo para pasar con las personas que amas. Tu trabajo te obliga a relacionarte y a asociarte con personas que no te caen bien y pasas más tiempo con ellos del que quisieras. Haces esto con el fin de ganar suficiente dinero para pasar tiempo con las personas que sí te caen bien. Las cosas nunca resultan de la manera en que te lo propones.

Considera cuánto de tu vida se dedica a estas cuatro preocupaciones:

- Estar con personas con las que quieres estar
- Evitar a las personas con las que no quieres estar
- Obtener lo que quieres, pero no tienes.
- Conservar lo que sí tienes.

La labor básica del gobierno es hacer que el pueblo se sienta seguro. La seguridad del pueblo está basada en satisfacer necesidades. La base para satisfacer las necesidades es no privar al pueblo de su tiempo. La base para no privar al pueblo de su tiempo es minimizar las exacciones y los gastos gubernamentales. La base para minimizar requerimientos y gastos gubernamentales es la moderación del deseo. La base para la moderación del deseo es volver a la naturaleza esencial. La base para volver a la naturaleza esencial es remover la carga de acumulaciones.

Remueve la carga de acumulaciones y hay apertura. Estar abierto es ser ecuánime. La ecuanimidad es un elemento básico del Camino; la apertura es el hogar
del Camino.

—EL LIBRO DE LIDERAZGO Y ESTRATEGIA

La envidia: El reino de los titanes

Los titanes son semidioses. En el reino de los titanes se goza de gran riqueza,
fuerza y habilidad, pero se vive justo al lado de los dioses y es posible ver que
ellos viven aún mejor. Sientes que algo está mal en ti. Te propones alcanzar lo
que los dioses tienen para mostrar que eres tan bueno como ellos.

¡Deberías tener lo que tienen los dioses! Estás decidido a tenerlo. No te
importa que los dioses sean más poderosos. No te importa que todos tus
esfuerzos previos hayan fracasado. Todo lo que importa es que vas a tener lo
que ellos tienen y vas a ser como ellos son; aun si el esfuerzo te mata, y en
general lo hace.

Esto es la envidia. Es una guerra que nunca puedes ganar. Conspiras,
tramas, planificas, entrenas, desarrollas nuevas armas, desarrollas nuevas
estrategias: haces todo lo que puedes. Sin embargo, cuando llega el momento
de ir contra los dioses, siempre pierdes. El estatus, la riqueza, la habilidad,
el poder o la felicidad que sí tienes se sienten vacíos. No puedes disfrutar lo
que tienes porque otros tienen más. Son más inteligentes, más hermosos, más
gráciles, más fuertes, más veloces, más ricos o tienen más amigos.

Sientes intensamente tu carencia; eres menos que ellos. Para evitar esa
sensación, te esfuerzas por alcanzar objetivos cada vez más grandes, destru-
yendo a los demás si es necesario, para demostrar que no eres menos que
ellos. Sin embargo, tu esfuerzo no modifica la opinión de nadie, ni siquiera la
tuya. Todavía te sientes «menos que».

El orgullo: El reino de los dioses

Eres especial. No sufres de la manera en que otros sufren; eres un dios. Todo lo
que tienes y disfrutas es tuyo por derecho; vives lujosamente, Los bordes duros
de la vida no te tocan. Tu comida es deliciosa y alguien siempre lava los platos.
La vida es un concierto hoy, una ópera mañana, una cena en la terraza y un
ramo de flores. Es un paseo en el parque donde la vista es siempre hermosa.

Si es que trabajas, lo disfrutas y tu trabajo confirma que eres superior. Tus
ingresos te permiten vivir en un entorno protegido sin preocupaciones por la
seguridad. Todo lo que podrías querer o necesitar está disponible. Perteneces

a la gente bonita. Descartas cualquier idea que sugiera que el modo en que vives no sea de lo que se trata la vida. Vives en una visión de vida compartida con otros que, como tú, son definitivamente superiores a aquellos fuera de su círculo. Con tus compañeros dioses, has llegado a un mundo y a una cosmovisión que son incuestionablemente correctos y verdaderos. Te sientes separado de quienes lidian con las dificultades de la vida. Tu principal preocupación es mantener tu vida, evitar el cambio y mantener fuera cualquier cosa que amenace tu perspectiva y tu manera de vivir.

Al fin y al cabo, te das cuenta de que la buena vida no puede durar para siempre. La salud, la felicidad y la riqueza comienzan a desvanecerse. Los aspectos más vulgares de la vida interfieren. El cambio y la muerte no se pueden soslayar. Después de haber evitado por tanto tiempo los altibajos de la vida, ves que eres igual a todos los demás. Tú también envejecerás y morirás. La perspectiva es inimaginable, terrorífica. Ninguno de tus amigos te hablará. Tu fracaso para mantener la buena vida, para ser perpetuamente joven y vibrante, te ha vuelto inaceptable para ellos. No te habías dado cuenta de lo estrecha que era tu vida. Las personas que pensabas eran tus amigos no quieren nada contigo; te rehúyen como tú rehuías a otros. No quieren que les recuerdes el sufrimiento y la muerte. Terminas completamente solo, en tanto que aguardas lo que siempre habías temido secretamente.

Comentario: Los seis reinos

Los seis reinos de emoción proyectada se conocen como los seis reinos de los seres: seres infernales, espíritus hambrientos, animales, seres humanos, titanes y dioses. Los seis patrones emocionales reactivos correspondientes dan lugar a seis interpretaciones diferentes de la experiencia. En efecto, proyectamos la reacción emocional sobre el mundo de la experiencia.

Cuando experimentamos el mundo a través del enojo, vemos todo como un enemigo y enfrentamos la vida peleando; vivimos en el infierno.

Con la codicia vemos al mundo como incapaz de saciar nuestras necesidades y nos esforzamos por satisfacer una insaciable sensación de necesitar; el hambre eterna de los espíritus hambrientos.

Con el instinto ciego, nos relacionamos con el mundo solo a través del instinto y nos esforzamos por reducir la incomodidad. Como un animal, hacemos solo lo que estamos condicionados a hacer.

El deseo nos lleva a ver el mundo como un lugar de placer. Gastamos energía en actividad con el fin de obtener los medios para disfrutar la vida.

Como seres humanos, estamos siempre trabajando para obtener lo que queremos y conservar lo que tenemos.

La envidia se basa en una percepción de deficiencia personal. Nos esforzamos por sobreponernos a esa percepción a través de los logros y las victorias con el fin de demostrar que somos iguales a otros, o mejores que ellos. Somos como titanes que libran batallas inútiles contra los dioses más poderosos.

Con el orgullo, sentimos que el mundo está a nuestros pies. Nos sentimos superiores a otros y nos esforzamos por conservar esa sensación, material o emocionalmente. Como dioses, estamos convencidos de nuestra integridad y superioridad.

Cuando observamos minuciosamente cada uno de los mundos proyectados descritos en los seis reinos, advertimos que cada reino impide la posibilidad del éxito en el esfuerzo asociado. Por ejemplo, cuando vemos el mundo en términos de oposición, no importa cuántas batallas ganemos, seguimos viendo enemigos en todas partes y seguimos viviendo en el infierno. Mientras nuestra visión del mundo esté basada en una sensación de no tener o de ser insuficiente, ningún monto de logros modificará nuestro sentir. Continuamos con nuestra titánica pero inútil batalla contra los dioses.

Los seis reinos forman un mapa de los patrones reactivos básicos que hallamos en nuestra experiencia. Las imágenes y las descripciones son útiles para identificar esos patrones dentro de nosotros.

Para ayudarte a reconocer los seis reinos en otros y en ti, prueba este ejercicio con un compañero. Siéntense, uno enfrente del otro, y simplemente descansen la atención en la respiración durante un minuto o dos. Luego, mírense directamente el uno al otro. Tu compañero dice en un tono plano, sin emoción: «Estás en mi contra». No respondes. Ambos observan qué reacciones surgen. Este es el reino de los infiernos. Después de un minuto o dos, tu compañero dice: «Voy a llevarme todo». Nuevamente, observen las reacciones. Es el reino de los espíritus hambrientos. La frase para el reino animal es: «Solo estoy intentando sobrevivir»; para el reino humano: «Te deseo»; para el reino de los titanes: «Soy mejor que tú», y para el reino de los dioses: «Yo estoy en lo cierto, y así son las cosas». Luego, inviertan los papeles. Tú dices las seis frases, haciendo una pausa entre cada una de ellas para observar las reacciones. Ya sea que estés diciendo las frases o simplemente escuchándolas, observa las reacciones que surjan en ti.

La velocidad de la reacción

¿Tiene algún significado el orden de los seis reinos, desde el reino de los infiernos hasta el reino de los dioses? Si miramos el mundo creado por cada reacción emocional, vemos que cuanto más inferior es el reino, más rápido es el patrón reactivo básico. El enojo es muy rápido. Brota instantáneamente en nosotros; puede ser abrumadoramente intenso. Las instrucciones contra el enojo abundan en la literatura budista, incluyendo el famoso: «Un momento de enojo destruye el buen trabajo de diez mil vidas». Si dejamos de lado la interpretación literal, esta instrucción apunta al poder del enojo para establecer intensos patrones reactivos rápidamente. La energía emocional parece ir más rápido que en cualquier otro patrón reactivo.

En el reino de los espíritus hambrientos, la velocidad de la reacción es más lenta, aunque podemos sentir fácilmente lo rápido que surge el impulso de aferrarnos. Muchas personas se vuelven duras y codiciosas tan pronto como surge el tema del dinero. Emerge la codicia y se concentran únicamente en tomar o conservar tanto como puedan, aun cuando la supervivencia física o financiera esté claramente fuera de discusión.

En el reino animal, el movimiento hacia la reacción es todavía más lento. El esfuerzo primario es evitar el dolor. Cuando no hay dolor, amenaza ni presión, ignoramos y no hacemos nada. Observa a tu gato, por ejemplo. Haz un ruido y tu gato reacciona, levantando las orejas y mirando en la dirección del sonido. Haz el ruido otra vez y tu gato reacciona nuevamente, pero solo lo suficiente para verificar, una vez más, que no se materializa ninguna amenaza. Haz el ruido otra vez y tu gato lo ignora.

El reino humano y el reino de los titanes tienen aún más espacio. No nos guían el enojo, la codicia ni el instinto. Tenemos momentos durante los cuales no estamos atrapados en la reacción, momentos de placer y paz. No nos quedamos allí mucho tiempo. En el reino humano, volvemos al trabajo para experimentar más placer. En el reino de los titanes, trabajamos para alcanzar objetivos mayores y mejores para compensar la sensación de deficiencia interior.

En el reino de los dioses, se reduce mucho la velocidad. La ignorancia básica de la realidad que subyace al orgullo conlleva hacer poco esfuerzo para estar presente. En este reino nos dejamos llevar, gozando el placer del lujo e ignorando el hecho de que no puede durar.

Reinos superiores y reinos inferiores

Nos movemos de reino en reino a medida que las diferentes emociones reactivas se mueven a través de nosotros. El movimiento desde un reino superior a un reino inferior o viceversa, se basa en tres diferentes dinámicas: la habituación, el nivel de energía y la frustración.

La habituación

Los tres reinos superiores de los dioses, los titanes y los seres humanos se aparean con los tres reinos inferiores del infierno, los espíritus hambrientos y los animales de acuerdo con los tres venenos: la aversión, la atracción y la indiferencia. La aversión se expresa directamente como enojo (el reino de los infiernos) y secundariamente como envidia (el reino de los titanes). La atracción se expresa directamente como deseo (el reino humano) y secundariamente como codicia (reino de los espíritus hambrientos). La indiferencia se expresa directamente como instinto (ignorar: el reino animal) y secundariamente como orgullo (reino de los dioses). Cuanto más tiempo o con mayor frecuencia permanezcamos en el reino superior, más se habitúa el patrón emocional subyacente. En efecto, inevitablemente nos movemos al reino inferior debido a la fuerza de la habituación.

Considera el reino superior en cada par y observa que el reino inferior correspondiente describe el mundo producido por el patrón reactivo del reino superior. El reino de los dioses trata del orgullo y de conservar la posición. Imagina que eres un dios; eres superior a la gentuza que plaga el planeta. Esas pobres almas descarriadas simplemente no entienden cómo funciona la vida; si hicieran lo mismo que tú, no estarían sufriendo tanto. Sin embargo, no escuChan; así que por qué invertir tiempo tratando de ayudarlos. En vez de ayudarlos, los dejas fuera de tu mundo y vuelves a tus juguetes y entretenimientos; ignoras el sufrimiento y la angustia de los mundos por debajo del tuyo. Cuanto más ignoras, más vives automáticamente, según la manera en que fuiste entrenado para comportarte. Haces todo sin pensar, simplemente porque es lo que los «dioses» hacen. Sin advertirlo, has comenzado a funcionar cada vez más como un animal, haciendo lo que has sido condicionado a hacer para evitar el dolor, la incomodidad o cualquier perturbación en tu vida.

En el reino de los titanes, estás motivado por la envidia y vives en un mundo de competencia agresiva. Sientes que eres menos importante que otros, así que decides mostrarle al mundo quién eres realmente por la fuerza de tus logros. Tu empuje proviene del enojo por la falta de aprecio. No importa cuánto logres, nunca te aprecian. El enojo crece y crece hasta que tu vida se convierte en un infierno.

En el reino humano comienzas gozando de la vida, aunque tu gozo se desvanece, así que trabajas más duro. Si puedes ganar suficiente dinero o llegar a ser suficientemente poderoso, puedes frecuentar a la gente que te agrada. No tendrás que pasar tiempo con quienes no te caen bien; tendrás lo que quieres. Sin embargo, entre más duro trabajas, más terminas haciendo lo que no quieres hacer. Gozar de la vida se torna cada vez más fugaz. Los esfuerzos que haces para pasar más tiempo con tu familia o para tener una mejor casa donde vivir te consumen, pero en realidad, nunca pasas tiempo con tu familia y nunca estás en tu casa. Comienzas a sentir que nunca tendrás lo que quieres y te deslizas hacia el mundo de los espíritus hambrientos.

No podemos conservar los patrones reactivos de los reinos superiores sin crear los reinos inferiores.

El nivel de energía

El segundo apareamiento se basa en el nivel de energía de los patrones reactivos. Los reinos humano y animal están apareados porque sus patrones funcionan con la mínima fuerza. Hay mucha más oportunidad en el reino humano, para la atención plena y la conciencia despierta. Los reinos de los titanes y de los espíritus hambrientos se basan en la energía emocional, así que el nivel de la tendencia a reaccionar es superior al de los reinos humano y animal. En la cosmología budista, todos los demonios (símbolos de las perturbaciones emocionales y mentales), pertenecen al reino de los espíritus hambrientos o al de los titanes. Su codicia y envidia feroces se originan en las sensaciones de necesidad y de deficiencia. Los reinos de los dioses y de los infiernos representan total involucración en la tendencia a reaccionar: el primero en el total ensimismamiento hasta el extremo de excluir todo lo demás, y el segundo en reacción al entorno con exclusión de cualquier conciencia interior.

> VLADIMIR: Con esto hemos pasado el rato
> ESTRAGÓN: Hubiera pasado igual de todos modos.
> VLADIMIR: Sí, pero menos rápido.
> —*Samuel Beckett, Esperando a Godot*

Las descripciones clásicas de estos reinos incluyen detalles sobre la duración de la vida de los seres en cada reino. Los reinos humano y animal tienen vidas relativamente cortas e indefinidas. Los lapsos de vida se prolongan en los reinos de los titanes y de los espíritus hambrientos y se hacen cada vez más largos cuanto más descendemos en el reino de los infiernos o cuanto más ascendemos en el reino de los dioses.

Estas descripciones tradicionales apuntan a la naturaleza subjetiva del tiempo. Cuanto más atados estamos a la reacción, más lentamente parece transcurrir el tiempo. Cuando estamos lidiando con el dolor, el dolor parece durar para siempre. Cuando estamos embriagados de gozo, ese estado parece durar para siempre. Mientras más prominente sea el sentido del «yo» en relación con lo que estemos experimentando, más conscientes somos del tiempo. Evoca la última ocasión en la cual estabas aburrido. ¿El tiempo transcurrió de prisa o lentamente?

La percepción del tiempo depende del grado de separación con aquello que experimentamos. Compara la experiencia de gozo embriagador o de dolor devastador con la experiencia de la presencia (una conversación íntima con un amigo, por ejemplo). En la segunda, no tenemos sentido del tiempo o nos parece que hemos salido de él. El tiempo desaparece cuando somos uno con lo que experimentamos.

La frustración

En el tercer apareamiento, los reinos superiores e inferiores están conectados según lo que sucede cuando el funcionamiento de un reino ya no se puede mantener. Por ejemplo, cuando a una persona altamente competitiva se le coloca en un entorno donde la competencia no es aceptable ni eficaz, él o ella no sabe cómo funcionar. La persona se desconcierta y se confunde, como un animal cuyos instintos no se pueden relacionar con el entorno. A la inversa, cuando un animal ya no puede ignorar las presiones del entorno, se vuelve altamente competitivo, como un gato o un perro acorralado, por ejemplo. Los titanes se convierten en animales cuando la competencia y la envidia no funcionan, y los animales se convierten en titanes cuando fracasan sus instintos para evitar la incomodidad.

Cuando una persona en el reino de los dioses está frustrada, incapaz de evitar las necesidades, la escasez, el sufrimiento y la muerte en el mundo, se vuelve ávida y se revierte al reino de los espíritus hambrientos. Solemos ver este cambio en personas que estaban acostumbradas a vivir en el lujo, pero han perdido su riqueza y su comodidad. Cuando los espíritus hambrientos no tienen posibilidades de ejercer la codicia, se mueven al reino de los dioses; en otras palabras, cuando su entorno es tan opulento que la codicia no es necesaria y no funciona, se vuelven arrogantes e insensibles, dispuestos a ignorar la existencia de todo lo que experimentaron antes, aunque inseguros dado que sienten que el lujo no va a durar para siempre.

Finalmente, cuando las dinámicas del deseo, la satisfacción temporal y la actividad del reino humano se frustran, las personas se rebelan, se enojan y se traban en el conflicto. Se crea el reino de los infiernos. Las revoluciones suceden no cuando un pueblo es oprimido, sino cuando las personas pierden el ingreso o la libertad que habían disfrutado previamente. La gente enojada, que no puede expresar el enojo ni hacerlo funcionar en su entorno, comienza a darse cuenta de lo que quiere y se mueve hacia el reino humano. Este último cambio es crucial en los esfuerzos de mediación entre las partes trabadas en conflicto; cuando la opción del conflicto se remueve, las dos partes virarán su atención hacia lo que quieren. Los padres utilizan este principio con sus hijos cuando les dicen: «¡No me importa quién empiece; a la próxima pelea, los dos se van a su cuarto!» Los niños dejan de pelear y se enfocan en lo que pueden disfrutar.

Meditación 2: Los cinco elementos

PROPÓSITO

Identificar las dinámicas de las cadenas de reacción que encienden las reacciones emocionales.

Los cinco elementos describen un espectro de energía, desde la forma (tierra) hasta la vacuidad (espacio). En el capítulo anterior, vimos cómo al momento de la muerte, los elementos que componen nuestra experiencia de la vida se disuelven uno por uno hasta que llegamos a la mente original o naturaleza de la mente. Aquí, los cinco elementos describen modos de reacción: cada modo funciona a un nivel diferente de energía, abarcando el espectro entre la forma y la vacuidad. El elemento tierra es el más denso y el elemento espacio el menos denso: los otros oscilan entre ellos.

La reacción del elemento tierra es tensarse y volverse rígido: «Así es y punto». Para el agua, la reacción es dispersar la energía: «¿Cómo puedo salir de esto?» Para el fuego, la reacción es apoderarse de la situación con tu propia intensidad: «¡No te atrevas a hablarme de esa manera!» o «Quiero saberlo todo». Para el aire, la reacción es actividad por la actividad misma: «Tengo que mantenerme ocupado». Para el espacio, la reacción es el desconcierto: «¡Esto no puede ser verdad! No sé qué hacer».

MÉTODO DE MEDITACIÓN

Primero, descansa la atención en la respiración durante quince a veinte minutos.

A continuación, repasa la cadena de reacción para cada elemento, sintiendo claramente cada componente:

1. La reacción emocional inicial
2. Una segunda sensación que yace debajo de la primera
3. Un miedo profundamente arraigado
4. Una experiencia de espacio abierto asociada con el miedo

5. Una reacción a la experiencia de espacio abierto
6. La reacción completamente formada

Utilizando la respiración como base de atención, siéntate y mantén la atención en las sensaciones y los sentimientos asociados con la reacción.

La reacción completamente formada se convierte entonces en la reacción emocional inicial para otro ciclo de la cadena de reacción; en esta ocasión, a un nivel más elevado de energía. El ciclo se repite una y otra vez, subiendo en espiral hacia niveles más elevados de energía, hasta que la energía de la atención se ha consumido completamente en el proceso de reacción.

El siguiente cuadro resume las cadenas de reacción para cada uno de los cinco elementos. Usa tanto las descripciones del cuadro como las situaciones reales de tu vida. Con el cuadro, podrás explorar la intensidad de las sensaciones en la cadena de reacción. Las situaciones o eventos en tu vida vinculan la meditación con tu experiencia cotidiana. Evoca una situación en la cual funcionaba la cadena de reacción para ese elemento. Repásala de nuevo en tu mente, observando cada componente de la cadena de reacción. En la vida, a menudo la cadena de reacción hace el ciclo en menos de un segundo, de manera que tendrás que repasar la situación en cámara lenta, por así decirlo. Tendrás que observar cuidadosamente para identificar cada componente.

Al final de cada sesión de práctica, descansa con atención abierta entre diez y quince minutos más.

Trabaja aproximadamente durante una semana en cada elemento.

LAS CADENAS DE REACCIÓN DE LOS CINCO ELEMENTOS

Elemento	Reacción	Sensación	Miedo	Espacio abierto	Reformación	Resultado
Tierra	rigidez inflexible	oquedad o incertidumbre	inestabilidad	terremoto	aferramiento	encarcelamiento
Agua	fluidez	amenaza externa	hundimiento	tsunami o corriente fuerte	dispersión	congelamiento
Fuego	intensidad agotadora	soledad	aislamiento	desierto sin rasgos distintivos	experiencia devoradora	extenuación
Aire	agitación	nada sobre lo cual pararse	destrucción	caída	actividad	desgarramiento
Espacio	embotamiento	agobio	no ser nada	espacio en blanco	fragmentación	disolución en la nada

Comentario: Las cadenas de reacción de los cinco elementos

Las cinco cadenas reactivas funcionan en cada uno de nosotros. Frecuentemente, una o dos cadenas de reacción están más profundamente condicionadas que las otras, así es que recurrimos a ellas la mayor parte del tiempo. Nuestra elección de cadena reactiva también depende de la situación. En algunas situaciones, somos más propensos a mantener la conexión y dispersar la energía (agua); en otras, somos más propensos a mantener nuestra posición y ser inflexibles (tierra). Las siguientes descripciones muestran cómo cada una de las cadenas de reacción podría manifestarse en la misma situación.

Debido a que las cadenas de reacción describen procesos internos, repasa las diversas reacciones lentamente, sintiendo y experimentando todo lo que surja a cada paso.

Tierra

Comienza con la tierra, reaccionando a una situación con rigidez. Supón que tu hija adolescente te pide regresar a casa más tarde que de costumbre. Le dices que no y cuando te pide una razón, le respondes: «Conoces las reglas. No puedes estar fuera tan tarde». Ella insiste y tú te reafirmas cada vez más, decidido a no cambiar de opinión. Date cuenta de lo que sucede en tu cuerpo, ¿Estás relajado o tenso? ¿Cómo estás respirando? A medida que adviertes la tensión en tu cuerpo y respiración, adviertes también que no te sientes firme interiormente. La rigidez cubre una ligera incertidumbre, duda u oquedad. Respira y siente lo que subyace a la rigidez. A medida que sientes la duda o la incertidumbre, te das cuenta de que, además, estás asustado. ¿Qué harás si ella no te obedece? ¿Qué harás si le permites regresar más tarde y no vuelve a casa sana y salva? Si eres muy estricto, ¿se enojará contigo, perderá su vida social, se rebelará o abandonará el hogar? ¿Qué incertidumbres y miedos subyacen a tu rigidez?

Mientras sientes los miedos, simultáneamente te das cuenta de que todo está abierto. Cualquier cosa podría suceder. Darte cuenta de esto te sacude como un terremoto. Reaccionas inmediatamente, aferrándote al orden y a las reglas y estructuras. Reafirmas tu postura: «No, no puedes regresar más tarde y ya está»; pero ella insiste, presentando un argumento tras otro. Con cada argumento nuevo, atraviesas el mismo proceso, cada vez con creciente intensidad. Extrañamente, tu orden, tus reglas y tu estructura se sienten como una prisión. No puedes decirle cómo te sientes realmente, qué es lo que te asusta o cuánto te preocupas por ella. No te puedes mover; estás atrapado en tu postura.

Una vez que hayas identificado claramente los componentes de la reacción de tierra en una situación, evoca otras situaciones en las cuales reaccionaste de la misma manera. Repásalas hasta que te familiarices completamente con los componentes y seas capaz de verlos funcionando en tu vida cotidiana. Dedica una semana o dos a la tierra y luego, aborda el agua.

Agua

La cadena de reacción para el agua comienza con un esfuerzo por dispersar las sensaciones o la energía. Nuevamente, tu hija te pide regresar a casa más tarde que de costumbre. En lugar de reaccionar con rigidez inflexible, intentas dispersar la energía de sus ruegos. «Ay, no es la gran cosa», dices, «simplemente vuelve a casa a la hora habitual. No te perderás de nada».

Ella te expone exactamente lo que se va a perder, así que tomas una táctica diferente: «Bueno, habrá otras noches, ¿no? Además, mañana tenemos un gran día planeado para toda la familia. No querrás estar cansada para eso, ¿verdad?».

Nota lo que sientes por debajo de los intentos de dispersar sus argumentos y peticiones. ¿Sientes sus solicitudes reiteradas como ataques o amenazas? Si cedes a alguna, ¿dónde se detendrá? ¿Qué pedirá después? ¿Perderás todo control? ¿Terminará haciendo cualquier cosa que ella quiera?

En lo profundo, estás asustado; asustado de que te trague su energía, de tu pérdida de control o de otras amenazas innombrables. Tsunamis de sensaciones te arrastran hacia áreas donde no sabes cómo navegar. Reaccionas para dispersar la energía emocional que surge en tu interior; pero ella rebate cada evasión y te quedas sin margen de maniobra, congelado en tus propios intentos por dispersar y evadir. Cuando sientes que ya no te puedes mover en absoluto, reaccionas ante eso y pasas por el ciclo otra vez.

Fuego

La cadena de reacción para el fuego comienza con una sensación de intensidad mientras intentamos consumir lo que surge en la experiencia. Tu hija te pide regresar a casa más tarde que de costumbre, pero esta vez eres cortante con ella: «No me molestes. ¡No, absolutamente no!». Ella se mantiene firme, diciendo que eres malo e injusto. El enojo estalla dentro de ti y te hierve la sangre. ¿Qué subyace al enojo? No puedes hacer nada con ella. Estás indefenso y solo. Tu frustración y enojo te hacen sentir aislado y el aislamiento es aterrador. Intensificas tu reacción para no sentirlo: «No, no puedes y si lo vuelves a pedir, ¡te quedas sin salir!». Ella hace un comentario sarcástico y tú ya no puedes más. «Ya está. Te quedas sin salir. Ve a tu habitación». Ya sea que salga ella bruscamente de la casa o se vaya a su habitación, tú acabas solo. Ahora, tu aislamiento es demasiado para ti. Te mueves furibundo de un lado a otro de tu casa, arrojando objetos, consumiéndote por dentro.

La cadena de reacción del fuego también se manifiesta en el deseo. En lugar de reaccionar con aversión, reaccionas al aislamiento intensificando la experiencia de conexión, seduciendo y consumiendo al otro, y consumiendo a ambos en la pasión.

Aire

El aire se manifiesta como agitación. Cuando tu hija pide regresar a casa más tarde, comienzas a ordenar la habitación, recogiendo las revistas o acomodando los libros en el librero. Cuando te vuelve a preguntar, respondes: «Estoy muy ocupado de momento. Discutámoslo más tarde». No sabes qué hacer exactamente, de manera que te mantienes ocupado haciendo esto y aquello. Nota lo que subyace a la agitación: no sabes qué decir. No has considerado este escenario y no tienes nada en qué apoyarte. Estás ansioso y entrando en pánico. Una respuesta directa a tu hija es como saltar desde un acantilado, así que elaboras interminables explicaciones, intentas cambiar de tema o especulas sobre lo que podría sucederle. Al final, eres todo palabras y actividad. Te sales en todas direcciones y no logras nada. Ella se marcha de todos modos, así que comienzas a reorganizar todo en la habitación, desgarrándote en un torbellino de actividad.

Espacio

El espacio surge reactivamente como una sensación de opacidad o desconcierto. Cuando tu hija pide regresar a casa más tarde, te sientes atónito, incapaz de moverte, hablar o pensar; estás totalmente abrumado. Entras en pánico internamente porque sientes que no eres nada y que vas a desaparecer. Te haces pedazos: en un momento dado, rehúsas moverte; al siguiente, suplicas; después, enfureces y luego, teorizas; un momento después, finalmente te desmoronas y no haces nada.

Además de observar situaciones específicas tales como la utilizada en estas meditaciones, date cuenta de lo que haces al toparte con conmociones profundas o eventos perturbadores: pierdes tu trabajo, tu pareja te anuncia que la relación ha terminado, o te diagnostican una enfermedad terminal.

Cada uno de los elementos expresa un modo particular de relacionarse con el mundo de la experiencia. En la tierra, te relacionas con la experiencia en términos de estructura y orden. Por lo tanto, cuando pierdes tu trabajo, te enfocas en lo básico: dinero, alquiler y comida. En el agua, te relacionas con el mundo y con lo que eres mediante la sensación y la emoción. Buscas amigos y apoyo emocional. En el fuego, te relacionas con el mundo en términos de la experiencia. Una pérdida o una tragedia liberan una ráfaga de energía creativa y pintas o escribes una obra maestra, o conduces tu auto tan rápido como puedes, o te dedicas a otras actividades intensamente experienciales. En el aire, te relacionas con el mundo de acuerdo con lo que haces y lo que logras. Ante el final de tu trabajo o de tu vida, canalizas tu energía para completar el proyecto en el que estás trabajando, el nuevo jardín o el nuevo manual de operaciones. En una reacción desde el espacio te haces pedazos y los diferentes pedazos hacen diferentes cosas. Tu conducta está fragmentada y desarticulada: cambia aleatoriamente mientras te enfocas ahora en el orden, ahora en la intensidad, ahora en cómo te sientes, ahora en tu necesidad de hacer algo.

Las últimas dos meditaciones —los seis reinos y los cinco elementos— nos ponen en contacto con dos procesos reactivos que suceden en nosotros. ¿Cuál es el impulso subyacente? Ese es el tema de la próxima meditación.

Meditación 3: ¿Qué hace funcionar el espectáculo? El imperativo del patrón

PROPÓSITO

Identificar el imperativo que impulsa un patrón de conducta.

MÉTODO DE MEDITACIÓN

Las etapas de esta meditación son:

- Elige un patrón de conducta que te causa dificultad en la vida.
- Ejerce presión sobre la conducta con atención, imaginando que te comportas de otra manera.
- Observa el surgir y funcionar de las reacciones.
- Observa cómo las reacciones se organizan alrededor de un imperativo: «Debo tener esto, no puedo tener aquello» o «Debe ser de esta manera, no puede ser de esa manera».
- Observa cómo las reacciones sirven al imperativo.

Mientras observas el funcionamiento de un patrón, puedes hacerte consciente de otro imperativo que esté funcionando a un nivel más profundo. Por ejemplo, la razón por la cual sueles interrumpir a las personas podría no ser agresión, sino miedo de no ser escuchado. Desplaza tu observación al patrón más profundo. Gradualmente, identificarás los patrones principales que funcionan en tu vida.

Comentario: El imperativo del patrón

Un patrón es un proceso, una secuencia de reacciones que funcionan al servicio de un imperativo específico. En esta meditación aprendes a identificar el imperativo que acciona un patrón. Una vez que se identifica el imperativo, reconoces más fácilmente el funcionamiento del patrón en la vida cotidiana.

Toma una conducta que sabes o sospechas que es habitual. Cualquier conducta habitual que te cree problemas servirá: ceder ante las opiniones de otras personas aun cuando sabes que están equivocadas, terminar las frases de otras personas, persistentemente llegar tarde a citas o reuniones, culpar a otros por los inconvenientes que surgen en tu vida, o comer aun cuando no tengas hambre.

Ejerce presión sobre el patrón, imaginando que actúas de manera diferente. Por ejemplo, si habitualmente llegas tarde a las reuniones, imagina contar con tiempo suficiente para llegar a la cita. Si tiendes a terminar las frases de otras personas, imagínate esperar a que finalicen antes de decir algo, aun si hacen una pausa o se les traba la lengua.

Intelectualmente, se te ocurren un sinnúmero de razones para rechazar el comportamiento diferente y defender el comportamiento habituado como el único modo correcto de conducirte. Tu mente puede quedar completamente en blanco o puedes quedarte dormido. Podrías considerar que cualquier alternativa es poco realista, un chiste o que te la permitirías solo para el propósito de la práctica. Emocionalmente, surgen sentimientos tales como el enojo, la ansiedad, el miedo o la vergüenza. Mientras observas cómo surgen tus razones, date cuenta en cuál de los seis reinos te encuentras: tienes que luchar contra algo, así que luchas contra el reloj (infierno); no puedes perder ni un minuto porque el tiempo es escaso (espíritu hambriento); así es simplemente cómo tú haces las cosas (animal); disfrutas estar ocupado (humano); te gusta el desafío de empujar los límites (titán), o los demás pueden esperarte (dios). Surgen las cadenas de reacción de los elementos: te vuelves tenso y rígido (tierra), nervioso y evasivo (agua), intenso e impetuoso (fuego), distraído y desinteresado (aire), o confundido y desconcertado (espacio). Los sentimientos se registran directamente como sensaciones en tu cuerpo. Todas las racionalizaciones, justificaciones, emociones y sensaciones son parte del patrón.

Observa lo que surge. No trates de contrarrestar ni de suprimir las reacciones. Obsérvalas con atención. En el caso de llegar tarde a las reuniones, cuando imaginas salir con tiempo suficiente, una reacción es pensar que si llegas temprano vas a acabar perdiendo el tiempo porque no tienes nada que hacer. Emocionalmente, la reacción es una sensación de incertidumbre e incluso miedo ante la perspectiva de tener que esperar sin una actividad para el tiempo libre. Físicamente, te sientes obligado a mantenerte en movimiento, hacer algo útil, incluso si estás atrasado para la reunión.

A medida que repetidamente ejerces presión sobre la conducta, gradualmente disciernes que la conducta está basada en un imperativo que suele poder expresarse en la forma: «Debo tener esto, no puedo tener aquello». Debajo de la conducta de llegar tarde, por ejemplo, podrías ver el imperativo «debo ser productivo, no puedo perder el tiempo».

Una vez que se ha identificado el imperativo, observa cómo varios pensamientos, sensaciones y reacciones corporales sirven al imperativo. Tu cuerpo desea estar activo. Las reacciones emocionales ante el tiempo abierto te obligan a llenarlo con una actividad. Los pensamientos te dicen que, si tienes tiempo libre, no estás siendo productivo. Por supuesto, cuando comienzas otra tarea, sales tarde para la cita y llegas tarde otra vez.

Utiliza tu cuerpo para identificar la reacción del patrón a medida que ejerces presión sobre él. Si las reacciones intelectuales y emocionales son demasiado fugaces o demasiado intensas para identificarlas, relájate, permaneciendo despierto y presente. Descansa en la respiración, trae la conducta reactiva claramente a tu mente y nuevamente imagina hacer algo diferente. Observa cuidadosamente cómo responde tu cuerpo. ¿Se relaja o se tensa? ¿Intenta escabullirse de la práctica? ¿Se siente súbitamente acalorado e incómodo? ¿Te distraes con picazones u otras molestias menores? Mientras observas el cuerpo, te harás consciente del componente emocional de la reacción. Ahora, descansa con atención e incluye las sensaciones emocionales. No las analices ni las juzgues como

> No olvidemos que las emociones pequeñas son las grandes capitanas de nuestra vida y las obedecemos sin darnos cuenta.
>
> —*Vincent van Gogh*

buenas o malas. Simplemente nótalas y ábrete a ellas. Te darás cuenta de que estás lleno de pensamientos y preocupaciones acerca de salirte del patrón. Voces y sentimientos surgen en tu mente y te señalan lo que ellos consideran importante. Observa cuidadosamente y te darás cuenta de que todas las sensaciones, ideas y voces están diciendo lo mismo: «Debo tener esto, no puedo tener aquello».

Por ejemplo, si la conducta es siempre ser simpático, cuando surge un conflicto en una relación, imagina no estar de acuerdo o incluso discrepar. Date cuenta de cómo tu cuerpo súbitamente se pone tenso, agitado o vigorizado. A nivel emocional, date cuenta de la rigidez, la actitud defensiva, la agresión, la ansiedad o el miedo. Observa las voces y las ideas dando vueltas en tu mente, diciendo: «Debo detener este conflicto ahora; aun si no me gusta el resultado, es más importante que todo el mundo parezca llevarse bien. Si continúo en desacuerdo, alguien se va a molestar mucho. Correré peligro. Debo tener paz; no puedo ponerme en peligro». El mensaje podría ser que, si discrepas, te rechazarán y aislarán, en cuyo caso el imperativo del patrón podría ser: «Debo conservar la conexión, no puedo estar solo».

Una vez que has identificado el imperativo del patrón, ves claramente cómo tus reacciones físicas, emocionales e intelectuales sirven a ese imperativo.

Estamos ahora en posición para ver lo que es un patrón: un proceso que funciona automáticamente una vez que se activa. El patrón tiene varios componentes. En la siguiente meditación, identificamos los diversos componentes y los modos en que interactúan para establecer la conducta del patrón.

> Me parece que se ha comentado con frecuencia que una gallina es solo el modo en que un huevo hace otro huevo.
>
> —*Samuel Butler*

Meditación 4: Sigue y sigue y sigue: El proceso del patrón

PROPÓSITO
Identificar los componentes de un patrón.

MÉTODO DE MEDITACIÓN

Elige un patrón de conducta para el cual hayas identificado el imperativo.

- Imagina una situación que desencadene el patrón. Observa la secuencia de reacciones que surgen cuando piensas en la situación que desencadena la reacción.
- Recrea repetidamente el proceso del patrón hasta que puedas identificar todos sus componentes:

  1. La percepción de la situación que desencadena el imperativo
  2. El salirse de la conciencia
  3. El surgir de la dualidad: «yo» y «otro»
  4. El surgir de la preferencia: agradable, desagradable y neutro
  5. Los tres venenos: atracción, aversión o indiferencia
  6. La cadena de reacción: uno de los cinco elementos
  7. El mundo proyectado: uno de los seis reinos
  8. La reacción al mundo proyectado

Para identificar los componentes, imagina que te encuentras en una situación que desencadena el funcionamiento del patrón. La intensidad de la reacción del patrón en meditación será menor que en la vida diaria. La intensidad atenuada te permite observar el patrón más fácilmente, aunque también vuelve más sutil el proceso. Si sistemáticamente no sientes nada cuando evocas una situación que te perturbó, desplaza tu atención a la sensación de entumecimiento o desconexión. Utiliza el entumecimiento y la desconexión como el patrón para la meditación.

El proceso del patrón corre muy rápido, así que suele hacer falta una observación repetida antes de que se reconozcan todos los componentes. Repasa reiteradamente el patrón hasta que hayas reconocido cada componente.

Alternativamente, puedes identificar el patrón en una etapa posterior de su proceso; cuando se activa la cadena de reacción, o determinando cuál es el reino que se está proyectando. Comienza desde donde sea que identifiques el patrón y sigue su proceso desde la etapa de la reacción hasta el mundo proyectado. En este momento, el patrón vuelve al principio, a la percepción, y se repite.

Comentario

En el ejemplo sobre evitar el conflicto en el comentario a la meditación anterior, la percepción es el conflicto y el imperativo es «debo conservar la conexión, no puedo estar solo». Ahora imagina una situación que implique conflicto: un desacuerdo con tu jefe, tu pareja, un amigo u otra persona con quien necesites mantenerte conectado. Tan pronto como surge la percepción de conflicto (componente 1), momentáneamente te quedas en blanco y te sales de la conciencia (componente 2). A continuación, experimentas a tu pareja, jefe o amigo como «otro», una amenaza a quien eres y a lo que eres (componente 3). La experiencia es desagradable (componente 4) y surge la aversión (componente 5). Al momento siguiente, se pone en marcha una de las cadenas de reacción elementales (componente 6). Te resistes obcecadamente (tierra): «No voy a pelear, no importa cuánto me cueste». Intentas aplacar (agua): «No es la gran cosa; ¿qué es lo que quieres?». Te enfureces, atacando a la parte tuya que inició el conflicto (fuego): «Obviamente, yo tengo la culpa». Cambias de tema (aire): «Hablemos de otra cosa». O te haces pedazos: (espacio): «Lo siento, no sé qué hacer».

Toma una inhalación justo ahora y pregúntate: «¿Cómo estoy viendo el mundo en este momento en esta interacción?». ¿Cuál de los seis reinos estás proyectando (componente 7)? Si ves el mundo en términos de oposición (infierno), luchas ya sea con lo que se opone a la sensación de conexión o con la sensación de conexión misma. Si ves el mundo como un lugar que no puede satisfacer tus necesidades (espíritu hambriento), sientes cuán hambriento de conexión estás y sabes que harás lo que sea para conservarla. Si ves el mundo como una fuente de incomodidad (animal), instintivamente te mueves para acotar la incomodidad de la soledad. Si lo ves como algo que limita tu disfrute (ser humano), modificas tu experiencia de la relación para sentirte bien con la conexión. Si lo ves en términos de la competencia y logro (titán), mantienes la conexión para estar en una mejor posición frente a los otros. Si ves el mundo como algo que está a tus pies (dios), te aíslas para evitar conflictos y conservar tu posición superior.

Supón que percibes el mundo como algo que está a tus pies. Te esfuerzas para permanecer conectado, pero tu orgullo te impide ver tu parte en el conflicto. Asumes que estás en lo correcto (componente 8), el conflicto inevitablemente se intensifica y tu sensación de conexión disminuye aún más. Ahora repasas el proceso completo nuevamente con un nivel más alto de energía reactiva. El patrón produce exactamente lo que estás intentando evitar.

Un patrón se desencadena cuando un aspecto de una situación, tal como lo percibimos, resuena con el núcleo emocional y activa el imperativo. En la resonancia, el patrón absorbe energía, la atención se hace pasiva, nos salimos de la conciencia y nos quedamos en blanco. Al momento siguiente, el marco habituado sujeto-objeto de «yo» y «otro» del patrón queda firmemente instalado. El patrón inspecciona entonces, a la velocidad del rayo, todo lo que surge en la experiencia, determinando si sostiene el sentido del «yo» o si lo amenaza. Experimentamos atracción hacia lo que sostiene o confirma el sentido del «yo», aversión hacia lo que lo amenaza e indiferencia hacia todo lo demás.

Las tres reacciones emocionales básicas —la atracción, la aversión y la indiferencia (los tres venenos presentados en el capítulo dos)— son reacciones a las preferencias establecidas por el sentido del «yo». Envenenan toda nuestra experiencia de la vida y conducen a reacciones y conductas que producen sufrimiento, al igual que beber una taza de café envenenado produce sufrimiento. El giro desde la percepción desnuda a uno de los tres venenos sucede muy rápidamente. Se identifica más fácilmente por el momento de quedarse en blanco, que apunta a salirnos de la conciencia. Todos experimentamos huecos en la continuidad de la conciencia. Para identificar el patrón, date cuenta de la carga emocional que sigue inmediatamente al momento de quedarte en blanco.

El siguiente paso en el patrón es una cadena de reacción basada en uno de los cinco elementos, como en la segunda meditación de este capítulo. Observa a qué elemento o elementos recurre el patrón en esta etapa.

Las cinco cadenas reactivas funcionan en todos nosotros. Un patrón dado, sin embargo, suele apoyarse en uno o dos de los elementos sobre los cuales se ha desarrollado su funcionamiento. Por ejemplo, en una situación de conflicto, automáticamente sostienes tu postura (tierra) y, si eso falla, amenazas a quien no esté de acuerdo (fuego). No consideras negociar ni generar ideas sobre otras posibilidades. Cual sea el patrón que funcione depende de muchos factores, de manera que no malgastes tu esfuerzo intentando deducir qué causó que te movieras hacia un elemento u otro. Simplemente observa lo que sucede.

Como vimos en la meditación sobre los cinco elementos, la reacción completamente formada se convierte entonces en la base para otro ciclo a través de la cadena de reacción. El circuito de realimentación crea una dinámica que invierte cada vez más energía emocional en la cadena de reacción. La energía acumulada en la cadena de reacción actúa como una lente que distorsiona lo que surge en la experiencia. Nuestra interpretación distorsionada de la experiencia se basa en los tres venenos —atracción, aversión e indiferencia—, que, a nivel emocional, surgen como seis patrones emocionales reactivos: enojo, codicia, instinto ciego, deseo, envidia y orgullo. La experiencia distorsionada se vuelve habitual a través de la repetición constante, hasta que el patrón se traba en la forma de uno de los seis reinos. Entonces, cada vez que el patrón se desencadene, vemos y experimentamos el mundo como ese reino.

Sin importar cuál de los seis reinos proyectes, estás condenado al fracaso. Por ejemplo, nunca encontrarás lo que necesitas mientras vivas en el mundo de los espíritus hambrientos porque el reino está basado en la experiencia de no encontrar lo que necesitas. Nunca encontrarás paz en los reinos infernales; nunca encontrarás gozo perdurable en el reino humano y nunca te sobrepondrás a la sensación de deficiencia en el reino de los titanes. La experiencia del fracaso nuevamente desencadena el imperativo del patrón —«debo tener esto, no puedo tener aquello»— y el proceso completo se repite a sí mismo.

La habituación se refuerza por dos circuitos de realimentación: uno que funciona con las cadenas de reacción de los cinco elementos y el otro, con los seis reinos.

Considera la cadena de reacción del fuego, por ejemplo. A Tom, una persona inteligente y ocurrente, le gusta armar lío. Tiene algo de marginado social. Cada vez que se une a la conversación en grupo, hace comentarios que son perspicaces y precisos, aunque controvertidos y perturbadores. La conversación rápidamente se vuelve más intensa y todo el mundo reacciona a sus comentarios. Después de poco tiempo, sin embargo, la gente en el grupo se empieza a sentir incómoda con el nivel de intensidad y pasan a temas menos controvertidos. Cuando Tom se ve ignorado, hace otro comentario perspicaz y perturbador e inicia así otro ciclo de reacción.

El funcionamiento de la cadena de reacción recrea constantemente las condiciones que desencadenan la reacción. Cada ciclo nuevo ocurre a un nivel más elevado de intensidad: la energía va en una espiral ascendente. Tom continúa haciendo que las situaciones sean intensas como reacción a la sensación de aislamiento y los grupos reaccionan aislándolo.

La cristalización de la energía en la cadena de reacción del fuego crecientemente distorsiona su percepción de los demás. Los ve como adversarios porque siempre lo rechazan. Su percepción es que, aunque haga comentarios perspicaces y útiles, nadie quiere hablar con él, así que seguramente les cae mal. Se introduce en el reino de los infiernos, viendo todo y a todos como enemigos. Por supuesto, cuanto más pelea, más pelean los otros con él, así que su percepción del reino de los infiernos también se refuerza constantemente.

En conjunto, estos dos circuitos de realimentación conducen a la cristalización de la energía en las estructuras fijas que constituyen nuestra personalidad y visión del mundo. Desafortunadamente, los patrones siempre conllevan exactamente lo que estamos intentando evitar. En el caso de Tom, él busca conexión y amistad. En cambio, se encuentra aislado y malquerido.

Por ahora, nuestra vida es el resultado del funcionamiento de tales patrones. El grado al cual estos patrones funcionan es materia de la próxima meditación. A estas alturas, podrías estar sintiéndote un poco desalentado, nervioso, ansioso o mareado, por no decir absolutamente enfermo. Estos son los signos de una práctica eficaz. No intentes modificar nada en este momento. Enfócate en observar los patrones en tu vida y en ver cómo funcionan. En capítulos subsecuentes, aprenderás cómo desmantelar el mundo proyectado (componente 7), cómo transformar la cadena de reacción (componente 6), cómo exponer y permanecer presente con el núcleo emocional que subyace al imperativo (componente 1), y cómo salir de la percepción de «yo-otro» (componente 3).

Meditación 5: Patrones, patrones por todos lados y ni un momento de paz

PROPÓSITO
Ver el grado en el cual los patrones consumen tu vida.

MÉTODO DE MEDITACIÓN

El imperativo del patrón

Considera un patrón que ya hayas identificado. Mientras descansas la atención en la respiración, mantén el imperativo del patrón en mente y mira diferentes áreas de tu vida:

- ¿Cómo aprendes?
- ¿Cómo trabajas?
- ¿Cómo te diviertes?
- ¿Cómo te relacionas con tu familia?
- ¿Cómo te relacionas socialmente, con los amigos?
- ¿Cómo te relacionas con otros en el trabajo?
- ¿Cómo es tu práctica espiritual?

La cadena de reacción

Toma el mismo patrón que usaste en el ejercicio anterior. En esta ocasión, mantén en mente la cadena reactiva, ya sea tierra, agua, fuego, aire o espacio, mientras observas el funcionamiento del patrón en diferentes áreas de tu vida.

- ¿El patrón utiliza siempre la misma cadena de reacción?
- ¿Las usa todas o solamente una o dos?
- ¿El patrón se manifiesta en modo expresivo o receptivo?
- ¿Cuándo y dónde en tu vida experimentas esta cadena de reacción?

El mundo proyectado

En este ejercicio, observa cuál de los seis reinos proyecta el patrón. Descansa la atención en la respiración y deja que el patrón corra en tu imaginación. Usa una situación o incidente específico de tu vida.

- ¿El patrón proyecta siempre el mismo reino?
- ¿Los usa a todos o solamente uno o dos?
- ¿El patrón se manifiesta en modo expresivo o receptivo?

Mientras el patrón corre, observa cómo percibe el mundo y luego mantén en mente la pregunta: «¿Cuándo veo el mundo de esta manera?» Examina cada área de tu vida para ver cómo surge en ella el mundo proyectado.

El funcionamiento del patrón en diferentes escalas de tiempo

Finalmente, usando el mismo patrón, mantén el proceso completo en mente, desde la percepción inicial y el imperativo del patrón hasta el mundo proyectado. A pesar de que el funcionamiento de un patrón puede comprimirse en unos pocos instantes o extenderse a lo largo de décadas, el proceso es exactamente el mismo. Mira tu vida en diferentes escalas de tiempo para ver cómo el patrón sigue el mismo proceso, ya sea durante unos pocos minutos o a lo largo de años:

- Pensamientos y sensaciones, generalmente en una escala de minutos u horas
- Interacciones sociales y familiares, en una escala de horas a días
- Relaciones casuales e intermitentes, en una escala de días a semanas
- Relaciones significativas y a largo plazo, en una escala de meses a años
- Carrera y matrimonio, en una escala de años a décadas
- Valores y creencias, en una escala de años a décadas

Comentario

El propósito de esta serie de meditaciones es revelar cómo los patrones permean tu vida. Considera estos ejercicios como colocar tu vida en una mesa de disección y desarticularla para ver lo que es. El bisturí es la atención. Separa el imperativo del patrón, la cadena de reacción y el mundo proyectado de la actividad de tu vida.

Uno de los problemas centrales en la práctica espiritual es la tendencia a proteger ciertas áreas de nuestra vida de la práctica. Las áreas protegidas siempre están hechas de patrones. Los patrones continúan funcionando y las áreas protegidas finalmente se apoderan de nuestra vida, a pesar de todos nuestros esfuerzos en la práctica. Por lo tanto, no escatimes el uso del bisturí. Corta profundamente con tu atención. No protejas nada porque lo que protejas te consumirá. Recuerda: te conviertes en aquello que no desentrañes.

El imperativo del patrón

Supón que la conducta es estar ocupado todo el tiempo. Al hacer los ejercicios de meditación previos, has identificado (a efectos de este ejemplo) el imperativo del patrón como: «no puedo depender de otros, debo hacerlo todo yo mismo».

Ahora, descansa la atención en la respiración y trae el imperativo del patrón claramente a la mente. Repasa tu vida utilizando las guías para meditar.

¿Qué prefieres hacer para divertirte? ¿Te reúnes con otras personas o prefieres las actividades que no dependen de otros, tales como leer o escuchar música solo? Si te reúnes con amigos, ¿tú haces los planes o dejas que otras personas se ocupen? ¿Disfrutas practicar deportes de equipo o deportes individuales?

Cuando quieres aprender una nueva habilidad, ¿lees un libro por tu cuenta, te inscribes en un curso, organizas un grupo de estudio, hallas un experto en el área y aprendes de él o ella, o lo averiguas por tu cuenta con el método de ensayo y error? ¿Cómo funciona el imperativo aquí?

¿Prefieres trabajar con otros o por tu cuenta? ¿Cómo te sientes cuando eres responsable de la tarea? ¿Cómo te sientes cuando alguien más es responsable? ¿Cómo te sientes cuando dependes de la cooperación de otros sobre quienes no tienes autoridad directa? ¿Alguna vez permites que surja esa situación?

En tu vida hogareña, ¿delegas algunas de las tareas y responsabilidades en otros o tú haces todo? Si tu pareja no hace lo acordado, ¿cómo reaccionas?

Espiritualmente, ¿practicas por tu cuenta o vas a un centro y practicas en grupo? ¿Estudias con un maestro o tratas de comprender cómo practicar, orar o meditar por tu cuenta? ¿Bajo qué circunstancias, si las hubiese, te unirías a un grupo o estudiarías con un maestro? ¿Qué haces cuando surgen dificultades en la práctica o no sabes cómo proceder?

Observa cómo funciona el imperativo en relación a los valores. ¿Te apoyas en otros para decidir lo que es correcto o incorrecto? ¿Cómo decides lo que es correcto o incorrecto? ¿Qué valores y creencias son solo reflejos del imperativo?

Date cuenta de cuándo y cómo el imperativo del patrón funciona en cada una de estas áreas. ¿Qué situaciones desencadenan el patrón? ¿Cuáles son las características comunes de estas situaciones? ¿Cómo se despliega el patrón? ¿Qué sucede contigo y alrededor de ti mientras el patrón sigue su curso? ¿Cómo y cuándo finaliza el funcionamiento del patrón?

Examina cada área de tu vida, investigando cómo funciona el patrón. ¿Cómo ha sido moldeada tu vida por su funcionamiento?

La cadena de reacción

Después de unos cuantos días, aborda el siguiente ejercicio, donde utilizas la cadena de reacción para identificar el funcionamiento del patrón en tu vida.

Supón que estás ocupado y agobiado con una larga lista de cosas por hacer. ¿Cómo reaccionas? ¿Te vuelves tenso y rígido, ordenando tu día con precisión, siguiendo el programa sin apartarte jamás de él? ¿Determinas qué concesiones puedes efectuar o qué asuntos puedes posponer sin causar demasiados trastornos? ¿Arremetes contra las personas que te rodean por no colaborar más y dejar que todo recaiga en ti? ¿Te conviertes en un torbellino de actividad, haciendo, haciendo, haciendo hasta que todo está hecho y, entonces, encuentras algo más que hacer? ¿Caes en la confusión preguntándote qué demonios estás haciendo y por qué y de alguna manera sales del paso? ¿A qué cadenas de reacción recurres: tierra, agua, fuego, aire o espacio? ¿Siempre vas a la misma? Si no, ¿a cuál de ellas vas más a menudo?

Las cadenas de reacción pueden desplegarse en uno de dos modos: expresivo o receptivo. La tierra expresiva es ser un buldócer, atropellando a otros, en tanto que la tierra receptiva es dejar que otros se quiebren sobre ti. Ambas conductas son reacciones de tierra. Si el patrón no puede atropellar a la otra persona, vira al modo receptivo. Ahora, la otra persona se topa con tu posición fija y acaba yéndose a pique en las rocas de tu rigidez. El agua expresiva es tragar a otros con tu agenda. El agua receptiva es dejar que otros te traguen a ti. En cualquier caso, no se establece una conexión o una relación real. En el primero, los otros sienten que te has hecho cargo. En el segundo, los demás sienten que simplemente estás siguiéndoles la corriente. El fuego expresivo es consumir a otros con tu deseo o tu ira, mientras que el fuego receptivo es ser consumido por otros. El aire expresivo es llevar a cabo actividades por la actividad misma, mientras que el aire receptivo es dejarte atrapar en el ajetreo de otros. El espacio expresivo es derrumbarse, mientras que el espacio receptivo es retraerse en la confusión.

Mira otras áreas de tu vida para ver dónde y cómo funciona la misma dinámica. Supón que ves que sistemáticamente te enfadas cuando trabajas demasiado. Sientes la soledad y ves que el enojo es una manera de intensificar la experiencia para sentirte menos solo. ¿Dónde más te sientes solo: ¿en el trabajo, en tu familia, con amigos? ¿Con qué frecuencia dices o haces algo inquietante tan solo para agitar las cosas?

El mundo proyectado

Al cabo de unos días, vuelve la mirada hacia el mundo proyectado. Continuando con el mismo ejemplo, ves que sistemáticamente te enojas; todos son enemigos. ¿Por qué? ¡Porque no te están ayudando con todo tu trabajo! Recuerda cómo te sentías cuando eras el único que trabajaba en la oficina en un proyecto importante para el día siguiente. Recuerda que te quedaste hasta tarde al inicio de tus vacaciones porque tenías que prepararles a todos el almuerzo para el largo viaje. Cuando recuerdas semejantes incidentes, tal vez también recuerdes que un compañero de trabajo había ofrecido quedarse, pero tú ya estabas enfadado y lo ignoraste. Quizás uno de tus hijos te preguntó si podía ayudarte a preparar el almuerzo, pero no querías que estuviera cansado al día siguiente, así que lo enviaste a la cama. Cuando estás enojado, el mundo entero está en tu contra. No puedes aceptar ayuda de nadie, así que acabas totalmente solo y enojado y el patrón sigue su curso. A medida que tienes mayor claridad sobre el patrón y el mundo que proyecta, recordarás cada vez más y más momentos y lugares en los cuales te sentiste del mismo modo.

Al igual que las cadenas de reacción de los elementos, los seis reinos poseen sus manifestaciones expresivas y receptivas. Por ejemplo: ¿peleas o sientes que la gente pelea contigo? ¿Buscas activamente lo que necesitas y te frustras cuando no lo puedes encontrar, o esperas que otros te den lo que necesitas y te frustras y te enojas cuando no lo hacen? Las mismas polaridades funcionan en los otros reinos.

Los patrones a lo largo de diferentes escalas de tiempo

Mientras viajaba por tierra a la India, conocí a muchas personas. A veces, la conexión duraba unas cuantas horas durante la cena, a veces, se extendía varios días. Mientras estaba hospedado en el monasterio de mi maestro, las conexiones duraban semanas o meses a medida que las personas iban y venían. Observé que, independientemente de lo largo del tiempo, el proceso siempre seguía el mismo patrón: presentación, formación de impresión, interacción, revisión de la impresión, más interacción y despedida. Cuanto más prolongado era el período de conexión, más profunda era la relación, pero el proceso, ya fuera durante una noche o un año, era exactamente el mismo.

Considera el patrón «no puedo depender de otros, debo hacer todo por mi cuenta». A muy corto plazo, tan pronto como alguien sugiere que te puede ayudar, el imperativo se desencadena y declinas el ofrecimiento. Escoges actividades que no involucren a otras personas, para que nunca tengas que depender de ellas. Tal vez eres la persona que siempre hace las reservaciones cuando te reúnes con un grupo de amigos. Escoges actividades laborales que una sola persona pueda hacer y evitas los proyectos en equipo. Nunca aprendes a delegar eficazmente, pero te conviertes en una súper estrella en tu área particular. Tienes poca paciencia con las personas que no pueden trabajar tan duro como tú. En tu matrimonio, eres la persona activa, y tu pareja depende cada vez más de tu iniciativa. Llevas toda la responsabilidad y resientes a tu pareja por no hacer más.

¿Ves cómo funciona la misma dinámica independientemente de la escala de tiempo? La única diferencia es el tiempo que el patrón toma para desplegarse.

La vida artificial

El karma es un proceso de evolución: las conductas evolucionan y se convierten en resultados experimentados. Aunque la evolución suele reservarse a las entidades vivas, las investigaciones recientes sobre la conducta de los sistemas adaptativos complejos, incluyendo los programas de computación, han aclarado mucho la cuestión. Los sistemas enteramente mecánicos pueden y, de hecho, exhiben una conducta extraordinariamente similar a la vida cuando el sistema incluye un mecanismo de realimentación que acumula y almacena energía. Dentro de estos sistemas, las interacciones menores y las conductas fortuitas (las semillas del karma) comienzan a almacenar energía debido al circuito de realimentación y se convierten en entidades complejas, autosustentables. A veces, las entidades se comportan erráticamente y no se desarrolla estabilidad. En las circunstancias adecuadas, o a veces por casualidad, las entidades crean un entorno estable en el cual crecen. A veces, todo el sistema se estanca. En otras ocasiones, una entidad evoluciona hasta el punto de alterar la estabilidad. Entonces se desarrollan nuevas entidades y un nuevo entorno estable puede o no desarrollarse. Tales sistemas han sido llamados «vida artificial», aunque la conciencia, la volición y la intención son conceptos que carecen de sentido en este contexto.

El propósito de estas meditaciones es constatar que gran parte de nuestra vida consiste en «vida artificial»: sistemas esencialmente mecánicos de patrones que interactúan y se complican para producir la compleja experiencia que llamamos vida. Lo que parece conciencia y volición es, frecuentemente, tan solo el imperativo de un patrón funcionando mecánicamente. Los circuitos de realimentación de la cadena de reacción y del mundo proyectado almacenan energía en el patrón. El patrón se habitúa y la energía cristaliza en una estructura definida: la personalidad.

La estructura de la personalidad, como la estructura de los sistemas adaptativos complejos, es similar a sí misma; es decir, se ve igual en cualquier escala. La erosión, por ejemplo, se ve igual ya sea que sea a escala del Gran Cañón o de una pequeña hendidura en nuestro patio. Una gota de agua se desliza ladera abajo y así cava un pequeño canal. La siguiente gota de agua, en lugar de encontrar un nuevo camino hacia abajo, sigue el mismo canal, de manera que este se hace un poco más profundo y más ancho. Con el tiempo, la pendiente queda atravesada por unas cuantas hendiduras profundas. Los lados de cada una de estas tienen surcos más pequeños y los lados de los surcos más pequeños tienen otros aún más pequeños. En otras palabras, el mecanismo de realimentación que concentra el flujo del agua y la acción de la erosión en las hendiduras da origen a estructuras similarmente conformadas en cada nivel.

No necesitamos buscar un mecanismo que produzca pequeñas hendiduras, un segundo mecanismo que produzca hendiduras medianas y otros mecanismos que produzcan hendiduras aún más profundas. El mecanismo es exactamente el mismo en cada caso. La única diferencia es la escala en la cual se manifiesta. Al igual que los surcos formados por la erosión, el mismo patrón de estructura se repite una y otra vez en muchas áreas de nuestra vida, en diferentes escalas de tiempo y en profundidades variadas de condicionamiento. No tenemos que buscar una explicación cognitiva para explicar nuestro proceso de pensamiento, una explicación psicológica para nuestros sentimientos, una explicación moral para nuestros valores, ni una explicación filosófica para nuestras creencias y cosmovisión. Todas estas diferentes dimensiones pueden surgir del funcionamiento del mecanismo de un patrón. Las explicaciones cognitivas, psicológicas, morales y filosóficas pueden, de hecho, oscurecer la percepción más profunda de que un patrón está en funcionamiento.

Cuando intentamos cambiar cualquier aspecto de nuestra vida, ya sea a nivel físico, conductual, emocional o intelectual, solemos experimentar frustración. A pesar de nuestros esfuerzos, revertimos a las mismas viejas maneras de pensar, sentir y comportarnos. Frecuentemente no cambiamos porque estamos dirigiendo nuestros esfuerzos a la manifestación del patrón, no al patrón mismo. El patrón es un proceso, tal como la erosión es un proceso. Si cambiamos nuestra conducta sin desarticular el patrón, este continúa funcionando y la antigua conducta se restaura rápidamente. Podríamos igualmente intentar detener la erosión modificando la forma de uno de los surcos paleando tierra. Con la siguiente lluvia, el proceso de erosión continúa y nuestro trabajo se deshace rápidamente. Un modo de detener la erosión es plantar árboles y arbustos. Ellos retienen la tierra y, así, corre menos agua cuesta abajo. Se absorbe más y los árboles y arbustos florecen. En otras palabras, la energía inherente al agua se transforma en árboles y arbustos. Planta atención plena y atención activa en tu vida, y también se transformará.

Utiliza estas meditaciones para *ver y experimentar con atención* los mecanismos que erosionan tu vida. Un vistazo al funcionamiento de un patrón es un gran paso, pero no es suficiente para desmantelar dicho funcionamiento. Un patrón se desmorona únicamente cuando experimentas con atención tanto su funcionamiento como el imperativo.

Cuando estaba enseñando estas meditaciones a un grupo, una mujer tenía dificultad en seguir los detalles del proceso del patrón. Ella también sufría debido a un patrón cuyo imperativo era: «no puedo verme mal, debo verme bien». Las clases eran muy duras para ella, ya que pensaba que nunca podría entender los patrones. Luego, en una de las clases, deliberadamente violó el imperativo de verse bien, rehusando participar en la discusión. El patrón explotó y se puso en funcionamiento y, a mitad de la clase, *vio* el patrón como un mecanismo y casi vomita por la conmoción. Experimentó el miedo al aislamiento, el enojo, los sentimientos de fracaso y la sensación de que yo y todos en la clase éramos sus enemigos. No obstante, debido a su práctica de meditación, también vio que todo lo que estaba experimentando no tenía relación con la clase en sí; todo era el funcionamiento del patrón, distorsionando su experiencia para adecuarse a las creencias, la imagen de sí misma y el mundo proyectado de su patrón. La experiencia hizo añicos sus creencias en sus propias limitaciones y su enojo hacia el mundo, y abrió una nueva dimensión de libertad en su vida.

Una vez que un patrón ha sido desmantelado, cada aspecto de la vida que depende del patrón también se desmorona. Las amistades, las relaciones, el trabajo y las creencias que eran expresiones del patrón se modifican o desaparecen. El mundo proyectado por el patrón ya no funciona. A medida que morimos ante ese patrón, el mundo del patrón muere y experimentamos la pérdida de todo en él. ¿Por qué deberíamos desmontar nuestra vida de esta manera? Antes de atender esa pregunta, necesitamos una pieza más: cómo se formaron los patrones en primer lugar.

Meditación 6: Conmoción: El momento que no pude enfrentar

PROPÓSITO:

Comprender cómo se forma un patrón y cómo se desarrolla alrededor de un núcleo de experiencia no liberado.

INTRODUCCIÓN

La formación de los patrones es un proceso sutil y difícil de explicar. ¿Cómo se forma un remolino en tu bañera cuando dejas ir el agua? ¿Cómo se forma un patrón de grietas en el barro cuando un charco se seca?

Los patrones se forman porque una acción muy pequeña se repite muchas veces. Un circuito de realimentación causa que una estructura se forme a partir de la constante repetición de la acción. El ejemplo de la erosión mencionado anteriormente ilustra el proceso. La acción es una corriente de agua que desciende por una suave pendiente de tierra floja. La primera gota de agua fluye por dondequiera. Su trayectoria es completamente impredecible. Sin embargo, a medida que el agua fluye hacia abajo, labra un surco muy pequeño. A causa de la gravedad, una segunda gota de agua tiende a seguir el surco labrado por la primera y lo profundiza un poco más. Cuando el surco es suficientemente profundo, cae tierra en él que es arrastrada hacia abajo por el agua y el surco se ensancha. Si llueve lo suficiente, la pendiente suave se transforma en hendiduras profundas con surcos laterales más pequeños que, a su vez, tienen surcos laterales aún más pequeños. A pesar de que la lluvia cae uniformemente sobre toda la ladera, el agua fluye solo en los surcos. La estructura completa se crea por pequeñas gotas de agua que corren pendiente abajo. La gravedad es la responsable del circuito de realimentación que forma los surcos.

En esta meditación, estamos tratando de observar el cambio sutil que transforma la pendiente suave del estar presente en la experiencia, en la experiencia «yo-otro» hendida por el surco. La gota de agua es movimiento o acción. La hendidura es la disrupción en la experiencia que surge como una sensación de no ser. La caída de tierra en el surco es la reacción que compensa la sensación de no ser.

Imagina a un bebé que interactúa con su madre. Siempre y cuando el bebé experimente la presencia emocional de su madre, su experiencia de ser consiste en un flujo de movimiento y respuesta. Cuando la madre se retira, se rompe la conexión emocional y el bebé experimenta la ausencia de respuesta. El movimiento —las gotas de agua en el ejemplo de la erosión— todavía surge, pero sin la respuesta, el flujo de energía se interrumpe y la experiencia no se libera. La experiencia no liberada es el núcleo del patrón. En nuestra analogía, es la pequeña hendidura labrada en la experiencia de ser. El bebé reacciona tratando de suscitar una respuesta, sonriendo, riendo o llorando. La reacción que suscita la respuesta se convierte con el tiempo en el imperativo del patrón —«no puedo estar sola, debo sonreír» o «no puedo estar sola, debo llorar»—, aunque sea a un nivel preverbal. Siempre que se interrumpe la experiencia de ser, el bebé intenta nuevamente suscitar una respuesta. Mientras que los surcos se profundizan, un sentido de «otro» emerge primero y luego, un sentido de «yo». Los tres venenos —atracción, aversión e indiferencia— surgen ahora. Los miedos de no existir y de morir emergen en conexión con el sentido vívido del «yo» y se forma la cadena de reacción de los elementos. A medida que los surcos se profundizan aún más, el patrón desarrolla un mundo proyectado, uno de los seis reinos.

El patrón incluye el núcleo no liberado, el miedo, el imperativo del patrón, las conductas compensatorias, la cadena de reacción de los elementos, y el mundo proyectado. En conjunto, constituyen una imagen de nosotros mismos, la cual consideramos que es lo que somos.

MÉTODO DE MEDITACIÓN

Descansa la atención en la respiración. Evoca un momento en el cual hayas experimentado una conmoción y hayas sido incapaz de actuar. Para esta meditación, una conmoción es cualquier experiencia para la cual no tengas un marco de referencia: un comentario inesperado o la reacción de un amigo que temporalmente te aturde, por ejemplo.

Asiéntate en la experiencia de la conmoción y siente la ausencia de cualquier marco de referencia. Todo está abierto.

Ahora, siente cómo la energía se mueve hacia una acción, pero sin ningún marco de referencia, la energía no puede expresarse en acción, de manera que experimentas:

- El impacto de la energía emocional
- Espacio abierto y cuatro reacciones:

   1. El no reconocer lo que es el espacio abierto
   2. Una reacción ante la claridad: la ilusión del otro
   3. Una reacción ante la vacuidad: la ilusión del "yo"
   4. Una reacción ante el incesante surgir de la experiencia: confusión

- Una reacción ante el espacio abierto: miedo a la no existencia del sentido del "yo" generado por la confusión
- Establecimiento del encuadre yo-otro

La formación de «yo» y «otro»

Las guías para esta meditación siguen el proceso de formación hasta el encuadre yo-otro. Ya estás familiarizado con el subsiguiente desarrollo de los tres venenos, la cadena de reacción de los elementos y los mundos proyectados de la Meditación 4.

Imagina o evoca una situación en la cual estás o estabas completamente desorientado, incapaz de asimilar nada o sin la menor idea de qué hacer: Una persona te hace una pregunta inesperada y no sabes cómo responder, o te informan que perderás tu trabajo y tu mente queda en blanco, o tu hijo tiene un accidente y no puedes captar la noticia.

Haz la experiencia de la conmoción tan vívida como te sea posible. Tal vez recuerdes un incidente en la escuela o cuando estabas creciendo. Una alumna recordó que su maestra le pidió que fuera al pasillo a ver qué hora era. Ella recuerda estar parada en el pasillo mirando el reloj en conmoción total porque no sabía cómo interpretarlo. Permaneció allí tanto tiempo que la maestra salió a ver qué le había sucedido.

Siéntate y respira. En la experiencia de conmoción, no tienes un marco de referencia. Hay solo una experiencia de disrupción, de no ser. Sientes el impulso de actuar, pero sin un marco de referencia, no sabes qué hacer, de manera que te quedas en blanco. En la práctica de la meditación, el desconcierto inicialmente dura solo un momento, antes de que una reacción emocional se apodere de la situación.

Vuelve a la conmoción original y asiéntate en ella nuevamente hasta que puedas observar el cambio al momento de quedarte en blanco. A medida que lo haces una y otra vez, ves que el estar en blanco es un estado sin referencia, y permaneces cada vez más tiempo en la experiencia de no referencia.

Gradualmente, distingues tres reacciones que suceden muy rápidamente. La primera es una reacción ante la claridad de la mente original. Esta reacción genera la ilusión de «otro». La niña pequeña en el pasillo experimentaba la maestra, el reloj, el pasillo, todo, con una claridad vívida como algo que era «otro».

La experiencia de «otro» desencadena la segunda reacción, que consiste en buscar un referente interno. No encuentras nada porque la mente original no es una «cosa»: está vacía. La reacción ante la vacuidad de la mente original genera la ilusión de «yo»; no puedes ser solo experiencia pura; tienes que existir; así que se forma un sentido de «yo». El sentido de «yo» es moldeado por la situación; en el caso de la niña pequeña en el pasillo, el sentido de «yo» estaba asociado con sensaciones de estar equivocada, estar mal y ser estúpida. ¡Puedes imaginar el imperativo del patrón que se formó!

La tercera reacción es ante el incesante surgir de la experiencia: Con «yo» y «otro» establecidos, tu experiencia de pensamientos, sentimientos y sensaciones se vuelve confusa y luchas para encontrarles sentido en términos de «yo» y «otro».

Comentario: La formación de los patrones

Un patrón se forma cuando una situación reúne energía, pero la energía no se libera. La situación puede ser un solo evento traumático que suscita un nivel alto de energía emocional o tensiones repetidas relacionadas que llevan a una acumulación de energía emocional.

La energía puede desahogarse de tres maneras. Primero, la energía puede liberarse en conciencia despierta; cuando tenemos un nivel de atención suficientemente alto, de tal modo que la situación pueda experimentarse con conciencia despierta, la energía se libera a sí misma en el campo de la conciencia y experimentamos el surgir y la disipación en presencia.

Segundo, la energía puede fluir como acción. La acción es apropiada y eficaz porque surge directamente de la presencia. En efecto, la situación manifiesta lo que es apropiado. Estamos presentes con lo que está sucediendo. El movimiento de la energía en acción es una respuesta a lo que está surgiendo en la experiencia.

Tercero, sin un marco de referencia para la acción y sin suficiente energía de atención activa para liberar la experiencia, la energía no se libera ni en conciencia despierta, ni en una expresión de la presencia. La experiencia no liberada evoca la posibilidad de no existir. El miedo a la no existencia es el miedo fundamental de la condición humana; más profundo aún que el miedo a la muerte. La experiencia no liberada se congela, iniciando la formación de un patrón, tal como un grano de arena en una ostra inicia la formación de una perla. Se forman capas de nácar para reducir las sensaciones causadas por el grano de arena. Del mismo modo, se forman mecanismos alrededor del núcleo emocional para sofocar los sentimientos amenazadores del núcleo emocional no desahogado.

El espacio no referencial conectado con la sensación de quedarse en blanco en la práctica de la meditación es una disrupción de la experiencia. En la infancia temprana, la experiencia está asociada con el cuerpo, de manera que la conmoción de la desconexión se siente como una amenaza a la supervivencia física. La conmoción, que surge como una sensación de no existir, no se libera en conciencia. El núcleo emocional de un patrón es la experiencia no liberada. El miedo a la experiencia es una de las primeras capas. El imperativo del patrón es una reacción a ese miedo.

Cuando surge la experiencia y se libera en conciencia, no se forman patrones. Sin embargo, cuando encuentras situaciones que no pueden liberarse en conciencia, experimentas una falta de respuesta, ya sea interna o externamente. Sin una respuesta, no sabes si existes o no. Incapaz de permanecer en el estado no referencial, reaccionas para provocar una respuesta por cualquier medio posible. El patrón es en esencia una actuación continua para otros (incluyendo a los «otros» almacenados dentro de ti), una actuación que pretende confirmar lo que no puede confirmarse: que existes separado de lo que experimentas. A medida que el patrón consume tu vida, toda tu vida se convierte en una actuación.

La conmoción no es lo mismo que el espacio abierto de la mente original: conciencia-vacuidad, la forma en que las cosas son, lo que es verdad en última instancia, el ser puro, la mente misma o cualquier otro de los innumerables nombres que el budismo utiliza para referirse a ello.

No obstante, el espacio abierto de la mente original es un poderoso desafío a las imágenes desarrolladas sobre nosotros mismos en el período de crecimiento, las cuales dependen de las reacciones en patrón para funcionar. De acuerdo con la tradición de Mahamudra, la mente es vacía, clara e incesante; es decir, aunque la mente no es una cosa, hay claridad que surge como conciencia despierta, la cual es incesante y está siempre presente. Cuando experimentamos el espacio abierto o mente, y nuestra atención es pasiva, no lo reconocemos por lo que es. La reacción ante la claridad de la mente genera la ilusión de que existe algo más. La reacción ante la vacuidad genera la ilusión de ser algo y ese algo es el sentido del "yo". En ese momento, la reacción ante la conciencia incesante y la experiencia generan confusión.

Una vez que ha surgido el sentido del "yo", la experiencia del espacio abierto se experimenta como una amenaza al "yo", aunque el "yo" solo parezca existir. El marco yo-otro está ahora establecido y toda experiencia se evalúa como agradable, desagradable o neutra, con base en el grado en el cual sostiene o socava el sentido del "yo". Agradable, desagradable y neutro forman la base de los tres patrones emocionales: atracción, aversión e indiferencia.

La cadena de reacción se desarrolla para erosionar la atención, transformando la experiencia de espacio abierto para que se ajuste al marco yo-otro. Cuando experimentamos el espacio abierto como el temblor de la tierra donde estamos parados, nos aferramos, resistimos y nos volvemos

> Es un déjà vu otra vez; todo de nuevo.
>
> —*Yogi Berra*

rígidos (tierra). Cuando experimentamos el espacio abierto como una ola que nos traga, intentamos dispersar la energía (agua). Cuando experimentamos el espacio abierto como nada abierta, buscamos experimentar las sensaciones tan intensamente como podamos (fuego). Cuando experimentamos el espacio abierto como ser o estar sin una base, intentamos hacer algo para detener la sensación de caída (aire). Cuando estamos abrumados por la experiencia del espacio abierto, o caemos en la confusión o nos fragmentamos (espacio).

La cadena de reacción que surja en una situación dada depende de muchos factores diferentes. Sin embargo, una vez que uno o dos de ellos se establecen, se convierten en la configuración predeterminada, por así decirlo, y tienden a funcionar incluso en situaciones nuevas. Si bien las reacciones de los cinco elementos funcionan en todos nosotros, la mayoría de nosotros tiene una relación primaria con una cadena de reacción, una relación secundaria con otra, y solo ligeras tendencias a recurrir a las otras.

Siempre que encontramos una situación similar a la experiencia no liberada en el núcleo del patrón o en cualquier otra parte del patrón, se produce una resonancia. Tal como dos diapasones, el núcleo del patrón resuena con la situación. El patrón se activa y degrada la atención. La conciencia directa se oscurece y la energía emocional no puede liberarse en conciencia despierta ni manifestarse como una acción que surja de la presencia. Por lo tanto, nos adentramos en el mundo proyectado por el patrón y reaccionamos de acuerdo con ello.

Para la formación de los patrones que constituyen nuestra personalidad, la dinámica de la reacción es mucho más significativa que el contenido de la situación real que precipitó la conmoción. La dinámica se repite cada vez que encontramos situaciones diferentes que resuenan con la emoción nuclear y el patrón frecuentemente tienen como resultado reacciones exageradas ante situaciones ordinarias.

La reacción al mundo proyectado establece otro circuito de realimentación. El patrón evoluciona y su funcionamiento se hace más elaborado, complejo y con múltiples niveles, de manera que pueda mantener su función de erosionar la atención en más y más situaciones. La acumulación y el almacenamiento de energía en sentimientos y conductas habituales es lo que forma la estructura de la personalidad. El miedo de que despertar signifique perder tu personalidad es otro ejemplo de cómo el patrón del «yo» se mantiene a sí mismo.

Meditación 7: ¿Cómo puedo vivir así?

PROPÓSITO:
Comprender cómo la vida basada en patrones produce las tres formas de sufrimiento.

MÉTODO DE MEDITACIÓN

Toma un patrón que ya hayas identificado. Mientras descansas la atención en la respiración, deja que el proceso del patrón se despliegue en tu imaginación. Repasa el patrón tres veces. Durante el primer ciclo, utiliza tu atención para observar el cuerpo. Durante el segundo ciclo, observa los cambios emocionales. Finalmente, observa la calidad de la atención y la presencia mientras que el patrón está funcionando.

Cuerpo

- ¿Cómo se manifiesta el patrón en el cuerpo?

- Date cuenta las maneras en las que sostienes tu cuerpo y cualquier movimiento y gesto habitual que haces mientras el patrón está funcionando.
- ¿El cuerpo se siente receptivo o mecánico?
- ¿Cómo afecta la repetición del patrón a las capacidades del cuerpo?
- ¿Cómo afectan tales movimientos al cuerpo a lo largo del tiempo?
- ¿Las manifestaciones físicas del patrón ayudan u obstaculizan tu habilidad para satisfacer los deseos o evitar lo indeseable?

Emoción

- A medida que el patrón se despliega, observa los cambios en los sentimientos de plenitud y decepción.
- ¿Cómo te sientes después de que el patrón ha terminado de funcionar?
- ¿Cuál es la emoción predominante que experimentas mientras el patrón está en funcionamiento?
- ¿Cómo afecta la emoción predominante la manera en que interpretas lo que está sucediendo a tu alrededor?
- ¿Cómo se ven las demás personas a través de la lente del patrón?
- ¿Qué reacciones emocionales surgen cuando tu experiencia se aparta de las expectativas del mundo proyectado del patrón?
- ¿Cómo intenta el patrón restablecerse a sí mismo?

Conciencia

- ¿Qué grado de estabilidad tiene tu atención cuando el patrón está funcionando?
- ¿Qué causa que el patrón se detenga?
- ¿Qué tan presente estás cuando el patrón está funcionando?
- ¿Qué, si cabe, falta cuando el patrón está funcionando?
- ¿Qué no estás viendo?

Comentario: Los tres sufrimientos

La vida basada en patrones se puede describir en términos de las tres formas de sufrimiento tratadas en el capítulo 2: el sufrimiento del dolor, el sufrimiento del cambio y el sufrimiento de la existencia. Los tres sufrimientos corresponden a tres mentes: la mente del cuerpo, la mente de la emoción y la mente de la conciencia. En las siguientes explicaciones, me refiero a los cinco aspectos de la conciencia prístina. Estos se explican más ampliamente en el capítulo siguiente, que aborda el cómo desmantelar las cadenas de reacción de los elementos.

La mente del cuerpo tiene que ver con el equilibrio. En términos de las cinco conciencias prístinas, la mente del cuerpo es la *conciencia prístina de la eficacia*. Está siempre presente y sabe lo que necesita hacerse. Sin embargo, la mente del cuerpo asume las adaptaciones formadas en la mente de la emoción. Estas adaptaciones distorsionan el funcionamiento de la mente del cuerpo convirtiéndola en reacciones basadas en el mundo proyectado del patrón, no en lo que está sucediendo. El sufrimiento del dolor es la reacción a la experiencia sensorial. El dolor es una sensación, pero emocionalmente, reaccionamos ante él como una amenaza a la supervivencia. Si prestamos atención al dolor, soltando la reacción emocional, el dolor puede experimentarse como sensación pura, y el sufrimiento no surge.

La mente de la emoción responde (o reacciona) al cambio. Es la *conciencia prístina de la igualdad* y *la conciencia prístina del discernimiento*. La mayoría de los patrones, y los núcleos emocionales de los patrones, funcionan en la mente de la emoción. Los patrones tempranos de la infancia se desarrollan aquí. La mente de la emoción, cuando funciona en un patrón, da lugar al mundo proyectado del patrón. Dado que funciona a un nivel más alto de energía que la mente del cuerpo, puede anular la mente del cuerpo, dando lugar a conductas y distorsiones físicas habituales en el funcionamiento de las facultades sensoriales. Cuando suceden cambios dentro de nosotros y a nuestro alrededor, estos se desvían del mundo proyectado del patrón. Las reacciones emocionales correspondientes ante el cambio constituyen el sufrimiento del cambio.

La mente de la conciencia es incluyente; sabe lo que somos y lo que surge en la experiencia. En términos de las cinco conciencias prístinas, la mente de la conciencia es la *conciencia prístina de la totalidad y conciencia prístina que refleja como espejo*. Dado que funciona a un nivel más alto de energía, la mente de la conciencia puede refinar la mente de la emoción y desmantelar los patrones habituales. Cuando nuestro nivel de atención es insuficiente para funcionar al nivel de la mente de la conciencia, los patrones habituales a nivel de la emoción toman las riendas. No nos sentimos enteramente presentes, aun cuando todo va bien en nuestra vida. El sentido sutil de no estar completamente presentes es el sufrimiento de la existencia. También puede surgir como una sensación de incompletud o de separación de lo que está sucediendo a nuestro alrededor.

El sufrimiento del dolor: ¡Eso duele!

El sufrimiento del dolor consiste en reacciones ante lo que se experimenta, sea esto explícitamente doloroso o no. La mente del cuerpo naturalmente sabe lo que es necesario hacer y cómo hacerlo. Cuando la presencia de patrones emocionales impide la acción del cuerpo, se desarrollan bloqueos físicos que impiden el flujo de la energía y esto provoca el desarrollo de enfermedades y dolencias. A medida que se desarrollan modos fijos de actuar, se establece un conjunto de rutinas y rituales que mantienen y refuerzan el funcionamiento de los patrones. La demanda de las rutinas fijas hace mella en el cuerpo. La reacción ante el deterioro del cuerpo es el sufrimiento. El sufrimiento también surge de la inhabilidad de satisfacer los deseos o evitar lo indeseable. Nuestras acciones y conductas se vuelven cada vez más desequilibradas con respecto a lo que está sucediendo a nuestro alrededor. El dolor físico también surge de condiciones externas, tales como un ladrillo que cae sobre un pie. El sufrimiento del dolor es una reacción a las sensaciones de dolor.

El sufrimiento del cambio: ¿No puede todo permanecer de la misma manera?

La mente de la emoción cabalga sobre el cambio. Los patrones, por otro lado, hacen ajustes mínimos ante el cambio. El esfuerzo constante por controlar lo que surge en la experiencia se manifiesta externa e internamente. Cuando las circunstancias se alinean con el mundo proyectado, experimentamos plenitud. Cuando las circunstancias son contrarias al mundo proyectado, experimentamos decepción. Los vaivenes emocionales de la expectativa y el miedo, la atracción y la aversión, el enojo y el deseo, el pesar y el triunfo, la pérdida y la ganancia caracterizan el sufrimiento del cambio. Siempre que la divergencia abre un espacio entre el mundo como es y el mundo de nuestras proyecciones, surgen las cinco reacciones elementales como intentos de controlar lo que se está experimentando: rigidez, conductas evasivas, avidez que consume, agitación y confusión. Con el tiempo, el ámbito de nuestra experiencia y sensación se reduce para ajustarse a los dictados del patrón. Nos defendemos del cambio de todas las maneras posibles. La siguiente historia ilustra cómo la mente de la emoción hace ajustes mínimos ante las experiencias de la vida.

> Un pato entra en un bar, sube a un banco de la barra y espera.
> El cantinero se acerca y le pregunta:
> —¿Qué le puedo servir?
> —¿Tienen uvas? —pregunta el pato.

—*No, no tengo uvas.*

—*¿Tienen uvas?*

—*No. Esto es un bar. No tenemos uvas.*

—*¿Tienen uvas?* —*vuelve a preguntar el pato.*

—*Escucha pato* —*gruñe el cantinero*— *No tengo ni una uva, pero te diré lo que sí tengo: una pistola. Vuelve a preguntar sobre las uvas y te vuelo la cabeza. ¿Está claro?*

El pato sonríe, se baja del banco, sale por la puerta y camina calle arriba. Entra en el siguiente bar, se sube a un banco de la barra. El cantinero se acerca.

—*¿Tienen pistolas?* —*pregunta el pato.*

—*No. Esto es un bar. No hay pistolas* —*dice el cantinero.*

—*¿Tienen uvas?*

El sufrimiento de la existencia: ¿Qué clase de vida es esta?

El sufrimiento de la existencia es el efecto más sutil de vivir una existencia basada en los patrones. Al mismo tiempo, es la base para el sufrimiento del cambio y el sufrimiento del dolor. Cuando estamos viviendo en un patrón, la atención es pasiva. El patrón distorsiona la experiencia para amoldarse al mundo proyectado. Cuando se desencadena otro patrón, cambiamos de un mundo proyectado a otro, sin conciencia de que los mundos proyectados y los correspondientes patrones de reacción han cambiado. Puesto que todos los patrones están basados en una sensación de separación, esta sensación de separación permea la manera de experimentar el mundo.

Los filósofos existencialistas eran extremadamente sensibles a la sensación de separación y lo consideraban como un hecho, no como una percepción falsa.

El sufrimiento de la existencia también surge como una sensación de incompletud. La incompletud no está en lo que somos, sino en lo que sucede cuando no podemos mantener la conciencia despierta. Los patrones están basados en experiencias incompletas. Parte de la manifestación del patrón es la proyección de incompletud sobre el sentido de lo que somos, de manera que nos sentimos sin vida por dentro, internamente vacíos o separados del mundo. En vez de abrirnos a estas sensaciones y adentrarnos en el misterio de ser, nos cerramos a él y buscamos algo que nos haga sentir completos. Ese algo puede ser orden o estructura, sensación de conexión, sensaciones intensas o actividad. Sea lo que sea, define lo que es significativo para nosotros. Puesto que, en pos de la completud, apartamos la mirada de lo que somos, nunca experimentamos la plenitud misma de ser. Por lo tanto, sufrimos.

Una tesis fundamental del budismo es que ya estamos completos al ser lo que somos. La sensación de incompletud es una proyección y persiste en la medida en que el funcionamiento del patrón degrade la atención e impida que se experimente el núcleo emocional. Cuando el núcleo se libera en la conciencia, la experiencia ya no es incompleta y desaparece el sentido de incompletud asociado al patrón.

En las meditaciones previas, hemos visto que los patrones funcionan mecánicamente, que están presentes en cada área de nuestra vida, que se forman alrededor de un núcleo de experiencia no liberado, y que su funcionamiento crea sufrimiento en nuestra vida. Los patrones se desarrollan a través de cuatro mecanismos: la cristalización, la habituación, el entramado y la estratificación.

> Al hombre se le abandona sobre la tierra en medio de sus múltiples responsabilidades, sin ayuda, sin otro objetivo que el que él mismo se proponga.
>
> —*Jean Paul Sartre*

Meditación 8: La gruta de cristal de Merlín: Encarcelamiento

PROPÓSITO:
Comprender el proceso de cristalización.

MÉTODO DE MEDITACIÓN

Utilizando los siguientes cinco pasos, observa cómo estructuras tales como las creencias, las posturas y las conductas fijas se forman a partir de la energía que cristaliza.

- Un espacio se abre.
- Surgen ideas e ideales como interpretaciones de las sensaciones.
- Algunas ideas atraen más energía o interés, y se forman apegos y preferencias.
- Las preferencias se condensan en sensaciones y comprensiones tácitas.
- Las sensaciones y comprensiones tácitas derivan en reacciones, conductas, posturas y creencias fijas.

Alternativamente, toma una conducta reactiva, una postura o una creencia. Sostenla con atención hasta que seas consciente de las sensaciones y comprensiones tácitas implícitas en la postura o creencia. Sostén las sensaciones y comprensiones hasta que veas los apegos y las ideas en los que se basa el patrón, disolviendo así la conducta reactiva en el espacio abierto mediante el uso de la atención.

Comentario: La cristalización

¿Cómo se forman las estructuras? No surgen completamente formadas. Las creencias, perspectivas del mundo y conductas que gobiernan nuestra vida se desarrollaron de la vacuidad, de la nada.

En los años sesenta, durante un período de convulsión social y política, el movimiento feminista generó ideas y posibilidades nuevas para las relaciones entre los hombres y las mujeres (aire surgiendo del espacio).

A mediados de los años setenta, un profesor de derecho de Yale escribió una serie de artículos argumentando que debería haber protección contra el acoso sexual en los lugares de trabajo, ya que las mujeres sufrían frecuentemente serios reveses en sus carreras, si rehusaban las insinuaciones sexuales de los hombres, en particular de los supervisores. Otros artículos de derecho revisaron más a fondo la legislación vigente y sintetizaron el pensamiento actual y las costumbres cambiantes. Estos artículos se utilizaron para sustentar las demandas entabladas para detener el acoso sexual (fuego).

Gradualmente, a lo largo de la década de los años 80 y en medio de una gran confusión, surgió cierta comprensión tácita sobre lo que era y no era apropiado, tanto para los hombres como para las mujeres (agua).

A la larga, cuando las decisiones judiciales y las políticas empresariales comenzaron a reflejar las ideas y costumbres cambiantes, se promulgaron leyes que prohibían el acoso sexual para codificar el nuevo consenso social (tierra).

El mismo proceso tiene lugar dentro de cada uno de nosotros. En lugar de desarrollar una estructura legal, desarrollamos una estructura de creencias acerca del mundo, códigos de conducta y modos de hacer las cosas. Ambas estructuras, legal e interna —de hecho, todas las estructuras— se forman de la misma manera.

Primero, a partir de la vacuidad (espacio), la energía surge como movimiento (aire) en la mente, lo cual se experimenta inicialmente como ideas.

Las ideas representan interpretaciones de las sensaciones. Una idea o más, seleccionadas por las dinámicas emocionales y los patrones previamente establecidos, reúnen energía y se forman los apegos (fuego). Los apegos suelen experimentarse como preferencias o puntos alrededor de los cuales sentimos pasión (atracción o aversión). Los apegos se condensan aún más en sensaciones y entendimientos tácitos (agua) que vienen y van como olas, pero surgen cada vez que se encuentran situaciones similares. Las sensaciones y los entendimientos tácitos dan lugar entonces a reacciones cada vez más fijas que consisten en conductas, posturas y creencias (tierra). Las reacciones pueden surgir como pensamientos y sensaciones, como expresiones verbales o como acciones físicas.

El proceso inverso, en el cual comenzamos con una reacción o creencia fija, revela cómo se formó. Utilizamos el proceso inverso para transformar la energía en cada etapa a un nivel superior, disolviendo la solidez de las reacciones y las creencias fijas, de vuelta a los ideales a partir de los cuales se formaron. A medida que se vuelven menos sólidas, nuestra inversión emocional en ellas disminuye y podremos cambiarlas o, al menos, considerar alternativas, con más facilidad. El proceso inverso es particularmente útil cuando encontramos conflictos. En general, las partes en conflicto han caído en un conjunto fijo de reacciones. Si las partes rastrean el proceso de formación hacia atrás, podrían descubrir una solución a una dificultad aparentemente insoluble con base en diferentes interpretaciones de una experiencia común.

Por ejemplo, toma el caso de una compañía que produce un efluente tóxico. Los ambientalistas llevan a la compañía a los tribunales para detener la emisión de residuos tóxicos. La dirección de la empresa se defiende de la demanda y los trabajadores de la fábrica se alinean con ella. El juez ordena que las partes vayan a mediación. En el curso de la negociación, los sentimientos detrás de sus respectivas posturas comienzan a exteriorizarse. Los ambientalistas no están en contra de la compañía, sino que están preocupados por la salud de sus hijos. A la dirección no le gusta producir residuos tóxicos, pero no ve una alternativa que le permita ser competitiva. Los trabajadores tienen sus propias preocupaciones sobre trabajar con materiales tóxicos, pero quieren proteger sus empleos.

A medida que las negociaciones avanzan y la confianza crece, las tres partes comienzan a entender que están apasionadamente apegados a ciertas ideas: los ambientalistas, a la idea de un lugar seguro y saludable para vivir;

la dirección, a edificar una empresa que produzca una buena ganancia, y los trabajadores, a asegurar sus puestos. Intercambian sus ideas cada vez más. Los ambientalistas, comprendiendo que no pueden privar a las personas de su medio de vida, investigan y desarrollan un proceso industrial diferente. Los trabajadores aceptan la idea nueva, porque están preocupados por sus propios hijos. La dirección, viendo el creciente malestar de sus propios trabajadores y el deterioro de su imagen pública, acuerda limpiar las toxinas ya emitidas. Dado que el proceso ahorra dinero, la dirección también acuerda invertir en el entrenamiento de los trabajadores. En resumen, al disolver las posturas fijas de vuelta en el espacio abierto, las tres partes son capaces de generar la confianza y creatividad necesarias para encontrar una solución aceptable que incluya sus diferencias.

El siguiente diagrama ilustra las transformaciones de energía asociadas con los cinco elementos. Corresponde tanto al proceso de morir como al proceso en el cual la atención disuelve las estructuras de la experiencia basada en los patrones, así como a la negociación, el conflicto y otras formas de interacción humana. Las flechas diagonales indican la transformación ascendente de la energía y las flechas punteadas hacia abajo indican la atención dirigida hacia lo que está entre paréntesis en cada nivel. Si se pierde la atención plena, la energía decae en la misma dirección que las flechas punteadas, de manera que, en una negociación, digamos, una discusión sobre los puntos clave del apego puede súbitamente recaer en las posiciones fijas.

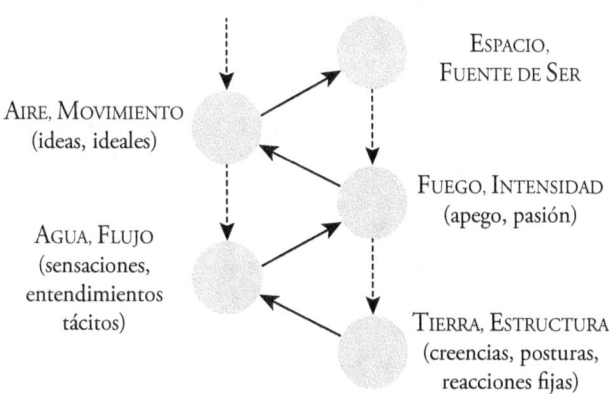

ESPACIO, FUENTE DE SER

AIRE, MOVIMIENTO
(ideas, ideales)

FUEGO, INTENSIDAD
(apego, pasión)

AGUA, FLUJO
(sensaciones,
entendimientos
tácitos)

TIERRA, ESTRUCTURA
(creencias, posturas,
reacciones fijas)

DIAGRAMA DE TRANSFORMACIÓN DE LA ENERGÍA
PARA LOS CINCO ELEMENTOS

Meditación 9: La habituación: Esclavitud

PROPÓSITO:
Comprender cómo las conductas repetidas se convierten en resultados que se perpetúan a sí mismos.

MÉTODO DE MEDITACIÓN

Hacer daño

Escoge una acción que le cause daño a otra persona, tal como robar. Imagina que estás a cargo de los depósitos en efectivo de una organización. En ese puesto, descubres que puedes llevar a tu bolsillo un poco de dinero sin que nadie lo note.

Imagina que efectivamente robas algún dinero. Date cuenta de lo que sucede en ti que te permite robar.

- ¿Qué se cierra dentro de ti?
- ¿Qué ignoras (por ejemplo, los efectos de tu acción sobre el dueño, la empresa, tus compañeros de trabajo)?
- ¿Cómo te sientes durante el acto de robar?

Advierte lo que ocurre después de que has robado el dinero con éxito.

- ¿Cuál fue tu motivación para robar?
- ¿Estás más o menos inclinado a robar nuevamente después de haber robado con éxito?
- ¿Cómo afecta el haber robado tu percepción de los otros?
- ¿Es diferente tu percepción sobre el dinero que entra después de haber robado? ¿Cómo?

Ahora, imagina que robar se ha vuelto habitual. Robas periódicamente. Reflexiona sobre las mismas cuatro preguntas:

- ¿Cuál es tu motivación para robar?
- ¿Estás más o menos inclinado a robar nuevamente?
- ¿Cómo afecta el haber robado tu percepción de los otros?
- ¿Cómo consideras el dinero que entra a la organización?

Repite el ejercicio utilizando otras acciones que dañan a otros: matar, mentir, calumniar o hablar ofensivamente.

Ayudar a otros

Recorre los mismos pasos, imaginando acciones que son beneficiosas para los demás, tales como ser generoso, ser amable, elogiar a una persona, ayudar a una persona necesitada, hablar sinceramente o curar.

Comentario: Los cuatro resultados

La habituación es el principio simple según el cual los patrones se hacen más fuertes cuanto más se ejecutan; la cadena de reacción asociada con el patrón se usa más frecuentemente y vivimos cada vez más en el mundo proyectado del patrón. Después de todo, el karma es primordialmente habituación y el proceso final se describe por los cuatro resultados: la maduración completa, la predisposición a reproducir la conducta, la predisposición a reproducir la experiencia, y la distorsión perceptual.

Maduración completa

El resultado completamente maduro es el mundo proyectado del patrón: cualquiera de los seis reinos que corresponda con la base emocional del patrón. El patrón está tan profundamente establecido que todo se interpreta en términos del mundo proyectado.

La codicia suele ser la motivación para robar. Ves el mundo como algo que no te proporciona lo que necesitas. Tu necesidad es insaciable, así que tu único recurso es tomar lo que necesitas. Este es el reino de los espíritus hambrientos. En el caso de matar, el enojo es la motivación más frecuente. Experimentas el mundo como oposición, el reino de los infiernos.

Los seres no ven de la misma manera las montañas y las aguas. Los espíritus hambrientos ven el agua como fuego abrasador o pus y sangre. Los dragones ven el agua como un palacio o un pabellón. Algunos seres ven el agua como los siete tesoros o como una joya que concede los deseos. Algunos seres ven el agua como un bosque o una pared. Los seres humanos ven el agua como agua. El agua se ve como viva o muerta dependiendo de las causas y las condiciones.

—*Dogen*

El modo en que experimentas aun las cosas más sencillas depende de cómo te sientes en ese momento. Toma el agua como ejemplo: en un día caluroso, un vaso de agua natural es refrescante y reparador. Sin embargo, ofrécesela a una persona orgullosa que espera un buen vino y lo tomará como un insulto. Para una persona que está sufriendo de deshidratación, un vaso de agua es una medicina que salva la vida.

Ya estás familiarizado con los seis reinos. En esta meditación, presta atención al modo en el cual la emoción que motiva una acción específica proyecta un mundo que se ajusta al patrón. Un amigo mío tiene mucho talento para los idiomas; aprende idiomas rápida y fácilmente. Es incapaz de comprender por qué otras personas tienen dificultades y tiende a considerarlas como perezosas o estúpidas. En lo que respecta a los idiomas, él vive en el mundo de los dioses.

Otra persona que conozco es un individuo muy afectuoso. Ella ayuda a los demás de muchas maneras. A los pocos minutos de conocerte, descubre un área de tu vida donde puedes necesitar ayuda y enseguida está prestando asistencia y ¡tú aprecias su cuidado! Sin embargo, toda su conducta es un patrón; nunca puede estar contigo y simplemente disfrutar de tu compañía; tiene que ser útil, afectuosa y hacer algo por ti. Vive en el reino de los espíritus hambrientos, impulsada por una insaciable necesidad de ser útil.

Te mueves de un reino a otro en un instante, así que no pienses en los reinos como estados permanentes. Cuando una emoción, digamos el deseo, surge, buscas placer. Entonces, te vuelves codicioso y te mueves hacia el reino de los espíritus hambrientos. La suerte te favorece, ganas la lotería y repentinamente te encuentras en el reino de los dioses.

En una ocasión, un samurái fue a ver a un maestro zen y le preguntó cuál era la diferencia entre el cielo y el infierno. El maestro zen se dio media vuelta, apuntando su nariz al aire, y dijo: «No tengo tiempo para enseñar a los tontos».

El samurái se enfureció y alargó la mano para coger su espada, pero antes de que pudiese desenvainarla, el maestro zen lo encaró y dijo: «Eso es el infierno». Entonces, el samurái se relajó y el maestro zen continuó: «Y eso es el cielo».

Predisposición a reproducir la conducta

Habiendo robado una vez con éxito, ahora sabes que, independientemente de lo que creyeras antes, robar es un modo viable de procurarte algo que no tienes. El acto de robar confirma la manera en que te sientes internamente: el mundo no te provee lo que necesitas, así que tienes que tomarlo. Cuando te topas con nuevas situaciones que desencadenan ese sentimiento, robar es la acción que escoges.

Mientras más recreamos el proceso del patrón, más habituales se vuelven nuestras acciones y reacciones. Cuanto más actuamos de un modo dado, mayor es nuestra predisposición para actuar de ese modo nuevamente. El patrón nos está esclavizando.

Predisposición a reproducir la experiencia

El tercer resultado es un poco más sutil. Cuando robas, por ejemplo, tomas lo que no es tuyo y lo haces tuyo. Sabiendo que la usurpación de la propiedad es posible debido a tu propia acción, confías menos en los demás. Mientras más robas, más te comportas como si los demás fueran a robarte a ti. El patrón de robar crea una predisposición a sentir que eres víctima de un robo, aun cuando no lo seas. De la misma manera, cuando das algo, naturalmente te sientes abierto y generoso. En otras palabras, te sientes como si hubieses sido el receptor de la generosidad, aun cuando eres el agente.

Estos dos resultados, la predisposición a reproducir la acción y la predisposición a reproducir la experiencia, son la base de los modos expresivo y receptivo de los patrones reactivos. En el caso de robar, el modo expresivo es robar, mientras que el modo receptivo es ser víctima del robo. Cuando se forma un patrón, ambos polos están presentes, aunque generalmente nos identificamos más con uno que con el otro. Sin embargo, cuando surge suficiente energía, presión o tensión, el patrón gira de uno al otro. Un ladrón, cuando es atrapado, frecuentemente afirmará que es víctima de una injusticia.

Distorsión perceptual

El cuarto resultado es el modo en que el patrón afecta la percepción sensorial. Surgen sensaciones que se ajustan a la estructura del patrón. Por ejemplo,

CAPERUCITA ROJA: ¡Qué ojos tan grandes tienes, abuelita!

LOBO: Para verte mejor, querida.

CAPERUCITA ROJA: ¡Qué orejas tan grandes tienes!

LOBO: Para escucharte mejor.

CAPERUCITA ROJA: ¡Y qué dientes más grandes tienes!

LOBO: Para comerte mejor.

cuando estás enamorado, tiendes a ver a tu amado con enormes y radiantes ojos que te inundan de atención. En el ejemplo de robar, tu percepción del dinero entrante cambia: lo consideras tuyo. Simplemente no está en tu bolsillo todavía. Si un colega te pregunta qué estás haciendo justo después de que has escondido el dinero, lo consideras un fisgón molesto y entrometido. Si ese día el dinero que ingresa es menos que de costumbre, y tienes que robar menos para evitar la detección, piensas que el mundo está siendo injusto. Incluso puedes ver los colores como menos vívidos y los objetos como más afilados y angulosos. En otras palabras, tus percepciones sensoriales se ajustan al patrón y al mundo proyectado del patrón.

Ya hemos visto cómo se forman los patrones y cómo crean sufrimiento. Hemos visto cómo los mundos proyectados, los seis reinos de las emociones reactivas, son también sufrimiento. Ahora vemos cómo los patrones nos esclavizan en su funcionamiento, determinando lo que experimentamos y cómo estamos predispuestos a reaccionar. En realidad, el karma no determina lo que hacemos en cada momento; esa es una función de la atención. Sin una práctica de atención, somos incapaces de reconocer el mundo proyectado o el modo en el cual estamos predispuestos a actuar. Simplemente aceptamos el mundo proyectado como el mundo real y nuestras predisposiciones como nuestra personalidad. No tenemos ninguna esperanza de desmantelar los patrones que dirigen nuestras vidas. Sin embargo, con una práctica de atención, tenemos una oportunidad. Siendo realistas, tenemos casi tanto espacio para cambiar como un violín tiene en su estuche, pero es suficiente.

Además de la cristalización y la habituación, el entramado y la estratificación son otros dos mecanismos a través de los cuales los patrones consumen nuestras vidas. El entramado se refiere al modo en el cual los patrones interactúan para formar una red de mecanismos interactivos. Una parte del funcionamiento de un patrón resuena con el núcleo emocional de otro patrón, así que este comienza a funcionar. Los correspondientes imperativos de los patrones o los mundos proyectados pueden contradecirse entre sí, en cuyo caso experimentamos

> No debes contar demasiado con tu realidad como la sientes hoy, puesto que, como la de ayer, podría resultar ser una ilusión mañana.
>
> —*Luigi Pirandello*

un conflicto interno. Pueden reforzarse el uno al otro, en cuyo caso ambos patrones se refuerzan.

La personalidad es como un espejo estrellado. Las creencias y las posturas rígidas se forman cuando la energía cristaliza en estructuras mediante el funcionamiento de los patrones habituales. Diferentes patrones generan diferentes creencias. Cada patrón funciona como un fragmento del espejo, reflejando y refractando la experiencia de una manera única. Los patrones se activan por resonancia con lo que está surgiendo, pero estamos tan convencidos de nuestra existencia como una entidad independiente que raramente advertimos la transición de un patrón resonado a otro. Transitamos de una creencia a otra y nunca reparamos en la contradicción. Cuando encontramos situaciones que resuenan simultáneamente con los patrones de estructuras de creencias contradictorias, experimentamos un conflicto interno. Tales momentos son potencialmente valiosos desde la perspectiva del trabajo interior transformador, porque ofrecen una oportunidad para ver la estructura de la red.

El otro mecanismo es la estratificación. Como hemos visto, los patrones generan estructuras a medida que funcionan repetidamente. Las estructuras se convierten en componentes de otros patrones, que a su vez generan estructuras que se convierten en componentes de incluso otros patrones. El resultado es una conducta altamente compleja y aparentemente inteligente y consciente. ¿Cómo podemos saber si nosotros u otra persona está actuando a partir de la presencia o de un patrón? La clave es observar la intención y el resultado: ¿A qué se está prestando servicio?

La presencia presta servicio a la intención de la situación, no a los motivos condicionados de individuos, grupos o instituciones. Los resultados del funcionamiento basado en un patrón son el reforzamiento de los patrones; el reforzamiento del condicionamiento, y el deterioro de la atención, la presencia y la conciencia. Cada vez que una situación resuena con el núcleo emocional y desencadena el patrón, el patrón funciona independientemente de si es apropiado o no para la situación. Con el tiempo, el funcionamiento del patrón se hace más elaborado, pero la función permanece idéntica: transformar la experiencia del espacio y la conciencia abiertos en reacción, de modo que el núcleo emocional nunca surja en conciencia. Por otra parte, los resultados de la presencia son dimensiones nuevas de libertad, transformación de la conducta, y el incremento de la atención plena y la conciencia despierta.

Meditación 10: ¿Cómo se desmantelan los patrones?

PROPÓSITO:
Comprender cómo la atención desmantela un patrón.

En tus sesiones de meditación, comienza descansando la atención en la respiración durante diez a quince minutos.

MÉTODO DE MEDITACIÓN

Toma un patrón que has observado y con el que has trabajado con los cuatro pasos hacia la libertad: reconocer, dejar de identificarse, desarrollar una práctica y cortar. Para esta contemplación, un patrón débil será más útil que uno fuerte, porque necesitas ser capaz de imaginar que actúas de una manera diferente a las tendencias establecidas por el patrón.

Reconocer

Ningún patrón puede desmantelarse hasta que se reconoce como un proceso que funciona mecánicamente. ¿Cómo reconociste este patrón? Siéntate con atención y deja que el patrón se despliegue en tu imaginación. Alguno o todos los puntos siguientes pueden utilizarse para identificarlo:

- Cambios en tu cuerpo, estado emocional o percepción de las cosas
- Una cadena repetida de emociones reactivas
- La manera en que el patrón proyecta un mundo
- Conductas automáticas familiares: físicas, verbales o mentales
- Resultados familiares, tales como la manera en que se afecta tu relación con los demás
- Una divergencia entre tu intención y lo que sucede en realidad

Dejar de identificarse

Mientras que tomes el patrón como una parte de lo que eres, el patrón no puede desmantelarse. Ve el patrón como un proceso que funciona independientemente de tu intención. Se activa por resonancia con una situación, corre hasta que la atención se ha degradado, y luego se colapsa y te deja preguntándote qué fue lo que sucedió. Cada vez que el patrón sobre la cual estás trabajando surge, mantén tu atención en alguno de sus componentes que puedas reconocer, ya sea el imperativo del patrón, la cadena de reacción o el mundo proyectado. Parecerá que la manifestación del patrón desaparece.

Entonces sientes una liberación de energía, ves un patrón subyacente más profundo o ambos. Cuando ves el patrón como un proceso, tu relación con él cambia. Ya no te identificas con él y puedes tomarlo como un objeto de atención. Observa el patrón con atención:

- ¿Está alineado con tu intención en las situaciones en las que se desencadena?
- ¿Está al servicio de tu bienestar?
- ¿Utiliza conductas y motivaciones que reflejan la manera que quieres ser?
- ¿De qué modo es parte de ti?

Desarrollar una práctica

Desarrolla una práctica que interrumpa la erosión de la atención. En otras palabras, piensa en algo que puedas hacer que te recuerde volver a la atención mientras el patrón está funcionando. Los patrones no tienen mecanismos internos que limiten su funcionamiento ni su evolución. Están limitados solo por la cantidad de energía disponible para ellos. Para desmantelar un patrón, tienes que interrumpir su funcionamiento, trayendo atención sistemáticamente a este. Entonces la energía fluye hacia la atención y no hacia el patrón.

Cortar mediante la práctica

Una vez que has desarrollado una práctica, el cuarto paso es cortar el patrón mediante la práctica una y otra vez. Cada vez que el patrón surge, córtalo con atención. Paso a paso, identificas todos los componentes del patrón, todas las asociaciones y puedes experimentarlos con atención. La experiencia no liberada se libera en conciencia despierta y el patrón se desmorona.

Comentario: Desmantelar los patrones

Cada uno de los cuatro pasos es esencial y cada uno presenta su propia dificultad.

Reconocer

No puedes siquiera iniciar el proceso hasta que reconozcas que un patrón está funcionando. Cuando estás completamente identificado con un patrón, se toma el mundo proyectado del patrón como la manera en que son las cosas y las reacciones habituales se toman como respuestas apropiadas.

Los amigos, los maestros, las parejas u otras personas allegadas pueden ser muy útiles en tu esfuerzo por reconocer una conducta basada en un patrón. Incluso más útiles, aunque más difíciles de apreciar, son las contribuciones que provienen de personas con quienes no te llevas bien y de situaciones adversas y difíciles. Los patrones reactivos siempre funcionan con más fuerza en la adversidad. Dices cosas de las que te arrepientes y haces cosas que lamentas hacer. En otras palabras, los patrones se apoderan de la situación y dictan tu comportamiento. Prestando atención a cómo reaccionas bajo presión o adversidad, puedes ver claramente las conductas basadas en los patrones.

Un signo de una reacción basada en un patrón es que los resultados de tus acciones son sistemáticamente contrarios a tus intenciones o expectativas. Otro signo son las expectativas que sistemáticamente no se cumplen. La tendencia habitual es atribuir los malos resultados a factores externos, una forma de proyección alineada con el mundo proyectado. Presta atención a las cosas que atribuyes a factores externos, y luego mira en tu interior para ver qué ve las cosas de ese modo y qué haces para permitir que esos factores externos te afecten.

Por ejemplo, notas que cada vez que pides ayuda a tus amigos, ellos dicen «Claro», pero luego no cumplen. Concluyes que no puedes confiar en tus amigos y dejas de pedirles ayuda. Entonces un día estás luChando con un proyecto. «¿Por qué no pediste ayuda?», pregunta un amigo. Sorprendido, aceptas la ayuda. Él trabaja contigo hasta altas horas de la noche y juntos finalizan el proyecto.

Ahora observas cómo es que pediste ayuda en el pasado y adviertes que suponías que tus amigos te la negarían, así que la pedías de una manera que sugería que no querías su ayuda. Entonces observas qué en ti espera que la gente no te ayude y ves que temes no ser capaz de corresponder.

Una observación cuidadosa de tus acciones y sus resultados a la larga te lleva a reconocer patrones. Por ejemplo, supón que adviertes que cada vez que haces x, un tiempo después sucede y. No ves ninguna razón por la cual x cause y, de modo que atribuyes la conexión a una coincidencia, pero continúa ocurriendo y cada vez que haces x. No tiene ningún sentido para ti porque el patrón no te permite ver la conexión real. Sin embargo, si suspendes temporalmente tu confianza en la lógica y observas cuidadosamente, finalmente ves que x y y están conectados. La observación significa traer la atención una y otra vez al patrón. El esfuerzo repetido redunda en un nivel de atención más elevado que penetra en lo que el patrón oscurece. Un método adicional es seguir con atención exactamente lo que ocurre después de que haces *x*. Sigue el gesto iniciado por *x* y observa cómo produce *y*. Entonces reconoces el patrón.

En el ejemplo anterior, también puedes observar lo que ocurre cuando pides ayuda a un amigo: qué tono de voz utilizas, cómo te paras, qué dices, si haces un seguimiento del acuerdo, si fijas una fecha o un momento para reunirse. Observando con precisión lo que haces, desenmascaras en ti el patrón que transmite el mensaje «No quiero ayuda», aun cuando estás pidiéndola.

Dejar de identificarse

Dejar de identificarse es el proceso a través del cual un patrón se convierte en un objeto de atención. La observación es el primer paso; ves cada vez más claramente que el patrón tiene un programa que es diferente de tu propia intención o contrario a ella. Comienzas a sentir, quizás, que el patrón es una máquina que está siguiendo su propio funcionamiento mecánico. No forma parte de quien eres. Inicialmente, te sientes indefenso e incapaz de hacer nada con el patrón. De hecho, has comenzado a separarte de él.

El gran temor presente en dejar de identificarse es que no podrás funcionar sin el patrón. Los artistas y los hombres de negocios ajetreados son particularmente propensos a tener dificultad con este punto. Temen perder su creatividad o su agudeza y que su trabajo sufra. Recuerda, el patrón funciona mecánicamente para erosionar la atención. En el mundo del patrón, la reacción basada en el patrón es el único modo lógico de funcionar y, en lo que respecta al patrón, morirás si no reaccionas de acuerdo con ello.

Tienes que morir al mundo del patrón. Tienes que morir a la creencia de que tu habilidad para sobrevivir depende de esas conductas basadas en patrones. Tienes que confiar en que lo que eres —conciencia abierta y clara— puede funcionar eficazmente. La ironía es que la conciencia abierta y clara funciona mucho mejor que las reacciones basadas en los patrones. Los artistas ven cómo su tendencia a reaccionar limitaba su habilidad para ver las cosas como son. Los hombres de negocios se suelen sorprender cuando aun una pequeña meditación les permite relajarse, ver más claramente y ser más eficaces en su trabajo.

Un estudiante le preguntó a Dilgo Khyentse Rinpoche: «¿Por qué practicamos?».

Él respondió: «Para sacar lo mejor de una mala situación».

Al dejar de identificarte realmente ves cómo puedes estar más presente en tu vida, pero el apego a los patrones es tan fuerte que muchas personas abandonan su práctica precisamente en este momento. No están dispuestas a pagar el precio, que es morir a la vida que estos patrones han creado.

¿Cómo desarrollamos la disposición a morir? Afrontando claramente el dilema en que estamos; abriéndonos a como son las cosas; cuestionando la naturaleza de las cosas; interesándonos en lo que es.

Desarrollar una práctica

El tercer paso es desarrollar una práctica. La práctica puede ser muy sencilla. Por ejemplo, si observas que estás molesto por el tráfico congestionado, descansa la atención en la respiración cada vez que el tráfico se detiene. La práctica también puede ser compleja; las prácticas con deidades en la tradición tibetana implican visualizaciones, rituales y códigos de conducta elaborados que funcionan conjuntamente para cortar la identificación con la percepción habitual de la experiencia.

El desafío principal para desarrollar una práctica es que tienes que cambiar deliberadamente tu conducta. Puedes reconocer un patrón e incluso dejar de identificarte en cierta medida, pero aún permitirle dirigir todo lo que haces. El propósito de una práctica es cambiar la forma en que de hecho haces las cosas. Al comienzo, un patrón parece tan sólido que no puedes imaginar hacer algo diferente. La observación constante inevitablemente revela otras posibilidades. Toma una de las posibilidades como la práctica.

Supón que adviertes que tienes dificultades dando a los demás. Como una práctica, decides darle a otra persona un objeto real, no importa cuán insignificante, una vez al día. Esta práctica cambia la conducta en la mente del cuerpo. Te pones en contacto con el condicionamiento del patrón en la mente de la emoción. Aunque lo único que estés dando sea un clip a un colega, prestas atención a la contracción o la resistencia en ti. Ves que la resistencia actúa si el objeto es valioso o insignificante, así que comienzas a apreciar que la dificultad para dar tiene poco que ver con el objeto. La dificultad es una manifestación de un patrón. Al mismo tiempo, realmente experimentas el acto de dar, de manera que sabes que tú no eres el patrón.

El dejar de identificarse y el desarrollo de una práctica interactúan mutuamente. A medida que te separas del patrón, se te ocurren más y más maneras de practicar. A medida que implementas diferentes maneras de practicar, la identificación con el patrón se hace cada vez más débil.

Cortar mediante la práctica

El cuarto paso es emplear la práctica para cortar el patrón. El esfuerzo clave es la constancia. Corta una y otra y otra vez. La mayor parte de los patrones han estado en su sitio durante un largo tiempo. Consisten en estructuras sólidas de creencias, rasgos de personalidad y comportamientos. Usan todos los recursos disponibles para degradar la atención: miedos exagerados, percepciones distorsionadas, depresión, racionalizaciones elaboradas y enfermedades físicas. Cortar constantemente es la clave para la libertad. Para cortar más profundamente el patrón, date cuenta de cuándo funciona más intensamente. En el caso de dar, por ejemplo, nota las personas a quienes evitas dar y observa lo que ocurre en tu mente y tu cuerpo. Deliberadamente obsequia una flor o un caramelo a una persona a quien sistemáticamente evitas y observa lo que surge. Pronto averiguarás lo que te está sucediendo internamente, pero solo si haces el esfuerzo en tu práctica elegida.

El poder de los patrones para degradar la atención es impresionante. Aun en el ejercicio de dar objetos insignificantes a los demás, puedes advertir de pronto que no le has dado nada a nadie durante tres o cuatro días. ¿Qué sucedió con tu intención? ¿La olvidaste? Cuando repasas los últimos días, podrías recordar que pensaste que la práctica de dar era estúpida y carecía de sentido. Así que restableces la práctica y ¡vuelve a suceder lo mismo! Esta vez, cuando miras hacia atrás, notas sensaciones de enojo y resentimiento conectadas con tu idea de que la práctica es estúpida y carece de sentido. Tu práctica está comenzando a cortar el patrón y a revelar lo que lo impulsa. Recuerda que la dificultad en la práctica, sea cual sea la forma que adopte, es un signo de que tu práctica es eficaz. Tu práctica ha activado patrones que se resisten al desarrollo de la atención, patrones cuyo funcionamiento ahora puedes observar.

Al cortar cada vez más profundamente en la estructura del patrón, la energía almacenada en él se libera. La energía del patrón, que se transforma en atención, incrementa tu habilidad para cortar más profundamente en él. Si no mantienes la atención cuando la energía se libera, la energía fluye de vuelta al patrón o a otros patrones y los refuerza. Después de asistir a un retiro, muchas personas se sorprenden de lo reactivas que están cuando vuelven a sus hogares. Pensaban que estarían más tranquilas, más relajadas y menos reactivas, pero dejan caer sus esfuerzos por cultivar la atención plena, y la energía de la atención activa acumulada en el retiro ahora mengua y acciona los patrones activados por el regreso al ambiente familiar. La atención plena es aún más importante después de un período de práctica intensiva.

Mientras más éxito tengas al cortar en el patrón, más pronunciados son los esfuerzos del patrón para mantenerse en funcionamiento. La constancia en forma de paciencia es la única manera de llegar al final. Puedes sentir que estás en guerra y en cierto sentido lo estás. El patrón es un proceso mecánico que funciona para degradar la atención. No tiene ningún interés en tu bienestar, mucho menos en tu despertar. No tiene interés en nada y, sin embargo, funciona cada vez que se activa y, así, moldea tu vida. Al final, el trabajo de desmantelar patrones se reduce a una cuestión única: ¿Quién va a vivir tu vida: tú o tus patrones?

Cada vez que un patrón surja, no titubees. Córtalo directamente. La negociación no es una opción. Corta siempre que puedas. Como dice Thich Nhat Hanh: «Practica cada día. Te salvará la vida».

Los cuatro pasos para desmantelar los patrones aparecen bajo diferentes formas en numerosas tradiciones espirituales. Recuerda que la primera noble verdad es la verdad del sufrimiento. Se trata de *reconocer* que el sufrimiento existe. La segunda noble verdad es el origen del sufrimiento, la verdad de que el sufrimiento surge de las emociones reactivas. Se trata de *dejar de identificarse*: saber que el sufrimiento es una reacción y que tú no eres la reacción. La tercera noble verdad es la verdad de la cesación, que sostiene que el final del sufrimiento es posible; abre una nueva posibilidad: el fin del sufrimiento, y es una invitación a *desarrollar una práctica*. La cuarta noble verdad es la verdad del camino; que hay una manera de vivir que termina con el sufrimiento. Se trata de utilizar la atención para *cortar* el proceso de sufrimiento en todas las áreas de tu vida.

Otro ejemplo de los cuatro pasos son las cuatro fuerzas, un método tradicional para detener la evolución de las acciones antes de que se conviertan en resultados que experimentarías. Las cuatro fuerzas son el arrepentimiento, la confianza, el remedio y la resolución. Puesto que solemos estar interesados en limitar los efectos de las acciones negativas, las cuatro fuerzas se abordan en términos de las acciones que dañan a otros.

La primera fuerza, el *arrepentimiento*, corresponde a reconocer. El arrepentimiento significa que admites lo que has hecho y reconoces las consecuencias dañinas, en términos de los cuatro resultados tratados en la meditación 9. La intención del arrepentimiento es remover cualquier defensa o justificación de la acción en tu mente. En el budismo, las acciones no virtuosas se consideran negativas porque se convierten en experiencias desagradables y dolorosas, no porque violen una autoridad o una ley. Por lo tanto, el arrepentimiento no implica culpa. Supón que, involuntariamente, bebes una copa de veneno e inmediatamente después descubres que lo que bebiste es venenoso. No has violado ninguna ley. No sientes culpa, pero sí sientes arrepentimiento, ya que sufrirás a causa del veneno.

La segunda fuerza, la *confianza*, corresponde a dejar de identificarse. Confianza significa que renuevas tu conexión con la práctica espiritual, ya sea a través de la devoción, la compasión, la conciencia abierta o la presencia. Actúas negativamente cuando te apartas de la atención plena y la atención activa. La confianza significa que deliberadamente restableces tu práctica de modo que las condiciones para las acciones negativas ya no están presentes en ti. Al reconectarte con tu práctica espiritual, dejas de identificarte con el patrón.

La tercera fuerza, el *remedio*, corresponde a desarrollar una práctica. El remedio significa que actúas de una manera que interrumpe el funcionamiento del patrón que subyace a la acción negativa. Si puedes, corrige la acción negativa: discúlpate, restituye, repara el daño. Si no puedes remediar la acción misma, entonces emprende alguna acción positiva con la intención explícita de remediar la negativa: haz una donación de caridad, haz algún servicio comunitario, ayuda a un amigo, o mejor aún, ayuda a alguien que no te cae bien. Remediar, por sí mismo, no elimina los patrones de negatividad establecidos por la acción negativa, pero la introducción de una conducta positiva modifica la manera en que la acción se convierte en resultados que experimentarías.

La cuarta fuerza, la *resolución*, corresponde a cortar mediante la práctica. La resolución significa que generas la intención de no volver a actuar de esa manera. En tanto conserves la más ligera sensación de que podrías repetir la acción, los patrones asociados con esa acción tienen un lugar para crecer y desarrollarse. Para impedir que el proceso kármico siga evolucionando, renuncia completamente a cualquier defensa de la acción y a cualquier intención de actuar de ese modo nuevamente. La resolución que haces te compromete irrevocablemente a cortar el patrón cada vez que surja.

Experiencia de disolución de los patrones

Cuando prestas atención a un patrón por primera vez, te topas con una lluvia de pensamientos e ideas que socavan tus esfuerzos. ¿Qué estás haciendo? ¿Por qué lo estás haciendo? ¿No preferirías ver una película, leer un libro o limpiar toda la basura de tu cochera?

Luego, comienzas a sentir resistencia en tu cuerpo. La resistencia en el cuerpo puede surgir como incomodidad, agitación, dolores, malestares o incluso enfermedades. La incomodidad evidencia que la atención está penetrando en las estructuras del patrón almacenadas en el cuerpo. Descansa la atención en la respiración o en la conciencia, e incluye las sensaciones de incomodidad física en tu atención. Si enfocas la atención solo en la incomodidad física, incrementas el nivel de energía en la propia resistencia y empeoras las cosas. Por esta razón, trabaja con atención inclusiva, que sostiene las sensaciones en un campo de conciencia amplio.

También encuentras resistencia emocional. Gradualmente notarás sensaciones emocionales conectadas con la incomodidad física. Inicialmente, las sensaciones emocionales desestabilizan tu atención, pero a medida que la atención se fortalece, puedes sostener la atención en las sensaciones emocionales. Frecuentemente, las sensaciones emocionales parecen menguar cuando las sensaciones físicas se incrementan y viceversa. La alternancia puede continuar durante algún tiempo.

Paulatinamente, se desarrolla suficiente atención de manera que puedas sostener la atención en las sensaciones físicas y emocionales simultáneamente. La atención penetra en la estructura del patrón, que comienza a desintegrarse. La energía liberada del patrón surge en la forma de pensamientos cargados emocionalmente. Estos pensamientos son mucho más poderosos e intensos que los pensamientos encontrados al comienzo del proceso. Los pensamientos cargados emocionalmente suelen estar conectados con tu sentido de quien eres y lo que eres y puedes sentirte bastante amenazado.

En este momento, la experiencia adquiere una cualidad onírica. Te preguntas cuál es el sentido de todo. Te sientes como si estuvieras perdiendo algo vitalmente importante, así que intentas llegar a un acuerdo diciendo que estás dispuesto a soltar esto, siempre que puedas aferrarte a aquello. Estás experimentando la aceleración o intensificación del funcionamiento del patrón para socavar la atención, que ocurre debido a que tu identificación con el patrón está comenzando a romperse.

A medida que el patrón se rompe, experimentas oleadas de emoción cruda. Con frecuencia no puedes nombrar estos sentimientos. No parecen venir de ningún sitio; permean todo tu ser y luego se disipan. Cuando vienen, te sientes aturdido por la euforia o deprimido más allá de la desesperación. Oleadas de energía te recorren el cuerpo. En este caos, vuelves a experimentar la dinámica emocional central del patrón y podrías experimentar de nuevo la situación en la cual esa dinámica central se estableció. En cualquier caso, la dinámica central se libera en conciencia. Puedes sentirte más completo y pleno o puedes sentir que un pedazo de ti se ha desprendido y ha desaparecido. El resultado es que estás menos reactivo, aun cuando encuentres una situación que desencadena la dinámica central, el patrón no se apodera de ti. Eres simplemente consciente de que está funcionando internamente, como una secuencia de pensamientos y sensaciones. A medida que el patrón colapsa, experimentas la situación por lo que es, sin proyección.

Los patrones se construyen en capas. Cuando penetres una capa de un patrón, experimentarás un incremento de energía y libertad. Un tiempo después, sin embargo, te das cuenta de que otra capa de la conducta basada en el patrón, de sensaciones y de percepciones, estaba funcionando por debajo. Dirige la atención a ese patrón. A menudo, sentirás que no estás progresando o que has dado un paso atrás, cuando, de hecho, has cortado más profundamente dentro de la red que te separa de tu vida.

El camino medio

El camino medio —no caer en posturas extremas— es una de las grandes enseñanzas del budismo. Con demasiada frecuencia, se interpreta el camino medio como un punto de equilibrio entre dos extremos. Encontrar tal punto de equilibrio suele ser muy difícil, pero esa dificultad no es nada comparada con la dificultad de intentar mantener el equilibrio momento a momento. ¿Cuál es el punto de equilibrio entre ser demasiado estricto o demasiado suelto en la forma de disciplinar a tus hijos? Si pudieras encontrar el perfecto punto de equilibrio, ¿podrías mantenerlo? Esta manera de pensar es altamente problemática.

Tradicionalmente, el camino medio se describe como no caer en una postura extrema. No necesitas encontrar el punto de equilibrio ideal. Viaja por el camino medio manteniendo la atención en *ambos* extremos en todo momento. Caes en un extremo solo cuando el otro sale de tu atención. Al mantener la atención en ambos extremos, nunca caes en ninguno de los dos. La vida del Buda ilustra el camino medio. Se crio en el extremo del lujo y nunca reparó en las restricciones, ni siquiera en la sencillez. Luego, siguió el extremo del ascetismo e ignoró su salud física y mental. Ninguno de los dos estilos de vida lo llevó a la comprensión del sufrimiento ni del fin del sufrimiento. Entonces, siguió el camino medio. Comía cuando tenía hambre y no comía cuando no tenía hambre. Con su salud repuesta, fue capaz de prestar atención a la cuestión del sufrimiento y de llegar al despertar completo. En sus enseñanzas, desalentó sistemáticamente el ascetismo por el ascetismo mismo y la complacencia por la complacencia misma.

En términos de trabajar para desmantelar patrones, aplica el camino medio a los extremos del imperativo del patrón y las conductas asociadas. Por ejemplo, los modos expresivo y receptivo definen dos extremos; sostén la atención en ambos. Se forma así un nivel más elevado de atención. Ahora puedes experimentar el patrón y las sensaciones asociadas con él como objetos de la atención. Sostén la atención en las sensaciones y dirige la conciencia despierta hacia la actividad. Te moverás hacia un estado indefinido que no es parte del mundo proyectado del patrón. El estado indefinido o espacio abierto desencadena nuevamente el patrón, así que continúa sosteniendo la atención en el proceso reactivo, siguiendo su despliegue.

Inicialmente, solo percibes diferentes maneras de actuar; más tarde serás capaz de actuar de manera diferente. Entonces experimentas un incremento en la conciencia despierta y el patrón se define más claramente como un objeto y no como lo que eres. Cuanto más se ve el patrón como un objeto, tanto más eres capaz de cortar su funcionamiento. Cuando se corta el patrón, o bien el patrón se libera a sí mismo en el campo de conciencia, o el patrón se abre más profundamente y puedes ver la siguiente capa.

EL KARMA Y LA LIBERTAD

Comenzamos con dos preguntas:

- ¿Por qué somos como somos?
- ¿Cómo cambiamos?

Somos como somos porque patrones complejos de reacciones se han convertido en las estructuras de nuestra personalidad. Los patrones son procesos completamente mecánicos que interactúan y evolucionan por sí mismos, haciéndose más elaborados sobre la base de los imperativos emocionales que se han formado alrededor de las sensaciones o las experiencias no liberadas. Los resultados de una vida basada en los patrones son las tres formas de sufrimiento: el sufrimiento del dolor, el sufrimiento del cambio y el sufrimiento de la existencia.

Cambiamos nuestra manera de ser permitiendo que la atención incida sobre el funcionamiento de un patrón. El patrón se altera por la energía de la atención, así como la estructura cristalina del hielo se altera por la energía del calor. Cuando la atención penetra a suficiente profundidad, el patrón no puede mantenerse y se desmorona. El proceso de prestar atención a un patrón se resume en los cuatro pasos: reconocimiento, dejar de identificarse, desarrollar una práctica y cortar mediante la práctica. Para desmantelar los patrones necesitamos determinación, guía, métodos de práctica y la disposición para morir a la vida que está basada en los patrones.

Las enseñanzas del karma son centrales para la práctica del budismo. Mientras el karma se convirtió en un sistema de creencias en muchas culturas budistas, el significado esencial de la enseñanza del karma es que somos responsables de la manera en que experimentamos lo que surge en nuestra vida. Con demasiada facilidad, la enseñanza del karma puede malinterpretarse como que somos responsables de todo lo que nos sucede. No lo somos: ni en la creencia tradicional de que cosechamos los resultados dolorosos de acciones efectuadas en vidas pasadas, ni en la ingenua creencia moderna de que elegimos lo que experimentamos. Las dos interpretaciones se apoyan en la creencia de que todas nuestras acciones son volitivas. Ignoran que mucho de lo que hacemos no es volitivo, sino que está basado en patrones fijos de percepción y de reacción. El karma enseña que estos patrones se refuerzan con nuestras acciones. Si no prestamos atención a la manera en que vivimos y actuamos, nuestra vida se consume por la «vida artificial» de los patrones.

Este enfoque sobre el karma no se apoya en una creencia, sino en nuestra propia experiencia de la manera en que los patrones funcionan en nosotros. Las meditaciones de esta sección dirigen la atención hacia el funcionamiento de los patrones para que podamos ver y saber sin depender de las creencias.

Hay un dicho tibetano que resume el karma.

Para ver lo que has hecho, observa lo que vives ahora.
Para saber lo que vivirás, observa lo que estás haciendo ahora.

He aquí una versión norteamericana de la misma idea:

Cuando haces lo que siempre has hecho, obtienes lo que siempre has obtenido.

Los códigos morales existen por diversas razones —para proveer fórmulas sencillas para afrontar los desafíos de la vida o para regular o controlar a las masas—, pero, en última instancia, tenemos que confiar en la experiencia directa. Entre más practicamos, menos dogmáticos nos volvemos. Todo lo que podemos hacer es permitir que nuestra atención incida en las situaciones que se nos presentan en la vida, utilizando la atención para cortar el funcionamiento de los patrones habituales. Nos presentamos en cada situación, abiertos a lo que está sucediendo, vemos lo que es y servimos a lo que es verdad hasta el límite de nuestra percepción. Actuamos y recibimos el resultado. Si la situación nos estalla en la cara, tenemos que pagar. Veremos nuestra parte en ella si, y solo si, hemos puesto toda nuestra atención en nuestra acción. No culpamos a nadie por el resultado porque sabemos que hicimos lo mejor que pudimos. En cambio, aprendemos acerca de dónde fuimos débiles, ciegos, estúpidos o dónde estuvimos fuera de contacto. No hay otra manera de aprender. Cualquier lección que no nos cueste el poner en práctica nuestra habilidad para hacer mayores esfuerzos por despertar es una baratija.

En efecto, abordamos cada situación como un misterio y sabemos que todo lo que podemos hacer es estar presentes, de la mejor forma posible, en ese misterio. No necesitamos creencias, no necesitamos consuelo y no necesitamos explicaciones. Podemos estar abiertos y despiertos, permaneciendo presentes con todo lo que surge en nuestra experiencia.

Esta es la auténtica enseñanza del karma. Dirige la atención hacia nuestras acciones, poniéndonos en contacto con los patrones habituales que dictaminan gran parte de nuestra vida. Nos alerta sobre la naturaleza de esas habituaciones que se refuerza a sí misma y sobre la importancia de la atención para desmantelarlas. También lleva al aprecio apremiante del sufrimiento ciego que está presente en una vida cuando la atención y la presencia no se cultivan.

Así, el karma provee una poderosa motivación para liberarnos. También nos dice cómo librarnos: desmantelando los patrones. Todas las prácticas budistas están dirigidas hacia un fin: la libertad que proviene de desmantelar los patrones condicionados. Las prácticas varían considerablemente de una cultura a otra, de una tradición a otra; no obstante, el budismo se distingue por el grado de propósito común y de comprensión común que exhibe a través de las culturas y a través de las tradiciones.

¿Qué significa vivir libre de patrones? Vivir libre de patrones es vivir en conciencia. En el curso de nuestro crecimiento, muchos patrones se desarrollaron como modos de afrontar nuevas situaciones; pero los patrones continuaron evolucionando por su cuenta. Nuestra personalidad está constituida por patrones de reacción basados en experiencias pasadas que nos impiden responder apropiadamente en el presente. Los patrones han evolucionado para excluir lo desconocido, el misterio, de nuestra vida tanto como sea posible.

Cuando comenzamos a desmantelar los patrones estamos, en efecto, desplazando la base de la organización de nuestra personalidad lejos de los patrones condicionados y las identidades construidas que ellas mismas mantienen hacia la conciencia misma. El cambio es radical: pasamos de creer que somos algo a saber que no somos nada. Estamos entrando directamente en el misterio de nuestro ser.

Vivir en el misterio de ser requiere fe. Debemos estar dispuestos a abrirnos al misterio mismo. No podemos esperar saber lo que se desplegará en el futuro. Debemos vivir sin la falsa certeza de las explicaciones, el orden y la estructura. Al acoger el misterio viviendo en conciencia, somos libres del sentido de incompletud, de separación y de oquedad interior que permea la existencia basada en los patrones.

CAPÍTULO 6

Desmantelar las emociones reactivas

Cuando el Mulá era juez en su aldea, un sujeto desaliñado se precipitó en su tribunal exigiendo justicia.

—Me han emboscado y robado —exclamó—, justo en las afueras de esta aldea. Alguien de aquí debe haberlo hecho. Exijo que encuentres al culpable. Se llevó mi túnica, mi espada, hasta mis botas.

—Déjame ver —dijo el Mulá— ¿No se llevó tu camiseta, que veo que sigues trayendo puesta?

—No, no lo hizo.

—En ese caso, no era oriundo de esta aldea. Aquí las cosas se hacen a fondo. No puedo investigar tu caso.

IDRIES SHAH
Las hazañas del incomparable mulá Nasrudín

El trabajo de desmantelar los patrones se debe tomar muy en serio. Un antiguo dicho tibetano aconseja: «Tal vez es mejor no comenzar; pero si se inicia, es mejor terminar». Si comienzas a desmantelar los patrones y no terminas la tarea, surgirán problemas.

> Zemyne es una serpiente con un solo ojo. A quienquiera que muerda morirá de inmediato. Solo se le puede ver en verano y entonces solo a mediodía o a medianoche. La sangre de Zemyne es negra, pero puede curar cualquier enfermedad y quienquiera que se bañe en la sangre está protegido contra toda magia.
>
> Dios ha concedido a Zemyne dominio en el reino subterráneo. Los metales le pertenecen. En una ocasión, Zemyne dijo: «Si tuviese dos ojos en lugar de

uno, mataría suficientes personas para revestir las paredes de mi casa con sus calaveras».

Alguna vez, Zemyne fue una encantadora joven que rechazó las insinuaciones de un mago malvado. Él la maldijo y ella asumió su forma actual. Quienquiera que desee rescatarla debe golpearla hasta que su piel se desprenda. Luego debe quemar la piel inmediatamente para impedir que vuelva a tomar su aspecto actual.

Un joven campesino habitualmente mataba todas las serpientes que encontraba en el jardín, en el bosque y en el campo. Un día, cuando estaba cortando pasto en un prado, súbitamente oyó un fuerte siseo. Se percató de un movimiento en el pasto detrás de él. Mirando alrededor, reconoció a Zemyne. Matarla y tomar su sangre le hubiera brindado gran poder, pero él había soñado con rescatar a la doncella.

Viendo su oportunidad, el campesino inmovilizó firmemente la cabeza de Zemyne con el filo de su hoz contra el suelo. Luego, con su mano libre alcanzó una rama nudosa y golpeó furiosamente a la serpiente hasta que su piel se abrió. De pronto, una hermosa doncella estaba de pie delante de él. A su lado la piel resplandecía, ahora como un vestido de colores.

La doncella alcanzó el vestido, pero el campesino fue más rápido. Se apoderó de la prenda, la colocó bajo su brazo y condujo a la doncella a su casa. Allí le dio ropa nueva y comida. Ella sonrió de una forma encantadora, pero no dijo nada sobre su pasado.

Se casaron y vivieron felices durante años. La mujer dio a su marido muchos hijos y la felicidad de ambos creció aún más. Pero un día la mujer encontró un arcón que contenía el vestido de colores, ya que el campesino en lugar de quemarlo, lo había ocultado. Se lo puso e inmediatamente se transformó otra vez en una serpiente. Entonces, mató a su esposo e hijos con su mordedura venenosa y, alejándose de la finca, volvió a su antigua residencia en el prado cercano al bosque.

EL CAMPESINO Y ZEMYNE

(CUENTO POPULAR LITUANO EN VERSIÓN DE BORIA SAK)

Como todos los cuentos populares, esta historia tiene múltiples niveles de significado y puede leerse de diferentes maneras. Una lectura sería considerar a Zemyne como una expresión distorsionada de la energía de la mente original, distorsionada por la insinuación indeseada y la maldición posterior. La potencia de la energía aprisionada se transmite vívidamente por los notables poderes de su sangre. Zemyne también es una metáfora apropiada para los patrones habituales. Tiene una visión limitada y encarna un enojo que no conoce límites, puesto que revestiría las paredes de su habitación con calaveras.

Muchos de los patrones que moldean nuestra vida se nos inculcaron o incluso se nos transmitieron a golpes. Al igual que la doncella, probablemente no pedimos un trato injusto, duro ni insensible, pero ocurrió y los patrones que se desarrollaron ahora manejan nuestra vida.

El campesino, en esta interpretación, es la atención. Reconoce a Zemyne y desmantela el patrón, liberando a la doncella interior. El patrón es ahora simplemente un retazo de tela, bello, tal vez fascinante, aunque es solo una envoltura. Desafortunadamente, el campesino no completa su trabajo. La atención se vuelve pasiva. Algo del vestido lo embelesa, así que se aferra a él. Ahora, es solo cuestión de tiempo.

Por casualidad, se descubre el vestido y el patrón se reactiva. Zemyne, la serpiente, ataca. El amor, el afecto, la alegría, la relación y el cuidado, aun por los propios hijos, desaparecen. Todos mueren y el patrón continúa. Los patrones que no están completamente desmantelados regresan para morder.

Todo trabajo espiritual es, por naturaleza, esencialmente destructivo. Las grandes tradiciones espirituales sostienen universalmente que la esencia de nuestro ser— en términos budistas, la mente original— es conciencia clara y vacía. El propósito del trabajo espiritual es volver a la mente original, recobrar nuestra vida de la confusión y las distorsiones del condicionamiento y despertar a lo que somos y a lo que es esta experiencia que llamamos vida. No importa qué pensamos o cómo pensamos acerca de las fuentes del condicionamiento —el karma, el medio ambiente, los antecedentes familiares, la estructura genética, las herencias evolutivas, los valores culturales—, estamos profundamente condicionados. Los patrones habituales de reacción y conducta dirigen gran parte de nuestra vida. Crean sufrimiento para nosotros, crean sufrimiento para otros y nos separan a todos del misterio de ser.

El capítulo anterior describió la estructura y los componentes de los patrones habituales: el mundo proyectado, la cadena de reacción y el núcleo emocional con su concomitante sentido de «yo». Para destapar la mente original, debemos dirigir la atención a estos componentes y demolerlos.

Una analogía burda de este proceso es la demolición de los grandes edificios como los rascacielos o los hoteles enormes. Unas pocas cargas ubicadas estratégicamente en los soportes estructurales derriban todo el edificio, que colapsa sobre sí mismo. Solo se necesitan entre diez y veinte kilos de explosivos para demoler un gran edificio de apartamentos. El resto de este libro describe dónde ubicar y cómo poner esas cargas; cómo demoler los componentes específicos de los patrones condicionados que constituyen tu personalidad.

La primera pregunta que debes hacerte es: «¿Quieres hacer esto?» Bueno, está claro que sí, o no habrías leído hasta aquí. No obstante, tu intención de recorrer este camino debe ser fuerte y estable. No puedes llegar hasta la mitad y detenerte. Sería como si decidieras no demoler tu casa después de haber derribado los principales soportes estructurales.

Desmantelar los patrones habituales uno por uno es una labor imposible. En cambio, dirigimos nuestros esfuerzos hacia el desmantelamiento de los componentes estructurales clave de los patrones habituales: las cadenas reactivas, los mundos proyectados, los núcleos emocionales no liberados y el sentido del «yo». Una vez que estos se han desmantelado, todos los patrones que los utilizan colapsan.

La determinación de dejar atrás la vida de los patrones reactivos se llama renuncia. La decisión proviene de reconocer que estás condenado a sufrir mientras que recorras cíclicamente los reinos proyectados por las emociones reactivas y los patrones habituales. Tu vida está rota y no puede repararse. Ya has tenido suficiente de la existencia basada en los patrones por lo que te conviertes en un refugiado, dejando atrás todo lo que se ha vuelto intolerable y emprendiendo la travesía hacia lo desconocido (se describe otro matiz sobre el tema del refugio al final del capítulo 2).

También necesitamos una perspectiva que nos muestre un camino de salida de la confusión de la existencia basada en los patrones. Esta perspectiva nos proporciona un mapa y nos muestra cómo son las cosas y cómo cambiarlas. Ambos elementos son importantes. Así como un mapa debe reflejar el terreno con precisión para ser de utilidad, la perspectiva debe corresponder suficientemente con la experiencia para que nos haga sentido. También debe mostrarnos un camino de salida de la confusión. De lo contrario, es inútil.

Una perspectiva no es una creencia. Una perspectiva apunta al misterio de ser y muestra cómo abrirse a él y vivir en él. En la práctica de la presencia, la perspectiva es que somos conciencia abierta, la conciencia abierta de la mente original, y toda experiencia consiste en el surgir y cesar en conciencia abierta. Con frecuencia, caemos en el error de confundir el mapa con el territorio. Si bien una perspectiva nos ofrece un mapa que nos muestra adónde podemos ir y cómo llegar allí, tener el mapa no es lo mismo que hacer el viaje. Todavía tenemos que recorrer el camino.

Necesitamos una práctica, una manera de proceder, una manera de andar el camino. Una práctica tiene tres componentes: una manera de cultivar la atención y entrar en presencia, una manera de generar niveles más altos de energía para potenciar la atención, y un conjunto de métodos que traen atención a los patrones habituales. En la metáfora del viaje, la atención es la habilidad de caminar, la energía es la comida y traer atención a los patrones habituales corresponde a sortear los obstáculos en el entorno.

También necesitamos una forma de vida que traiga la atención cultivada en la práctica a las actividades de la vida misma. La vida se convierte en un esfuerzo continuo de atención, un viaje continuo en el misterio. Probablemente, preferirías no ver algunas partes de tu vida, pero ignorar las áreas de la vida que te incomoda ver no es una buena idea. Si protegemos cualquier aspecto de nuestra vida de la práctica de atención, los patrones habituales conectados con esa parte de nuestra vida absorben la energía de la práctica y gradualmente se apoderan de nuestras vidas. Nos convertimos en lo que no desmantelamos.

Las sesiones de meditación formal son solo la mitad de la práctica. La otra mitad es emplear los métodos durante el día. Por ejemplo, en las meditaciones sobre la muerte, piensa en que la muerte te sigue a lo largo de todo el día, justo detrás de tu hombro izquierdo.

También necesitamos un maestro u otra fuente que nos guíe y nos enseñe cómo cultivar la atención, lo que significa la presencia y cómo entrar en ella, cómo generar energía, y cómo traer atención al funcionamiento de los patrones habituales.

Es virtualmente imposible hacer este trabajo sin una práctica diaria y un maestro que localice el funcionamiento de los patrones que tú no detectas. La práctica regular y constante a lo largo del tiempo llevará a habilidades mayores de atención. Sin alguien que te guíe y te ayude a través de las dificultades, sin embargo, hay una muy buena probabilidad de que caigas en uno o más de los muchos patrones reactivos que socavan la atención. Recuerda que los patrones funcionan para degradar la atención y evitar que se experimente el núcleo del patrón. Toda resistencia a la práctica proviene del funcionamiento de los patrones. Los patrones son mecanismos; no tienen conciencia de las consecuencias de su funcionamiento. Como los parásitos que inadvertidamente matan a su huésped, los patrones pueden y, de hecho, provocan enloquecimiento, parálisis e incluso la muerte.

> Una vez en Tíbet, un estudiante informó a su maestro de su decisión de practicar en un retiro solitario hasta que su experiencia de la mente original fuese estable. Su maestro asintió y expresó su aprobación. El estudiante agregó entonces que dejaría el retiro por una sola razón, si sus padres enfermaran. Su maestro lo miró cuidadosamente y dijo: «Uy... Eso no es tan bueno. Mira, toma este pergamino; si por cualquier razón abandonas tu retiro, abre el pergamino y léelo».

El estudiante partió, se adentró en las montañas hacia un valle despoblado, encontró una cueva apropiada en la ladera de una montaña y practicó en soledad durante muchos años. Un día, mientras estaba sentado viendo el valle, vio a un hombre a caballo. Lentamente el caballo y su jinete subieron por el largo sendero y llegaron a su cueva. El hombre dijo: «He venido con un mensaje para ti: Tus padres están muy enfermos y les gustaría verte».

Él había considerado esta situación, de modo que reunió sus pocas pertenencias y trepó a la parte trasera del caballo junto al mensajero. Mientras cabalgaban montaña abajo, recordó las palabras de su maestro. Sacó el pergamino y lo abrió.

Al momento siguiente, se encontró resbalando y rodando por la ladera. Extendió sus brazos para impedir su caída y se detuvo al filo de un acantilado. Miró alrededor y no vio ningún caballo ni mensajero, solo sus pertenencias esparcidas a su alrededor. La alucinación había surgido debido a una pequeña grieta en su armadura de resolución y solo la conexión con su maestro lo había salvado de la muerte.

En cierto sentido, estás en combate, y el conflicto trata sobre quién o qué va a vivir tu vida: tú o los patrones. Como en el combate, uno u otro tiene que morir.

Un patrón muere cuando tú mueres a su funcionamiento, cuando puedes sostener la atención ante las reacciones emocionales en el núcleo del patrón y no caer en el patrón de reacción. De manera que el último requerimiento es la disposición a morir a la vida generada por los patrones de reacción. Cuando mueres al funcionamiento de un patrón, sientes como si estuvieras muriendo. No estás muriendo; el patrón está muriendo. Experimentas las cinco etapas del morir que Elisabeth Kübler-Ross ha descrito: la negación, el enojo, la negociación, la depresión y la aceptación.

El patrón, normalmente en la forma de voces o frases, niega inicialmente el problema o cualquier conexión con él. No ves ningún problema o, si lo ves, consideras que el problema viene de afuera y no de algo que tú estés haciendo. A continuación, experimentas enojo, incluso ira, hacia cualquier cosa que lleva tu atención hacia el problema. Puedes intentar matar al mensajero porque no quieres el mensaje. La ira es la proyección de la aversión del patrón hacia aquello que amenaza el sentido del «yo» asociado con el patrón. A continuación, el patrón se pone a negociar implacablemente, nuevamente en la forma de voces, frases o conductas: «Dejaré de hacer esto, si en su lugar, puedo hacer aquello». Te hundes en la depresión, que es la manera en que el patrón suspende la atención. Luego atraviesas un proceso de morir (como se describió en las meditaciones sobre la muerte y la transitoriedad) y una correspondiente disolución de los elementos con mayor o menor intensidad. Ves aquellas partes de tu vida que estaban basadas en el patrón como una ilusión extendida, y surge la tristeza a medida que las relaciones y las actividades asociadas se desmoronan. Con la desilusión llegas a la aceptación y el núcleo emocional del patrón se libera. Esto lo experimentas en atención. La libertad llega cuando, a través de tu propia experiencia, sabes que no eres el patrón ni ninguno de sus componentes.

Las prácticas que siguen son como las cargas de dinamita empleadas para derribar un edificio. Se han refinado cuidadosamente a través de siglos de práctica y experiencia. Están dirigidas a componentes específicos de los patrones habituales. La práctica de las cinco dakinis transforma la cadena de reacción de los cinco elementos en presencia y conciencia prístina. Vaciar los seis reinos desmonta los mundos proyectados para que veas las cosas tal como son. La práctica de los cuatro inconmensurables trae atención a la relación pasiva con los núcleos emocionales no liberados para que te conviertas en un agente activo de tu propia vida. Tomar y enviar socava el atesoramiento de uno mismo para que puedas servir a lo que es verdad. La visión profunda remueve la percepción errónea fundamental que toma el contenido de la experiencia como «otra» cosa e ignora el misterio de ser.

LAS CINCO DAKINIS

La meditación de las cinco dakinis está dirigida a las cadenas de reacción de los cinco elementos. Emplea un método que no hemos utilizado hasta este momento: la representación simbólica de la transformación de la reacción en presencia. Los símbolos hablan directamente a la mente de la emoción, evitando las distracciones y racionalizaciones del intelecto. La representación nos lleva a través del proceso de desmantelamiento familiarizándonos con las reacciones, los miedos, las experiencias y las transformaciones para que podamos reconocer las reacciones y los miedos en la vida cotidiana y transformar el patrón reactivo en presencia y en conciencia.

Dakini es un término sánscrito que significa «viajera celestial» o «aquella que se desplaza en el espacio». El espacio aquí es la totalidad de la experiencia, el misterio de ser. Para vivir en el misterio de ser, tienes que moverte en el cielo de la conciencia. Una dakini, en el budismo tibetano, representa la energía de la conciencia prístina en la totalidad de la experiencia. Se mueve y funciona en este espacio libremente y es, al mismo tiempo, una con él. Encarna el poder y el dinamismo de la conciencia prístina. Lo femenino generalmente representa la mente original, que puede conocerse solo a través de la experiencia directa. Cualquier intento por ignorar, poseer, manipular o controlar la energía de la mente original es una expresión de los patrones habituales. Tales intentos tienen un efecto contraproducente brutal, dejándote enmarañado en la conducta basada en los patrones. Trabajar en el nivel de energía que encarnan las dakinis es un tanto peligroso. Si no estás presente con la energía, esta fluye hacia los patrones habituales.

Khyungpo Naljor, un maestro del siglo XII en el Tíbet, en una ocasión tuvo una experiencia visionaria en la cual una dakini con cabeza de león apareció ante él y entonó esta canción sobre el trabajo con la energía de la dakini:

> La dakini cristal protege de las interrupciones.
> La dakini joya incrementa la riqueza.
> La dakini loto reúne energía.
> La dakini acción logra que todo se haga.
>
> Cuando el deseo y el aferramiento prevalecen
> La dakini te tiene en su poder.
> Sin desear nada de afuera, recibiendo las cosas como llegan,
> Reconoce que la dakini es tu propia mente.
>
> La esencia de la mente es reconocer.
> Reconoce que el cristal es el no pensamiento de la mente misma
> Y la dakini cristal protege de las interrupciones.
>
> Reconoce que la fuente de riqueza es la satisfacción
> Y la dakini joya cumple todos los deseos y necesidades.
>
> Reconoce que el loto es el no pensamiento que libera del apego
> Y la dakini loto reúne energía.
>
> Reconoce que la acción no tiene origen ni fin
> Y la dakini acción logra que todo se haga.
>
> Aquellos que no comprenden estos puntos
> Pueden practicar durante eones y no reconocer nada.
>
> De manera que la clave de la cuestión es
> Reconocer que la dakini es tu propia mente.

La conciencia prístina tiene cinco aspectos o funciones: reconocer claramente, reconocer sin juicio, reconocer los pormenores, reconocer qué hacer, y reconocer la totalidad. Estas cinco funciones, liberan de las limitaciones de la reacción y la confusión, y se conocen como las cinco conciencias prístinas: la conciencia prístina de espejo, la conciencia prístina de igualdad, la conciencia prístina del discernimiento, la conciencia prístina eficaz y la conciencia prístina de la totalidad. Las manifestaciones distorsionadas de las funciones básicas producen el conocimiento basado en conceptos y la tendencia emocional a reaccionar.

Las cinco conciencias prístinas son las manifestaciones puras no distorsionadas de los cinco elementos. El cuadro siguiente resume las relaciones entre los cinco elementos, las cinco funciones y las cinco conciencias prístinas.

Elemento	Conciencia prístina	Función
tierra	conciencia prístina de igualdad	reconocer sin juicio
agua	conciencia prístina de espejo	reconocer claramente
fuego	conciencia prístina del discernimiento	reconocer los pormenores
aire	conciencia prístina eficaz	reconocer qué hacer
espacio	conciencia prístina de la totalidad	reconocer la totalidad

Guías para la práctica

La meditación de las cinco dakinis es una práctica de visualización, aunque un mejor término podría ser práctica de imaginación activa. En lugar de tratar de ver a la dakini o los símbolos, imagina vívidamente que la dakini y otros símbolos están presentes. Debido al contenido visual, la mayoría de las personas practican más eficazmente con sus ojos cerrados. Cuando haces esta práctica estás, en esencia, representando una obra de teatro, así que usa todos tus sentidos; hazlo tan real como sea posible.

Ya tienes experiencia con las cadenas de reacción de la meditación de los cinco elementos presentadas en el capítulo anterior. La práctica de las cinco dakinis se basa en esa experiencia, transformando el proceso reactivo en presencia y conciencia prístina.

Surgirán sensaciones corporales y emocionales durante el tiempo que hagas estas prácticas. Podrías sentir que la energía inunda tu cuerpo, podrías notar áreas de tensión o dolor físico que no habías notado antes, u oír zumbidos en los oídos u otros sonidos. Todos esos fenómenos son indicios de que la atención está penetrando las cadenas de reacción. No te pierdas en el movimiento de la energía ni en otras sensaciones; completa la práctica de visualización, haciéndola como un ritual. Toda distracción, resistencia o imagen distinta de tu intención que surja en el transcurso de la práctica proviene del funcionamiento de los patrones habituales; no te distraigas con ellas, pero tampoco las ignores ni las suprimas.

En cada sesión de meditación, repasa las visualizaciones para los cinco elementos. Cuando comiences, dedica la mayor parte de tu tiempo a la cadena de reacción de tierra y a la dakini de tierra. Haz las otras cuatro dakinis rápidamente. Después de unas semanas, haz la práctica de la dakini de tierra rápidamente y dedica la mayor parte de tu tiempo a la dakini de agua. Entonces, haz las otras tres dakinis rápidamente. Completa la práctica de las cinco dakinis de la misma manera, dedicando una o dos semanas a cada una.

Asegúrate de dedicar tiempo a la disolución de las visualizaciones y a la conclusión de la práctica. La disolución dispersa la energía de la práctica de manera uniforme a través de tu cuerpo y tu mundo, para que no fluya hacia los patrones reactivos ni se acumule detrás de los bloqueos generando perturbaciones físicas o emocionales. A medida que progreses con estas prácticas, la conclusión se vuelve cada vez más importante; Como mínimo, la luz pura de la visualización funciona como un símil de la mente original, preparándote para la práctica de la presencia, que se presentará en el capítulo sobre la visión profunda. La energía proveniente de la visualización de las dakinis y la representación de la transformación también pueden abrir la puerta a la experiencia directa de la mente original misma.

Las cinco dakinis: Transformar las emociones reactivas

PROPÓSITO:
Transformar las cadenas de reacción de los cinco elementos en conciencia prístina y presencia.

Los cinco elementos —tierra, agua, fuego, aire y espacio— son energías que, cuando están libres, surgen como los cinco aspectos de la conciencia prístina y, cuando están bloqueadas, surgen como las cinco cualidades reactivas: rigidez, fluidez, intensidad agotadora, agitación y embotamiento. En esta práctica, la energía libre de la conciencia prístina, simbolizada por un elixir, transforma las cadenas de reacción asociadas con los cinco elementos en los respectivos aspectos de la conciencia prístina.

FUNDAMENTO

Base de atención

Como antes, comienza descansando la atención en la respiración durante quince o veinte minutos. Sé consciente de todo tu cuerpo. Tu atención puede desplazarse de la respiración y contraerse enfocándose en las sensaciones físicas en diferentes partes de tu cuerpo. Tan pronto como notes la contracción, expande la atención para incluir nuevamente todo el cuerpo y continúa descansando en la respiración.

Remover la base de los patrones habituales

Imagina que tu cuerpo está hecho de luz y que estás completamente relajado. Tu cuerpo es como un arcoíris o un holograma: sin sustancia, solo aparece. Irradia luz. Estás en un lugar espacioso y abierto donde te sientes completamente a gusto. Si estás familiarizado con la meditación sobre las deidades como se practica en la tradición del budismo tibetano, puedes imaginar que eres Tara, Avalokiteshvara, Vajrayoguini o cualquier otra deidad apacible o semiracunda y que el escenario es su campo del despertar o mandala.

El propósito de este paso es remover la base de los patrones habituales. El cuerpo físico involucra condicionamientos emocionales. Al imaginar que tu cuerpo es un cuerpo de luz, remueves el soporte de los patrones habituales. Imaginar que tu cuerpo está hecho de luz pura y radiante y que te encuentras en un entorno bello y espacioso también socava las imágenes negativas sobre ti mismo y las creencias como «No puedo hacerlo» o «Yo no soy así».

PRÁCTICA PRINCIPAL

Dakini de tierra y conciencia prístina de igualdad

Luz irradia de tu corazón e invita a la dakini tierra. Es amarilla y viste túnicas vaporosas de oro y colores otoñales. Toda la riqueza de la tierra la rodea. Su presencia es tan potente que estás verdaderamente maravillado; una sensación que va más allá de las reacciones condicionadas. Es la intuición de que estás en presencia de un ser que ve las cosas exactamente como son, para quien no hay secretos y quien puede ver directamente a través de todos tus patrones y conocerte completamente. Quizás te sientas intimidado, pero no atemorizado. En su mano izquierda sostiene una vasija o jarra de oro llena de luz líquida, el elixir de la conciencia prístina.

La miras a los ojos, ella te mira a los tuyos y se conectan. Sabes que ella ve directamente dentro de ti y te conoce plenamente. Sigue parada frente a ti hasta que, con un gesto, le expresas tu disposición para entrar en el proceso de transformación. Ella da un paso adelante y vierte el elixir sobre tu cabeza. El fluido penetra en ti a través de la coronilla de tu cabeza y fluye hacia abajo por tu cuerpo hacia el centro de tierra, que está ubicado a unos cinco centímetros debajo de tu ombligo en el centro de tu cuerpo, justo frente a la columna vertebral.

En el centro de tierra, notas que te sientes inflexible, rígido y resistente al cambio. A medida que el elixir entra en él, observas primero la cadena de reacción completa asociada con la tierra. Sientes incertidumbre o vulnerabilidad detrás de la rigidez y luego miedo, como si el suelo donde estás parado estuviera temblando o como si se hubiera rajado o hubieras entrado en arenas movedizas. De pronto, todo se abre y queda vacío. Reaccionas sujetándote o aferrándote a cualquier cosa de la cual puedas echar mano. Te pones tenso, endureciéndote para protegerte del espacio abierto y del miedo. La reacción de rigidez tiene un tufillo de orgullo: supones que tu posición es superior a la de los demás. No obstante, el endurecimiento y la tensión te confinan. Estás tan rígido que no puedes moverte. La rigidez se hace más fuerte, aplastándote mientras te aprisiona. Sientes incertidumbre u oquedad en tu interior y atraviesas otra vez el ciclo de la cadena de reacción.

El elixir llena el centro de tierra. La luz del elixir se mezcla con la cadena de reacción y te das cuenta de que todos los componentes de la cadena de reacción se han convertido en energía pura. La luz del elixir irradia del centro de tierra y llena todo tu ser. La luz es tan intensa que la rigidez, la vulnerabilidad, el miedo y la reacción, todos se disuelven en luz. Sentado en un campo de luz, te relajas profundamente; toda rigidez y tensión se disipan y te das cuenta de una estabilidad que no depende de nada más que de la presencia. La luz en el centro de tierra se transforma en una joya, una joya de color amarillo profundo e intenso. Ella representa la estabilidad, que es la habilidad de permanecer presente y estar con lo que surge en la experiencia.

La estabilidad trae consigo una nueva sensación de energía. La luz se intensifica y surge la conciencia prístina de igualdad, el aspecto de la conciencia prístina asociado con la tierra: la comprensión de que toda experiencia es, en última instancia, solo experiencia y de que la verdadera estabilidad es interna y no depende de condiciones ni factores externos.

Luz irradia de tu corazón y de la dakini de tierra frente de ti. Cientos de miles de dakinis de tierra y sus contrapartes masculinas aparecen a tu alrededor. Algunas salen de la tierra, algunas, del espacio a tu alrededor y algunas, del cielo. Todas ellas sostienen jarras y vierten su elixir de conciencia prístina dentro de ti. Tu cuerpo y tu ser están completamente llenos de conciencia pura. Estás lleno de la energía de la tierra, que es fértil, rica en recursos, estable y presente. Todas las dakinis, incluyendo la que está ante ti, se disuelven en ti. Estás tan lleno de luz que sientes como si te hubieras tragado el sol. Descansa durante unos minutos.

Dakini de agua y conciencia prístina de espejo

Nuevamente, luz irradia de tu corazón e invita a la dakini de agua. Es blanca y está vestida de blanco. El elemento agua está asociado con el invierno y la claridad, la claridad cristalina de un día de invierno con un cielo azul y nieve recién caída. Su presencia, al igual que la de la dakini de Tierra, te maravilla. Sostiene una vasija o jarra de cristal llena de elixir. La miras a los ojos y ella te mira a los tuyos, conociéndote completamente. Muestras tu disposición para comenzar el proceso de transformación. Ella se aproxima y vierte el contenido de la vasija sobre tu cabeza.

El elixir de la conciencia prístina fluye hacia abajo por tu cuerpo hasta el centro de agua, que está situado en el centro de tu cuerpo a medio camino entre el ombligo y el plexo solar.

En el centro de agua, notas la cualidad reactiva del agua, que dispersa la energía para que cualquier experiencia de presencia se disipe. A medida que el elixir penetra en el centro de agua, te haces consciente de que debajo de esa reacción de dispersión hay una sensación de amenaza; sientes que, si estuvieras realmente presente, siendo quien realmente eres, estarías peligrosamente expuesto, así que evades, enmascaras, mezclas y envuelves; todas son maneras de dispersar la energía de la presencia. La sensación de amenaza se hace cada vez más fuerte; parece una enorme ola que te envolverá y te arrastrará. Quédate en el miedo, asiéntate en él, abriéndote a él de la mejor manera posible. Si es necesario, utiliza tu respiración como una cuerda. Sumérgete en el miedo poco a poco, experimentándolo en atención. El miedo al hundimiento está asociado con una experiencia de vacuidad: ese destello de apertura que experimentas justo cuando una ola o una corriente poderosa te levanta y te arrastra. Reaccionas, irritado porque las cosas no salen a tu manera, e intentas dispersar la energía de la ola. A pesar de tus esfuerzos, no puedes escapar y tu enojo crece. Te has quedado sin margen de maniobra. Te congelas; no puedes moverte. Ahora, cuando sientes la ola de energía, reaccionas aún más fuerte y nuevamente atraviesas el ciclo de la cadena de reacción.

A medida que el elixir llena el centro de agua, mezcla la atención con cada componente de la reacción de agua. La luz del elixir llena el centro de agua; irradia luz que llena todo tu ser. En esta luz, experimentas todos los componentes de la cadena de reacción. La luz se intensifica hasta que la dispersión, la amenaza, el miedo a hundirte y los otros componentes, todos se vuelven luz. Sentado en un campo de luz, ves todo sin juicio ni reacción. Te haces consciente de una claridad en la cual todo lo que experimentas surge como el reflejo en un espejo: brillante, vívido y claro. La luz en el centro de agua se funde para formar un espejo, símbolo de la conciencia prístina de espejo.

Luz irradia de tu corazón y el de la dakini de agua enfrente de ti. Cientos de miles de dakinis de agua y sus contrapartes masculinas aparecen a tu alrededor; ellas, sosteniendo sus jarras, vierten el elixir de la conciencia prístina dentro de ti. Tu cuerpo y tu ser están completamente llenos de elixir. Estás lleno de la energía del agua, clara y brillante. Todas las dakinis, incluyendo la que está frente a ti, se disuelven en ti. Te vuelves uno con la luz y la energía. Nuevamente, descansa en este estado durante algunos minutos.

Dakini de fuego y conciencia prístina del discernimiento

Luz irradia de tu corazón e invita a la dakini de fuego. Es de color rojo brillante y viste túnicas que centellean y se arremolinan como llamas a su alrededor. Está conectada con la energía de la primavera, del crecimiento y de la creatividad. Su presencia es vívida e intensa y estás maravillado y, tal vez, algo intimidado. La miras a los ojos y ella te mira a los tuyos. Puedes sentir su apasionada intensidad y sabes que te conoce completamente. En su mano izquierda, sostiene una vasija de rubís, llena de elixir, el elixir de la conciencia prístina del discernimiento.

Haces un gesto y ella se aproxima y vierte en ti el contenido de su vasija. En el centro de fuego, localizado en el centro de tu cuerpo al nivel del corazón, sientes que quieres consumir experiencia. Meramente tener una experiencia no es suficiente; necesitas más intensidad, así que tienes que consumir o ser consumido por todo lo que experimentas. La furia, el dramatismo y la pasión son lo que cuenta. El elixir penetra en el centro de fuego y te das cuenta de que debajo de toda esa intensidad hay una sensación de soledad. Y luego sientes el miedo al aislamiento. Te golpea como si estuvieras en un desierto o en algún otro paisaje sin rasgos distintivos. Nada se mueve, nada vive. En toda dirección, ves la línea plana del horizonte. Reaccionas al miedo y a la vacuidad a partir del deseo de sentir o experimentar algo que contrarreste el aislamiento. Haces que cualquier cosa que experimentes sea tan intensa como te sea posible, y la devoras completamente. Tu propia intensidad te consume. El incendio forestal en tu interior quema todo, dejando tras de sí un mundo desolado y sin vida. Solo, en un mundo sin vida, reaccionas y nuevamente atraviesas el ciclo de la cadena de reacción.

A medida que el elixir llena el centro de fuego, mezcla la atención con cada componente de la cadena de reacción. La luz del elixir se vuelve cada vez más brillante hasta que toda la cadena de reacción —la intensidad que consume, la soledad y el miedo al aislamiento y al rechazo— se disuelven en luz. Mientras estás sentado en el campo de luz, la necesidad de consumir, la necesidad de intensidad, se disuelven en luz y te das cuenta de cómo surge el saber cuando te conectas totalmente con lo que estás experimentando. Una flor roja, un loto o una rosa, se forma en el centro de fuego. Representa comprender lo que surge en la experiencia. Surge la conciencia prístina del discernimiento, la habilidad para diferenciar lo que surge en la experiencia y entenderlo por lo que es.

Al igual que antes, luz irradia de tu corazón, invitando a cientos de miles de dakinis de fuego y sus contrapartes masculinas. Ellas vierten el contenido de sus vasijas dentro de ti y estás lleno con la energía del fuego y de conciencia prístina del discernimiento. Todas las dakinis se disuelven en ti y descansas en un campo de luz durante unos minutos.

Dakini de aire y conciencia prístina eficaz

Luz irradia de tu corazón invitando a la dakini de aire. Es de color verde y viste con los colores del verano, el verde del césped y de los árboles. Cuando la miras a los ojos, sabes que ella lleva a cabo todo lo que se propone. Te mira a los ojos y sabes que te conoce completamente. Le haces una señal y ella vierte el contenido de su vasija de esmeraldas sobre tu cabeza.

El elixir fluye por tu cuerpo hacia el centro de aire que está situado en el centro de tu cuerpo al nivel de la garganta. Te haces consciente de la actividad, de la agitación, del hacer cosas por hacerlas, solo para seguirte moviendo.

A medida que el elixir penetra en el centro de aire, te vuelves consciente de que, sin todo ese hacer, no tienes lugar donde pararte, nada que defina quien eres o lo que eres. Te das cuenta de que tienes miedo a dejar de existir. Dejar de hacer se siente como caer por un acantilado elevado. Todos los demás tienen algo que hacer y parecen saber cómo hacerlo. Reaccionas sintiéndote algo celoso y un poco paranoico. Empiezas a hacer cualquier cosa que encuentres, lo que sea que pudiera proporcionarte piso; no importa qué, mientras te mantengas ocupado. Emprendes una actividad tras otra hasta que estás tan ocupado que el ajetreo se transforma en un huracán o un tornado que te desgarra. En ese momento, te vuelves consciente otra vez de la sensación de falta de piso y atraviesas nuevamente el ciclo de la cadena de reacción.

El elixir llena el centro de aire, que irradia luz. La luz llena tu ser, volviéndose tan resplandeciente que la cadena de reacción se disuelve en ella. Sentado en el campo de luz, te das cuenta de que no necesitas estar constantemente en movimiento. Eres consciente de pronto de que sabes qué hacer y que puedes hacer precisamente lo que se requiere, ni más ni menos. A partir de la luz, se forma una espada, el símbolo de la acción eficaz. Ahora conoces la conciencia prístina eficaz, la habilidad de hacer lo que necesita hacerse.

Luz irradia de tu corazón e invita a cientos de miles de dakinis de aire y sus contrapartes masculinas. Ellas vierten dentro de ti el elixir de la conciencia prístina eficaz y tu cuerpo se llena de luz y energía. Todas las dakinis se disuelven en ti y te sientas en un campo de luz.

Dakini de espacio y conciencia prístina de la totalidad

Luz irradia de tu corazón e invita a la dakini de espacio. Es de color azul y viste el azul profundo del cielo en las altitudes elevadas. Sostiene en la mano izquierda una vasija hecha de zafiro llena de elixir. Cuando la miras a los ojos, sientes como si estuvieras mirando la vastedad del firmamento. Te mira dentro y te conoce completamente. Le haces una señal y ella se aproxima y vierte en ti el elixir de la conciencia prístina de la totalidad.

El elixir desciende hasta el centro de espacio que está ubicado en el centro de tu cabeza al nivel de las cejas. Sientes embotamiento, pesadez y la bruma del sueño. Debajo de la pesadez descubres perplejidad y confusión. No sabes cómo son las cosas, no sabes cómo estar conectado con otros, no sabes qué te gusta y no sabes qué hacer, así que te duermes. A medida que sientes la perplejidad y la confusión, te das cuenta de que estás abrumado y desorientado; tienes miedo de no ser nada. Todo queda en blanco en tu interior y reaccionas a partir de esa perplejidad. Tus reacciones son como todos los demás elementos abalanzándose sobre ti desde todas las direcciones: rocas que se estrellan desde el cielo, inmensas olas que se elevan de una forma amenazante sobre ti, volcanes que hacen erupción debajo de ti y vientos violentos que se arremolinan a tu alrededor. Te haces pedazos, fragmentándote en los diferentes elementos. Tu cuerpo se transforma en polvo y sientes que no eres nada. Opaco y pesado otra vez, atraviesas el ciclo de la cadena de reacción, aún más intensamente.

El elixir llena con luz el centro de espacio y la luz se hace tan resplandeciente que todos los componentes de la cadena de reacción del espacio se disuelven en ti. Te das cuenta de que puedes simplemente estar presente con todo lo que está surgiendo; no tienes que reaccionar en absoluto. Aparece un círculo de luz, el símbolo del espacio. Experimentas la conciencia prístina de la totalidad, la totalidad de todo lo que surge en la experiencia, sin punto de referencia; no hay sentido de dentro ni fuera, ni noción de existir o no existir, ir o venir, uno o muchos, surgir o menguar.

Luz irradia de tu corazón y del corazón de la dakini frente de ti, invitando a cientos de miles de dakinis de espacio y sus contrapartes masculinas. Aparecen espontáneamente de todos lados y vierten dentro de ti el elixir de la conciencia prístina de la totalidad. Estás lleno de luz y todas las dakinis se disuelven en ti. Descansa en la luz durante algunos minutos.

CONCLUSIÓN

Siente la conexión de los cinco elementos transformados —la joya, el espejo, la flor, la espada y el círculo de luz— alineados en el centro de tu cuerpo. Luz resplandece simultáneamente desde todos ellos, y tú, tu cuerpo y todo lo que experimentas se disuelven en luz.

Descansa con tu mente y corazón abiertos, claros, despiertos, sin distracción y presentes.

El maestro indio Tilopa enseñó:

> Libérate de lo que ha pasado. Libérate de lo que pueda venir. Libérate de lo que está sucediendo ahora. No intentes entender nada. No intentes que nada suceda. Relájate, ahora mismo, y descansa.

Al final de tu sesión de meditación, sigue con tu día, tomando nota del elemento que estás usando en tu meditación y de la manera en que se manifiesta en tu vida.

Comentario: Transformar las emociones reactivas

La meditación de las cinco dakinis utiliza símbolos y visualizaciones para traer un nivel más alto de atención a las cadenas reactivas y para transformar su funcionamiento de la reacción a la presencia. En el budismo, como en muchas otras tradiciones, lo femenino representa el saber natural no condicionado, el misterio de la vida y de ser. Al imaginar a la dakini frente a ti, estás invocando el misterio de ser y la posibilidad de la conciencia directa que no depende de la razón, la lógica ni la inferencia. El elixir es la conciencia prístina en forma líquida. A medida que se vierte en ti, te mueves hacia un nivel más alto de atención y experimentas el ciclo reactivo más vívidamente que en la meditación de las cadenas de reacción del capítulo anterior.

Cuando la cualidad reactiva y la sensación subyacente se sostienen en atención, quedan vacías; parecen desaparecer. En ese momento, contactas el miedo básico que impulsa la cadena de reacción. Ese miedo está directamente conectado con una pérdida de la referencia que usa la cadena de reacción. La pérdida se experimenta como espacio abierto. Para la tierra, la referencia es orden y estructura, de modo que la pérdida se siente como un terremoto o como adentrarse en arenas movedizas. Para el agua, la referencia es el vaivén del flujo de energía en las relaciones y las interacciones, de manera que la pérdida se siente como un tsunami del cual no puedes escapar. Para el fuego, la referencia consiste en sentimiento, experiencia y sensación, de manera que la pérdida de referencia es como un paisaje desolado. Para el aire la referencia es la actividad, de manera que la pérdida es una pérdida de definición, como si el suelo hubiera desaparecido y estuvieras cayendo. Para el espacio, la referencia es tu experiencia completa, de manera que el espacio abierto es totalmente desconcertante y te desmoronas.

> Utiliza el poder de la atención para transformar las reacciones en la vida cotidiana. Cuando notas que una persona reacciona, identifica qué cadena de reacción está funcionando: tierra (rígido), agua (difícil de precisar o comprender sus motivos), fuego (intenso, explosivo o seductor), aire (distraído, intelectual, ocupado) o espacio (desconectado, perplejo o confundido).
>
> Luego, explícitamente aborda el miedo subyacente. Si se trata de una reacción de tierra, di: «Tu posición es sólida. Estás sobre tierra firme».
>
> Para el agua, di: «Estás seguro. Nadie va a hacerte daño. Yo estaré al pendiente de ello».
>
> Para el fuego, di: «No estás solo. Esta es una situación difícil, pero tú y yo vamos a superarla juntos».
>
> Para el aire, di: «Tú sabes lo que hay que hacer y yo sé que puedes hacerlo».
>
> Para el espacio, reorienta a la otra persona diciéndole: «¿Dónde estamos en este momento? Aquí, en esta habitación. Aquí es donde estamos».

Normalmente, el espacio se siente como una amenaza y la cadena de reacción se vuelve a formar. Al imaginar que tu cuerpo está hecho de luz, aflojas el control de la cadena de reacción en la mente del cuerpo de manera que tienes una mayor capacidad para observar su funcionamiento. El elixir que se vierte en tu interior nuevamente eleva el nivel de energía en tu atención para que puedas observar la cadena de reacción y permanecer presente en ella. En particular, permaneces presente en el miedo y en la experiencia de pérdida de referencia o espacio abierto. El miedo y el espacio abierto normalmente pasan muy rápidamente, de manera que tienes que atravesar la cadena de reacción dos o tres veces antes de identificarlos con la claridad suficiente para descansar en ellos.

Hasta este momento, has estado observando el movimiento desde la forma (reacción) hasta la vacuidad (pérdida de referencia y espacio abierto). Cuando la reacción vuelve a formarse, comienza el movimiento de la vacuidad a la forma. El movimiento hacia la forma se experimenta como una reafirmación de la cualidad reactiva original. La reacción se intensifica hasta que el movimiento hacia la forma no puede ir más allá. En la vida cotidiana, experimentamos la reacción completamente formada como una intensa agitación, coloreada por la cualidad reactiva. Sentimos que no podemos ir más lejos. Si el proceso reactivo se impulsa aún más, el estado de agitación se hace pedazos y experimentamos la sensación subyacente otra vez. La forma se ha vuelto vacía y el ciclo se repite. La cadena reactiva entra en acción una y otra vez, ascendiendo en espiral a niveles más altos de energía con una tendencia mayor a reaccionar.

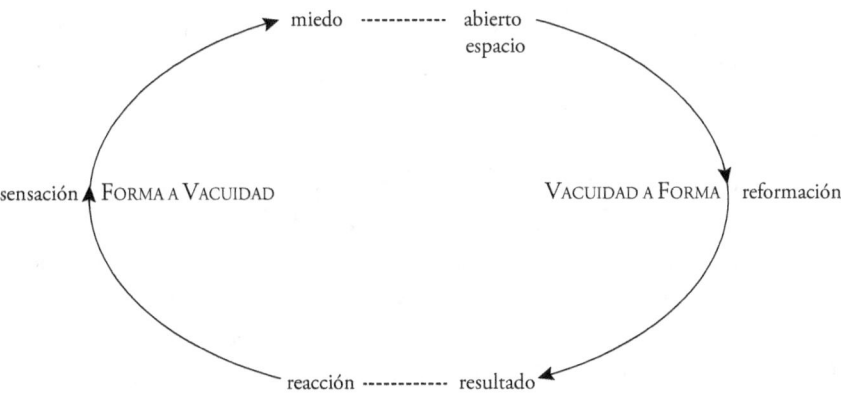

En la práctica de meditación, sostienes en atención la experiencia de los cinco componentes de la cadena reactiva simultáneamente. El elixir y la luz representan el funcionamiento de la atención. Todo el proceso reactivo se disuelve en energía, que entonces pone en marcha la atención. El nivel más alto de atención abre la cualidad no reactiva o presente de cada elemento: estabilidad (tierra), claridad (agua), saber (fuego), acción eficaz (aire) y unión (espacio).

La cualidad de la presencia toma la forma de un símbolo que aparece en el centro corporal asociado con el elemento. Siente la cualidad de presencia tan fuertemente como puedas sin elaborar y percibe el mundo como si tuvieras esa cualidad en abundancia. En otras palabras, trasládate hacia la cosmovisión de la dakini asociada con ese elemento.

Al mismo tiempo, el funcionamiento de la atención revela el aspecto correspondiente de la conciencia prístina. La comprensión surge en ti, una comprensión que no tiene principio en el tiempo, que es completamente natural y que está disponible para ti todo el tiempo.

El cuadro de la cadena reactiva para cada uno de los elementos se reproduce en la página 162, y se incluye la ubicación de los centros, los símbolos y las correspondientes conciencias prístinas.

Las miles de dakinis que se disuelven dentro de ti simbolizan tu conexión con la cualidad presente o despierta en cada aspecto de tu experiencia. Cuando traes atención a todo lo que experimentas, surge la cualidad presente del elemento en lugar del proceso reactivo. La conciencia prístina se vuelve activa en tu vida y la energía de los elementos está disponible para ti.

La práctica de las cinco dakinis trata principalmente de abrirse a la experiencia. Los patrones asociados con los cinco elementos limitan lo que ves y cómo actúas. A medida que la energía de la conciencia prístina llena tu ser, te abres a tu vida. Durante las sesiones de práctica formal o durante el día, puedes tener sensaciones fuertes de calidez o de gozo. Asimismo, puedes desarrollar una conexión tierna y amorosa con una o más de las dakinis. Las sensaciones de calidez o gozo son el resultado de los niveles más altos de energía generados por la práctica. Las sensaciones de ternura provienen de la energía que fluye en patrones de proyección y relación. La única precaución es no apegarse a las sensaciones. No suprimas las sensaciones u obstruirás el flujo de energía y correrás el riesgo de desequilibrar tu cuerpo y tu mente. En cambio, ábrete a ellas, permitiendo que la calidez y el gozo fluyan a través de ti. En particular, al final de las sesiones formales, deja que la energía se disemine de manera uniforme a través de tu cuerpo y mente, imaginando que estás sentado en un campo de energía que se extiende más allá de tu cuerpo a una distancia de entre siete y diez centímetros. En cuanto a las sensaciones de ternura y de amor, deja que impulsen tu práctica, abriéndote más plenamente a la energía de las dakinis. Considera todo lo que surja en la práctica como las sensaciones y las apariciones que surgen en un sueño, vívidas y claras, pero no objetivamente reales.

OBSERVAR LOS ELEMENTOS

Para profundizar tu comprensión de los cinco elementos, presta atención al modo en que cada elemento surge en tu vida durante la semana o las dos semanas que estés haciendo la meditación sobre la dakini y la cadena de reacción correspondientes.

Observar la tierra

Cuando estés meditando sobre la dakini de tierra, explora el elemento tierra en tu vida. Mira las montañas, las colinas, los árboles, las rocas, los edificios, el concreto, la arena, los campos, los estacionamientos y los valles. En tu cuerpo, el elemento tierra consiste en los músculos, los tendones y los huesos, que proveen forma y estructura. Advierte la manera en que los huesos te sostienen cuando te mueves, y cómo los músculos se extienden y se contraen. Cuando te sientas, siente cómo la estructura del esqueleto sostiene tu cuerpo. ¿Cuánto peso cargan tus hombros? ¿Cuánto peso sostiene la columna vertebral?

Observa lo que te respalda en tu vida: Tu casa o apartamento te sostiene al proveerte un lugar donde vivir, un lugar donde puedes descansar y relajarte o desplegar tus intereses. Tu auto te provee con un medio para transportarte. Nota lo que trae orden a tu vida: las rutinas diarias, las reglas, las leyes y los reglamentos.

Advierte lo que es sólido o está arraigado: la tierra en tu patio, las rocas, los árboles, las colinas, las montañas, la arena, el pavimento, el concreto, la madera y el metal.

Advierte las superficies sobre las cuales caminas: la alfombra, la madera, el concreto, la tierra, el césped o la roca.

¿Cómo se manifiesta la tierra en las relaciones? ¿Cuándo eres solidario, protector y nutres? ¿Cuándo eres rígido o controlador?

¿Dónde pasas la mayor parte de tu tiempo? ¿Qué frecuentas? ¿Qué rutas tomas?

LA TRANSFORMACIÓN DE LAS CADENAS DE REACCIÓN DE LOS ELEMENTOS EN CONCIENCIA PRÍSTINA

ELEMENTO	LOCALIZACIÓN	REACCIÓN	SENSACIÓN	MIEDO	ESPACIO ABIERTO	REFORMACIÓN	RESULTADO	SÍMBOLO	CUALIDAD	CONCIENCIA PRÍSTINA
tierra	en el centro del cuerpo, 5 cm debajo del ombligo	rigidez inflexibilidad	oquedad o incertidumbre	inestabilidad	terremoto	aferramiento	encarcelamiento	joya	estabilidad	conciencia prístina de igualdad
agua	en el centro del cuerpo, entre el ombligo y el plexo solar	fluidez	amenaza externa	tragado	marejada o fuerte corriente	dispersión	congelamiento	espejo	claridad	conciencia prístina de espejo
fuego	en el centro del cuerpo, a nivel del corazón	intensidad agotadora	soledad	aislamiento	desierto monótono	experiencia devoradora	extenuación	rosa o loto	saber	conciencia prístina del discernimiento
aire	a nivel de la garganta	agitación	nada en qué apoyarse	destrucción	caída	actividad	desgarramiento	espada	acción eficaz	conciencia prístina eficaz
espacio	en el centro de la cabeza, a nivel de las cejas	embotamiento	desaliento	no ser nada	perplejidad	fragmentación	disuelto en la nada	círculo de luz	unión	conciencia prístina de la totalidad

¿Te ocupas de los asuntos de una manera ordenada? ¿Cumples con tus responsabilidades? ¿Cuentas con una pala para la nieve y balizas de emergencia en tu auto? ¿Dónde está el botiquín de primeros auxilios y el extinguidor de incendios en tu casa?

Todo lo que proporciona forma, estructura o soporte es una expresión del elemento tierra. ¿Dónde está la tierra equilibrada en tu vida? ¿Dónde está desequilibrada la tierra, ya sea sin proveer suficiente forma, o proveyendo tanta que estás aprisionado?

Observar el agua

Cuando trabajas con la dakini de agua, presta atención al elemento agua en tu vida. Observa los océanos, los lagos, los ríos, la lluvia y el rocío. En tu cuerpo, el elemento agua consiste en sangre, agua y otros fluidos que circulan a través de tu sistema. Tu cuerpo depende del agua. Sin la circulación de la sangre, las células mueren rápidamente. Si no bebes, mueres. Todo lo que entra debe salir, así que nota cómo los fluidos salen de tu cuerpo, como la orina, el sudor o las lágrimas.

Advierte las cosas que fluyen: las emociones, el dinero, el flujo de autos y personas en horas pico, el agua en un río o en un arroyo cerca de tu casa. ¿Qué sucede cuando se obstruye el flujo? ¿Qué sucede cuando mengua?

Advierte lo que viene en oleadas: las oleadas de pena y alegría, las olas en el océano, las tendencias en estilos y modas.

¿Cómo se manifiesta el elemento agua en las relaciones? ¿Cuándo eres empático y comprensivo? ¿Cuándo estás vulnerable e íntimo? ¿Cuándo te enmascaras o evades, dando solo la apariencia de amistad e intimidad?

¿Qué fluye en tu vida y qué no fluye? ¿El dinero sale de tu vida tan rápido como entra? ¿Tus sentimientos se desparraman por dondequiera o los reprimes, canalizándolos en modalidades estrechas de expresión?

¿Cuál es tu relación con los objetos? ¿A qué estás aferrado? ¿Cómo te aferras a los objetos o a las personas?

¿Qué haces de manera compulsiva o adictiva? ¿Qué te entusiasma o te arrastra? ¿Qué experimentas libre y abiertamente?

Observar el fuego

Para el elemento fuego, enfócate en la calidez, la vitalidad, la pasión y la intensidad en tu vida. Observa el calor del sol, de una vela o del fuego, de una roca tibia, o la ausencia del calor en una noche fría o cuando la caldera en tu casa se apaga. En tu cuerpo, el elemento fuego adopta la forma de calor y tibieza; el calor de la digestión, del metabolismo, de la combustión lenta de los alimentos y del oxígeno en las células de tu cuerpo. Cuando estás enfermo, tienes fiebre y el cuerpo incrementa su calor para matar y destruir las bacterias invasoras. Cuando tienes frío, tu cuerpo se contrae, preservando el calor de cualquier manera posible.

Advierte lo que da energía a tu vida, lo que experimentas vívidamente, lo que inspira tu creatividad, lo que te apasiona: tu hogar, tu familia, tu trabajo, un proyecto que estás desarrollando, hacer ejercicio, correr, jugar basquetbol, las carreras de descenso en ciclismo de montaña, pintar un cuadro o tocar una pieza de música.

Advierte lo que genera o irradia calor: el sol, el fuego en la chimenea, un reactor nuclear, una vela, las discusiones y los conflictos. Siéntate y mira el fuego o una vela, y observa cómo el fuego arde y consume. Frota tu mano en un trozo de tela áspera y percibe el calor de la fricción.

¿Cómo se manifiesta el fuego en las relaciones? ¿Cuándo estás realmente comprometido con otra persona? ¿Con quién te conectas compartiendo una experiencia? ¿Quién te enfurece? ¿Quién te da la sensación de que te consume o te utiliza?

¿Qué te gusta experimentar? ¿Qué consumes? ¿De qué no te cansas nunca? ¿Qué experiencias y sensaciones intentas evitas? ¿Qué quieres explorar o de qué quieres aprender más? ¿Dónde te sientes hambriento o drenado?

Todo lo que genera calidez, vitalidad, pasión y creatividad es una expresión del fuego. ¿Dónde está el elemento fuego en equilibrio, generando energía, pero sin abrasarte a ti ni a nadie más? ¿Dónde falta, dejándote desolado y solo? ¿Y dónde es demasiado fuerte? ¿Dónde te sientes exhausto o agotado?

Observar el aire

Mientras trabajas con la dakini de aire, observa el movimiento y la actividad. Siente el aire que respiras, los vientos y las brisas, las ráfagas y los huracanes. En el cuerpo, la manifestación principal del aire es la respiración. Nota tu respiración durante el día. Nota cómo cambia según lo que estés haciendo y lo que estés sintiendo. Escucha tu propia voz cuando hablas. Tu voz depende del movimiento del aire. Este lleva las vibraciones de tu laringe hacia los oídos de la persona con la que estés hablando. ¿El tono de voz concuerda con lo que estás diciendo?

Date cuenta de la actividad de tu vida. ¿A qué dedicas la mayor parte de tu tiempo: actividad física (hacer ejercicio, mover objetos, jardinería, construcción), actividad emocional (expresión artística, trabajo con personas) o actividad mental (leer, pensar, planificar, estudiar)?

Advierte lo que se mueve: las brisas, las ráfagas de viento, la respiración. El movimiento y el aire están estrechamente conectados. El aire no puede experimentarse a menos que haya movimiento. Levanta la mano. ¿Puedes sentir el aire a su alrededor? No. Mueve tu mano. Ahora lo puedes sentir.

¿Cómo se manifiesta el aire en las relaciones? ¿Con quién te gusta hacer lluvias de ideas? ¿A quién le gusta explorar cosas nuevas contigo? El aire conecta a través de la comprensión, llevando al crecimiento y a la expansión de las posibilidades. ¿Quién hace juegos intelectuales contigo, de modo que nunca te sientes conectado y no sabes a qué se refieren? ¿Quién desaparece en el mundo de las ideas o encuentra algo que hacer cada vez que le haces una pregunta directa?

El elemento aire se manifiesta como actividad y movimiento. ¿Dónde está el aire en equilibrio en tu vida? ¿Dónde actúas eficazmente, sabiendo qué hacer y cómo hacerlo? ¿Dónde está el aire en desequilibrio? Quizás te preguntes quién eres e intentes una cosa tras otra para darle significado o definición a tu vida. Quizás estés atrapado en un torbellino de actividad y nunca tengas tiempo para oler las rosas.

Observar el espacio

Mientras trabajas con la dakini de espacio, presta atención al espacio y a la vacuidad. Mira el cielo. Piensa sobre el espacio infinito del universo. Mira el espacio en los objetos corrientes. El estudio del espacio dirige tu atención hacia lo que suele ignorarse. Sin espacio, no podrías verter café en tu taza por la mañana. Tampoco podrías beber sin espacio en tu estómago. En el cuerpo, el espacio está presente en los órganos huecos: el corazón, el estómago, los pulmones y la vejiga. En cada articulación hay un poco de espacio extra. Sin él, no podrías doblar tu dedo, caminar ni sentarte.

Presta atención al espacio en las habitaciones cuando entras en ellas. Mira el cielo, las vistas abiertas, el punto inmóvil en el centro de la rueda.

Presta atención al espacio emocional, al espacio conceptual y al espacio creativo. Sin espacio, nada podría tomar forma. Ninguno de los demás elementos podría surgir. Mira el espacio entre los objetos, en lugar de los objetos mismos.

El espacio se manifiesta en las relaciones como presencia. Tienes la sensación de que el otro está realmente allí. Él o ella te da lugar para ser quien eres, sin juicio. En su forma reactiva, el espacio se apodera de todo, así que sientes que no tienes cabida, lugar ni relevancia. En fragmentación, la otra persona se encuentra por todos lados: un poco de esto, un poco de aquello, pero no hay nadie con quien puedas relacionarte realmente.

Observa cuándo y dónde en tu vida estás presente. ¿Dónde hay espacio abierto? ¿Cuánto espacio tienes en tu vida para el trabajo interno o espiritual, para lo que necesitas hacer, para lo que te importa, para las relaciones, para lo que te sustenta y te proporciona vida? Todos los demás elementos surgen del espacio y se desvanecen en él.

El propósito de observar cómo surgen los cinco elementos en tu vida cotidiana es distanciarte de la identificación con el contenido de la experiencia y acercarte a la comprensión de la vida como una serie de experiencias. El misterio de la vida reside en el surgir y disipar de lo que experimentamos, así como el misterio de los sueños reside en el surgir y el disipar de la experiencia onírica. Lo que soñamos carece, en gran medida, de sentido. No definimos quienes somos ni lo que somos por lo que soñamos.

Sin embargo, en la vida confiamos en el contenido de la vida —si estamos felices o tristes, si somos ricos o pobres, si somos famosos o desconocidos, si somos respetados o despreciados— para definir quienes somos y lo que somos. Al fin de cuentas, la vida es solo lo que experimentamos y estos ejercicios sobre los cinco elementos dirigen tu atención justamente a eso.

En las afueras de una aldea, un monje vivía con sencillez, dedicando su tiempo a la práctica y la meditación. Los aldeanos lo respetaban por su forma de vida y le procuraban comida y otros menesteres. Un día, se supo que una joven mujer estaba embarazada. Sus padres exigieron saber quién era el padre. Asustada y avergonzada, la mujer dijo que el monje ere el padre de la criatura. Ellos se indignaron. Confrontaron al monje, quien, al oír las acusaciones, tan solo respondió: «¿Ah sí?». Le exigieron que cuidara de su hija y mantuviera al niño, y la dejaron con él.

Está demás decir que el monje tuvo que cambiar su estilo de vida. Los aldeanos ya no lo respetaban. Dejaron de apoyarlo. Tuvo que aprender un oficio para mantener a la joven y a sí mismo. Tenía que viajar a la aldea vecina para vender los pequeños artículos que fabricaba. La joven pronto se hartó de vivir con el monje. Acudió a sus padres y les dijo que había mentido al señalar al monje como el padre. El verdadero padre era un joven que había pasado por la aldea y hacía tiempo que había partido. Ella había mentido por vergüenza y pudor. Sus padres estaban muy disgustados por sus revelaciones. Fueron con el monje para disculparse por sus acusaciones precipitadas; le pidieron perdón por dudar de la devoción que tenía a su modo de vida y por poner en duda su honor. Cuando terminaron con sus ruegos, el monje los miró y tan solo dijo: «¿Ah sí?» y retomó su vida sencilla.

Las cinco dakinis: Forma y vacuidad

PROPÓSITO:
Regresar las cadenas de reacción a su naturaleza original.

MÉTODO DE MEDITACIÓN

La siguiente meditación dirige la atención hacia los dos puntos en la cadena de reacción donde la atención decae: el movimiento de la forma a la vacuidad y el movimiento de la vacuidad a la forma (ver el diagrama de la página 172). Primero, usa las metáforas en tu meditación para familiarizarte con las reacciones y los cambios en la conciencia. Luego, usa situaciones de la vida real que hacen que surja la misma cadena de reacción y adapta la meditación a la situación.

Trabaja primero con el movimiento de la forma a la vacuidad. Como en la práctica anterior, comienza con el elemento tierra. Piensa en una situación o un evento peligroso —letal— y deja que la cadena de reacción tierra corra en ti.

Imagina que estás en un terremoto, por ejemplo. Te sientes muy vulnerable; la tierra está temblando bajo tus pies. Te escapas. La manera en que lo haces depende de ti. Sé creativo. Sé realista. No invoques la magia ni elementos de fantasía, pero sé creativo. Escápate. O imagina que estás hundiéndote en arenas movedizas y te escapas.

Ahora, vuelve a la situación y siente nuevamente la vulnerabilidad, pero esta vez mueres en el terremoto. La manera en que mueres depende de ti, pero te mueres.

Regresa por tercera vez. Pon tu atención en la experiencia del terremoto y en tus miedos y reacciones. Todo, incluso todas tus reacciones internas, se torna cada vez más brillante hasta que ambos, el terremoto y tú, se vuelven luz pura. Descansa en la luz durante unos minutos. Luego permite que la joya se forme en el centro de tierra.

Ahora, practica con los demás elementos y dakinis como en la meditación anterior.

Cuando tengas claridad sobre las imágenes y puedas permanecer presente en tus reacciones, toma una situación de la vida y sigue el mismo proceso. Por ejemplo, tu jefe te acusa de no realizar tu trabajo adecuadamente. Tú insistes en que sí lo haces, aunque en tu interior tienes dudas, ya que no estás seguro de cuáles son los criterios que se están aplicando. Tu jefe saca montones de datos que revelan que tu trabajo no es de calidad. Primero, te escapas, quizás demostrando que los datos son erróneos. Luego, abordas la situación nuevamente y esta vez te mueres: pierdes tu trabajo. Luego, la traes de vuelta por tercera vez y dejas que todo se transforme en luz.

Después de entre tres y cinco días, trabaja con otra situación letal y enfócate en el movimiento de la vacuidad a la forma; la reformación de la reacción. Para la tierra, la metáfora es el encarcelamiento. Imagina que has construido una fortaleza a tu alrededor, pero la fortaleza se ha convertido en una prisión y estás atrapado. Los muros lentamente se van cerrando sobre ti. No puedes moverte. Los muros continúan acercándose. Entonces te escapas. La manera en que lo haces depende de ti. Nuevamente, sé realista pero creativo.

Vuelve a la situación por segunda vez. Ahora los muros te encierran y te aplastan. Mueres.

Vuelve por tercera vez, trayendo atención a la situación hasta que todo, incluso tú, se transforme en luz. Descansa allí durante unos minutos.

Entonces, nuevamente, escoge una situación en tu vida en la cual hayas estado apresado por tu rigidez y atraviesa los mismos tres escenarios: escape, muerte y transformación en luz.

Después de entre tres y cinco días, cambia al elemento agua. Ahora, practica con la dakini de agua como en la meditación de transformación y luego atraviesa el mismo proceso descrito arriba: de tres a cinco días trabajando con el movimiento de la forma a la vacuidad en el agua, luego de tres a cinco días trabajando con el movimiento de la vacuidad a la forma. Trabaja con los elementos y las dakinis restantes como lo hiciste en la meditación de la transformación, sin los elementos adicionales. El cuadro siguiente presenta el simbolismo para cada uno de los elementos.

FORMA Y VACUIDAD EN LOS CINCO ELEMENTOS

Elemento	Forma a vacuidad	Vacuidad a forma
tierra	inestabilidad, terremoto o arenas movedizas	aferramiento, asimiento que aprisiona, aplasta o sofoca
agua	hundimiento, ahogamiento, ser arrastrado por una ola	congelamiento, por los esfuerzos para dispersar la energía
fuego	aislamiento, abandonado en un desierto o paisaje yermo	infierno, explosión de energía, tal como un volcán o un incendio forestal
aire	caída, desde un acantilado o un edificio elevado	actividad, despedazado en un huracán o tornado
espacio	convertirse en nada, todos los elementos convergen y se disuelven	fragmentación, el cuerpo se reduce a polvo y se desintegra

Trabaja con los cinco elementos en el transcurso de aproximadamente cinco semanas. En cada sesión de meditación, es probable que hagas los tres escenarios solo una o dos veces. Como en todas estas prácticas, cuanto más vívida hagas la experiencia, más cortarán estas prácticas al interior del funcionamiento de los patrones.

Para cada uno de estos diez puntos, imagina situaciones letales y luego repásalas, primero encontrando una manera de escaparte, luego muriendo en ellas y luego transformándolas en luz. Igual que en la primera meditación de las cinco dakinis, esta práctica utiliza la representación para socavar el funcionamiento de la cadena de reacción. Al idear una vía de escape, socavamos la tendencia a aceptar la situación como el patrón la ve. Contactamos una respuesta creativa y nos salimos de los confines del patrón. Al morir en la situación, socavamos la tendencia a perpetuar el patrón, resistiéndonos a él. Por ejemplo, cuando nos encontramos frente a la rigidez en otra persona, reaccionamos de la misma manera, perpetuando el patrón de rigidez en la interacción. Morir aferrándonos a la reacción basada en el patrón revela que el patrón funciona a ciegas, en detrimento de nuestro bienestar, incluso de nuestra vida. Finalmente, al imaginar que todo en la situación se transforma en luz, devolvemos la experiencia de la situación a su naturaleza original y socavamos la tendencia a tomar el contenido de la experiencia como lo que es real. Recuerda que la intención de la práctica espiritual es estar presente en el misterio de ser; es decir, al surgir y menguar de la experiencia.

Este último conjunto de prácticas es bastante difícil. Una vez más, entras en contacto con uno de los miedos más poderosos de la experiencia humana, el miedo a la muerte. Tu experiencia con las meditaciones sobre la muerte del Capítulo 4 te ayudará aquí. Estamos esclavizados por los patrones habituales porque somos incapaces de permanecer presentes al miedo a la muerte y a la no existencia. Cuanto más aceptes la posibilidad de la muerte y tu miedo a ella, más despierto estarás en tu vida.

Vaciar los seis reinos: Desmantelar las proyecciones emocionales

PROPÓSITO:
Desmantelar los mundos proyectados por las emociones reactivas.

Así como las meditaciones sobre las cinco dakinis funcionan para desmantelar las cadenas de reacción asociadas con los cinco elementos, la práctica de vaciar los seis reinos funciona para desmantelar las visiones del mundo proyectadas por los patrones habituales. En las garras del enojo, experimentamos el mundo como el reino de los infiernos y luchamos contra la oposición. Cuando la codicia está activa, proyectamos una actitud de estar empobrecidos y vemos el mundo en términos de nuestro estado de necesidad. El reino animal representa el funcionamiento automático para limitar el dolor y la incomodidad, mientras que el reino humano representa el funcionamiento de las preferencias y el esfuerzo constante por satisfacer los deseos. Cuando la envidia colorea nuestra visión del mundo, actuamos con base en un sentido de deficiencia y nos esforzamos por demostrar a través de los logros que somos mejores que los demás. Con el orgullo, visualizamos a todos los demás como inferiores y nos afanamos por mantener nuestra posición de superioridad.

Esta práctica se fundamenta en las meditaciones sobre los seis reinos del Capítulo 5. Vuelve a leer las descripciones de los seis reinos antes de comenzar esta meditación.

FUNDAMENTO

Base de atención

Descansa con la respiración durante quince o veinte minutos para establecer una base de atención.

Remover la base de las proyecciones habituales

Igual que en las meditaciones sobre las dakinis, imagina que tienes un cuerpo blanco, radiante de luz. Además, imagina que eres la encarnación de la compasión despierta y que tienes una habilidad infinita para liberarte de la tendencia emocional a reaccionar, para permanecer presente, para abrirte a lo que está sucediendo, para hacer lo que hay que hacer y para aceptar los resultados, sean cuales sean.

Práctica principal: Vaciar los seis reinos

La práctica consiste en vaciar los seis reinos, uno a la vez, atravesando cinco pasos:

Entra y ábrete a la experiencia del reino.
Observa cómo el reino desencadena un patrón reactivo en ti.
Trae la atención a la reacción y suéltala.
Ábrete nuevamente a la experiencia del reino.
Disuelve el reino en luz.

Enojo: El reino de los infiernos

Imaginando que eres la encarnación de la compasión despierta, genera la intención de entrar en los reinos infernales. El modo en el cual entres allí depende de ti. Puedes descender desde lo alto, franquear un portal o súbitamente aparecer en el centro del infierno.

A tu alrededor hay un mundo de violencia y dolor atroces. El calor abrasador, los vapores malignos y la agresión intensa son sofocantes. Hay figuras horrorosamente deformadas que blanden espadas, cuchillos, lanzas y hachas de hechura extraña y se cortan y se rebanan unos a otros, dando tajos sin piedad hasta que caen muertos. Nadie permanece muerto aquí durante mucho tiempo. Tan pronto como reviven, se lanzan hacia los atacantes más cercanos, con sed de venganza, y los derriban.

Tu primer impulso es agarrar cualquier cosa que encuentres como un arma y derribar a las figuras que te rodean antes de que te maten. Como una lanza de hierro incandescente, el ansia de destruir arde en tu interior. Siente el enojo y la agresión, pero recuerda que tienes recursos infinitos de atención, paciencia y claridad a los cuales recurrir. Trae la atención al enojo que está aflorando en tu interior. Ábrete a él y sentirás un cambio. El enojo se convierte en un objeto de atención y se disipa.

Ahora, ábrete nuevamente al reino de los infiernos a tu alrededor. Observa a todos los seres que están sufriendo en su enojo, agresión y dolor. Si sientes otro impulso hacia el enojo, trae tu atención a él. Repite este proceso hasta que puedas abrirte al reino de los infiernos y solo observar el enojo y la agresión que te rodean. Nota lo que surge en tu corazón en este momento.

Ahora, imagina una luz que irradia de tu corazón. Todo tu cuerpo está lleno de luz. Tu corazón resplandece con una luz tan intensa que llena todo el reino de los infiernos. El reino y todos los seres allí se disuelven en la luz. Toda la luz se absorbe en tu corazón. Ahora conoces los reinos infernales. Sabes todo acerca del enojo y la agresión, acerca del odio y la venganza, acerca de cómo el enojo genera sufrimiento y acerca de lo que es el sufrimiento. Todo, incluyendo tu cuerpo, se transforma en luz.

Descansa en la luz durante unos minutos.

La codicia: El reino de los espíritus hambrientos

Genera la intención de entrar en el reino de los espíritus hambrientos y ve allí. A tu alrededor hay figuras flacas y codiciosas, de vientres hinchados y bocas diminutas que buscan comida y agua desesperadamente. Estallan constantemente riñas feroces sin razón alguna. Se trata de seres duros y despiadados, con los ojos vidriados por la codicia. Sabes que su único interés es satisfacer sus necesidades y su mentalidad de pobreza comienza a afectarte. Sientes una dureza similar. Tus manos se extienden para agarrar cualquier cosa que puedas encontrar y sientes que la desconfianza infecta tu corazón. Observa el patrón de la codicia que está aflorando en ti: el aferramiento, la sensación de necesidad, el carcomer incesante que nunca se satisface. Ábrete a lo que sientes, conociendo la sensación de necesidad y sabiendo que nunca se puede satisfacer. Solo déjala estar allí.

Sientes un cambio y la codicia en ti se disuelve en atención. Ahora ábrete nuevamente al reino de los espíritus hambrientos a tu alrededor. Si sientes que aflora codicia, lleva allí tu atención. Cuando puedas abrirte al reino de los espíritus hambrientos y permanecer en atención, observa lo que surge en tu corazón.

Entonces, como en los reinos infernales, imagina luz que irradia de tu corazón disolviendo todo el reino de los espíritus hambrientos en ella. La luz entra en tu corazón y conoces todo el sufrimiento de la codicia y el sufrimiento de los espíritus hambrientos. Conoces las distorsiones que la codicia causa y la manera en que intenta descargar su energía a través de un aferramiento áspero, intolerante y egoísta. Todo, incluyendo tu cuerpo, se transforma en luz.

Descansa en la luz durante unos minutos.

El instinto: El reino animal

Genera la intención de entrar en el reino animal y ve allí. Aquí, el sentido de limitación es prácticamente entumecedor. Todo es instinto. Los animales solo reaccionan. La especialización altamente refinada de otros animales te empuja a depender del instinto. Es cuestión de comer o ser comido. Los animales están tan altamente especializados, son tan buenos para lo que están condicionados a hacer, que te encuentras reducido a un instinto ciego de supervivencia. Comienzas a perder todo sentido de presencia y comprensión. A medida que experimentas el efecto entumecedor del impulso instintivo, trae a él tu atención. Te das cuenta de que la inconsciencia entumecida es parte de todos los patrones reactivos y esta se disuelve en tu atención.

Ahora ábrete nuevamente al reino animal. Mira cada animal y observa cómo vive, en dependencia casi completamente en las conductas condicionadas y ve que tiene una capacidad limitada para aprender o adaptarse a situaciones nuevas. Observa lo que surge en tu corazón.

Luz irradia desde tu corazón y llena tu cuerpo y todo el reino animal. El reino se disuelve en la intensidad de esa luz y la luz regresa y se absorbe en tu corazón. Ahora conoces completamente el reino animal, la opacidad y la limitación del instinto. Todo se convierte en luz.

Descansa en la luz durante unos minutos.

El deseo: El reino humano

Genera la intención de penetrar en el reino humano y ve allí. A tu alrededor, las personas están ocupadas, encontrándose con amigos, evitando a las personas que les desagradan, trabajando para obtener lo que quieren e intentando conservar lo que tienen. Todo el mundo está atareado haciendo algo. Todo el ajetreo proviene de querer algo. Conocen el disfrute y el placer y están trabajando para tener más disfrute y placer en su vida. Te unes a ellas. Te gustaría divertirte un poco también. Trae tu atención al surgir del deseo en ti. Se disuelve.

Ábrete nuevamente a las personas trajinando a tu alrededor. Están empeñadas en saciar sus deseos. Advierte cómo dejan que su vida se consuma completamente por el querer y el deseo. Advierte lo que surge en tu corazón.

Luz irradia de tu corazón y el reino humano con todo su deseo y agitación se disuelve en ella. A medida que la luz se reabsorbe en tu corazón, sabes lo que significa quedar atrapado en un esfuerzo que no se pone en duda y en un sentido constante de incompletud. Todo, incluso tú, se convierte en luz y descansas durante unos minutos.

La envidia: El reino de los titanes

Genera la intención de entrar en el reino de los titanes. Ve allí. El reino de los titanes es como una nación en guerra con un adversario más poderoso. La envidia, la paranoia y la competencia impulsan cada aspecto de la vida. Un sentido de injusticia y agravio colorea las acciones de todo el mundo. Se ignoran la riqueza y los placeres de la vida. La única preocupación de un titán es luchar para conseguir lo que debería ser suyo. No obstante, en su interior, los titanes saben que sus luchas son casi con seguridad inútiles. Sientes cómo funciona esa lógica dentro de ti, y te das cuenta cómo distorsiona tus interpretaciones de los acontecimientos y cómo actúa para reforzar tus miedos. Trae tu atención a la envidia que aflora en ti. Ábrete a ella. Sientes un cambio a medida que la envidia se disuelve.

Ahora, ábrete nuevamente al reino de los titanes. Observa cómo funcionan los titanes. Con el enemigo claramente establecido afuera, pueden evitar encarar cualquier sentimiento interno de carencia. Mira cómo todos sus esfuerzos tienen que ver con superar o evitar sentirse deficientes. Mira cómo se empeñan en mostrar al mundo que son importantes.

Luz irradia de tu corazón y llena el reino de los titanes, disolviéndolo en un intenso brillo. La luz regresa para llenar tu corazón y ves cómo la envidia crea un mundo de competencia y violencia, cómo distorsiona las percepciones y cómo oculta la sensación de deficiencia. Todo se vuelve luz. Descansa en ella durante unos minutos.

El orgullo: El reino de los dioses

Genera la intención de entrar en el reino de los dioses. Ve allí. Tu primera impresión del reino de los dioses es de un lujo tan ilimitado y exquisito que la infelicidad es inconcebible. Sin embargo, gradualmente te das cuenta de que todos están viviendo en su propio mundo. La atmósfera de superioridad abrumadora te afecta, de modo que tú también sientes que eres superior y que tienes derecho a lo mejor que la vida pueda ofrecerte. El aire rezuma refinamiento y comodidad. Aun así, un sentido de ignorancia perdura, como el aroma de la cebolla después de haberte lavado las manos.

Trae tu atención al orgullo que se mueve en tu interior. Ábrete a él. Cambia y se disipa. Nuevamente, ábrete al reino de los dioses. Comprendes cómo el orgullo protege contra la cruda realidad de que este lujo y comodidad no puede durar. Comprendes por qué las personas en el reino de los dioses consideran su posición de salud, riqueza y felicidad como lo que es correcto y verdadero. Comprendes su desprecio seudocompasivo hacia quienes no han alcanzado su nivel o quienes no aprecian su modo de vida. Comprendes por qué ignoran el sufrimiento más allá de su reino. Eres consciente de la actitud de superioridad, orgullo y privilegio sin que te absorba. Observa lo que surge en tu corazón.

Luz irradia de tu corazón y llena el reino de los dioses. La intensidad de la luz disuelve el reino de los dioses y se absorbe en tu corazón. Tu conocimiento está completo. Conoces el orgullo y el mundo ilusorio que crea para cubrir la verdad del cambio y el sufrimiento. Todo se disuelve en luz.

CONCLUSIÓN

Continúa descansando en la luz. Si surgen pensamientos, no pierdas la atención. Relájate y vuelve a una sensación de espacio infinito. Descansa sin distracción. No trates de hacer que algo suceda. Al final de la sesión de meditación, genera la intención de estar presente en tu vida y sigue con tu día.

Comentario: Vaciar los seis reinos

En esta práctica, entras en cada reino por tu propia voluntad. Generalmente, cuando funcionan los patrones reactivos, entramos y salimos de los seis reinos sin saberlo. En un momento estás en el infierno, discutiendo con tu pareja sobre los arreglos para una cena; en el siguiente, estás en el reino de los titanes, sacando una botella de vino selecto para impresionar a tus invitados. Un momento después, te sumerges en el reino animal, luChando por encontrar un sacacorchos, saqueando instintivamente los cajones en su búsqueda, olvidando por completo que lo colocaste en la sala de estar para saber luego dónde encontrarlo.

Los seis reinos se pueden ver como seis modos de afanarse por superar un mundo proyectado por las emociones reactivas.

> Cuando te encuentres atascado en uno de los seis reinos, usa las siguientes tres preguntas para salir de ahí. Escoge un patrón e identifica ya sea la emoción dominante o el reino particular que el patrón proyecta. En el caso del enojo y del reino de los infiernos, las tres preguntas son:
>
> 1. ¿A qué estoy tratando de *oponerme* en esta situación?
> 2. ¿Tengo que *oponerme* a ello?
> 3. ¿Es necesario *oponerse* en absoluto?
>
> Para la codicia y el reino de los espíritus hambrientos sustituye *oponer* por *tomar*; para el instinto y el reino animal, *sobrevivir*; para el deseo y el reino humano, *disfrutar*; para la envidia y el reino de los titanes, *lograr*, y para el orgullo y el reino de los dioses, *mantener*.
>
> Puedes también utilizar estas preguntas para invitar a otra persona a que suelte sus proyecciones emocionales.

En el reino de los infiernos, el mundo se ve en términos del enojo y reaccionas al enojo con enojo. La experiencia es una constante lucha contra la oposición. Para vaciar el reino de los infiernos, debes morir a oponerte. «Morir a» significa dejar de intentar evitar o poner fin a la experiencia de oposición. Puedes evitar la oposición dándote por vencido, perdiendo cada vez que se presenta un conflicto, pero rendirte no te libera del enojo interior; a menudo, solo lo intensifica y te vuelves cada vez más resentido. Poner fin a un conflicto tampoco acaba con el enojo. Puedes ganar la batalla, pero actuar desde el enojo lo refuerza y la guerra contra la oposición continúa. Mueres a oponerte cuando puedes permanecer presente en la oposición y el conflicto. Dejas de intentar acabar con el conflicto, ya sea ganando o perdiendo. Permaneces presente en la experiencia de la oposición, encontrando todas las reacciones internas con atención y sin caer en el mundo proyectado de la oposición, el reino de los infiernos. Cuando puedes permanecer en la oposición y en el conflicto sin seguir hacia el enojo, has comenzado a morir al reino de los infiernos. Ahora, la atención se profundiza en ti y desplazas tu atención hacia lo que necesitas, así que te mueves hacia el reino de los espíritus hambrientos.

En el reino de los espíritus hambrientos, ves el mundo como un lugar donde tus necesidades no se pueden satisfacer y reaccionas en consecuencia. Estás luChando continuamente con tu propio sentido de necesidad. Habitualmente, intentas acabar con él, aferrándote a lo que crees que lo saciará o negando que necesites algo. En el primer caso, nunca estás satisfecho. En el segundo, la sensación de necesitar te corroe cada vez más profundamente. Negarla hace que funcione todavía con más fuerza. Cuando puedes permanecer presente en la experiencia del sentido de necesidad, mueres al reino de los espíritus hambrientos. En tu vida cotidiana, experimentas una capacidad incrementada para dejar que los sentimientos de necesitar esto o aquello vengan y vayan. La sensación real de necesitar trae menos carga y no sientes la compulsión de actuar en consecuencia. La atención ha penetrado en el reino de la experiencia de los espíritus hambrientos. Tu atención se mueve hacia las cuestiones de supervivencia y evitación del dolor.

Entras en el reino animal, donde te impulsa el instinto. Mientras luchas por satisfacer las necesidades físicas inmediatas, el esfuerzo más importante es limitar la incomodidad y el dolor. Actúas automáticamente, ignorando otras posibilidades. El reino animal se vacía cuando ya no intentas controlar el dolor de una forma reactiva. La atención entonces se dirige hacia lo que deseas y te mueves al reino humano.

En el reino humano, ves el mundo a través de los ojos del deseo. Quieres esto y no quieres aquello. Toda tu vida está basada en preferencias. Te esfuerzas por no sentir el deseo, o bien perdiéndote en el disfrute o bien ignorando lo que quieres. En la primera instancia, terminas trabajando para obtener lo que disfrutas y pierdes tu vida en el ajetreo. En la segunda, reprimes las sensaciones de deseo, pero salen de maneras más retorcidas. Mueres al deseo y vacías el reino humano de la experiencia cuando ya no te esfuerzas por satisfacer el deseo. Cuando el disfrute y el placer ya no son suficientes para dar estructura y significado a tu vida, sientes que algo te falta. Te sientes deficiente interiormente y comienzas a advertir lo que han hecho los demás. Los logros se vuelven importantes y te mueves hacia el reino de los titanes.

En el reino de los titanes, estás constantemente comparando tus logros con los logros de los demás. El reino de los titanes está impulsado por la sensación de que, si puedes construir un negocio más grande, una mejor ratonera, tener más amigos, ser más famoso o tener más dinero, entonces tendrás un lugar en el mundo. El reino de los titanes está basado en la creencia de que, en realidad, no perteneces y de que tienes que demostrar que sí perteneces. Estás celoso de quienes parecen pertenecer y son aceptados o apreciados por cuanto han logrado o contribuido. Tratas de validar tu existencia logrando cada vez más. Para vaciar el reino de los titanes, mueres a lograr, al esfuerzo de hacer cada vez más para justificar tu existencia. Cuando dejas de tratar de lograr, se abre en tu vida un pequeño espacio y vuelves la atención hacia conservar todo lo que tienes y tu posición en el mundo.

Has entrado en el mundo de los dioses. Experimentas el mundo en términos de orgullo y superioridad. Tu forma de vida es la manera en que debería de vivirse la vida. Te esfuerzas por conservar tu perfección y posición. Este esfuerzo te coloca en conflicto con la transitoriedad de todas las cosas. Ves el mundo como algo que se opone a ti. Has vuelto al reino de los infiernos. Si, en cambio, mueres al esfuerzo por prolongar el placer y permaneces presente en cualquier experiencia que surja, vacías el reino de los dioses.

Siempre y cuando los patrones reactivos estén funcionando, transitamos cíclicamente de un reino a otro, desplazándonos de reino en reino a medida que se desencadenan los diferentes patrones y se materializan. Al vaciar los seis reinos, nos desvinculamos de las emociones reactivas del enojo, la codicia, el instinto, el deseo, la envidia y el orgullo. También nos desvinculamos del esfuerzo característico de cada reino, luChando por sobreponernos a la oposición, al sentido de necesidad, a la incomodidad y el esfuerzo basados en el disfrute, al logro, y al mantenimiento de una posición.

Las meditaciones sobre las cinco dakinis y sobre vaciar los seis reinos cambian fundamentalmente nuestra relación con las emociones reactivas: las primeras transformando las cadenas de reacción en presencia y las últimas desmantelando la manera en que los patrones distorsionan cómo experimentamos lo que surge y cómo vemos nuestra vida. El paso siguiente es moverse desde las emociones reactivas basadas en motivaciones condicionadas hacia las emociones superiores: el amor, la compasión, la alegría y la ecuanimidad.

CAPÍTULO 7

Los cuatro inconmensurables

Nasrudín vio a un hombre sentado a la vera del camino; se veía desconsolado, por lo que le preguntó qué lo afligía.

—No hay nada de interés en esta vida, hermano —dijo el hombre—. Tengo suficiente capital para no tener que trabajar y estoy en este viaje solo para buscar algo más interesante que la vida que tengo en casa. Hasta el momento, no lo he hallado.

Sin mediar palabra, Nasrudín se apoderó de la alforja del viajero y huyó calle abajo con ella, corriendo como una liebre. Puesto que conocía la zona, fue capaz de dejarlo atrás.

El sendero serpenteaba y Nasrudín atajó el camino y no tardó en volver al sendero por delante del hombre al que había robado. Colocó la bolsa al lado del camino y esperó escondido hasta que el otro lo alcanzara.

En breve, apareció el desdichado viajero, siguiendo el tortuoso camino, más infeliz que nunca debido a su pérdida. Tan pronto vio sus pertenencias allí echadas, corrió hacia ellas, gritando de alegría.

—Esta es una manera de producir alegría, —dijo Nasrudín.

IDRIES SHAH
Las hazañas del incomparable mulá Nasrudín

En la obra *El mercader de Venecia*, de Shakespeare, Porcia, disfrazada de juez, clama por clemencia ante la insistencia de Shylock de cortar un trozo de carne del pecho de Antonio:

La naturaleza de la misericordia no es forzada,
Desciende como la dulce lluvia del cielo
Sobre el llano que está por debajo de ella;
Es dos veces bendita: bendice a quien la concede y a quien la recibe.

Estas líneas expresan un tipo de emoción muy diferente a las emociones reactivas asociadas con los patrones habituales. La misericordia no es forzada ni reactiva; fluye desde el corazón, transformando el enojo del perseguidor y el temor de la víctima, uniéndolos a ambos en un momento de presencia. ¡Qué diferente del enojo, la envidia o la codicia!

En el budismo, hay cuatro emociones que tienen la misma naturaleza transformadora de la misericordia: la ecuanimidad, el amor bondadoso, la compasión y la alegría. Se llaman los cuatro inconmensurables porque no hay límite para su profundidad o alcance. A diferencia de las emociones reactivas, los cuatro inconmensurables no están al servicio de ningún patrón habitual, sentido del «yo» ni de intereses personales. Si bien son impersonales dado que no se basan en intereses individuales, en su expresión y experiencia son intensamente íntimos. Su poder proviene de su capacidad para abrir un momento de presencia. En su introducción a *One Robe, One Bowl* (Un hábito, un cuenco), John Stevens relata el siguiente acontecimiento sobre el maestro Zen Ryokan:

> Una vez, el hermano de Ryokan le solicitó que visitara su casa y hablara con su hijo delincuente. Ryokan fue, pero no dijo ni una palabra de amonestación al muchacho. Pasó la noche ahí y se preparó para partir a la mañana siguiente. Cuando el díscolo sobrino estaba atando las sandalias de paja de Ryokan, sintió una gota de agua cálida. Al levantar la vista, vio a Ryokan mirándolo con los ojos llenos de lágrimas. Ryokan regresó a su casa y el sobrino cambió para bien.

Claramente, en tanto nuestras acciones y sentimientos funcionen al servicio de nuestros intereses personales, no seremos capaces de semejante presencia. Los cuatro inconmensurables funcionan en un nivel más elevado de atención, un nivel que abre la puerta a respuestas emocionales profundas y naturales ante las exigencias de la vida. La ecuanimidad desmantela nuestros juicios reactivos y prejuicios acerca de otras personas de modo que las entendemos y las apreciamos tal como son. El amor bondadoso es una radiante calidez, independiente de los gustos o los disgustos personales, que evita que nos cerremos a los demás. La compasión contrarresta la incomodidad, el retraimiento y la contracción frente al dolor de los otros, de manera que estamos verdaderamente presentes con ellos. Y la alegría —la alegría de ser y tener pasión por la vida sin complejos— elimina cualquier envidia o crítica debidas al éxito o la felicidad de otras personas.

En general, pensamos en las emociones como positivas o negativas. En el budismo, la distinción más importante es entre la reacción y la respuesta.

Las reacciones siempre están basadas en intereses asociados con el sentido del «yo» y, en consecuencia, no atienden la realidad de la situación. Los cuatro inconmensurables son respuestas emocionales, no reacciones; disuelven la dualidad sujeto-objeto y así, transforman a quien da y a quien recibe. Ambos experimentan un momento de presencia, un momento fuera de la reacción habitual.

Los cuatro inconmensurables también sirven como un puente importante hacia la práctica de la visión profunda, en la cual vemos directamente la naturaleza de la experiencia y penetramos los tres patrones habituales más profundos: la percepción sujeto-objeto, el tomar la experiencia subjetiva como realidad, y el miedo que nos hace alejarnos de la conciencia abierta y directa.

INTENCIÓN Y ORDEN EN LOS INCONMENSURABLES

La secuencia en la cual se cultivan los cuatro inconmensurables varía de tradición en tradición. Muchas personas piensan erróneamente que solo puede haber una manera «correcta» y no entienden que las diferencias en el orden de los inconmensurables reflejan diferencias en cuanto a sus propósitos y a los papeles que desempeñan en cada sistema.

Históricamente, la secuencia original es amor bondadoso, compasión, alegría y ecuanimidad. Las tradiciones Theravada del sudeste asiático usan esta secuencia, explicándola en términos de las etapas de la crianza de un niño. Primero prestamos atención a su bienestar (amor bondadoso), lo protegemos y eliminamos su sufrimiento (compasión), celebramos su éxito a medida que crece (alegría) y dejamos que se encargue de sus asuntos cuando sabe lo que está haciendo (ecuanimidad). La intención de este enfoque es desengancharse, para reducir las emociones reactivas y crear un entorno que facilite el cultivo de la atención y la visión profunda. La intención en las tradiciones Theravada es usar los cuatro inconmensurables para generar altos niveles de energía con el fin de potenciar la atención para la práctica de la visión profunda.

En varias tradiciones tibetanas, la práctica de los inconmensurables comienza con la ecuanimidad y luego continúa con el amor bondadoso, la compasión y la alegría. El orden enfatiza eliminar el prejuicio antes de cultivar el amor bondadoso y los otros inconmensurables. El énfasis refleja las enseñanzas del Mahayana sobre la totalidad y la presencia. La ecuanimidad sirve como base para el amor bondadoso porque la ecuanimidad elimina el prejuicio. El amor bondadoso sirve como base para la compasión porque el amor bondadoso contrarresta el cerrarse. La compasión sirve como base para la alegría porque la compasión elimina el egoísmo. Y la alegría sirve como base para la presencia porque la alegría elimina la necesidad de una validación externa.

La intención del Mahayana es estar despierto, tanto en la comprensión sobre lo que es la vida como en la manera en que nos relacionamos con lo que surge en la experiencia. Cuando sabemos directamente que todo lo que surge en nuestra experiencia es nuestra vida, podemos acoger el conflicto sin considerar ningún elemento de nuestra experiencia como un enemigo. Podemos abrirnos a otros sin adueñarnos de ellos ni fusionarnos con ellos. Podemos saber cómo son las cosas sin caer en la discriminación ni la crítica. Podemos guiar y no perder contacto con aquellos a quienes servimos.

Una tercera secuencia proviene de los cuatro caminos del trabajo espiritual: poder, éxtasis, visión profunda y compasión. El poder es la capacidad de permanecer presente en la acción. El éxtasis es la capacidad de abrirse a la experiencia. La visión profunda es la habilidad de examinar profundamente lo que está sucediendo. La compasión es la habilidad de soltar los intereses personales. Cada uno de estos caminos espirituales tiene una energía emocional asociada, uno de los inconmensurables. Cuando practicamos el poder, surge la alegría. Cuando nos abrimos extáticamente, surge el amor bondadoso. Cuando practicamos la visión profunda, surge la ecuanimidad. Cuando practicamos la compasión, surge la compasión.

En el budismo, el poder se cultiva en la práctica de la meditación básica y en las meditaciones sobre la muerte y la transitoriedad; el éxtasis, a través de las meditaciones sobre el sufrimiento (la meditación sobre el sufrimiento implica abrirse a la experiencia del sufrimiento) y a través de las prácticas devocionales; la visión profunda, a través de las meditaciones sobre lo que es, en última instancia, verdadero, y la compasión, a través de prácticas como tomar y enviar, y del despertar de la mente, las cuales se presentan en el capítulo siguiente.

El orden de los cuatro caminos del trabajo espiritual sigue una lógica distinta de las tradiciones del Theravada y del Mahayana. En los cuatro caminos, comenzamos con la alegría, la sensación de que «yo estoy aquí». El énfasis no está ni en «yo» ni en «estoy», sino en el «aquí». La alegría nos adentra en la presencia. El amor bondadoso toma la presencia como su punto de partida e irradia la conciencia hacia el entorno. En el campo de la consciencia llegamos a comprender que todas las representaciones de la experiencia, internas y externas son vacías (no son absolutas) cuando practicamos la ecuanimidad. En el espacio abierto y vacío, surge el movimiento en respuesta a la destructividad del sufrimiento; ese movimiento es la compasión, la expresión de la conciencia directa. La intención detrás de la secuencia de los cuatro caminos es adentrarnos directamente en la presencia y vivir desde allí.

Todas estas secuencias funcionan en la práctica. Cada una utiliza la energía de uno de los tres venenos: atracción, aversión o indiferencia. La tradición Theravada comienza con el amor bondadoso, transformando la energía de la atracción en apertura. El enfoque de los cuatro caminos comienza con la alegría, usando la energía de la aversión para estar presente. La tradición del Mahayana comienza con la ecuanimidad, usando la energía de ignorar para ver. La secuencia que utilices dependerá de la tradición que sigas, el entrenamiento de tu maestro y tu propia intención.

Ninguna de las tres secuencias comienza con la compasión. La verdadera compasión proviene de una comprensión y experiencia claras de los demás inconmensurables. En la ausencia de alegría, los valores condicionados dominan y distorsionan la expresión de la compasión. En la ausencia de amor bondadoso, las necesidades personales dominan. En la ausencia de ecuanimidad, los prejuicios dominan. En los tres casos, la compasión degenera en intentos por controlar a los demás.

TRANSMISIÓN

¿De dónde proviene la capacidad para cultivar los cuatro inconmensurables? En la meditación sobre el amor bondadoso, usas tu propia experiencia de bondad, la experiencia de calidez y amor ofrecidos sin reservas por otra persona. Si nunca has experimentado bondad, podrías tener dificultad con esta práctica; sin embargo, tales personas son poco comunes. Trabaja con lo que tienes, aun si la única experiencia que puedas recordar es la de un tendero obsequiándote un caramelo o un maestro que no te avergonzó frente a la clase.

Así como la experiencia de bondad es necesaria para cultivar el amor bondadoso, se necesitan otras experiencias clave para los otros inconmensurables. Para la compasión, necesitas haber tenido la experiencia de que alguien estuviera dispuesto a estar contigo cuando sentías dolor. Un amigo mío recuerda un incidente de su adolescencia. Estaba pasando un momento difícil con sus padres y estaba considerando seriamente escaparse. De algún modo, un tío suyo supo de sus dificultades y le escribió. El tío no le ofreció ningún consejo.

Solo reconoció que a veces la vida es difícil y dolorosa. Hasta el día de hoy, a mi amigo se le llenan los ojos de lágrimas cuando recuerda esa carta.

Para cultivar la alegría, necesitas haber experimentado que otra persona celebrara tu éxito o tu felicidad. Una aspirante a escritora mostraba historias, artículos y guiones a un editor tras otro, sin recibir reconocimiento y ni siquiera rechazo. Finalmente, llegó un cheque de un editor que había aceptado una de sus obras. Ella le mostró el cheque a su madre, que estuvo encantada por el éxito de su hija. A pesar de posteriores dificultades con su madre, la hija siempre recuerda cómo la celebración de su madre las unió en un momento de alegría.

Para desarrollar la ecuanimidad, necesitamos haber tenido la experiencia de que otra persona nos haya visto sin juicio. Otra amiga recuerda a un profesor de inglés a quien odiaba. Él era un muy buen maestro, pero debido a dificultades en su propia vida, ella lo odiaba con furia. Finalmente, su odio la impulsó a revelar sus sentimientos en una carta mordaz que, en efecto, le entregó al maestro. Él tomó la carta y no hizo nada: ningún comentario sobre la carta, ni reprimenda, ni juicio alguno sobre su persona en absoluto. Él continuó tratándola como a cualquier otro estudiante de la clase. Si bien la actitud de él no cambió, la de ella, sí. Su enojo y su odio disminuyeron y comenzó a apreciarlo a él y lo que le podía enseñar.

Los inconmensurables transforman las relaciones al cortar el dualismo sujeto-objeto para unir a quien da y a quien recibe en un momento de presencia, un momento que conlleva la energía del inconmensurable y la siembra en el corazón de quien recibe. Cada vez que vemos a alguien sin juicio, aceptando a esa persona como es, se planta una semilla de ecuanimidad. Cada vez que expresamos calidez a otro libremente, a través de la generosidad o el amor, se planta una semilla de amor bondadoso. Cada vez que permanecemos presentes con otra persona que está sufriendo, se planta una semilla de compasión. Cada vez que celebramos o nos deleitamos por el éxito o la felicidad de otra persona, se planta una semilla de alegría. Cada interacción tiene el potencial de la transmisión, de plantar una semilla de presencia en ambos.

PROPÓSITO, MÉTODO, EFECTOS Y RESULTADOS

Mientras más aprendemos sobre una tradición de práctica, más susceptibles somos a perder el camino. Suzuki Roshi aborda esta aparente paradoja en *Mente zen, mente de principiante*, resumiéndola en la siguiente observación:

«En la mente de principiante hay muchas posibilidades, pero en la del experto, hay pocas». A medida que aprendemos más sobre la práctica, vemos más posibilidades y esas posibilidades fácilmente se convierten en expectativas. Al saborear la presencia se nos abre el apetito y queremos más. Cuando entendemos cómo funcionan las técnicas, nos esforzamos más. Se produce un viraje gradual y sutil: empezamos a descuidar el método en sí de la práctica e intentamos practicar la forma en que queremos ser o la manera en que pensamos que deberíamos ser, o tratamos de provocar que suceda lo que pensamos que debería estar sucediendo. Poco a poco, nos distanciamos del método verdadero de la práctica. En lugar de estar presentes, empezamos a vivir en la idea de estar presentes.

El trabajo sobre los cuatro inconmensurables es particularmente susceptible a semejante confusión. Los textos tradicionales contienen amplias descripciones de los resultados de practicar los cuatro inconmensurables. ¿Quién no quiere ser ecuánime, amoroso, compasivo y alegre? ¿Quién no quiere relacionarse con el mundo con paz, apertura, afecto y energía? Nuestras expectativas se elevan. Las expectativas de otros (amigos, colegas, nuestra tradición o grupo de meditación) son igualmente problemáticas. Estas expectativas, sutiles y a menudo inexpresadas, derivan en nociones fijas sobre lo que consideramos como emociones y comportamientos aceptables. Suprimimos lo que realmente sentimos, pensando: «Yo no debería de estar enojado. Debería recibir esto con ecuanimidad».

> Considera a todos los seres sensibles como budas, pero mantén tu mano en tu cartera.
>
> —*Dicho tibetano*

Rechazamos el sentido común, pensando una vez más que, puesto que somos amorosos o compasivos, deberíamos permitir que los demás se aprovechen de nosotros.

En el capítulo sobre cultivar la atención, describí cuántos problemas en la práctica provienen de no diferenciar el propósito, el método, los efectos y los resultados de la práctica básica de meditación. Al igual que las expectativas sobre quedar libres de los pensamientos impiden el cultivo de la atención, las expectativas sobre ser compasivos o amorosos impiden el desarrollo de los inconmensurables. Puesto que con las prácticas sobre los inconmensurables profundizamos en sensaciones difíciles y dolorosas, sensaciones que aparentan ser todo lo contrario de los inconmensurables, necesitamos tener mucha claridad sobre el propósito, el método, los efectos y los resultados.

Intentar vivir los cuatro inconmensurables sin antes desmantelar lo que les impide surgir es ineficaz y peligroso. Cubrir con papel las grietas de una pared no resuelve nada; la pared se ve bien durante un tiempo, pero las grietas pronto reaparecen y la pared se ve aún más desgastada. Peor aún, no se abordan los problemas estructurales que generan las grietas. En el mejor de los casos, te conviertes en una caricatura de los cuatro inconmensurables; en el peor, desarrollas serios problemas emocionales y te vuelves mentalmente desequilibrado. La intención de la práctica de los cuatro inconmensurables no es verse bien, sino transformar la pasividad profundamente condicionada que se asocia con el sentido del «yo». Una vez que se aborda este problema estructural, el resultado, los cuatro inconmensurables, se manifiesta naturalmente.

Propósito

El propósito fundamental de los cuatro inconmensurables es desmantelar los patrones reactivos que nos impiden experimentar la energía emocional libre. Puesto que en gran medida no tenemos conciencia de estos patrones, nada inhibe su funcionamiento y nuestra vida da bandazos de un patrón a otro, como el Sr. Sapo y su viaje desenfrenado en *El viento en los sauces;* somos, de hecho, pasajeros pasivos en nuestras vidas y los patrones van al volante.

Los cuatro inconmensurables ponen fin a esta pasividad. Recuerda el ejemplo de la erosión en el capítulo sobre el karma: No puedes detener la erosión rellenando los surcos con más tierra; tienes que plantar pasto, árboles y arbustos para afianzar el suelo o construir canales de drenaje que desvíen el agua y la dejen correr sin que arrastre la tierra con ella. De modo similar, los cambios de conducta no son suficientes si no has cambiado tu paisaje interior. Los viejos patrones, tarde o temprano, se reafirman a sí mismos. Para cambiar, tienes que convertirte en un participante activo de tu propia vida. Solo puedes hacer esto cuando experimentas la energía emocional libre, la energía que no se consume por el funcionamiento de los patrones habituales. Esa energía proviene de descubrir los cuatro inconmensurables. A medida que cultivas la energía libre, te sientes más vivo y más despierto en tu vida. Ahora sí actúas en forma diferente, y los cambios de conducta no son forzados ni artificiales. Emergen naturalmente como la realización del propósito de la práctica.

Método

Un método de meditación es una forma de traer atención al funcionamiento de los patrones habituales. La práctica es eficaz solo cuando la atención y los patrones condicionados de hecho se encuentran y los patrones habituales se experimentan en atención. Si simplemente vuelves a experimentar los patrones condicionados sin atención, los patrones se refuerzan. Por otro lado, si cultivas la atención y no la aplicas a los patrones condicionados, la energía de atención inevitablemente desemboca en los patrones habituales y en los patrones inhibitorios. Ambos grupos de patrones se fortalecen.

Cuando la atención y el condicionamiento se encuentran, el proceso reactivo del condicionamiento se detiene. El proceso reactivo no puede funcionar en presencia de la atención porque la energía que lo hace funcionar se dirige hacia la atención.

El método que se usa aquí para los cuatro inconmensurables es un método de poder. Consiste en tres pasos —observación, reorganización y constancia—, que se describen en las guías para la práctica. La intención de este método es cortar el funcionamiento de los patrones habituales y llevarte directamente a la presencia.

Un buen enfoque sobre los métodos de poder es considerar la práctica como un ritual. Genera la intención de hacer cada paso como se describe en las instrucciones. Todo lo que surja en la práctica que no esté conectado con tu intención es el funcionamiento de un patrón habitual. Observando tales desviaciones de la forma de la práctica, puedes ver cómo funcionan los patrones y, así, traer los patrones a la atención. Algunos días, surgen fuertes sensaciones, reacciones, visiones profundas o experiencias. Otros días, sientes que no está sucediendo nada y que solo estás llevando a cabo los pasos. En cualquier caso, atente a la forma y trae atención a todo lo que surja.

Las secciones sobre ampliar los inconmensurables usan un método del éxtasis. La intención de este método es abrir el inconmensurable que se ha revelado y extender su funcionamiento a todas las áreas de tu vida.

Efectos

Los efectos varían mucho de una persona a otra. Por ejemplo, si practicas algún tipo de entrenamiento físico, los efectos pueden incluir una sensación de energía intensificada, euforia, rigidez o torpeza, o un tirón muscular. En la práctica de los cuatro inconmensurables, los efectos incluyen incrementos súbitos de energía, oleadas de amor o compasión universal, depresión, miedo, soledad, remordimiento, aburrimiento o entumecimiento.

Cuando la intención no es clara o es débil, los efectos socavan la práctica de tres maneras: Cuando experimentas efectos agradables, como oleadas de amor universal, tu práctica se mueve sutilmente de llevar a cabo el método a generar experiencias placenteras, e ideas sobre ganancia —nociones de que la imagen condicionada de quien eres se beneficiará con la práctica— se han metido y tu práctica sufre; los efectos desagradables, como el miedo o el remordimiento, hacen que evites áreas donde te encuentras con material emocional doloroso; los efectos neutros tales como aburrimiento y entumecimiento te hacen sentir que la práctica es inútil, infructífera y una pérdida de tiempo.

Vigila tu práctica y no caigas bajo el hechizo de los efectos. A menudo, los practicantes se aferran a los efectos agradables como un indicio de que la práctica va bien y toman los efectos desagradables como un indicio de que la práctica no va bien. En mi experiencia, los efectos agradables y desagradables son parámetros poco confiables de la eficacia o el progreso en la práctica.

Toma nota cuando un efecto particular se repite con intensidad o frecuencia creciente. La intensificación suele indicar que un patrón está comenzando a desintegrarse o que la práctica está desequilibrada o mal encaminada. En el entrenamiento físico, repetidas distensiones musculares apuntan a un problema en tu rutina de entrenamiento. Consulta con un maestro que tenga un acertado conocimiento técnico de la práctica, que haya tenido experiencia personal con ella, que te conozca, y que esté genuinamente interesado en tu bienestar.

La tendencia es atribuirles demasiada importancia a los efectos. La mayoría de ellos son fluidos y transitorios: surgen un día y se disipan al siguiente.

Resultados

Hablar sobre los resultados puede ser una ayuda o un obstáculo. Algunos maestros nunca abordan los resultados para evitar que surjan expectativas entre los estudiantes o que se refuercen los patrones de competencia, logro, orgullo o inferioridad. Otros maestros conversan largo y tendido sobre ellos para inspirar a los estudiantes o para confirmar su comprensión.

El punto clave es recordar que los resultados no son las prácticas. Cuando practiques los cuatro inconmensurables, probablemente sentirás que deberías cambiar tu conducta para emular los resultados de la práctica: estar tranquilo y ser ecuánime, ser abierto y amoroso, ser compasivo y atento con quien te encuentres, y ser alegre y rebosante de energía todo el tiempo. Semejantes esfuerzos por actuar de forma «apropiada» inevitablemente provocan que suprimas lo que realmente estás sintiendo. Desarrollas una personalidad artificial, una personalidad «espiritual» que recubre las grietas de tu psique. Cada vez más energía se destina a mantener una idea de cómo deberías ser. Cada vez menos energía se destina a la práctica en sí. Al intentar ser un «buen» estudiante, socavas tu propia práctica. En lugar de ello, enfoca tu energía en el método —brindando atención al funcionamiento de los patrones— y permite que los resultados surjan por sí mismos.

Si tomas el propósito como el método, rápidamente encontrarás frustración y confusión. El propósito es desmantelar la pasividad. La pasividad no se evapora inmediatamente, igual que un lago no se seca tan pronto como sale el sol. El método crea el espacio para que crezcan los cuatro inconmensurables. A medida que crecen, la pasividad se desmorona y te vuelves más presente, despierto y activo en tu vida. La ecuanimidad, el amor bondadoso, la compasión y la alegría se manifiestan naturalmente.

Si tomas los efectos como el método, te obsesionas con los estados y las experiencias. Evitas los estados «malos» y buscas las experiencias «buenas». Las nociones de bueno y malo están definidas por los patrones habituales, de modo que terminas reforzando los patrones ya establecidos. En vez de eso, toma lo que la práctica te brinda. Ejercita la ecuanimidad —ni bueno ni malo, solo experiencia— y continúa.

Si tomas los resultados como el método, creas la personalidad artificial que mencioné antes. En lugar de llevar a cabo un proceso de cambio interno fundamental, adoptas criterios para las conductas, las actitudes y las formas de pensar que supones que deberías asumir. Te vuelves cada vez más rígido a medida que intentas ajustarte a la forma de ser prescrita y te sientes cada vez más frustrado con tu inhabilidad para cumplir los estándares imposibles que has establecido.

Cuatro esfuerzos

Para que la práctica sea eficaz, debes realizar cuatro esfuerzos: conocer el propósito, confiar en el método, entender lo que sucede en la práctica, y aceptar los resultados.

Primero, ¿la intención de la práctica concuerda con tu motivación para practicar? Muchas personas nunca se hacen esta pregunta crucial. Suponen pasivamente que cualquier método de práctica les será útil. Si tu intención es relajarte y liberarte del estrés, entonces la meditación sobre la compasión no es un buen sitio para comenzar. La primera pregunta es: «¿Qué quiero obtener de mi práctica espiritual?». La segunda es: «¿Este método de práctica me lleva en esa dirección?». Para hacer esta segunda pregunta, debes saber cuál es el propósito o la intención de la práctica.

Segundo, debes comprender y tener confianza en el método. La confianza proviene de tu propia comprensión o de tu confianza en tu maestro. Sea cual sea la fuente, la confianza es esencial para que puedas mantenerte en la práctica de cara a las dificultades que inevitablemente surgen. No puedes fabricar ni fingir la confianza. Si no confías en tu maestro, habla con él o ella, o encuentra otro maestro. Si no tienes confianza en tu habilidad para practicar, examina el patrón que dice: «Yo no puedo hacer esto». Si no tienes confianza en el método, estúdialo más profundamente hasta que tenga sentido para ti o trabaja con otro método que sí entiendas.

Tercero, debes conocer y ser capaz de reconocer la variedad de efectos que la práctica puede producir y evitar que te seduzcan los efectos agradables, que te desanimen los desagradables o que te adormezcas con los neutros. Las respuestas agradables, desagradables y neutras desencadenan las reacciones emocionales de los tres venenos: atracción, aversión e indiferencia. Los tres venenos se configuran alrededor del sentido del «yo» y lo mantienen. Todos los efectos en la práctica de meditación son expresiones de los mecanismos estructurados que funcionan para degrad ar la atención y regresarte a un funcionamiento basado en los patrones. Necesitas tener la determinación de atender aquello que es verdadero, la mente original, y no lo que es falso, los imperativos basados en los patrones.

> Las cadenas del hábito son demasiado débiles para sentirse hasta que son demasiado fuertes para romperse.
>
> —*Samuel Johnson*

Por último, tienes que aceptar los resultados de tu práctica. Una práctica eficaz revela los patrones que gobiernan tu vida. Puede ser que no te guste lo que veas. Si les das la espalda, ellos ganan y continúan funcionando. Crecen y toman el control de tu vida por completo a medida que te haces mayor. Recuerda, te conviertes en aquello con lo cual no trabajas. No puedes controlar lo que sucede en la práctica porque la práctica inicia un proceso de crecimiento y el crecimiento, por su naturaleza, es impredecible. Lo único que puedes hacer es mantener tu intención.

Los auténticos resultados de la práctica a menudo se presentan como una sorpresa. Te encuentras en una situación difícil, haces lo que parece surgir naturalmente y luego, después del hecho, te das cuenta de que manejaste la situación de forma muy diferente a cómo solías hacerlo. La expresión natural y sin esfuerzo de la conciencia, de la ecuanimidad, del amor bondadoso, de la compasión y de la alegría es el verdadero resultado. En ese momento, lo que haces parece ser perfectamente natural. «No es la gran cosa», podrías decirle a un amigo que te pregunta cómo fuiste capaz de permanecer presente y hacer lo que había que hacer. Pero sí es la gran cosa porque la expresión natural de estas cualidades cambia tu vida y la vida de todos aquellos a quienes encuentras.

GUÍAS PARA LA PRÁCTICA

Las meditaciones sobre los cuatro inconmensurables comparten una estructura similar:

FUNDAMENTO:

- Establecer una base de atención

PRÁCTICA:

- Revelar el inconmensurable

  observación
  reorganización
  constancia

- Extender el inconmensurable a todas las áreas de la vida

CONCLUSIÓN:

- Mezclar el inconmensurable con la conciencia
- Soltar el esfuerzo

Fundamento

Inicia cada meditación descansando la atención en la respiración para establecer una base de atención. La actividad mental ordinaria, la tensión y la opacidad suelen requerir entre quince y veinte minutos para disiparse, sin importar cuánto tiempo lleves practicando. Descansa la atención en la respiración durante al menos este lapso de tiempo para que las cosas se asienten.

Práctica

Dedica entre veinte y treinta minutos a la práctica principal. Debido a que estas prácticas conllevan muchas imágenes, podría ser más fácil hacerlas con los ojos cerrados.

Para cada inconmensurable, recorre los tres pasos: observación, reorganización y constancia. Inicialmente, la observación tomará la mayor parte de tu tiempo. A medida que veas la forma y la estructura de los patrones reactivos, dedica más tiempo a la reorganización. La constancia se convierte en el esfuerzo principal cuando puedes sostener la atención en el núcleo emocional del patrón. Cuando la atención penetra el núcleo emocional, este se deshace y la experiencia del inconmensurable surge naturalmente.

Cuando tengas una experiencia clara del inconmensurable, dedica la mayor parte del tiempo de práctica a extenderlo a todos los ámbitos de tu vida. Extiéndelo en etapas, comenzando con los aspectos de la vida que despiertan reacciones leves o moderadas, para luego abordar las áreas que son difíciles o dolorosas de enfrentar. Tendrás que volver a la observación y la reorganización una y otra vez; ya que cada nueva área de extensión desenterrará diferentes variaciones del patrón reactivo básico.

Habrá porciones del material de la meditación que resonarán fuertemente con tu propia experiencia. Otros te abrirán nuevas puertas. Cuando empieces, aprende todo el material y reflexiona sobre él hasta que tenga sentido para ti. Comienza utilizándolo en tu práctica. Tal vez no abarques todo el material en una sesión, así que fracciónalo y trabaja con él durante varias sesiones si es necesario, pero debes recorrer los tres pasos —observación, reorganización y constancia— en cada sesión.

Dedica al menos un mes, preferiblemente dos, a cada uno de los inconmensurables. Este período es generalmente suficiente para que tengas una experiencia clara de cada uno. No obstante, los inconmensurables son acumulativos, de modo que es bastante frecuente que cuando se está trabajando con la compasión, por ejemplo, espontáneamente se tenga una experiencia más profunda del amor bondadoso o de la ecuanimidad.

Revelar el inconmensurable

Los inconmensurables son expresiones de la mente original. No se crean en la práctica de meditación, sino que se revelan por medio de un proceso en el cual enfrentas y te desplazas por los patrones habituales que se interponen en el camino. Este proceso consta de tres pasos: observación, reorganización y constancia.

Un maestro tibetano del siglo XII, Chekawa Yeshe Dorje, describió tres desafíos en la práctica espiritual. El primer desafío es reconocer un patrón emocional reactivo. El segundo es desarrollar una forma de trabajar sobre él. El tercero es trabajar con el patrón hasta que colapsa. Los tres desafíos de Chekawa corresponden a los tres pasos. La observación revela el patrón reactivo, la reorganización desarrolla una manera de trabajar con él, y la constancia corta el patrón hasta que deja de funcionar.

OBSERVACIÓN.   El primer paso es observar cómo reaccionas a un aspecto específico de tu experiencia de otras personas. Para la ecuanimidad, observa tu reacción ante la presencia de otros. Para el amor bondadoso, observa tu reacción al abrirte frente a otros. Para la compasión, observa tu reacción ante el sufrimiento de otros. Y para la alegría, observa tu reacción ante la felicidad de otros.

La tarea en este paso es ver los procesos reactivos que impiden que el inconmensurable se manifieste: el prejuicio bloquea la ecuanimidad; cerrarse bloquea el amor bondadoso; el miedo al sufrimiento bloquea la compasión, y sentirse insuficiente bloquea la alegría. Experimentarás mucha incomodidad en este paso a medida que veas cómo funcionan los patrones. La incomodidad es parte del proceso de reacción que funciona para erosionar la atención. Igual que en meditaciones anteriores, no evites las sensaciones de incomodidad. Sostén tanto el patrón como todas las reacciones en atención.

Observación significa observar cómo funcionan los patrones. No intentes cambiar nada en esta etapa; observa. Otro nombre para la observación es *seguir el gesto*: usa la atención para seguir la manera en que funciona el patrón. El acto de observar cambia tu relación con los patrones reactivos; los ves como patrones, no como lo que eres ni como lo que es real. A medida que continúas observando, verás otras maneras de trabajar con lo que surge en la experiencia.

REORGANIZACIÓN.   El próximo paso comienza cuando puedes observar el proceso reactivo claramente. Tu relación con el patrón cambia. El patrón es ahora un objeto de atención. Ves cómo la misma reacción funciona externamente, en tu relación con otros, e internamente, en tu relación con los pensamientos, las sensaciones, los recuerdos, las asociaciones y otros aspectos de la experiencia. Ves la reacción por lo que es: una reacción que surge, se agota y se desvanece.

> Puedes ver mucho solo mirando.
>
> —*Yogi Berra*

La ves como una experiencia más que como un elemento fijo de tu personalidad. En otras palabras, tu identificación con ella se desmorona.

Comienzas a darte cuenta de que no tienes que amoldarte al patrón. Puedes sentarte y dejar que el patrón surja, se agote y se desvanezca durante tu práctica de meditación. Entonces descubres que puedes hacer lo mismo en tu vida. Puedes verlo surgir, agotarse y desvanecerse. No necesitas expresarlo ni suprimirlo en las situaciones cotidianas. Tienes energía libre, energía que no se consume por el funcionamiento del patrón, de tal manera que ves y actúas de forma diferente en tu vida. La reorganización también se llama *ir en otra dirección*, porque se abren nuevas vías de acción y conducta y eres capaz de tomarlas.

CONSTANCIA. En la constancia, usas la atención para cortar el patrón una y otra vez hasta que se desmorona, así que otro nombre para la constancia es cortar. Una de dos cosas surge en este momento: O bien el patrón se disuelve y te liberas de sus restricciones, o reconoces conscientemente un nivel más profundo de condicionamiento. En el último caso, repite el proceso, volviendo a observar el patrón más profundamente hasta que la posibilidad de reorganizar surja.

Una vez que percibes un patrón como un proceso, puedes sostenerlo en atención más fácilmente. Experimentas el núcleo emocional no procesado que desencadena el imperativo del patrón; así como los recuerdos y las sensaciones corporales asociados, la cadena de reacción y el mundo proyectado. Tu esfuerzo ahora es sostener todo el proceso reactivo en atención. En algún momento, la reacción se vuelve vacía y experimentas un cambio. El cambio puede presentarse de forma bastante repentina, como si hubieras atravesado una pared, o puede presentarse gradualmente, en cuyo caso te das cuenta de que toda la agitación ha desaparecido y estás en un estado mental muy diferente. En cualquier caso, el cambio tiene una cualidad de apertura, de relajación y de sabiduría y marca el surgimiento del inconmensurable. Para la ecuanimidad, el cambio está marcado por la claridad; para el amor bondadoso, por la apertura; para la compasión, el ir más allá del miedo, y para la alegría, por la presencia. Siéntate en la apertura y la comprensión. Tu relación con el inconmensurable aún no es estable, así que cuando la apertura se disipa, vuelve a la práctica: sostén el proceso reactivo en atención hasta que se vuelva vacío y luego descansa nuevamente. La constancia consiste en repetir estos pasos, cortando una y otra vez hasta que el núcleo subyacente se desmorone y el inconmensurable se vuelva estable en la experiencia.

Extender el inconmensurable en todas las áreas de la vida

La primera fase de la práctica te pone en contacto con la sensación subyacente que bloquea el desarrollo del inconmensurable. Una vez que esa sensación se revela en atención y has experimentado el inconmensurable, el próximo paso es extender el inconmensurable a todas las áreas de la vida. Hazlo por pasos. Cada uno de los inconmensurables sigue una secuencia de pasos ligeramente diferente. Para extender la ecuanimidad, por ejemplo, comienzas con personas que no te despiertan fuertes sentimientos de atracción ni aversión y luego, gradualmente, sigues con aquellos que sí. Para extender la compasión, comienzas con personas y situaciones que te despiertan empatía y luego sigues con aquellos que preferirías no enfrentar. La meta es extender los inconmensurables a todos los seres y a todas las situaciones, en otras palabras, a la totalidad de la experiencia.

Conclusión

Al final de la sesión de práctica, abre los ojos y descansa en atención. La etapa de conclusión de la práctica tiene dos funciones. Primero, descansar en atención abierta permite que la energía emocional surgida en el transcurso de la práctica se disperse de manera uniforme a través del cuerpo y la mente. La dispersión de la energía es un componente importante de la práctica. Si la energía se acumula detrás de bloqueos emocionales o físicos, causa desequilibrio, perturbación, el refuerzo de los patrones habituales e incluso enfermedad. Segundo, descansar en atención en el campo de la energía emocional transforma la energía emocional en un nivel más alto de atención y crea las condiciones necesarias para que los cuatro inconmensurables surjan al nivel de la conciencia.

La conclusión de la práctica implica dos pasos: mezclar el inconmensurable con la conciencia y soltar el esfuerzo. Dedica aproximadamente diez minutos a ellos.

Mezclar el inconmensurable con la conciencia despierta

Mira directamente la experiencia del inconmensurable, ya sea la ecuanimidad, el amor bondadoso, la compasión o la alegría. Una de las maneras más fáciles de observar directamente el inconmensurable es plantear la pregunta: «¿Qué es esta experiencia de amor bondadoso?». No busques una respuesta intelectual. Más bien, deja que la pregunta dirija tu atención al inconmensurable y solo mira. No verás nada, pero el esfuerzo de atención eleva el nivel de energía del inconmensurable y comienza la mezcla del inconmensurable con la conciencia.

Soltar el esfuerzo

Descansa justo en la observación. Inicialmente, serás capaz de ver solo durante períodos muy cortos. Cuando el ver se desvanece, vuelve a enfocar la atención en la respiración y descansa con la sensación de respirar durante el resto del período de meditación. Gradualmente, serás capaz de descansar durante más tiempo en el ver. Experimentarás la cualidad del inconmensurable como un saber o un resplandor mientras que simultáneamente eres consciente de que el inconmensurable no es una cosa. A medida que el inconmensurable y la conciencia se mezclan, simplemente descansa en la conciencia abierta sin hacer nada.

Meditación 1: Ecuanimidad

Descansa la atención en la respiración durante quince o veinte minutos para establecer una base de atención.

Ahora empieza a descubrir la ecuanimidad. Imagina a tres personas frente a ti. A la izquierda se halla una persona que te cae bien, un amigo. A la derecha, se encuentra una persona que te cae mal. Entre las dos, hay una persona por la que no tienes sentimientos fuertes, ya sean positivos o negativos. Elige a personas por las cuales tus sentimientos sean claros, aunque no abrumadoramente fuertes.

OBSERVACIÓN

Identificar la atracción, la aversión y la indiferencia

Comienza con la persona que te cae mal y observa cómo la experimentas física, emocional y mentalmente. Repasa las siguientes reflexiones con esta persona. Luego, haz lo mismo con la persona que te cae bien y después con la persona hacia la cual eres indiferente.

ASPECTO FÍSICO:

- ¿Están presentes en su cuerpo?
- ¿Cómo se ven? ¿Son físicamente atractivas? ¿Tienen rasgos físicos distintivos?
- ¿Cómo se paran o se sientan? ¿Relajadas, tensas, receptivas, distantes?
- ¿Sus movimientos son torpes, gráciles, lejanos, furtivos, vigilantes?
- ¿Cómo se visten? ¿Para aparentar, para estar cómodas, para producir impacto, para conformar o para hacer una declaración?
- ¿Qué animal evoca en tu imaginación cada una de estas personas?

ASPECTO EMOCIONAL:

- ¿Están presentes emocionalmente?

- ¿Cómo hablan? ¿Agresivamente, pacientemente, autoritariamente, dubitativamente?
- ¿El tono de expresión emocional concuerda con la energía emocional?
- ¿Cómo se relacionan con otros? ¿Recíprocamente, rígidamente, intelectualmente, apasionadamente, o energéticamente?
- ¿Cómo establecen conexiones y relaciones?

ASPECTO MENTAL:

- ¿Están despiertas y presentes?
- ¿Cómo ven el mundo? ¿Cuáles son sus perspectivas políticas, sociales, religiosas o filosóficas?
- ¿Dónde invierten su energía? ¿En su carrera, sus relaciones, sus ideales o entretenimiento?
- ¿Cuáles son sus intereses? ¿Sobre qué hablan o a qué se dedican?
- ¿Cómo se relacionan con el mundo? ¿Como un ámbito para pelear, para satisfacer necesidades, para cumplir con responsabilidades sociales, para explorar sus intereses, para demostrar su valor o para mantener su posición?

Nota lo que te gusta, lo que no te gusta y lo que no te importa de cada persona. No modifiques lo que sientes; solo nótalo. Dedica tiempo suficiente a esta sección para que tus sentimientos de atracción, aversión e indiferencia te queden claros.

Entender que las reacciones están basadas en las representaciones internas

Enfoca tu atención de nuevo en la persona que te cae mal. Recuerda cómo se desarrolló esa aversión.

- ¿Están tus sentimientos basados en la experiencia personal o en lo que sabes acerca de la persona a través de otros?
- ¿Están tus sentimientos basados en cómo conociste a esta persona, en un incidente particular en la relación o un sentimiento que se ha hecho más claro a lo largo del tiempo?
- ¿Hay algún rasgo físico, emocional o mental que domine tus sentimientos?
- ¿Te desagrada todo sobre esa persona?

Ver la naturaleza fluida de las representaciones

Cuando tengas claridad sobre los factores que dan forma a tus sentimientos por esta persona, cambia un factor que no te gusta por uno que te gusta. Por ejemplo, si la primera vez que se conocieron la persona te ignoró, imagina que en esa primera ocasión él o ella te saludó cálidamente. Si no te gusta la manera como se viste, imagina que se viste de un modo diferente. Los cambios que imaginas no tienen que corresponder directamente con los factores que te desagradan. Quizás no te gusta la persona porque habla en voz muy alta y sientes que no le importan los demás. Ahora imagina que la primera vez que la conociste, te devolvió a tu hijo, que se había perdido en un centro comercial.

Cambia los factores uno por uno. Después de cada cambio, verifica internamente cómo te sientes sobre esta persona.

Llegará el momento en que notarás que tu sentimiento de aversión cambia primero a indiferencia y luego a atracción. A menudo, el cambio hacia la indiferencia es muy rápido, así que repentinamente puedes advertir que la persona que estás considerando te cae bien.

Luego, dirige tu atención a la persona que te cae bien y lleva a cabo las mismas reflexiones, pero usa cambios que susciten la aversión en ti. Sigue realizando cambios hasta que sientas aversión.

Finalmente, dirige tu atención a la persona por la cual sientes indiferencia e imagina primero cambios que hacen que te caiga mal y luego, cambios que hacen que te caiga bien.

¿Cuántas veces te has formado una opinión sobre una persona, solo para tener que cambiarla al enterarte de una faceta de ella que desconocías? El punto de este paso es hacerte consciente de la diferencia entre la persona y tu representación interna de la persona. Una vez que haces esta distinción, ves cómo tus sentimientos sobre otras personas están basados en lo que está almacenado en tu interior.

REORGANIZACIÓN: BRINDAR ATENCIÓN A LA INDIFERENCIA

La atracción, la aversión y la indiferencia son diferentes manifestaciones del mismo nivel de energía emocional, el nivel de los tres venenos. En este paso, reorganizas tu relación con este espectro de energía.

Reducir las reacciones a indiferencia

Imagina a las mismas tres personas frente a ti. Tus representaciones internas de estas personas hacen que una te caiga bien, que la segunda te desagrade y que seas indiferente hacia la tercera. Repasa el proceso igual que antes hasta que sientas indiferencia hacia las tres personas. Cambia factores en la persona que te cae bien hasta que sientas indiferencia hacia él o ella. Cambia factores en la que te cae mal hasta que sientas indiferencia hacia él o ella.

Brindar atención a la indiferencia

Ahora tienes una experiencia «clara» de indiferencia. La indiferencia es un estado de la mente pasivo y opaco. Trae atención a la experiencia misma de indiferencia mientras sostienes las imágenes de las tres personas frente a ti. Nota la opacidad, la pasividad, la falta de respuesta y la monotonía de la indiferencia. Si te distraes o te quedas en blanco, restablece atención en la respiración y luego recuerda a las tres personas y la sensación de indiferencia.

CONSTANCIA: MANTENER LA ATENCIÓN

La indiferencia se vuelve vacía

Experimenta la indiferencia tan claramente como puedas. No intentes cambiarla ni deshacerte de ella. Mantente despierto de forma que no se apodere de ti. En algún momento, sentirás un cambio. La indiferencia parece desmoronarse, disolverse o desvanecerse. En su lugar, experimentas un saber claro que se siente totalmente natural. Este saber es abierto, espacioso, relajado. Este cambio es el resultado de la indiferencia volviéndose vacía.

No intentes hacer que la indiferencia desaparezca solo al pensar que es vacía. Solo acabarás pensando que has experimentado la ecuanimidad, cuando todo lo que has hecho es construir una idea o una noción sobre la ecuanimidad. Más bien, ve directamente a este estado mental opaco, insípido, inánime y experimenta la indiferencia en atención.

Cuando la indiferencia colapsa, la atracción y la aversión también colapsan.

Ecuanimidad: Claridad abierta, libre de atracción, aversión e indiferencia

El saber claro está libre de la confusión reactiva de la atracción, la aversión y la indiferencia. Ves a las tres personas ante ti, pero ahora las ves libres de la distorsión de las representaciones internas. Son solo personas. Ves que, al igual que tú y todos los demás, solo quieren ser felices y no sufrir. En este sentido, son iguales a ti y a todos los demás; entiendes cómo son. La ecuanimidad se revela cuando el espectro de reacción emocional basado en la atracción, la aversión y la indiferencia colapsa. Ves a las personas sin el filtro de tus propias reacciones.

EXTENDER LA ECUANIMIDAD A TODAS LAS ÁREAS DE LA VIDA

Comienza la práctica de extender el inconmensurable cuando tengas una experiencia clara de la ecuanimidad. Consultar con tu maestro en esta etapa es importante. Algunas personas no reconocen el saber claro y abierto como ecuanimidad y siguen esforzándose por tener una experiencia «trascendente». Otros se hacen una treta intelectual, imaginando un saber claro y vacío y toman lo que imaginan como ecuanimidad. Un maestro competente puede ayudarte a evitar estas trampas.

Una vez que hayas experimentado la ecuanimidad claramente con un grupo de tres personas, elige otro grupo de tres personas y recorre el mismo proceso. Después de cuatro o cinco grupos, la ecuanimidad se presenta más fácilmente. Ahora puedes trabajar con personas por las cuales tienes sentimientos más intensos, tanto negativos como positivos. Trabaja también con varios grupos de personas: grupos que te caen bien, grupos que te caen mal y grupos por los cuales sientes indiferencia. A medida que extiendas la práctica a más y más personas, revelarás nuevas áreas donde el juicio y la preferencia actúan en ti. Una y otra vez, regresa al proceso de reducir la atracción y la aversión en indiferencia y de traer atención a la indiferencia hasta que se vuelva vacía. Extiende la práctica de ecuanimidad a todas las personas en todas partes.

CONCLUSIÓN: ECUANIMIDAD AL NIVEL DE LA CONCIENCIA

Al finalizar cada sesión, suelta todas las imágenes y sentimientos con los que has estado trabajando. Descansa en cualquier sentimiento de ecuanimidad que hayas descubierto con la mente abierta y clara. Presta atención a la experiencia de ecuanimidad. ¿Qué es? ¿Dónde está? ¿De dónde proviene? No intentes razonar, analizar ni pensar sobre estas preguntas. Usa las preguntas para dirigir la atención. Solo descansa, observando la experiencia de ecuanimidad.

Comentario: Ecuanimidad

En cada etapa de la práctica, hay que pagar un precio por la claridad. El precio es la pérdida de una ilusión. Con la ecuanimidad, pierdes la ilusión de que tus preferencias y prejuicios reflejan con precisión lo que es real.

La práctica de la ecuanimidad es dura. Primero expone los prejuicios y luego actúa para zafarte de ellos. No todo el mundo suelta con facilidad.

Una dificultad que puedes encontrar es admitir que una persona en particular no te cae bien. Tal admisión no concuerda con lo que podría ser una visión cuidadosamente construida de ti mismo como una persona abierta, tolerante y acogedora.

Una persona afirmó rotundamente que no podía hacer la meditación porque ella ya no usaba categorías de «gusto» y «disgusto». Su actitud reflejaba dos problemas relativamente comunes: un apego a la autoimagen de ser una persona que ha ido más allá de los gustos y los disgustos, y una tendencia a relacionarse con las emociones a través del intelecto para mantener la autoimagen. Después de una larga conversación, ella admitió a regañadientes que sentía mayor calidez hacia algunas personas que otras y usó «cálido» y «menos cálido» como base para la primera parte de la práctica de la ecuanimidad.

Otro mecanismo mediante el cual las personas evitan admitir el funcionamiento del prejuicio personal es una insistencia en la «verdad». La lógica de este mecanismo es interesante. Si puedes descubrir lo que es «verdadero», lo que «ocurrió realmente», entonces no tienes que admitir que estás ejerciendo ningún juicio. Tus acciones están justificadas por «la verdad» y estás absuelto de cualquier responsabilidad por tus puntos de vista. Por supuesto que la lógica es defectuosa, ya que ignora los criterios por los cuales se determina «la verdad». El prejuicio personal determina los criterios, proceso que resulta demasiado evidente en el debate político, por ejemplo, cuando un político se enfoca solamente en un aspecto de una situación para presentar su argumento, ignorando todos los otros factores o criterios.

> Nuestros amigos nos muestran lo que podemos hacer; nuestros enemigos nos enseñan lo que tenemos que hacer.
>
> —*Goethe*

La disociación es otro problema común. Sistemáticamente te desconectas de la experiencia de la práctica, cayendo en la distracción, pensando en otra cosa, o durmiéndote. Para contrarrestar esta tendencia, intenta traer la atención a la experiencia de la disociación. Este método es difícil, pero, con el tiempo, la observación cercana te conducirá a los patrones emocionales que desencadenan la disociación.

No puedes practicar la ecuanimidad ni cualquiera de los otros inconmensurables con el intelecto. Casi siempre, el intelecto está al servicio de los patrones habituales, y aun cuando no lo esté, no tiene suficiente energía para penetrar las emociones reactivas, menos aún para desmantelarlas. Atravesar las prácticas solo con los pensamientos no es suficiente. Desarrollarás solo un barniz de ecuanimidad o de alguno de los otros inconmensurables, un barniz que se resquebrajará tan pronto como te topes con una situación realmente difícil. Como dijo el Dalai Lama en una ocasión: La paciencia hacia los amigos es fácil; la paciencia hacia quienes te caen mal es lo que cuenta.

Si tienes dificultades para distinguir si alguien te cae bien o mal, vuelve a tu cuerpo. Imagina a la persona frente a ti y nota lo que siente tu cuerpo. Si descansas en la respiración durante unos minutos, efectivamente aquietando así el intelecto, sentirás las reacciones emocionales funcionando en tu cuerpo, diciéndote si la persona te cae bien o mal. No juzgues las reacciones. Solo obsérvalas y reconoce que funcionan en ti. Ese es el primer paso.

Una segunda dificultad para la comprensión de las representaciones internas es distinguir entre la persona y tu visión de la persona. A medida que llegas a conocer a una persona, acumulas información proveniente de los encuentros y las conversaciones, de observar su conducta y de escuchar lo que otras personas comentan. Una imagen de la persona se forma en tu interior. La manera en que toda esa información se organiza en tu interior puede tener poco o nada que ver con quien es esa persona. Te gusta una mujer porque su pelo o sus gestos te recuerdan a una vieja amiga. Has tenido malas experiencias con personas que hablan en voz muy alta, así que automáticamente examinas con recelo a una persona que vocifera. Quizás ni siquiera hagas tú mismo la conexión, pero la conexión afecta tu forma de ver al otro.

La representación interna es la imagen de la otra persona dentro de ti. Tus reacciones, en particular tus sentimientos de gusto y disgusto están basados en gran medida en esa imagen y no en la persona. Cuando tienes dificultad imaginando a una persona que te desagrada haciendo algo positivo, la dificultad apunta al apego a tu representación interna. Comienza por cambiar cosas pequeñas en la imagen interna, tales como la manera en que la persona se viste o habla. Advierte tu resistencia para ver a la persona de un modo distinto. Al estudiar dónde está activa la resistencia, verás claramente cómo la representación interna está organizada en tu interior.

Imaginar a una persona que no te cae bien haciendo algo positivo es una cosa. Imaginar a un amigo haciendo algo negativo es otra. Inmediatamente piensas: «Él nunca haría algo así». Allí, justo ahí, está la representación interna. La mayoría de la gente está más implicada en su visión sobre sus amigos que en su visión de quienes les desagradan. Cuando haces esta meditación, puedes sentir que estás traicionando a tus amigos o desgarrando tu red de relaciones. De nuevo, tales sentimientos son ejemplos de los patrones reactivos que se desencadenan por tu esfuerzo en la práctica. No estás traicionando a nadie. No le estás haciendo daño a nadie.

Verás a tus amigos y a quienes te son cercanos más claramente como un resultado de esta práctica. Notarás aspectos de su personalidad o de sus conductas que no habías visto antes. Igualmente, verás a las personas que te caen mal con ojos diferentes. ¿No es ese, precisamente, el punto de la práctica, desmantelar tus prejuicios?

Otra área común de dificultad es brindar atención a la indiferencia. La indiferencia es un estado mental inherentemente opaco. Está basada en ignorar, en no prestar atención. Sin embargo, ignorar es exactamente lo que hace posible el prejuicio: ignoramos lo que realmente estamos experimentando y confiamos, en cambio,

> El origen de la violencia humana es que les echamos en cara a otras personas su pasado.
>
> —*Michael Conklin*

en las representaciones internas. En este paso, estás trayendo la atención al mecanismo de ignorar. Este paso es como entrar en una habitación oscura. No puedes ver nada; pierdes toda referencia y recaes, una y otra vez, en los viejos patrones de gusto y disgusto. Vuelve una y otra vez a la indiferencia y asiéntate en ella, soltando toda noción de gusto y disgusto.

Este paso se siente un poco como morir. Lo es, de cierto modo. Bien podrías sentirte enojado porque no puedes controlar el proceso. Podrías intentar ingeniártelas para desarrollar la ecuanimidad de otra manera, en general con el intelecto. Podrías sentir que la meditación es estúpida, que ya has entendido el sentido o que no puedes hacerla. Todas esas nociones son formas de evitar la práctica. Continúa volviendo a la indiferencia y asiéntate en los sentimientos de frustración, rabia y desesperanza, dejándolos simplemente estar allí.

La indiferencia es como una pared negra hecha de un material que ni siquiera puedes sentir. Siéntate y penetra la pared. En algún momento, se desmorona y desaparece. No puedes hacer que se desmorone, pero sabrás cuando ocurra. Una pantalla o un velo ha desparecido y ves a las tres personas libre del funcionamiento de tus representaciones internas. Para algunas personas, la experiencia es desorientadora; los puntos habituales de referencia han desaparecido. Al mismo tiempo, te das cuenta de lo estrechos y restringidos que han sido tus puntos de vista sobre los demás y que carga eran esos prejuicios y preferencias.

En la fase de extensión, el mayor peligro es recaer en el intelecto. Como ya sabes lo que es la ecuanimidad, puedes creer que recordar la sensación es suficiente; no lo es. Debes trabajar con cada persona y cada grupo hasta que experimentes que el velo ha caído, que se abre el espacio y que tus prejuicios se desintegren. Es claro que cuando estás trabajando con personas repugnantes, perpetradoras de crímenes de odio o de violencia masiva, por ejemplo, la ecuanimidad es más que un poco desafiante. Sabrás cuándo está presente una medida de ecuanimidad cuando puedas saber —directa, no intelectualmente— que, como tú o como yo, aun las personas como los asesinos de masas están intentando ser felices, intentando no sufrir, aunque sus acciones sean expresiones horriblemente distorsionadas de estos anhelos humanos básicos.

Cuando trabajas con la ecuanimidad, descubres cómo defiendes y mantienes tu sentido de que eres diferente de los demás. Puedes considerar que tus luchas en la vida son superiores y más significativas que las luchas de los demás. Puedes ver las suyas como inferiores y menos significativas. En cualquier caso, el sentido de diferencia es la base del orgullo. Los juicios y los prejuicios son como una cerca de alambre de púas, que te separa del resto de la humanidad. El punto central en la ecuanimidad es que *todo el mundo* está intentando ser feliz e intentando evitar el sufrimiento. Entender este punto corta y atraviesa el alambrado y te pone en contacto con la humanidad esencial de todas las personas.

> Entrar en la oscuridad
> con una luz es conocer
> la luz.
> Para conocer la
> oscuridad, ve a oscuras.
> Ve sin ver,
> y descubre que la
> oscuridad, también,
> florece y canta,
> y se recorre con pies
> oscuros y oscuras alas.
> —*Wendell Berry*

Meditación 2: Amor bondadoso

Al inicio de cada sesión, descansa la atención en la respiración durante quince o veinte minutos para establecer una base de atención.

Comienza por notar cómo reaccionas incluso ante un pequeño acto de bondad, tal como un amigo que te abre la puerta. Te sientes respetado y apreciado, e incluso si te desagrada la persona, te sientes un poco más abierto hacia él o ella. Pero también advierte cómo evitas abrirte al otro ignorando su bondad, descartándola o no reconociéndola. Extraño, ¿no es cierto?

OBSERVACIÓN: REACCIÓN ANTE LA BONDAD DE OTROS

Para las meditaciones sobre el amor bondadoso, escoge a una persona que haya sido bondadosa contigo. Si es posible, elige a una persona cuya bondad hacia ti sea clara e inequívoca: un padre, un maestro, un tío o una tía, o un consejero de campamento. No uses a un niño, tuyo o de otra persona.

Identificar la bondad

Imagina a la persona frente de ti. Recuerda ocasiones explícitas cuando él o ella fue bondadoso contigo. Observa cómo reaccionas ante estas imágenes. ¿Te abres y te relajas? ¿Te tensas? ¿Te distraes? ¿Te desconectas? Si observas que tu reacción es no permitir que la bondad entre, observa cómo intentas mantenerla fuera. ¿Adoptas la posición de que la persona no tenía otra opción? ¿Sospechas que tenía sus propios motivos egoístas? ¿Consideras que su bondad fue natural y apropiada? Quizás su acción simplemente no tenía sentido para ti, así que la olvidaste tan pronto como pudiste. Quizás pensaste: «Sí, fue amable, pero tampoco fue la gran cosa». O tal vez sientas que tú eres especial y que todo el mundo debería ser bondadoso y amable contigo por ser quien eres.

Reconocer la bondad

El segundo paso es reconocer que la bondad *siempre* es un obsequio. Recuerda ocasiones específicas cuando la persona que has escogido para esta meditación fue bondadosa contigo. Considera a lo que esa persona renunció para ser bondadosa contigo. Quizás la persona sea un maestro que tuviste en la escuela secundaria o en la universidad. ¿Hablabas con él frecuentemente? ¿Cuánto tiempo te dedicó cuando podría haber estado haciendo otra cosa?

Quizás estés pensando en una compañera de trabajo que te ayudó con un proyecto difícil. Ella canceló sus propios planes para que pudieras completar el proyecto a tiempo. Quizás una amiga te respaldó en una confrontación y se puso a sí misma en riesgo. Quizás recuerdes que un día tu tío vino para invitarte a salir después de que habías tenido un penoso desacuerdo con tus padres y no sabías qué hacer. No hablaste de tus problemas, pero recuerdas el día con gratitud y nunca, hasta ahora, te has puesto a pensar en aquello a lo que él renunció para pasar ese día contigo.

Cada ejemplo de bondad implica a personas que te dan su tiempo, su cuidado, su apoyo o su ayuda. Bondad significa que ellos dieron libremente, eligieron dar y eligieron darte a ti.

¿Merecías su bondad? ¿Estás agradecido? ¿Estás en deuda con ellos? ¿Estás desconcertado por el motivo que los llevó a ser bondadosos contigo? ¿Resientes su bondad aun cuando estás agradecido? ¿La desestimas o intentas negarla?

Observa lo que surge en ti cuando reconoces la bondad que esta persona te ofreció.

Apreciar la bondad

Considera qué efecto tuvo esa bondad en ti. ¿Cómo te ayudó en ese momento? ¿Cómo te sentiste cuando la persona fue bondadosa contigo? ¿Qué tomaste o aprendiste de la experiencia? ¿Qué diferencia ha hecho en tu vida?

Debido a la bondad que otros te han demostrado, has podido vivir, crecer, aprender y disfrutar de nuevas oportunidades. Observa tus reacciones al apreciar cómo la bondad ha afectado tu vida. Si piensas que la bondad no te ha afectado de ninguna manera, sostén exactamente ese sentimiento en atención, notando cómo se manifiesta física, emocional y mentalmente. Con el tiempo, colapsará y verás cómo la bondad ha contribuido a tu vida.

REORGANIZACIÓN:
BRINDAR ATENCIÓN AL ACTO DE CERRARSE

La observación revela cómo te cierras ante los demás al no identificar, reconocer o apreciar su bondad. ¿Cómo te cierras? ¿Permites que entre solo una parte de la bondad y le niegas la entrada al resto? ¿La reconoces apresuradamente y sigues adelante, evitando que te toque? ¿Te sorprende o te conmociona la bondad?

Mientras practicas ves lo que fue bondad y lo que no. Podrías llegar a la comprensión dolorosa de cuánto de lo que pensabas que era bondad, no se dio libremente. Cuando tal dolor se presenta, siéntate y respira, trayendo tu atención a cómo este dolor también provoca que te cierres. Poco a poco, ábrete a la experiencia del dolor. A medida que recuerdes otros momentos cuando el amor y la calidez se dieron libremente, reconoces y aprecias cuán importantes fueron esas experiencias para ti y cómo te ayudaron a abrirte a lo que es la vida.

Cada ejemplo de bondad es un reconocimiento de la validez de tu ser por otra persona. Todos nosotros nos abrimos cuando somos reconocidos y cuando somos tratados bondadosamente, aunque diferentes temores pueden desencadenarse por el acto de abrirnos. ¿Qué temores surgen en ti? Cuando alguien es bondadoso contigo, ¿se perturba tu visión del mundo de tal modo que no sabes dónde estás parado? ¿Temes que la bondad llegue con condiciones y que vayas a ser tragado por los intereses del otro? ¿La bondad saca a relucir lo solo y aislado que te sientes la mayor parte del tiempo? Cuando sientes bondad, ¿desconoces quién eres? ¿Te quedas en blanco o te desmoronas? Estos son los temores asociados con las cadenas de reacción de los cinco elementos. Usa tu experiencia con los cinco elementos para experimentar el miedo en atención. El miedo es, al fin y al cabo, solo una sensación. Déjalo estar allí, usando tu respiración como una base de atención y permitiendo que todas las reacciones físicas, emocionales y mentales frente al miedo surjan y cesen en conciencia.

CONSTANCIA: MANTENER LA ATENCIÓN

El acto de cerrarse se vuelve vacío

En algún momento, tanto el miedo como la reacción asociada se vuelven vacíos. Parecen desaparecer. Su poder o fuerza se evapora y te relajas y te abres. Cada vez que te relajas, experimentas más claramente el mecanismo de cerrarte. El proceso de relajarte puede ocurrir en pasos entrecortados: abrirse, relajarse, cerrarse, luego abrirse, relajarse y cerrarse.

Abrirse a la bondad

Cuando la resistencia a la apertura se vuelve vacía, te abres plenamente a la experiencia de recibir bondad. Puedes recordar otras ocasiones en que esta persona fue bondadosa contigo. Te abres y experimentas lo que él o ella te dio libremente. El aprecio y la gratitud brotan desde lo profundo de tu ser y ves claramente lo que su bondad contribuyó a tu vida. Surge un sentimiento natural de calidez y aprecio, libre de cualquier sentido de obligación, deber u otras influencias condicionadas.

El amor bondadoso

El amor bondadoso es calidez radiante y apertura, un aprecio sin ataduras, sin ningún sentido de deber u obligación. Surge naturalmente cuando tu atención penetra las capas de condicionamiento que te cierran a los demás. El amor bondadoso es el deseo natural y sincero de que esta persona sea feliz. Te das cuenta de que tus propios deseos, necesidades o preferencias son reacciones en un nivel más bajo de energía. Esas reacciones palidecen ante la radiante energía de la calidez que fluye de tu corazón y que quiere que esta persona sea feliz, esté a salvo, bien, segura y en paz.

Una vez que has experimentado claramente el amor bondadoso por la persona que elegiste inicialmente como el foco de tu práctica, trabaja sobre el amor bondadoso hacia otra persona que haya sido bondadosa contigo. Después de un breve período, sentirás amor bondadoso por cualquiera que haya sido bondadoso contigo.

EXTENDER EL AMOR BONDADOSO A TODAS LAS ÁREAS DE LA VIDA

Comienza expandiendo el sentimiento de amor bondadoso hacia todas las personas. Una vez más, consulta con tu maestro para confirmar tu comprensión experiencial del amor bondadoso antes de extender la práctica a otros.

Cuando haces la práctica de extender el amor bondadoso, elige una persona o un grupo como tu enfoque de atención. Comienza con la ecuanimidad, repasando brevemente la meditación sobre la ecuanimidad para eliminar los prejuicios y los juicios. Conecta con la humanidad básica de la persona o del grupo: ellos, como todos los demás, quieren ser felices y estar libres del sufrimiento. Siente en tu corazón la calidez y la apertura que conoces de tu práctica e incluye a estas personas en la calidez. También sentirás naturalmente el deseo de que sean felices. Gradualmente extiende la sensación de amor bondadoso a todos los seres. Cuando sea que te topes con resistencia o dificultad, trae atención a la experiencia de resistencia hasta que se vuelva vacía.

Extiende el amor bondadoso en etapas, comenzando con las personas por quienes tus sentimientos son predominantemente positivos; luego, las personas que te resultan neutrales, y finalmente, las personas con quienes tienes dificultad.

CONCLUSIÓN: AMOR BONDADOSO AL NIVEL DE LA CONCIENCIA

Al final de cada sesión, suelta todas las imágenes y los sentimientos con los que has estado trabajando. Descansa en el amor bondadoso con tu mente abierta y clara. Trae la atención a la experiencia del amor bondadoso en sí. ¿Qué es? ¿Dónde está? ¿De dónde proviene? No intentes razonar, analizar ni pensar sobre estas preguntas. Úsalas para dirigir la atención. Solo descansa, observando la experiencia del amor bondadoso.

Comentario: Amor bondadoso

Mientras que la ecuanimidad desmonta el alambrado de púas de prejuicios y preferencias, el amor bondadoso es más como el sol de la primavera que entibia el suelo para que la hierba y las flores puedan crecer. La bondad humana es como la luz del sol y la práctica del amor bondadoso es dejar que esa luz entibie tu corazón de modo que tú también irradies calidez al mundo a tu alrededor.

Uno de los primeros desafíos es admitir que has experimentado bondad. Muchas personas no quieren recordar ni evocar los actos de bondad que han recibido. Puedes evitar que un acto de bondad te toque de numerosas maneras: considerándolo como una cortesía común, como algo que se te debía, como un intercambio justo o como algo que crea una obligación. ¿Cómo consideras la bondad? ¿A qué presta servicio tu visión sobre la bondad: a abrirte o a mantenerte cerrado?

Una persona sostiene una puerta abierta para ti. No tenía que hacerlo. Sostener una puerta abierta para alguien no es mucho, pero es un acto de bondad. Aun si la persona trabaja para ti, él o ella puede estar expresando aprecio y respeto, no solo deferencia o servilismo. ¿Puedes notar la diferencia?

Durante la meditación del amor bondadoso, haz especial hincapié en notar las cortesías comunes de la interacción social. Nota cuando tales cortesías se extienden libremente y cuando la convención social las requiere. Observa la diferencia en la energía emocional.

Podrías sentir que la verdadera bondad es una ficción y que cualquier acto de bondad resulta de una expectativa de recibir algo a cambio. Siente cómo tal actitud funciona dentro de ti, cuán cerrada y restringida es. ¿A qué presta servicio esta actitud?

Cuando recuerdas actos de bondad, podrías, extrañamente, sentirte un poco culpable, como si la bondad hubiera sucedido por casualidad y realmente no deberías haber recibido nada. Este sentimiento refleja una visión interna de que algo está esencialmente mal en ti, de que no eres digno de bondad o de que una ley fundamental del universo ha sido violada, probablemente por ti. Cuando sigues la lógica emocional, ves que los sentimientos de culpa son, de hecho, una forma de orgullo, un apego a una autoimagen de ser fundamentalmente especial y diferente de los otros: «Soy tan malo que la bondad hacia mí viola el orden del universo». En este caso, la diferencia es negativa, pero la dinámica es la misma. Cuestiona el patrón de culpabilidad planteándote preguntas tales como: «¿De qué soy culpable?» o «¿Qué ley fundamental violé?» o «¿Qué me hace indigno de recibir bondad?». No intentes analizar ni descifrar una respuesta. Solo acabarás dando vueltas en los pensamientos, las ideas y las especulaciones. Más bien, sostén la pregunta en atención como si fuera una piedra pesada y deja que te lleve a las aguas profundas de la culpa y las creencias sobre ser indigno o estar básicamente defectuoso. Esta técnica pronto expondrá las autoimágenes que subyacen al sentido de culpa.

De modo similar, los sentimientos de obligación conectados con recibir bondad provocan contracciones internas que podrías experimentar físicamente. Un sentimiento de obligación en este contexto se basa en el miedo y es bastante diferente de la calidez y el aprecio abiertos que constituyen la base del amor bondadoso. El miedo puede ser miedo a la represalia si no respondes a la bondad en la forma «correcta» o miedo de sentirte abrumado por las demandas. En cualquier caso, nota cómo el sentimiento de obligación te hace permanecer separado y aferrarte a tu ilusión de independencia.

Cuando recuerdes actos de bondad, no te sorprendas si esos recuerdos tienen asociaciones dolorosas. Recuerdas la bondad de una tía, por ejemplo, y luego te preguntas por qué nunca se lo agradeciste o por qué diste su bondad por sentada. Recuerdas la bondad de un amigo y te das cuenta de que has perdido el contacto por completo con él a lo largo de los años, de que la persona ya no es parte de tu vida y no sabes por qué. Lejos de ser algo negativo, los dolores asociados con estos recuerdos son como el crujido de los árboles en la primavera cuando el sol calienta sus troncos y la savia comienza a fluir.

Gradual y naturalmente, a medida que haces esta práctica eres capaz de reconocer los actos de bondad con más facilidad. A veces, tu corazón rebozará de gratitud y aprecio cuando recuerdas a una maestra que se tomó una hora adicional contigo después de clases para explicarte un problema o ayudarte con alguna dificultad en tu vida. Poco a poco, ves cómo cada acto de bondad abrió algo en ti y te ayudó a sentirte más como una parte del mundo a tu alrededor.

Mientras sientes la bondad que has experimentado en tu vida, puedes reaccionar de numerosas formas diferentes. Típicamente, las reacciones siguen las cadenas de reacción de los cinco elementos. Recuerdas cómo tu madre te cuidó cuando estabas enfermo. Muchos años han pasado y ahora no te sientes particularmente cercano a ella, así que esta meditación te deja un poco tembloroso en tu interior (tierra), preguntándote qué pudiste haber hecho para contribuir al distanciamiento. Por otra parte, puedes recordar ese mismo acto de bondad y luego ser invadido por el miedo de ser sofocado (agua) al recordar cómo se preocupó tanto por ti que casi no podías respirar. Quizás creciste en un entorno con poco amor y afecto y el recuerdo de la bondad trae de nuevo el miedo al rechazo (fuego) y el sentimiento de que harías cualquier cosa para sentirte amado. Quizás aprendiste a funcionar sin bondad, llenando tu vida con eventos y actividades. Ahora, cuando recuerdas actos de bondad, te preguntas quién eres o qué estás haciendo (aire). Tal vez, te topes con una niebla espesa de opacidad cuando intentas pensar en la bondad que se te demostró. No obstante, después de la meditación, quedas hecho un desastre. En rápida sucesión, hablas con tus hermanos sobre los viejos tiempos, compras flores para tu madre pero te rehúsas a devolverle su llamada telefónica, aceptas un nuevo trabajo a pesar de que no tienes tiempo y decides que ahora es el momento de comprobar tus provisiones de emergencia (espacio).

Utiliza tu comprensión de las cadenas de reacción de los elementos para traer atención a los miedos que has asociado con el hecho de abrirte a la bondad. Estos son los miedos que te mantienen desconectado y a tu corazón, cerrado.

El primer impacto de un corazón cerrado es como un trozo de hielo negro infinitamente frío. Trae la atención a la sensación, respirando con ella, sosteniéndola suavemente en atención y dejando que todos los miedos y las demás reacciones emocionales vayan y vengan.

En algún momento, el hielo negro se resquebraja y se derrite. En su lugar hay una radiante calidez. Sientes que tu corazón es el sol y te sorprendes de poder sentirte tan abierto y cálido hacia todos y hacia todo, sin reservas. Todos los desgastados clichés acerca del amor y la comprensión universales ahora tienen sentido. No puedes creer que te sientas de este modo.

La sensación se desvanece. No intentes recobrarla. La apertura proviene de tus esfuerzos en la práctica, pero los patrones se restauran y se ciernen sobre tu corazón abierto. Vuelve a recordar ejemplos de amor bondadoso y repasa la práctica paso por paso hasta que des nuevamente con el trozo de hielo negro. Entonces, descansa la atención en él hasta que se resquebraje. Haz esto una y otra vez hasta que el amor bondadoso sea fácilmente accesible. Luego, sigue con la expansión del amor bondadoso a todas las áreas de la vida.

El amor bondadoso funciona a un nivel de energía más alto que los prejuicios y las preferencias. La práctica sobre la ecuanimidad ha desmantelado la aceptación pasiva de las preferencias, si bien todavía funcionan. En un primer momento, te sientes extraño y confundido al experimentar el amor bondadoso para alguien que habitualmente evitas. Luego, te das cuenta de que el amor bondadoso no tiene nada que ver con el gusto ni el disgusto. La calidez del amor bondadoso irradia hacia todos simplemente porque están aquí en el mundo. A medida que tu experiencia del amor bondadoso se profundiza, se extiende más allá de las personas hacia todo lo que experimentas. Estás colmado de amor por todo lo que surge en la experiencia, independientemente de tus preferencias personales.

Existe una estrecha conexión entre el amor bondadoso y las conductas adictivas. Ambos implican apertura, pero en la adicción no hay límites. El mundo entero y lo que hay en él pertenecen al adicto para que lo use como él o ella desee. Las tendencias adictivas se presentan en la práctica de meditación en muchas áreas. En las prácticas devocionales, por ejemplo, puedes estar obsesivamente apegado al objeto de tu devoción, al cual llegas a considerar como la única fuente de amor, significado y comprensión en tu vida. Eres incapaz de reconocer y aceptar estas cualidades en ti y te vuelves totalmente dependiente del objeto de tu devoción para tu bienestar.

También puedes volverte adicto a los altos niveles de energía en las experiencias de dicha. Las instrucciones tradicionales incluyen advertencias muy claras sobre el peligro de apegarse a tales experiencias, en lugar de utilizarlas para potenciar la atención. Sin embargo, en cada generación, muchos practicantes terminan haciendo precisamente eso, tomando la intensidad de la dicha como la meta de la práctica espiritual.

La mayoría de los problemas que surgen en la práctica del amor bondadoso provienen de aferrarse a los sentimientos de rechazo. Te sientes desconectado y aislado del mundo y te aferras a la experiencia para compensar la sensación de rechazo. El amor bondadoso desmantela esta concepción al ponerte en contacto con tu conexión con el mundo, es decir, la bondad que otros te han manifestado.

Meditación 3: Compasión

Al inicio de cada sesión, descansa la atención en la respiración durante quince o veinte minutos para establecer una base de atención.

Comienza la meditación sobre la compasión con la misma persona que usaste para la práctica del amor bondadoso. No elijas a un niño para esta práctica.

OBSERVACIÓN: REACCIONAR ANTE EL SUFRIMIENTO DE OTROS

Ver a otros sufrir

Primero, imagina a la persona que has elegido en los reinos infernales. Grita de dolor mientras hierve en un caldero de metal fundido. Sus pies se carbonizan al caminar sobre un suelo de brasas ardientes. Es enterrada bajo rocas ardientes, empalada en lanzas al rojo vivo, y cortada en pedazos por figuras demoníacas que desconocen la misericordia. Observa cómo reaccionas, contrayéndote, retorciéndote o insensibilizándote frente a estas imágenes.

Imagina a esta persona, también, en los infiernos fríos, sentada sin cobijo ni ropa en un páramo helado donde un viento frío y cruel sopla incesantemente. No puede moverse porque está tiesa de frío. El frío provoca que su piel se cuartee y que los fluidos exuden de su cuerpo, solo para coagularse, congelarse, cuartearse y exudar una vez más. La miras mientras intenta moverse, pero cada movimiento es atrozmente doloroso. Su cuerpo se resquebraja y se abre y puedes sentir cómo el frío la perfora hasta los huesos. Pero no puedes hacer nada para ayudarla.

En el reino de los espíritus hambrientos, esta persona experimenta hambre y sed intensos. Imagínala arrastrándose durante años a través de un desierto abrasador con la boca y los labios como concreto, ansiando agua y sin encontrarla nunca. Quizás encuentre una gota, pero en el instante en que toca sus labios, estalla en llamas y ella aúlla de dolor. Su rostro está deformado por ansias insaciables. Sus ojos reflejan tal desesperación que cualquier cosa que logre ingerir solo incrementa su sufrimiento. Al mirar más detenidamente, ves que está siendo devorada por cientos de miles de criaturas similares que se arrastran por todo su cuerpo y a través de él, comiéndosela desde el interior hacia fuera.

En el reino animal, la persona actúa puramente por instinto y se encuentra indefensa en situaciones donde el instinto no funciona. Vive solo con dos preocupaciones: cómo comer y cómo evitar ser comida. Es como un pez en el mar, una bestia de carga o un gusano en la tierra. Como un conejo, echa un vistazo temerosamente y corre en busca de refugio, aterrado de que la atrapen y la maten. Cada movimiento atrae su vivo interés. Es un gato que juega con un ratón, al que finalmente le arranca su cabeza y devora sus entrañas. Es una bestia de carga, que camina con dificultad bajo un pesado cargamento, sintiendo el escozor del látigo de su dueño, sin entender cómo liberarse.

En el reino humano, la ves experimentando el nacimiento, la vejez, la enfermedad y la muerte. Llega al mundo, desesperadamente confundida y desorientada, llorando y desvalida. A medida que crece, su vida se consume completamente por cuatro esfuerzos: estar con personas que le caen bien, evitar a personas que no le caen bien, trabajar para conseguir lo que quiere y proteger todo lo que tiene. A medida que envejece, observas cómo se desvanecen la flor y el brote de su juventud y cómo se asienta la vejez. La ves sucumbir a una enfermedad tras otra hasta que su salud se deteriora por completo y muere.

En el reino de los titanes, la miras batallar para probar su valor frente a los a demás. Sin importar cuánto logre, pronto está en el próximo proyecto. Al final, todos fracasan. Esta persona intenta, una y otra vez, impresionar a las personas «correctas», pero estas nunca se fijan en ella. Libra una guerra con ellos, pero, la aplastan como si fuera una mosca.

En el reino de los dioses, la persona flota por encima de todo, deleitándose en el lujo y completamente inconsciente del sufrimiento de las masas. Hace todos los esfuerzos por evitar incluso la mención del dolor y la muerte. Consternada, descubre que ella también morirá. Sus amigos y compañeros la abandonan y se queda completamente sola frente al horror de su salud en deterioro y de su muerte.

Imagina que esta persona es ciega. Se tambalea alrededor del filo de un precipicio terroríficamente elevado donde poderosas ráfagas de viento la empujan cada vez más cerca del borde que no puede ver. En esta imagen, la ceguera representa la ignorancia básica, el precipicio representa la caída en estados de sufrimiento y el viento representa las poderosas fuerzas de los hábitos que nos llevan de un lado a otro.

Observar tus reacciones

A medida que reflexionas sobre estas imágenes, observa tus reacciones. La primera ola de reacciones va dirigida, en general, a la práctica misma. ¿Quieres dejarla porque no puedes entender cómo semejantes imágenes tan dolorosas pueden ser provechosas? ¿Temes lastimar a la persona que has elegido si imaginas que él o ella tiene dolor? ¿Evitas practicar ya que no tienes energía para ello? ¿Estás constantemente inquieto y distraído e incapaz de sostener las imágenes en la mente ni durante un instante? ¿Te quedas en blanco u olvidas lo que estás haciendo?

Brinda atención a tu reacción y observa su funcionamiento. Con paciencia, vuelve a enfocar la atención en las imágenes. Poco a poco, la atención penetra la resistencia y eres capaz de sostener las imágenes en la mente y estar presente con el sufrimiento que retratan.

Ahora, un conjunto diferente de reacciones surge para desconectarte del sufrimiento. Algunas de las imágenes te saturan de repugnancia o rechazo. Otras imágenes te dejan con una sensación de impotencia. Otras más te hacen sentir entumecido. La repugnancia surge porque no quieres sentir tu propio malestar, así que apartas de ti la práctica y las imágenes. La impotencia surge porque quieres hacer algo, pero no puedes. Te sientes atraído por la persona que está sufriendo, pero el sentimiento de impotencia te mantiene a distancia para que, de hecho, nunca te hagas presente con el sufrimiento. El entumecimiento surge como una expresión de ignorancia. Te entumeces para no sentir lo que hay frente a ti.

REORGANIZACIÓN: BRINDAR ATENCIÓN A LAS MANERAS DE EVITAR ESTAR PRESENTE

Todas estas reacciones son medios de detener tu propio malestar. En el paso de la reorganización, cada vez que la repugnancia, la impotencia o el entumecimiento se desvanezcan, retoma las imágenes del sufrimiento. Cada vez que te reconectas con las imágenes, sientes otra sacudida de reacción. Permanece en atención, deja que la reacción se disipe, y ábrete nuevamente al dolor de la imagen.

Poner fin al sufrimiento

Ahora, se te ocurren todo tipo de métodos para cambiar o modificar las imágenes y hacerlas menos dolorosas. Sacas a la persona del reino de los infiernos, la consuelas en el reino de los dioses, le dices que no tiene que demostrar nada en el reino de los titanes, pero todas estas reacciones también son maneras de evitar estar presente en el sufrimiento. Reconócelas como reacciones, sostenlas en atención hasta que se disipen y luego, regresa a las imágenes de sufrimiento.

Toda resistencia se reduce a una contracción

Permite que la atención penetre más profundamente. Siente la resistencia a estar presente con la persona cuando él o ella experimenta dolor. Cuando la resistencia comienza a aparecer vacía, sentirás cómo te contraes física y emocionalmente en presencia del sufrimiento. Usa las sensaciones físicas de tu cuerpo para identificar la contracción. Gradualmente notarás la contracción emocional también.

CONSTANCIA: MANTENER LA ATENCIÓN

La contracción se vuelve vacía

Primero, trae la atención a la contracción física. Deja que el cuerpo se relaje. A medida que se relaja, sentirás la presencia del dolor y el sufrimiento más intensamente y la reacción se desencadenará una vez más. Sigue dejando que el cuerpo se relaje para que, paso a paso, ahondes en la experiencia. En un momento dado, identificarás claramente la contracción emocional. Te da miedo lo que pueda sucederte si realmente te abres al dolor y al sufrimiento de otros. Pueden surgir imágenes, asociaciones y recuerdos de varias partes de tu vida. No bloquees estas asociaciones ni permitas que te distraigan. Sigue trayendo atención al miedo y a la contracción emocional.

En algún momento, la contracción se vuelve completamente vacía. Reconoces que todas tus motivaciones ocultas han desaparecido. Estás simplemente presente con la persona que está experimentando dolor. Tu corazón está plenamente abierto y estás desnudo, en carne viva, como si no tuvieras piel.

Compasión: Liberarse de la preocupación por uno mismo

A pesar de todo, estás totalmente presente. Estás intensamente consciente de que la otra persona tiene dolor, pero no sientes necesidad de evadirlo, de cerrarte ni de distanciarte. Sueltas toda preocupación por ti mismo y estás ahí, aunque estar ahí sea intenso, incluso doloroso. Esto es la compasión.

EXTENDER LA COMPASIÓN A TODAS LAS ÁREAS DE LA VIDA

Para extender la compasión, trabaja en etapas. Comienza con las personas por las cuales albergas un sentimiento de calidez y afecto. Luego, trabaja con las personas con quienes te relacionas regularmente en términos amigables o neutrales (familia, amigos, parientes, colegas). Después, dirige la atención a las personas cuyo sufrimiento te conmueve —refugiados de guerra, personas con enfermedades crónicas y dolorosas, los pobres, las personas sin hogar—, y luego a las personas que, aunque te resulten difíciles, obviamente crean su propio sufrimiento y dificultades en la vida. Por último, trabaja con las personas con las cuales no te gusta vincularte y las personas que te han causado o te están causando dolor, dificultades o daño. Trabaja con cada grupo hasta que tengas una clara experiencia de compasión por las personas en cada categoría.

Entrénate todavía más en desarrollar la compasión variando las situaciones, así como las personas. Comienza con las personas que te importan y desarrolla la compasión en circunstancias que puedes afrontar. Poco a poco, extiende tu práctica hasta que estés trabajando con condiciones que te resultan difíciles de enfrentar. Entonces, trabaja con la misma secuencia de situaciones con personas que te resultan más difíciles. Una posible secuencia de situaciones es la que sigue:

- Enfermedad y lesiones
- Pérdida de habilidades (por enfermedad, accidente o envejecimiento)
- Dificultad en las relaciones sociales
- Comportamientos obsesivos/compulsivos
- Adicción en todas sus formas
- Pérdida del cónyuge, la pareja, el padre o el hijo
- Pérdida de trabajo, dinero o estatus social
- Catástrofes naturales
- Violencia física o emocional
- Guerra, encarcelamiento, violación o tortura

Una y otra vez, te encontrarás con áreas en las cuales tus asuntos personales impiden ya sea que conozcas el sufrimiento o que sientas compasión. En cada caso, permite que la atención penetre la resistencia hasta que surja la compasión. Paso a paso, suelta las áreas que proteges y deja que la compasión te abra.

CONCLUSIÓN: COMPASIÓN AL NIVEL DE LA CONCIENCIA

Al final de cada sesión, suelta todas las imágenes y los sentimientos, y trae tu atención a la experiencia de compasión. Al plantear preguntas como «¿Qué es esto?», diriges la atención a la compasión misma. No intentes encontrar una respuesta a la pregunta. Simplemente usa la pregunta para dirigir la atención y luego descansa en el observar. Si surgen pensamientos, ideas o sentimientos, no te distraigas. Continúa descansando en la observación.

Comentario: Compasión

Un maestro tibetano tenía tres estudiantes principales que también eran maestros importantes. Un día, el maestro le preguntó a un asistente lo que estaba haciendo cada uno de ellos. El asistente respondió que uno de ellos estaba supervisando la construcción de un templo.

—Bien —dijo el maestro—. ¿Y qué hay del segundo?

—Está enseñando a un grupo de estudiantes— fue la contestación.

—Bien —dijo el maestro—. ¿Y qué hay del tercero?

—No estoy seguro de lo que está haciendo. Está sentado en un rincón de su habitación, de cara a la pared con un paño envuelto alrededor de su cabeza, llorando a lágrima viva —dijo el ayudante.

El maestro se volvió hacia la dirección que el asistente indicó y juntó las manos en un gesto de respeto.

—Rindo homenaje a quienes cultivan la compasión —dijo mientras hacía una profunda reverencia.

La práctica de la compasión es difícil y con toda seguridad derramarás lágrimas en el proceso. Las lágrimas significan que estás tomando la práctica en serio. Más de unos cuantos maestros han dicho que una práctica de compasión sin lágrimas no es una práctica.

Los principales obstáculos en las meditaciones de compasión involucran miedo y se manifiestan como control o impotencia. Después de la radiante calidez del amor bondadoso, la meditación sobre la compasión proporciona un impacto doloroso. Las imágenes gráficas del sufrimiento en los seis reinos desencadenan tus propias reacciones poderosas ante el dolor y el sufrimiento de otros. Cuando ves a una persona que está sufriendo, sientes inmediatamente un impulso de hacer algo con ese dolor. Cuando el impulso de ayudar proviene de tu propio malestar, estás reaccionando, no respondiendo, al dolor de la persona. Tiendes a pasar por encima de las necesidades o deseos de la persona que tiene dolor, a tomar el control y te conviertes un poco en un tirano. Si no eres capaz de hacer nada, te hundes en la impotencia, te retraes de la situación física o emocionalmente, y te ves a ti mismo como una víctima del infortunio y el dolor de la otra persona.

Esta práctica no permite ninguna de esas salidas. A medida que te imaginas que las personas que te importan sufren inmensamente, te encuentras directamente con el impulso de hacer algo acerca de su dolor. Puesto que el dolor es imaginado, no puedes hacer nada y ves cuánto de tu afán por ayudar proviene de tu propio miedo e incomodidad. Ya que haces esta práctica por tu propia voluntad, la salida de la víctima impotente también está cerrada. No tienes otra opción que permanecer en presencia ante el dolor y observar cómo te contraes para alejarte de él.

Relajarse en la contracción es difícil. Una y otra vez, te encontrarás con el miedo. Cuando a uno de mis maestros le pidieron una definición de la compasión, respondió: «Ir más allá del miedo». Muchas personas malinterpretan esta clase de respuesta, en el sentido de que no deberían sentir ningún miedo. Eso es muy difícil, si no imposible. El objetivo de la práctica no es eliminar el miedo, sino permanecer firme en el miedo: sentirlo sin caer en la confusión ni en la reacción.

El miedo provoca que el cuerpo se contraiga. A medida que notes la contracción y le brindes atención, el cuerpo comienza a relajarse. Entonces, sientes el impacto del sufrimiento aún más y te contraes nuevamente. Mientras repites este proceso una y otra vez, te mueves desde una reacción física ante el sufrimiento hacia una reacción emocional. Es aquí donde las lágrimas comienzan a fluir de verdad. Lloras por la persona que imaginas frente a ti. Lloras por todos los distintos tipos de dolor que experimentan las personas. Lloras porque el dolor existe. En medio de toda esta confusión, adviertes que ya no estás contraído. Tu corazón está abierto y no tienes piel. Una infinita tristeza penetra todo tu ser. Aunque la tristeza es dolorosa más allá de toda medida, te das cuenta de que de alguna manera te has vuelto uno con ella y uno con el dolor del mundo. A través de la compasión, has accedido a la presencia y al misterio de ser.

Muchas personas piensan que dañarán a una persona si la imaginan sufriendo. Tales nociones son una forma de pensamiento mágico, la tendencia de un niño a sentir que cualquier cosa que él o ella piense efectivamente sucederá. Estas meditaciones se han hecho durante siglos y nadie ha salido herido. De hecho, innumerables individuos han cultivado la compasión usando precisamente esta práctica.

Una vez que has probado el sabor de la compasión, extiéndela trabajando con diferentes personas y diferentes situaciones. Muchas personas intentan extender su margen de compasión (o de los otros inconmensurables) demasiado rápido. Sesión por sesión, trabaja sistemáticamente extendiendo la compasión a diferentes grupos de personas y diferentes situaciones. A medida que descubres áreas que están congeladas o trabadas, vuelve a los tres pasos de observación, reorganización y constancia, o vuelve, cuando sea necesario, a la ecuanimidad o al amor bondadoso. Un momento de compasión sincera te transformará más profundamente que una eternidad dedicada a la idea de que eres compasivo.

Extiende la práctica de la compasión a tu vida diaria. Observa cómo alternas entre una conducta controladora y la impotencia cuando otra persona tiene dolor. Brinda atención a tu reacción ante el dolor, nota el miedo y la contracción, permanece presente con el miedo, relájate en la contracción, e igual que en la práctica formal, profundiza la presencia.

La respiración «ah» es un ejercicio poderoso y útil para entrenarte en la compasión, la habilidad de estar presente con otra persona que tiene dolor. Un amigo debe recostarse o sentarse de modo tal que su mano pueda descansar ligeramente sobre la tuya. Observa la respiración de tu compañero. Deja que tu respiración siga la suya. Inhala cuando él inhala. Exhala cuando él exhala. Después de unos pocos minutos, mientras exhalas, di «Ah» suavemente, exhalando la sílaba en cada exhalación. En cualquier momento, tu compañero puede indicar al apretar o presionar tu mano si se siente incómodo o si quiere parar. Si lo hace, tú, paulatinamente, en el transcurso de unas pocas respiraciones, dejas que la «ah» se desvanezca en silencio y solo respiras con tu compañero.

Este ejercicio es particularmente útil con personas enfermas o moribundas a quienes les está costando soltar su resistencia. Puedes encontrar descripciones más detalladas en los libros *¿Quién muere?* (*Who Dies?*) y *Sanar en la vida y en la muerte* (*Healing into Life and Death*) de Stephen Levine.

La alternancia control-impotencia también surge en una dinámica común de muchas relaciones: la triada perseguidor-salvador-víctima. El patrón comienza, por ejemplo, cuando Juana ataca a David, reprochándolo o ignorándolo. Ella está en el papel del perseguidor y él, en el de la víctima. Cuando Juana ve que David siente dolor, ella puede o no disculparse, pero se desplaza hacia el rol de salvadora, tomando el control de la situación e intentando que David se sienta mejor. A medida que David se sobrepone a su dolor, su enojo hacia Juana aflora y entonces David ataca a Juana. Ahora, los papeles se han invertido: David está en el papel de perseguidor y Juana es la víctima. Tanto Juana como David continúan dando vueltas en esos papeles: David rescata a Juana, quien entonces se enfada con David y retoma el papel de perseguidora. Ninguno de ellos es capaz de permanecer presente en el dolor, ya sea el propio (del cual se desquitan con la otra persona al perseguirla) o el del otro (el cual apartan al rescatar a la otra persona).

Puedes detener el ciclo en cualquier momento saliéndote de los tres papeles: no perseguir, no rescatar y no ser víctima. No obstante, para hacerlo, debes tocar el dolor en la relación, tanto el dolor propio como el dolor del otro. Cuando la otra persona está en el papel de perseguidor, no te metas en el papel de víctima: no tomes las acusaciones ni los comentarios abusivos de forma personal; reconócelos como una expresión de dolor. Cuando la otra persona está en el papel de salvador, no aceptes la ayuda ni te cambies al papel de perseguidor expresando tu propio enojo e irritación acerca de la relación; sabe que estás bien, tal y como eres, y que no necesitas que te ayuden ni necesitas atacar. Cuando él o ella se instala en el papel de víctima, no hagas nada para mitigar su dolor; comprende que no eres la razón de ello y que no puedes ponerle fin.

El término *compasión idiota* captura eficazmente otra trampa habitual: permitir que se violen los límites personales porque no puedes permanecer presente frente al dolor de otra persona. La compasión idiota, puesto que subvierte lo que es saludable, puede tener consecuencias desastrosas y no solo en los seres humanos. Los observadores de una tropa de chimpancés en África notaron que una madre que estaba envejeciendo no podía enfrentar la frustración de su cría más reciente cuando comenzó a destetarlo. Este pequeño chimpancé aprendió que podía seguir recibiendo leche de su madre doblegando su voluntad con una conducta agresiva. Cuando ella dio a luz a su siguiente bebé, nuevamente intentó destetar al chimpancé mayor. Este reaccionó agresivamente y ella todavía cedió, aunque no tan frecuentemente como antes, dado que también debía cuidar al nuevo bebé. Una semana más tarde, el nuevo bebé misteriosamente desapareció y los observadores sospecharon que el chimpancé mayor lo había asesinado. La madre murió poco tiempo después y el chimpancé mayor se quedó solo; incapaz de cuidar de sí mismo, él, también, murió pronto.

Un padre tenía dificultades para disciplinar a su hijo adolescente. El hijo no iba bien en la escuela, se quedaba despierto hasta tarde y se metía cada vez en más problemas. El padre recurrió a un colega mío para que lo asesorara. Cuando ella le aconsejó que estableciera límites claros, él contestó que, cuando lo hacía, su hijo reaccionaba fuertemente: en un momento sollozando y chillando que era un bueno para nada y que nunca podría dar la talla y en el momento siguiente, enojándose y volviéndose beligerante y acusatorio. El padre dijo: «No puedo soportar verlo sufrir, así que no hago nada». Mi amiga le explicó que, como padre, tenía la responsabilidad de mantener los límites *y* de permanecer presente con su hijo en su dolor.

La compasión se aplica especialmente en situaciones donde no existe una buena solución. Una madre descubrió que su hijo de veinte años estaba traficando para financiar su adicción a las drogas. Todos sus intentos por ayudar a su hijo habían fracasado. Había costeado tratamientos de rehabilitación y había demostrado disponibilidad para participar en terapia familiar, pero el hijo acababa de mudarse a otro pueblo. Ella sabía que probablemente lo agarrarían porque no era bueno para ocultar sus actividades y ella sabía perfectamente que el tráfico de drogas acarreaba una pena de prisión mucho más pesada que la posesión de drogas ilegales. Un amigo le aconsejó que hiciera arreglos para que su hijo fuera arrestado por posesión de drogas. Una ironía adicional era que su hijo tenía más probabilidades de recibir tratamiento para su problema de adicción en la cárcel que fuera de ella.

¿Qué debería hacer? Si no hiciera nada, su hijo probablemente pasaría un buen tiempo tras las rejas. Si arreglara las cosas para que lo arrestaran por posesión, aún si superara su problema con las drogas, probablemente nunca la perdonaría. La situación la atormentaba y no podía decidir qué hacer.

En cierto momento, la madre dijo: «Solo estoy buscando una buena solución». Su amigo respondió: «No hay buenas soluciones aquí». La franca exposición de los hechos atravesó su confusión y la madre reconoció que había dolor en cualquier decisión que tomara. Mientras intentara evitar el dolor, nunca podría decidir qué hacer. La compasión, en este caso, implicaba aceptar el dolor, lo cual implicaba el dolor de aceptar los resultados de su decisión. Una vez que vio que hiciera lo que hiciera, tanto ella como su hijo iban a experimentar dolor, fue capaz de decidir qué hacer.

Meditación 4: Alegría

Al inicio de cada sesión, descansa la atención en la respiración durante quince o veinte minutos para establecer una base de atención.

Para la práctica de la alegría, elige una persona hacia quien te sientas competitivo. No escojas a un niño o a alguien mucho más joven que tú. Las personas adecuadas son tus colegas, tus compañeros de trabajo, tus amigos y tus rivales.

OBSERVACIÓN: REACCIÓN ANTE LA FELICIDAD DE LOS DEMÁS

Ver a otra persona feliz

Imagina que esta persona está feliz y que esa felicidad proviene de hacer lo que él o ella ama: lo hace bien y tiene éxito.

Observar las reacciones

Nota cualquier tendencia que tengas hacia los juicios, las críticas o cualquier otra reacción que te impida estar presente con el éxito y la satisfacción de esa persona. ¿La idolatras? ¿No te puedes imaginar llegar a su nivel?

¿La veneras, tomándola como tu ejemplo en la vida y sientes que por conocerla eres, de alguna manera, una persona mejor o más valiosa?

¿Le tienes envidia, te sientes celoso de sus logros, incapaz de comprender cómo logró tanto mientras tú estás atascado en donde estás? Estás seguro de que eres tan bueno como ella, aunque de algún modo ella ha triunfado y tú, no.

¿Quieres emular a esa persona? ¿Notas lo que le gusta y lo que le desagrada, cómo se comporta y lo que hace? ¿Adoptas los mismos gustos y disgustos y te esfuerzas en ser como ella para poder disfrutar del mismo tipo de éxito y plenitud?

¿Quieres rebelarte, ser diferente a ella y tomar tu propio camino para demostrarle a todos que puedes triunfar por tu cuenta? ¿Te enoja su éxito? ¿Sientes que el mundo es injusto? ¿Piensas que por mucho que lo intentes, nunca serás tan feliz?

Todas estas reacciones están al servicio de la misma función: impedir estar con la otra persona en su felicidad.

Ver cómo funcionan esos mecanismos internamente

Observa cómo los mismos patrones reactivos funcionan internamente. Recuerda un momento o una circunstancia en tu vida en que todo iba bien, pero no sentías alegría o felicidad. ¿Qué te impide sentir felicidad, alegría o plenitud en tu vida? ¿Qué patrones te impiden dedicarte a lo que quieres hacer, o a lo que sabes que es correcto o verdadero? ¿Qué patrones te impiden saber lo que realmente quieres hacer, o saber qué es lo correcto o verdadero?

Para cada una de estas preguntas, no analices tu vida ni intentes resolverla. Recuerda situaciones específicas de cuando, por ejemplo, sabías lo que querías hacer, pero no lo hiciste. Cuando estabas en la universidad, sabías lo que querías estudiar, pero en su lugar estudiaste otra materia. Sí, tus padres o un profesor te influenciaron, pero ¿qué dentro de ti no confió en lo que sabías? ¿Qué se volvió pasivo en tu interior? ¿Son los mismos sentimientos que te desencaminan de lo que te hace sentir despierto y vivo? *Siente* lo que te detuvo o lo que te detiene. La lógica emocional es más importante que la lógica racional. Sigue los sentimientos y deja que te hablen. Los sentimientos te guiarán hacia los imperativos de los patrones y las intenciones ocultas de modo más fiable que el análisis o la deducción. Descubrirás un conjunto de imperativos condicionados que describen lo que deberías haber logrado o lo que deberías estar logrando, lo que no deberías haber logrado o haber intentado lograr, las habilidades y cualidades que deberías tener y las habilidades y cualidades que no deberías tener.

REORGANIZACIÓN: DAR ATENCIÓN A LOS MECANISMOS QUE CREAN INCERTIDUMBRE

A medida que identificas la representación interna de quién se supone que debes ser y lo que se supone que es tu destino, notarás una voz o un sentimiento crítico o una sensación que te dice cuándo te estás desviando del «plan».

Los mecanismos están basados en la crítica

Trae la atención a esta voz crítica y observa tu relación con ella. Te sientes pasivo e impotente, como si los valores aprendidos, los valores que esta cualidad crítica defiende, fueran absolutos. Dirige la atención a la actitud crítica. ¿Qué está intentando ganar esta actitud crítica? ¿Qué la impulsa? ¿Qué función tiene esta actitud crítica? No analices. Sostén la actitud crítica y estas preguntas en atención simultáneamente.

Dar atención a la actitud crítica

No importa qué impulsa la actitud crítica, no importa a qué presta servicio, no tiene nada que ver con quien eres ni con lo que eres realmente. Mira la actitud crítica como un patrón. Está basada en creencias y no encarna un conjunto absoluto de valores. Te das cuenta, con cierta incomodidad, de que has aceptado esos valores sin cuestionarlos. Permanece en la sensación de pasividad e impotencia y en cualquier otro sentimiento que surja.

En este momento, una o más de las cadenas de reacción de los cinco elementos surgirán: oquedad, amenaza, soledad, ansiedad o confusión. Utiliza los métodos del capítulo 6 para mantener estas sensaciones en atención. En particular, siente el miedo subyacente —inestabilidad, sofoco, aislamiento, destrucción o no ser nada, respectivamente— y acógelo en atención, transformando la reacción en presencia.

Exponer el sentimiento de no ser suficiente

A medida que la atención penetra la actitud crítica, sientes cada vez más claramente cómo eres insuficiente, cómo no cumples los severos e implacables criterios que cargas en tu interior. Mientras que puedas criticar a otros, no tienes que poner atención a la sensación de no estar a la altura. En realidad, no eres deficiente, pero la sensación es poderosa y está profundamente condicionada. La actitud crítica no tiene nada que ver con lo que eres; te fue inculcada y la has aceptado pasivamente. No es de extrañar que vayas por la vida sintiéndote inseguro o carente de pasión. Has sido influenciado por un condicionamiento que te dice que nunca eres suficiente.

CONSTANCIA: MANTENER LA ATENCIÓN

El sentimiento de no ser suficiente se vuelve vacío

Trae la atención al sentimiento de insuficiencia o carencia. ExpeRiméntalo completamente. Considera la respiración como una cuerda y, amarrado a la cuerda, desciende hacia la sensación de insuficiencia. Al comienzo, la insuficiencia se siente absoluta, pero paulatinamente la experimentarás como una sensación. Entonces se convierte en un objeto de la atención y no en lo que eres.

Abrirse a estar presente

En este momento, experimentas un cambio en la comprensión. Entiendes que todos los valores asociados con la crítica y la deficiencia son valores aprendidos; no son absolutos. Olas paralizantes de miedo suelen acompañar esta comprensión. Permanece con ellas y deja que estén allí. A medida que el miedo se disipa, la actitud crítica se desmorona y estás presente. Sabes que de ninguna manera eres deficiente ni incompleto.

La libertad de la alegría

Te liberas de los valores aprendidos. Todo se abre; eres libre. No necesitas buscar referencias externas para reafirmar tu ser. La actitud crítica y la sensación subyacente de insuficiencia se han ido y estás presente en tu vida. Eres libre de existir sin disculparte con nadie ni con nada. ¡Qué alegría!

Alegrarse por el esfuerzo y los éxitos de otra persona

Cualquier tendencia a criticar o minar la felicidad, el éxito o la convicción de otros ahora se desvanece. Libre en tu propio ser, también eres libre de celebrar y alegrarte por la felicidad y el éxito de los demás.

EXTENDER LA ALEGRÍA A TODAS LAS ÁREAS DE LA VIDA

Una vez que ves más allá del sentido fundamental de deficiencia, comienzas a encontrar satisfacción en las actividades de la vida misma. Al extender la práctica de la alegría a otras personas, descubres áreas adicionales donde un sentido de deficiencia está presente en ti. Desmantélalas a medida que las descubras. Cada vez estás más presente en tu vida. Como con los otros inconmensurables, comienza a extender la alegría llevando la atención a las áreas en las cuales te sientes crítico o competitivo con respecto a las personas con quienes tienes buena relación. Extiende tu práctica a las personas que activan una actitud duramente crítica en ti. Finalmente, extiende tu práctica para incluir las actitudes críticas generadas por tu familia y tu cultura.

CONCLUSIÓN: ALEGRÍA AL NIVEL DE LA CONCIENCIA

Al final de cada sesión, suelta todas las imágenes y los sentimientos con los cuales has estado trabajando. Descansa en la alegría y la presencia que has descubierto con tu mente abierta y clara. Entonces, dirige la atención a la experiencia de la alegría. ¿Qué es? ¿Dónde está? ¿De dónde proviene? No intentes razonar, analizar ni pensar acerca de estas preguntas. Usa las preguntas para dirigir la atención. Solo descansa, observando la experiencia misma de la alegría.

Comentario: Alegría

Así como el amor bondadoso y la ira no pueden coexistir tampoco, la envidia y la alegría.

En su gran obra poética *Camino al despertar* (sánscrito: Bodhicaryavatara Shantideva, un maestro indio del siglo VIII captura tanto el modo en que la envidia mata la alegría como lo absurdo de la envidia:

> *Cuando otros se regocijan*
> *Elogiando a aquellos dotados de talentos,*
> *¿Por qué, oh mente, no encuentras*
> *También alegría para elogiarlos?*

y

«Pero son ellos quienes tendrán la felicidad», dices.
Si esta es entonces una alegría que resentirías,
Deja de pagar jornales y devolver favores:
¡Tú serás el perdedor, tanto en esta vida como en la próxima!

Cuando colman de elogios, tus méritos
Te entusiasma que los demás se regocijen en ellos.
Pero cuando el cumplido se dirige a otros,
Tu alegría es, oh, tan lenta y resentida.

Al observar tus reacciones ante el éxito o la felicidad de los demás, puedes aprender acerca de las expectativas que tienes sobre quién y qué *deberías* ser. Nosotros *deberíamos* ser exitosos y sentimos una punzada de envidia cuando oímos del éxito de una persona en cualquier campo. Cuando el éxito del otro es en un área en la cual estamos trabajando, la envidia nos hace más mella y nos lleva, de hecho, a decir: «Así debería ser yo».

Una de mis estudiantes, que es periodista, decía que simplemente no podía conectarse con esta meditación. No podía encontrar ninguna área de su vida donde sintiera envidia ni competencia. Le pregunté cómo se sentiría si terminara una buena historia y, en la reunión editorial, su colega del escritorio vecino recibiera mayor espacio para su artículo que ella. «Sí», dijo, «podría sentir algo entonces y no sería alegría».

Una actitud duramente crítica acecha debajo de la envidia. Se desencadena cuando el éxito o la felicidad de otra persona despierta en ti la sensación de no ser suficiente. La actitud crítica está dirigida, en realidad hacia ti, aunque para evitar el dolor punzante de la autocrítica, la rediriges hacia los demás. Incluso podrías regodearte en el placer perverso, y algo sádico, de minimizar sus logros.

La actitud crítica está basada en expectativas internalizadas acerca de quién y lo que deberías ser. A menudo toma la forma de una voz que te dice lo que deberías o no deberías estar haciendo. La voz no siempre es congruente, pero, a pesar de ello, te impide hacer lo que sabes que es verdadero y correcto. Tu relación con esa voz es básicamente pasiva. ¿Por qué? Porque esa actitud crítica se te inculcó.

Para muchas personas, la actitud crítica es un aspecto tan arraigado de su visión del mundo y de sí mismos que son incapaces de identificarla. Recuerda una situación que resultó muy mal y repásala en atención. ¿Cuándo salieron mal las cosas? ¿Cuándo sospechaste por primera vez que las cosas iban mal?

¿Qué te impidió tomar un rumbo diferente en aquel momento? Poco a poco, dilucidarás casos cuando algo te dijo: «Esto es lo que has de hacer» y obedeciste a pesar de que otra parte tuya decía: «Esto no está bien y lo sabes».

La meditación sobre la alegría pone en tela de juicio todo lo que te fue inculcado por cualquier sistema, incluso tu familia, tu educación, tu profesión y tu cultura. Sientes que tu modo de vida, tus valores, tus creencias y tu sentido de propósito en la vida están bajo amenaza. Lo están. La feroz resistencia que encuentras para ver los valores y las creencias como patrones y no como absolutos indica cuán a fondo varios sistemas han implantado en ti sus propios valores y creencias.

Un sistema utiliza la vergüenza y el repliegue de la atención para implantar el miedo a no sobrevivir. También presenta la visión de que el poder reside en el sistema y no en ti. La combinación te entrena para que te vuelvas dependiente del sistema para sobrevivir. Puesto que el sistema está internalizado y te identificas con él, adoptas la visión del sistema acerca de quien eres y lo que eres. Vemos esta tendencia muy claramente en las profesiones: «Yo soy médico, así que hago x, y, y z» o «Yo soy abogado, así que hago x, y, y z».

Elige una tarea trivial, como ordenar palillos en línea recta. Haz que un compañero tome el papel de la actitud crítica. Tu compañero te señala lo que estás haciendo mal, cómo deberían disponerse los palillos, lo que no cuadra, lo que está fuera de línea, y así sucesivamente. Las críticas de tu compañero no tienen que ser constantes ni lógicas. Tratas de cumplir con cualquier cosa que tu compañero diga: reacomodas los palillos, reemplazas uno con otro, ajustando el alineamiento, y demás. Observa cómo te sientes y lo que sucede en tu interior. En general, dos o tres minutos son suficientes. Inviertan los papeles de tal modo que ambos tengan la experiencia de ser la actitud crítica y de obedecerla.

Hagan el ejercicio nuevamente. Esta vez, acomoda los palillos de cualquier modo que te apetezca, sin considerar lo que te diga la actitud crítica. ¿Es difícil hacer lo que quieres frente a las exigencias de tu compañero? ¿Por qué? ¿Qué te sucede internamente? ¿Qué le sucede a tu compañero cuando no haces lo que él o ella te indica? Inviertan los papeles para que cada uno experimente el otro lado.

Muchas personas sienten una clara falta de alegría en su vida a medida que advierten que han seguido los dictados de la actitud crítica y que no han confiado en lo que sabían y sentían a partir de su experiencia directa.

Un estudiante, corredor de bolsa, se sorprendió por lo vacío que se sintió cuando alcanzó un nivel récord de ventas. A pesar de un premio y una considerable bonificación, se dio cuenta de que todo lo que siempre le habían dicho y había llegado a creer —«Haz esto y serás feliz»—simplemente no era cierto.

Cuando cuestiones la actitud crítica, descubrirás una sensación similar de oquedad o incertidumbre. El espacio abierto desencadena una o más de las cadenas de reacción de los cinco elementos. Utiliza lo que has aprendido de la práctica de las cinco dakinis para desmontar la cadena de reacción.

Después de la reacción de los elementos, te sientes desvitalizado internamente. Esta desvitalización es la pasividad que sientes hacia la actitud crítica que se te inculcó. Cuando se te inculcó, algo en ti se rindió. No podías cumplir con las exigencias excesivas e inconsistentes del sistema. No eras suficiente. Al perder tu relación con el poder, perdiste tu vitalidad y pasión de ser.

Trae la atención a la sensación de no ser suficiente. Como con los otros inconmensurables, en algún momento se resquebraja y ves los valores aprendidos por lo que son: valores aprendidos y no absolutos. Te sientes libre y vivo; en palabras de un estudiante: «Como correr en una pradera abierta con pájaros y mariposas danzando alegremente en el cielo, ligero y veraniego, y la brisa como un ramo de flores de primavera».

Comentario: Los cuatro inconmensurables

LAS TRES MENTES

En el capítulo sobre el karma, hablé sobre las tres mentes: la mente del cuerpo, la mente de la emoción y la mente de la conciencia. Las prácticas de meditación de los cuatro inconmensurables están dirigidas principalmente al nivel de la emoción. Dado que la mente de la emoción está en un nivel de energía superior al de la mente del cuerpo, estas prácticas naturalmente se expresan en la mente del cuerpo. El nivel más alto de energía en los cuatro inconmensurables libera al cuerpo de las tensiones y distorsiones crónicas impuestas por los patrones emocionales. Por ejemplo, la próxima vez que asistas a un evento social, observa lo rápido que juzgas a la gente. ¿A qué personas intentas evitar? ¿A qué grupos intentas unirte? Toma un momento y observa lo que está sucediendo en tu cuerpo. ¿Se tensa al estar cerca de quienes estás intentando evitar? ¿También se tensa cuando estás intentando unirte a un grupo? ¿Cuándo se relaja? Cuando observes cuidadosamente, verás que tu cuerpo se relaja cuando ya no estás juzgando. Generalmente, solo dejas de juzgar cuando estás con el grupo «correcto» de personas. Ahora supón que podrías soltar completamente el juicio y experimentar a todas las personas en la reunión por quienes son, sin prejuicios. ¿Estarías más o menos relajado físicamente? Así es como se manifiesta la ecuanimidad en la mente del cuerpo.

¿Cómo surgen los inconmensurables en cada una de las tres mentes?

LA ECUANIMIDAD CONTRARRESTA EL JUICIO Y EL PREJUICIO.

En la mente del cuerpo, el juicio surge como la reacción física ante la experiencia sensorial. En la mente de la emoción, surge como prejuicio. En la mente de la conciencia, surge como perturbación. Por ejemplo, tu teléfono suena y la persona al otro lado pregunta por ti usando tu nombre, pero se traba. Tu cuerpo reacciona a la impresión sensorial, tensándose. Emocionalmente, ya tienes un prejuicio. Sientes que algo no está bien. Las siguientes palabras de quien llama: «¿Le gustarían unas vacaciones para dos...?». Y te percatas de que es otro vendedor telefónico y de que tus prejuicios se confirman. No obstante, las siguientes palabras podrían haber sido: «Necesito un consejo y Fulano de Tal (un buen amigo tuyo) me recomendó hablar contigo».

A medida que se debilitan los patrones emocionales del prejuicio, te relajas físicamente y estás menos reactivo a las sensaciones físicas agradables (positivas) o desagradables (negativas). Ya sea que la otra persona sea un vendedor telefónico o alguien en busca de un consejo, respondes apropiadamente, liberando las emociones a medida que surgen en lugar de dejar que ellas determinen tu reacción. Al nivel de la conciencia, independientemente de lo que surja en la experiencia, descansas en calma, libre de perturbación o de confusión.

EL AMOR BONDADOSO CONTRARRESTA EL CERRARSE A TODO LO QUE SURGE EN LA EXPERIENCIA.   Cerrarse tiene lugar en las tres mentes. En la mente del cuerpo, nos cerramos al venirnos abajo frente a lo que surge, ya sea una palabra amable de un amigo o un olor nauseabundo en la cocina. En la mente de la emoción, nos cerramos sucumbiendo ante el otro de tal modo que el otro se convierte en nuestro único enfoque. En la mente de la conciencia, nos cerramos al seleccionar un aspecto de la experiencia y al rechazar otros. Observa un árbol. Luego, observa una hoja. ¿Qué sucedió con el árbol? Cuando miramos una hoja, dejamos de ver todo el árbol, pero si miramos el árbol, vemos cada hoja.

El amor bondadoso desmantela los patrones reactivos asociados con cerrarse. En su lugar, nos abrimos a todo lo que experimentamos. El olor nauseabundo en la cocina no nos impide notar la luz del sol que entra por la ventana. La calidez abierta que sentimos por todas las personas significa que tratamos a todos con respeto, cortesía y consideración.

LA COMPASIÓN CONTRARRESTA EL MIEDO AL DOLOR Y LA INCOMODIDAD.   En la mente del cuerpo, el miedo a la incomodidad surge como un anhelo físico. Cuando sentimos hambre, queremos comida. Cuando estamos amenazados físicamente, anhelamos seguridad y resguardo. En la mente de la emoción, nos contraemos frente al dolor y la incomodidad. En la mente de la conciencia, la reacción surge como intentos por controlar. Cuando te cruzas con un indigente en la calle, observa lo que sucede en tu interior. Instintivamente temes que pudieras acabar en la misma situación, de modo que lo ignoras o le das una cantidad insignificante de monedas y rápidamente sigues tu camino. Sientes enojo con el sistema social que somete a las personas a semejantes aprietos o te enojas con el consejo municipal por permitir que los indigentes incidan en tu vida; te enojas porque no puedes controlar todo en tu mundo.

> Uno solo puede hacer frente en los demás a aquello que puede encarar en sí mismo.
>
> —*James Baldwin*

En la mente del cuerpo, la compasión se manifiesta como la habilidad de experimentar los deseos y apetitos del cuerpo, sin dejar que te gobiernen. En la mente de la emoción, la compasión es la habilidad de permanecer firme con nuestro miedo y estar presentes con el sufrimiento de otra persona. Al nivel de la conciencia, la compasión desmantela nuestra necesidad de control: somos libres de atender todo lo que necesita ser atendido y soltar lo que no se puede hacer.

LA ALEGRÍA DESMANTELA EL PATRÓN DE AFERRARNOS A LA EXPERIENCIA PARA REAFIRMAR NUESTRO SENTIDO DE QUIENES SOMOS.   En la mente del cuerpo, el aferramiento surge como una reacción física del instinto de supervivencia. En la mente de la emoción, surge como envidia que acciona una necesidad de reafirmación a través del logro. En la mente de la conciencia, es un sentido de carencia interna que nos hace buscar externamente la validación o el significado. En un entorno competitivo, buscas una posición que te dé una ventaja sobre otros. Estás empeñado en ganar para demostrar a todos quién eres. Sientes que ganar de algún modo reafirma tu existencia. Con la alegría, no obstante, estamos libres de la necesidad de validación externa y podemos volcar nuestras energías en la actividad de la vida misma.

DETERIORO EN LOS CUATRO INCONMENSURABLES

Dos dinámicas socavan la práctica de los cuatro inconmensurables: el deterioro y la corrupción. Del mismo modo que el moho, los hongos y la humedad descomponen un árbol caído, los patrones habituales consumen atención, causando que los inconmensurables se deterioren y se vuelvan emociones reactivas.

Tarde o temprano, tu práctica de los cuatro inconmensurables se pone de manifiesto en tu vida. ¡Qué alivio ser capaz de aceptar los altibajos del día sin juzgarlos ni reaccionar ante ellos! Cuánto más abierto eres, aun con las personas con las que tienes problemas, cuando sientes genuinamente la calidez del amor bondadoso. Una amiga llega a verte con un doloroso problema personal y puedes simplemente estar con ella, sin decirle qué hacer ni retraerte de su dolor e infelicidad. Ahora que te has despojado de algunos de los valores condicionados, tienes más claridad sobre lo que es importante para ti y puedes realmente celebrar los éxitos de otros.

¡Cuánto has cambiado! Estás convencido de que las viejas formas se han ido para siempre, y te das una palmadita en la espalda, felicitándote por tu logro.

Entonces notas que, en lugar de ser ecuánime, estás un poco más distanciado de las personas que antes. No estás reaccionando de la manera en que solías reaccionar. De hecho, no solo no estás reaccionando, sino que ni siquiera respondes. Estás desconectado, desapegado y distante; nada te toca. Estás por encima de la reacción, pero la cualidad vital y despierta de la ecuanimidad ha desaparecido. ¿Qué sucedió? La ecuanimidad se deterioró convirtiéndose en indiferencia. Tu trabajo con la ecuanimidad fue eficaz; te puso más en contacto con el mundo y estar más en contacto con el mundo desencadenó un patrón de indiferencia.

La indiferencia es una forma de cerrarse. Para remediar el deterioro de la ecuanimidad, usa el amor bondadoso para desarmar el patrón de cerrarte.

El amor bondadoso se deteriora convirtiéndose en excesiva posesividad; consideras a la otra persona como un objeto que existe para tu propio placer. Reaccionas fuertemente cuando ella o él siente dolor, resintiendo la intrusión en tu mundo idealizado de amor y paz.

La compasión es el remedio para el deterioro del amor bondadoso. Trayendo la atención al dolor y al sufrimiento de la otra persona, nuevamente ves a la persona como es y no como un objeto en tu mundo. La compasión revela en ti la habilidad para permanecer presente ante el dolor del otro.

La compasión también se deteriora. Se deteriora convirtiéndose en desesperación. La compasión te pone en contacto con el dolor del mundo, pero ves que lo que puedes hacer tiene un límite. La sensación de no hacer lo suficiente, de no ser lo suficiente, ante el dolor desencadena la desesperación. En casos extremos, provoca depresión.

La alegría es el remedio para la desesperación. A través de la alegría, ves que parte de la causa de la desesperación es el conjunto de expectativas que tienes sobre quién y qué tienes que ser y lo que deberías de ser capaz de hacer. Estas expectativas se ven como absolutos e intentas ignorar las realidades de las circunstancias actuales. ¿Cuántas veces has dicho: «Debería ser capaz de hacer más»? La alegría te libera de las expectativas condicionadas para que vuelvas a estar presente y para que sepas lo que se puede hacer y cómo hacerlo.

Según la tradición tibetana, Avalokiteshvara, el bodhisattva de la compasión despierta, recibió el voto de bodhisattva del Buddha Amitabha. Avalokiteshvara prometió trabajar por el beneficio de todos los seres sin límite y, para comunicar la profundidad de su aspiración, decidió que si alguna vez sucumbía ante la desesperación su cabeza estallaría en mil pedazos.

Desde tiempo inmemorial, Avalokiteshvara trabajó para liberar a los seres del ciclo de la existencia. Trabajó durante eones y eones y finalmente tomó un descanso para ver cómo iba su labor. Desalentado, vio más seres que sufrían en la existencia cíclica que cuando comenzó. «¿De qué sirve?», gimió y su cabeza estalló en mil pedazos.

El Buda Amitabha apareció ante él y le recordó su voto. Avalokiteshvara nuevamente tomó la resolución de trabajar para ayudar a los seres, pero esta vez sin ninguna expectativa ni idea de lograr nada. A través del poder de la inspiración de Amitabha, los mil pedazos de la cabeza de Avalokiteshvara se convirtieron en mil brazos, cada uno con un ojo en la palma.

Para formular un nuevo voto de bodhisattva Avalokiteshvara examinó el mundo de los seres y vio tres cosas: los seres sufrían a causa de la pobreza, las emociones reactivas se habían fortalecido, y los seres necesitaban ayuda rápidamente. Ahora verdaderamente presente, Avalokiteshvara experimentó el sufrimiento del mundo tal como era. La conciencia directa tomó la forma de una sílaba en su corazón, un *hung* negro azulado, la sílaba de la conciencia prístina. La sílaba *hung* se transformó en el Protector que Actúa con Rapidez, la forma de

Mahakala con seis brazos, la encarnación de la energía iracunda de la compasión. El Protector representa cómo la claridad de la compasión, libre del dualismo sujeto-objeto, corta toda la confusión y trabaja por el bienestar de todos.

Una manera de interpretar esta historia es que la compasión se convierte en verdadera compasión solo cuando se atraviesa la desesperación. Las preocupaciones e ideas sobre lo que deberías ser, sobre quién deberías ser, y sobre lo que deberías hacer se desploman. Solo haces lo que está frente a ti y lo haces directamente.

Finalmente, la alegría se deteriora en euforia. Estás tan lleno de energía y habilidad que olvidas dónde estás y quién eres. Recuerda la historia de Ícaro de la mitología griega. El padre de Ícaro construyó alas con plumas y cera. Ícaro estaba tan eufórico con su habilidad para volar que decidió volar hasta el sol, a pesar de las advertencias de su padre. El calor del sol derritió la cera, las alas se deshicieron, e Ícaro se desplomó en el mar.

La ecuanimidad remedia la alegría que se deteriora en euforia. La ecuanimidad trae la atención a la tendencia de reaccionar frente a lo que surja en la experiencia; y, en el caso de la alegría, lo que surge es la euforia por la libertad y poder recién encontrados. Con la ecuanimidad, permaneces presente con lo que está ocurriendo y no te dejas llevar por tu propia euforia.

El siguiente diagrama, adaptado de los comentarios de Herbert Guenther en *Kindly Bent to Ease Us* (Inclinado gentilmente para aliviarnos) muestra cómo los inconmensurables se relacionan entre sí para remediar el deterioro.

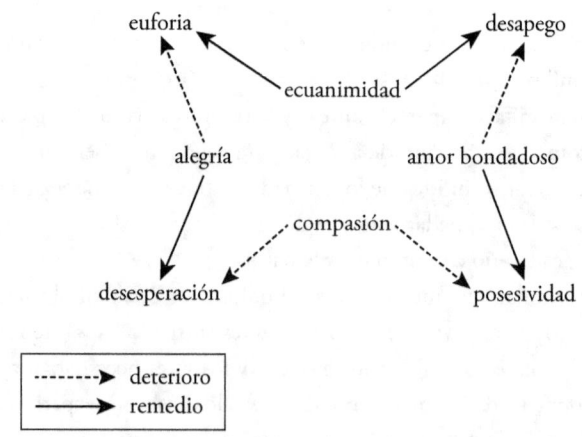

REMEDIAR EL DETERIORO EN LOS CUATRO INCONMENSURABLES

CORRUPCIÓN EN LOS CUATRO INCONMENSURABLES

La corrupción es trabajo de los patrones que distorsionan la experiencia y la expresión de los inconmensurables, incluso antes de que empieces a descubrirlos. En la práctica de los inconmensurables, generalmente tendrás la mayor dificultad con el inconmensurable que esté más cercano a tu forma de funcionar basada en patrones. Las personas que son desconectadas y distantes tienen dificultad con la ecuanimidad porque no conocen la diferencia entre manipular a las personas y conectarse con ellas. Los individuos que son altamente competitivos, por otra parte, tienen dificultad con la alegría. Están habituados a sentir una sensación de poder y habilidad, pero no son capaces de brindar atención a cómo esas habilidades están al servicio de las expectativas condicionadas sobre quiénes se supone que deberían ser y lo que se supone que deberían lograr. El amor bondadoso es difícil para personas con tendencias adictivas, y la compasión es difícil para personas que compulsivamente se hacen cargo de otras personas.

En otras palabras, nos escondemos en lo que nos es familiar. El funcionamiento de los patrones nos impide penetrar en el corazón de uno o más de los inconmensurables. Y peor aún, los patrones utilizan ahora la práctica para justificar su funcionamiento. Mientras que el deterioro surge de la falta de atención sostenida, la corrupción proviene de los patrones que ya están establecidos.

Nunca hagas concesiones a la corrupción; tiene que ser sistemáticamente arrancada de raíz y eliminada. Para remover la corrupción, tienes que usar la práctica de los cuatro inconmensurables para desmontar los patrones que dan forma a la manera básica en que abordas la vida y la experiencia. La mejor estrategia se encuentra en la secuencia basada en el poder y la presencia mencionada anteriormente en este capítulo: primero la alegría, luego el amor bondadoso, después la ecuanimidad y finalmente la compasión.

Los patrones de las manifestaciones corruptas de los inconmensurables tienen dos modos de expresión: activo y pasivo. Típicamente, un modo de expresión será dominante. Sin embargo, cuando se acumula suficiente presión interna, el patrón cambia a la otra expresión. Las manifestaciones corruptas son como vías de ferrocarril. La expresión activa corresponde al tren que marcha en una dirección; la pasiva, al tren que marcha en la otra dirección. Los rieles, o sea la dinámica subyacente, son los mismos.

La dinámica subyacente de la ecuanimidad corrupta es la manipulación. En su expresión activa, se manifiesta como la manipulación abierta de otros. Mantienes a las personas a cierta distancia, reteniendo información o utilizando poderes y recursos ocultos. Próspero, en la obra *La tempestad*, de Shakespeare, es el manipulador arquetípico. Utiliza su brujería para atraer a sus enemigos hacia él y someterlos a su poder. Haces que las personas estén constantemente adivinando qué te traes entre manos; las mantienes fuera de balance y nunca estableces relaciones cercanas. Pasas mucho tiempo en tu cabeza, ideando estrategias y especulando sobre esto o aquello, y rara vez tocas el tejido de la vida.

En su expresión pasiva, la manipulación se manifiesta como una aparente inocencia. Mantienes una fachada de ingenuidad, pero sabes cómo lograr lo que quieres. Cuando alguien te desafía, dices: «No sé de qué estás hablando; tuve suerte», o «¿No es maravilloso cómo las cosas se resuelven justo como querías?"

Para remediar la ecuanimidad corrupta, trabaja con la práctica del amor bondadoso. Cuando te abres a cómo otras personas han tocado tu vida, la calidez de los recuerdos de bondad disipa la fría desconexión del manipulador. Los patrones que ven a otros como meros objetos no pueden sostenerse, y te mueves hacia la ecuanimidad verdadera, entendiendo lo que motiva a otras personas sin desconectarte ni distanciarte de ellas.

El amor bondadoso corrupto se manifiesta envolviendo a otros. En su forma activa, se manifiesta como adicción. No ves razón alguna para poner límites a tu búsqueda del placer y terminas esclavizado por las mismas cosas que quisieras envolver. Te vuelves adicto al afecto, a la intensidad emocional, al trabajo, a la ira, al entretenimiento, a la comida u otras sustancias, o al sexo. En el amor bondadoso se trata de abrirse al mundo. En su forma corrupta, estás tan abierto que estás perdido en la experiencia sensorial y emocional. No puedes distinguir lo que es tuyo y lo que no lo es, así que no tienes ningún límite.

En su forma pasiva, el envolver se manifiesta como impotencia. Abrumado por los estímulos, dejas de funcionar y te cierras al mundo. Nada te da placer. No tienes energía. No puedes hacer nada. Inicialmente, tu impotencia atrae el cuidado y la atención de otros. Tomas y tomas y nunca das nada a cambio. Los demás sienten que están volcando energía en un agujero sin fondo o que están siendo envueltos por ti y tus problemas, así que se apartan y tu creencia en tu propia impotencia se confirma.

Utiliza la alegría para deshacer el amor bondadoso corrupto. La alegría trae una sensación de poder. Fijas límites, externa e internamente. Envolver está basado en una sensación de carencia y te conduce a tomar todo lo que puedas para llenar ese agujero que tienes dentro. En la meditación sobre la alegría, ves el sentimiento de carencia por lo que es, un sentimiento, una creencia quizás, pero no un absoluto que define quién ni lo que eres. Puedes entonces moverte hacia el amor bondadoso verdadero, la calidez radiante que se abre al mundo pero que no busca apoderarse de él.

La compasión corrupta es el control. En su expresión activa, el control se manifiesta como tiranía. Temes lo peor y no puedes dejar que ocurra, y por eso tomas el control sin importarte el costo. Te olvidas del miedo que te impulsa. Convencido de que tus acciones están justificadas porque tienes el bienestar de todos en mente, atropellas a las personas sin miramientos. Te conviertes en un tirano, un dictador. Para ti, el fin justifica los medios y cualquiera que cuestione tu intención o tus métodos se vuelve un enemigo que hay que destruir.

En su expresión pasiva, el control se manifiesta como indefensión. Abrumado por el miedo, no sabes qué hacer. No puedes pensar claramente; todo es confuso. Renuncias a la responsabilidad y dejas que otras personas decidan lo que se debe hacer. Inevitablemente, alguien usurpa tu autoridad, confirmando tu visión de ser indefenso, débil e ineficaz. Desde el enojo, te afirmas con acciones extremas e impredecibles.

Para remediar la compasión corrupta, usa la práctica de la ecuanimidad. El miedo es la fuerza impulsora detrás del control. Estás gobernado por el miedo, que distorsiona tu percepción de las cosas. A través de la ecuanimidad, desarrollas compostura, una calma interna que te permite ver cómo funcionan las cosas, entender la situación y saber qué puede y qué no puede hacerse.

Cuando ves las cosas claramente, el miedo no se apodera de ti. Te mueves hacia la verdadera compasión: aceptas las cosas como son, haces lo posible y sueltas el resto.

La alegría corrupta es la dominación. En su expresión activa, la dominación se manifiesta como sadismo, la alegría que proviene de imponer tu poder sobre otro. Estás mareado de poder. Eres muy capaz de actuar, de hacer que sucedan las cosas y de atravesar los obstáculos. No piensas en los efectos de tus acciones sobre los demás o, si lo haces, derivas placer de ver cómo tu poder causa dolor a otros. Para ti, el ejercicio del poder sobre el otro es lo que le da sentido a tu vida.

La expresión pasiva es el masoquismo. Te sientes con tan poco poder que la única forma de conectar con otros es dejar que hagan contigo lo que quieran. Estás impotente. Quieres que te dominen para poder sentirte impotente. Buscas situaciones y relaciones que confirman tu visión de ti mismo.

Para remediar la alegría corrupta, usa la práctica de la compasión. La compasión requiere que te abras al dolor del otro. Te pone en contacto directamente con las consecuencias de tus acciones. Si puedes, actúas de forma que no cause dolor. Si tienes que atravesar obstáculos, lo haces de modo que cause la menor cantidad de dolor. Ahora puedes moverte hacia la alegría verdadera: estás presente en la vitalidad de ser, eres eficaz en la acción, pero haciendo solo lo que es apropiado, nada más y nada menos.

> A mí solo me importó el hombre. Nunca me importaron en lo más mínimo las ideologías, salvo si estaban desquiciadas o eran malvadas. Nunca consideré a las instituciones como merecedoras de sus partes, o a las políticas como algo más que pretextos para no sentir. Creo que casi cualquier sistema político manejado con humanidad puede funcionar. Y el más benigno de los sistemas sin humanidad es perverso. El truco supongo es encontrar el sistema que dé menos libertad de maniobra a los bribones. La garantía de nuestra virtud es nuestra compasión. Y si permites que esta institución, o cualquier otra, te robe la compasión, espera y verás en lo que te conviertes. El hombre es todo. Y si tu vocación significa algo, siempre lo preferirás a él sobre el colectivo porque el colectivo es lo más bajo de la humanidad y las personas que no son nada sin el colectivo son las que suelen hablar por él.
>
> —JOHN LE CARRÉ
> (Sobre el Servicio Secreto Británico)

HACER TRIZAS LA EXISTENCIA BASADA EN LOS PATRONES

Ostensiblemente, practicar los cuatro inconmensurables cultiva las que generalmente se consideran cualidades sanas, virtuosas y admirables: la ecuanimidad, el amor bondadoso, la compasión y la alegría. En realidad, los inconmensurables rompen la existencia basada en los patrones, haciéndolos trizas en cada nivel, ya sea que se deriven de las luchas por sobrevivir de la temprana infancia, de los esfuerzos adolescentes por encontrar un lugar en el mundo, de los estilos de interacción adultos para solidificar una identidad y una visión del mundo, o de los anhelos espirituales de trascendencia y paz. El siguiente cuadro relaciona los inconmensurables con comportamientos en las distintas etapas de la vida.

INCONMENSURABLES Y COMPORTAMIENTOS

Inconmensurable	Supervivencia infantil	Competencia adolescente	Interacción adulta	Anhelos espirituales
ecuanimidad	ignorar	ganancia/pérdida	manipular	permanencia
amor bondadoso	apego a la propia imagen	felicidad/infelicidad	envolver	éxtasis
compasión	egoísmo	respeto/desprecio	controlar	individualidad universal
alegría	posesión	fama/anonimato	dominar	pureza

Luchas infantiles por sobrevivir

En la infancia temprana, lo único que necesita el niño para estar presente es un nivel de confianza en el mundo a su alrededor. Tarde o temprano, esa confianza infantil será traicionada. No importa lo que hagan sus padres el niño, en algún momento, experimentará a los padres como ausentes, necesitados, controladores o abusivos y sentirá que su supervivencia está amenazada. La lucha por sobrevivir se convierte en el núcleo del sentido del "yo" y el patrón asociado bien podría funcionar durante el resto de la vida del niño.

Cuando, en la práctica de los inconmensurables, te topas con un nivel de resistencia en el que sientes que tu supervivencia está en juego, lo más probable es que te estés topando con material que se formó a una edad muy temprana en tu vida. Las emociones son tan crudas y poderosas que no puedes ponerles palabras y sientes que te vas a morir si las dejas entrar. No intentes abrirlas rápidamente. En cambio, descansa en atención, abriéndote a ellas tanto como puedas sin perder la atención. Deja que la atención las abra gradualmente, como el calor del sol abre una flor.

Hay cuatro reacciones emocionales asociadas con la formación del sentido del "yo", ya sea en la infancia temprana o más tarde en la vida: ignorancia, apego, centrarse en el yo, y posesión. Cuando surgen estas reacciones, lo más probable es que te estés conectando con reacciones que primero surgieron cuando se estaba formando tu sentido del "yo".

Recuerda la analogía de la erosión en el Capítulo 5. El sentido del "yo" comienza a formarse cuando el flujo del movimiento y respuesta se interrumpe. El espacio abierto de la falta de respuesta se percibe como amenazante y reaccionamos ignorándolo. Se forma inmediatamente un circuito de realimentación: cuando ignoro, el flujo de movimiento y respuesta se interrumpe y experimento el espacio abierto de la falta de respuesta. Me muevo para ignorarla y vuelvo a interrumpir el flujo. Rápidamente, se establece el sentido del "yo". Los tres venenos —atracción, aversión e indiferencia— ahora comienzan a filtrar la experiencia para distinguir lo que apoya, amenaza o es neutral para el sentido del "yo".

El sentido del "yo" se convierte en una especie de hogar. Los comportamientos (incluso las formas de interpretar la experiencia) que usas para ignorar o sobreponerte al espacio abierto de la falta de respuesta están ligados al sentido de quién y lo que eres. El sentido del "yo" te da una manera de aferrarte a un sentido de existencia aun cuando no haya respuesta del ambiente. En la medida en que te identificas con el sentido del "yo", lo percibes como esencial para tu supervivencia. El apego tiene más que ver con la dependencia que con el deseo o el gusto. Estás apegado al sentido del "yo" porque sientes que tu supervivencia depende de ello. Más tarde en la vida, continúas aferrándote a él aun cuando podría no gustarte lo que percibes que eres.

Cada vez más, todo en tu experiencia está organizado alrededor del sentido del "yo". Se convierte en el centro de tu mundo. Todas las cosas y todas las personas se ven en términos de cómo le prestan servicio a tu sentido del "yo". Las personas son cosas que apoyan o confirman lo que piensas que eres.

De cara a un mundo de experiencia, el yo se siente impotente, así que empieza a apropiarse de valores, creencias y formas de hacer cosas, definiéndose cada vez más explícitamente en términos de estos atributos. El yo desarrolla un sentido de posesión.

Los cuatro inconmensurables socavan estas cuatro reacciones emocionales primitivas. A través de la ecuanimidad, descubres la posibilidad de no reaccionar y, así no darle la espalda al espacio abierto. El amor bondadoso te enseña cómo abrirte y entonces descubres que no tienes que depender de un sentido del "yo" para estar presente. La compasión pone fin a la ilusión de que el mundo gira a tu alrededor. La alegría te libera de las sensaciones de impotencia y pasividad.

Esfuerzos adolescentes por lograr un lugar en el mundo

¿Cómo recuerdas los años de tu adolescencia: como un tiempo de paz y orden o como un período de confusión e incertidumbre? En la adolescencia, el gran tema es la competencia. A medida que aprendes nuevas habilidades y exploras nuevas formas de relacionarte con los demás, se abre todo un mundo nuevo de posibilidades. Puesto que el sentido anterior del yo no sabe funcionar en este nuevo mundo, te topas con la clásica crisis de la adolescencia. Vuelcas tu energía en forjar una identidad más sólida y te apoyas en medidas sociales para calibrar tu valor y competencia. Las preocupaciones sobre el éxito y el fracaso se forman en la adolescencia, pero los patrones que se desarrollan pueden funcionar el resto de tu vida. ¿Cuántos ejecutivos de negocios son impulsados por la necesidad de demostrar que son competentes en los ojos de un padre o un hermano? ¿Cuántos maestros enseñan a sus estudiantes lo que ellos nunca han aprendido?

En las meditaciones sobre la muerte y el cambio, viste cómo la muerte corta las ocho preocupaciones mundanas: ganancia y pérdida, felicidad e infelicidad, fama y anonimato, y respeto y desprecio. Los cuatro inconmensurables desmantelan estas obsesiones de una forma diferente.

El dinero es ahora la medida principal de ganancia y pérdida. El dinero se inventó originalmente como una forma de intercambiar energía. Ahora, la mayoría de las personas toma el dinero como un absoluto, como una medida de competencia, así como una medida de valía. En efecto, el dinero se ha vuelto un encantamiento colectivo, distorsionando la visión de todos sobre lo que es y no es importante. La ecuanimidad rompe el encantamiento. Ves a las personas como son en vez de en términos de lo que han ganado o perdido. Ves que todas las personas son lo mismo, quieren ser felices y no quieren sufrir, independientemente de lo ricas o pobres que sean.

La felicidad y la infelicidad son sentimientos subjetivos; el «yo» es feliz cuando siente que el mundo lo apoya, así que su foco siempre está afuera. Con el amor bondadoso, experimentas calidez y conexión con todo lo que surge en la experiencia. En lugar de buscar la felicidad afuera, irradias calidez hacia el mundo.

De forma similar, la necesidad del respeto de otros surge del patrón temprano del egocentrismo. En las pandillas adolescentes, el respeto lo es todo. La forma en que los otros te ven y cómo se relacionan contigo son lo primero en tu mente. La pregunta «¿Me respetarán?» te obsesiona. La compasión corta y atraviesa esta preocupación por ti mismo. Te conectas directamente con lo que está ocurriendo. Estás allí para abordar el dolor y la dificultad en la situación. Lo que otros piensen de tus acciones es irrelevante.

Cuando buscas o aceptas la fama, tomas la identidad que otros proyectan sobre ti. Tienes que cooperar con las fuerzas que te impulsan a la fama y en el proceso vendes tu alma por el reconocimiento que necesitas. Con la alegría, cortas y atraviesas la necesidad de reconocimiento. Han desaparecido los valores, las creencias y los comportamientos que se te inculcaron, determinando quién deberías ser en los ojos de otros. Sabes quién eres; estás presente y llevas tu atención a lo que se necesita hacer, no a lo que le hará bien a tu reputación. En una conferencia de prensa, un periodista preguntó a Archibald Cox por qué había aceptado el trabajo de investigar el escándalo de Watergate. Él respondió: «Pensé que podía hacer algo por mi país y si no salía bien, entonces ¿qué demonios? Hice lo que pude».

Estilos adultos de interacción para solidificar una identidad y una visión del mundo

En la edad adulta, los patrones continúan cristalizándose como una inversión y creencia crecientes en el mundo proyectado. Mantener el «yo», tu noción de quién eres y lo que eres, es tu preocupación principal. Te apoyas en cuatro formas de relacionarte con el mundo: manipular, envolver, controlar y dominar. Rara vez experimentas una conexión real o la presencia. Cumples con lo que la vida pide. Dentro, si es que alguna vez vas adentro, te sientes separado de lo que experimentas. Sabes que lo que presentas al mundo es una coraza, una fachada. La vida ha perdido su significado y su vitalidad, y no sabes cómo recobrarlos.

En la discusión sobre la corrupción, aprendiste a usar los cuatro inconmensurables para desmantelar estas cuatro formas corruptas de relacionarse con la experiencia. Ahora, cuando estos patrones se desmoronan, surgen cualidades totalmente diferentes: creatividad, inclusión, servicio y habilidad para mantenerte firme.

En la ecuanimidad, no se presenta manipulación alguna. La comprensión implícitamente presente en la manipulación ahora se convierte en una fuente de creatividad. Puesto que estás en contacto con el deseo básico de las personas de ser felices y no sufrir, aprecias su humanidad y eres menos crítico de sus debilidades y errores. Te conectas con otros entendiéndolos.

En el amor bondadoso, no envuelves a otros. La apertura implícita en el envolver permite que lo que es bueno se junte, de modo que tú y otros a tu alrededor experimentan prosperidad. La apertura y la calidez naturalmente se expresan como cortesía y consideración. Te conectas con otros incluyéndolos.

En la compasión, sueltas el control. Haces lo que puedes para fomentar la presencia, y luego dejas que las cosas sigan su curso natural. Cuando las cosas siguen su curso natural, todo el mundo se beneficia.

Un abogado estaba trabajando para recuperar millones de dólares de un fideicomiso que había sido mal manejado. El contador que estaba a cargo del fideicomiso había canalizado los fondos a un amigo, que básicamente se había gastado el dinero en sí mismo. Para recobrar el dinero, el abogado necesitaba información del contador. El abogado se reunió con el contable y su representante legal. En vez de hacer demandas o amenazas, dijo: «Usted sabe lo que ha hecho. Sabe que su empresa estará pagando su error durante los próximos diez años. Sabe que todavía existe una cantidad sustancial de dinero que recobrar. Sabe que necesito su ayuda para recobrarla y que, en realidad, no puedo hacer nada para forzarlo a colaborar. La única pregunta es cómo quiere recordar este asunto dentro de diez años. Puede no hacer nada para remediar el mal que ha hecho o bien, puede ayudarme a recobrar lo que queda del dinero. Voy a salir de esta habitación. Usted decide. Volveré en quince minutos". Soltó el control y el contador le dio más ayuda de la esperada.

A partir de este ejemplo, puedes ver que el resultado de la compasión, de estar presente y dejar que las cosas sigan su curso natural, es la justicia. Debes estar dispuesto a prestar servicio a lo que es verdadero y aceptar los resultados. Así que, en la compasión, te conectas con las personas sirviéndolas.

Finalmente, la alegría descubre una estabilidad interna que no depende de la validación externa. Puedes hacer lo correcto, pero no en un sentido moral trivial; haces lo apropiado y verdadero para la situación. A través de la alegría, sabes qué hacer y lo haces. Te conectas con las personas respaldándolas.

Al nivel del adulto, entonces, los cuatro inconmensurables dan pie a cuatro cualidades conectadas con liderazgo, a cuatro valores sociales y a cuatro maneras de conectar con otros, como se resume en el siguiente cuadro:

CUALIDADES QUE SURGEN DE LOS CUATRO INCONMENSURABLES

Inconmensurable	Liderazgo	Valor social	Conexión
ecuanimidad	creatividad	humanidad	entender
amor bondadoso	éxito	cortesía	incluir
compasión	beneficio	justicia	servir
alegría	hacer lo apropiado	conocimiento	respaldar

Anhelos espirituales

¿Cómo se manifiestan los patrones en la práctica espiritual? Al nivel espiritual, los patrones degradan la atención desviando la energía hacia anhelos espirituales idealizados de permanencia, éxtasis, identidad universal, y pureza.

La promesa de vida eterna ha atraído a la gente a la práctica espiritual durante siglos. Anhelas la permanencia solo cuando tienes miedo de morir; estás obsesionado por el pensamiento de morir y estás resuelto a trascender la muerte. Con la ecuanimidad, ves que toda experiencia, incluso la experiencia de la vida tiene la misma naturaleza: surge y se desvanece. Te encuentras con la muerte con serenidad porque entiendes que la vida, también, es lo mismo que cualquier otra experiencia: surge con el nacimiento y se desvanece con la muerte.

La promesa del éxtasis también atrae a la gente a la práctica espiritual. Anhelas el éxtasis porque no quieres lidiar con los detalles cotidianos de la vida; estás buscando algo especial, algo que te saque de lo rutinario de la vida. Estás buscando un estado perfecto de éxtasis. Estás obsesionado con la experiencia y quieres que tu experiencia sea la mejor, la más elevada y la más significativa. Todo lo demás en la vida te parece soso y apagado, en comparación. En el amor bondadoso, descubres la posibilidad de apertura sin límite. A partir de la ecuanimidad, sabes que tu vida es exactamente lo que experimentas, ni más ni menos. A través del amor bondadoso, dejas de intentar escapar de tu vida. Te abres a lo que te traiga la vida, ya sea agradable, desagradable o neutro. Lo saboreas porque sabes, tanto a partir de la ecuanimidad como de las contemplaciones sobre la muerte y la transitoriedad, que todo lo que estás experimentando ahora mismo pasará.

El tercer anhelo espiritual es por una identidad trascendente. Este anhelo surge como un intento de trascender el dolor del apego a un sentido limitado del «yo». Estás obsesionado contigo mismo. Quieres ser el más acogedor, el más cariñoso, el más poderoso y el más comprensivo. Vas a liberar a todo el mundo del dolor. Cuando te unas al yo cósmico, tendrás todas esas cualidades y, lo mejor de todo, te vas a escapar del dolor y de las tribulaciones asociadas con ser simplemente tú. Desafortunadamente, ni hay un yo cósmico con el cual fusionarse, ni hay un yo individual que trascender. La experiencia es todo lo que hay. A través de la compasión, descubres la posibilidad de estar presente en el dolor. La compasión corta y atraviesa el sufrimiento, que es la reacción emocional al dolor, y te pone en contacto con lo que es. El dolor es parte de la vida, tanto como lo es el placer. La compasión te libera de la confusión del sufrimiento y del afán por controlar lo que surge en la experiencia. A través de la compasión, eres capaz de estar presente con lo que surge en experiencia.

El cuarto anhelo espiritual es la pureza. Estás obsesionado por la mugre y la suciedad de la vida y quieres liberarte de ello completamente. No puedes estar lo suficientemente limpio. Comes comida pura, llevas una vida pura, pero la mugre y la suciedad siguen colándose. Cada mota de polvo ya sea sobre tu mesa o en tu personalidad, es una afrenta. Te vuelves cada vez más agresivo en tu búsqueda de pureza, tomando medidas cada vez más duras para mantener la suciedad alejada de ti. La alegría corta y atraviesa todo eso. A través de la alegría, descubres la vitalidad de la vida misma, con toda su suciedad y mugre. Vuelcas tu energía en las actividades de tu vida, libre de preocupaciones por una validación externa y de las concepciones artificiales de pureza e impureza.

Chatrul Rinpoche es un maestro tibetano que vive a unos kilómetros de Darjeeling, India. Cada vez que la gente viene a verlo, les ofrece té y pasteles. Un occidental fue a verlo, aparentemente para confirmar su comprensión espiritual. Le dijo a Chatrul Rinpoche que experimentaba constantemente ser uno con todo lo que existe. Cuando le sirvieron el té y los pasteles, los rechazó diciendo que seguía una dieta muy pura y que ya no comía ese tipo de comida. Luego volvió a las largas descripciones de sus experiencias. Chatrul Rinpoche escuchaba en silencio. Cuando el visitante había terminado, Chatrul Rinpoche aún no decía nada y, finalmente, el visitante se puso de pie para irse. «Si eres uno con todo lo que existe», preguntó Chatrul Rinpoche, «¿por qué no tomaste el té y los pasteles?».

TRANSFORMACIÓN

Tu vida se ha hecho trizas. ¿Y ahora qué? Al mismo tiempo que los inconmensurables están desmenuzando los patrones que manejan tu vida, están transformando la energía secuestrada por ellos en atención. Recuerda una situación que te hizo enojar mucho: tus reservaciones para las vacaciones se vencieron, estás en una ciudad extraña sin un lugar donde quedarte y tu agente de viajes dice que no es responsable. Deja que el enojo crezca. Deja que crezca hasta que sea vívido e intenso, hasta que sientas cómo la ira recorre todo tu cuerpo. Entonces dite a ti mismo: «¡Estoy enojado y estoy contento!»

¿Qué ocurre?

Tu enojo desaparece en un instante. Estás abierto y presente. Toda perspectiva sobre la situación cambia en un momento. Ves toda la situación, pero ya no estás identificado con el enojo. La ves como si fuera el reflejo en un espejo. Incluso podrías reírte de él. ¡Felicidades! Acabas de transformar el enojo en la conciencia prístina de espejo al abrirte a ella con el amor bondadoso.

Toda la energía encerrada en el enojo se libera y potencia tu atención. Ves la situación de manera diferente. En particular, ves tu enojo como lo que es, una reacción que te limita innecesariamente. Te ríes porque ves lo absurdo que es.

El ejemplo ilustra cómo funciona la trasformación. La transformación es un proceso espontáneo que tiene lugar cuando la atención a un nivel más alto de energía se aplica a un proceso reactivo a un nivel de más baja energía. El proceso reactivo no puede sostenerse y la energía en el proceso reactivo se transforma a un nivel más elevado, aproximadamente a medio camino entre el nivel de energía de la atención y el nivel de energía de la reacción. El proceso de transformación puede representarse de la siguiente forma:

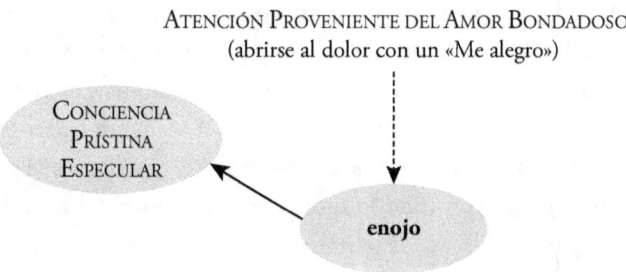

La transformación está íntimamente relacionada con los tres pasos de observación, reorganización y constancia que usaste en la práctica de los cuatro inconmensurables. La observación comienza cuando traes la atención al proceso reactivo, en este caso, el enojo. La observación conduce a formar un nivel más elevado de atención que no está limitado al mundo proyectado del proceso reactivo y que puede imaginar otros cursos de acción. Cuando este nuevo nivel de atención es suficientemente estable, puedes actuar a partir de él y de una manera que no era previamente posible. Esta etapa del proceso de transformación es la reorganización. En el ejemplo, la reorganización ocurre cuando dices: «Estoy enojado y estoy contento». La afirmación te saca del mundo proyectado por el enojo. Ahora, la energía que habitualmente fluía hacia el enojo se libera: el hábito se ha cortado. La constancia consiste en cortar el hábito una y otra vez hasta que el patrón se desmorone. En el ejemplo, sigues cortando el enojo hasta que el nivel de energía en tu atención es tal, que cada vez que surja el enojo espontáneamente se transforma en conciencia prístina de espejo.

Cada uno de los inconmensurables transforma una emoción reactiva en un aspecto correspondiente de la conciencia prístina. Recuerda el ejemplo de la transformación del enojo al comienzo de esta sección.

Cuando surge la aversión en presencia del amor bondadoso, la división sujeto-objeto sobre la cual se basa la aversión se interrumpe por la experiencia de la apertura, característica del amor bondadoso. La energía de la aversión ahora surge como *conciencia prístina de espejo*: lo que antes se tomaba como un objeto que existía por sí mismo ahora surge como el reflejo en un espejo: una apariencia sujeta a condiciones y vacía de cualquier existencia separada de esas condiciones.

Cuando surge la atracción en presencia de la compasión, el sentido de poseer el objeto de atracción se interrumpe por la sensibilidad hacia las emociones de la otra persona. La energía de la atracción ahora surge como *conciencia prístina discriminadora*: lo que previamente suscitaba atracción ahora se distingue claramente.

Cuando surge la envidia en presencia de la alegría, la actitud crítica de la envidia se interrumpe porque en la alegría no hay un sentido de ser deficiente. La energía de la envidia ahora surge como *conciencia prístina eficaz*: cuando no estás preocupado por quién recibe el reconocimiento, el trabajo sencillamente se realiza.

Cuando surge el orgullo en presencia de la ecuanimidad, la sensación de ser especial se interrumpe. La energía del orgullo ahora surge como *conciencia prístina de igualdad*: toda experiencia es igual en el sentido de que es solo experiencia.

Siempre que estés confundido o sientas que has perdido el camino en tu práctica, utiliza el diagrama de transformación presentado arriba y hazte estas preguntas:

- ¿Qué se está transformando?
- ¿Qué está realizando la transformación?
- ¿Cuál es el resultado de la transformación?

La primera pregunta te señala aquello que estás trabajando en tu práctica. La segunda te señala el esfuerzo que necesitas realizar. La tercera te señala la intención, para que tengas una idea de hacia dónde vas. Apliquemos estas preguntas a los inconmensurables y la manera en que funcionan al nivel de la mente de la emoción.

En la meditación sobre la ecuanimidad, el patrón reactivo de la atracción, la aversión y la indiferencia se toma como el objeto de atención. El método de meditación reduce la atracción y la aversión a indiferencia. Entonces, se aplica la atención a la indiferencia hasta que colapsa. El resultado es un nivel más elevado de atención que no está limitado a la atracción, la aversión y la indiferencia. Este nivel más elevado de atención es la ecuanimidad, que ve más allá de los patrones del prejuicio.

La práctica del amor bondadoso toma el patrón reactivo de cerrarse como el objeto de atención; hace emerger el patrón reactivo de cerrarse trayendo la atención a la experiencia de recibir bondad. La atención se dirige entonces al cerrarse hasta que colapsa. El resultado es el amor bondadoso: un nivel más elevado de atención que no necesita poseer o tomar el control cuando te abres a la experiencia; irradia calidez y no depende de intereses personales condicionados.

La práctica de la compasión coloca la atención sobre la contracción y el miedo activados por el dolor de otra persona. El método de meditación evoca el miedo a través de imágenes en las cuales personas cercanas a ti sufren intensamente. La atención se dirige a la contracción hasta que esta colapsa. El resultado es la compasión, un nivel más elevado de atención que te permite permanecer presente con el dolor; irradia presencia y se caracteriza por la ausencia del miedo.

La práctica de la alegría toma tu sentido interno de no ser suficiente como el objeto de atención. El método de meditación hace emerger la actitud crítica responsable de esta sensación y muestra cómo esa actitud crítica proviene de la aceptación pasiva de los valores condicionados. La atención se dirige a la sensación de no ser suficiente hasta que colapsa. El resultado es la alegría: una experiencia de liberación o libertad que es un nivel más elevado de atención con la habilidad de ver que los valores aprendidos no son absolutos. Te trae a la presencia para que puedas hacer lo que necesita hacerse en lugar de lo que has sido condicionado a hacer.

A medida que tu práctica de los inconmensurables madura, el nivel de energía generado por la práctica transforma los patrones al nivel de conciencia. En la práctica de la ecuanimidad, el proceso reactivo asociado con el surgir de la experiencia misma se vuelve el objeto de atención. Las reacciones comunes ante la percepción — atracción, aversión o indiferencia— se transforman y descansas en calma.

La práctica del amor bondadoso trae la atención a cómo seleccionas los objetos de la percepción para evitar abrirte a lo que está surgiendo; transforma la energía de la selección reactiva en atención abierta e inclusiva, la mente magnánima que puede incluirlo todo.

La práctica de la compasión trae la atención a la tendencia de controlar lo que surge en la experiencia. Transforma la energía reactiva del control en cuidar o atender lo que sea que surja. Haces lo que se tiene que hacer con atención completa. Sueltas el control y recibes los resultados de tus acciones, sean los que sean.

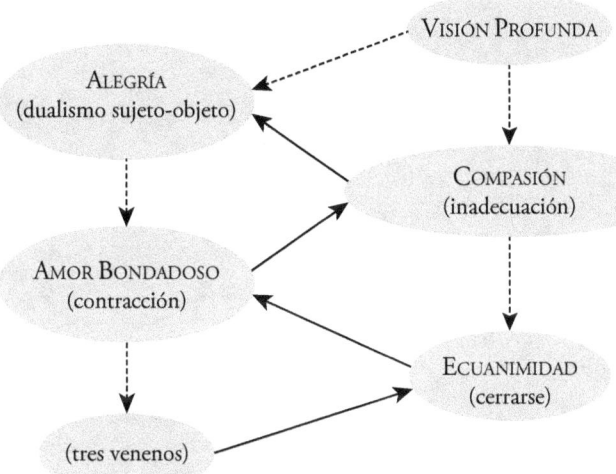

TRANSFORMACIÓN DE LA ENERGÍA
EN LOS CUATRO INCONMENSURABLES

La práctica de la alegría trae la atención a cómo buscas el sentido desde afuera. Transforma la energía reactiva de sentirte insatisfecho con lo que estás haciendo o la manera en que estás viviendo. Presente en las actividades de la vida, ya no buscas validación ni confirmación afuera. Tus acciones mismas son expresiones de presencia.

El orden en el cual practicas los inconmensurables es importante porque las transformaciones son acumulativas. Mientras que cada uno de los inconmensurables trae a colación sus propias cuestiones, bien podrías encontrar que, digamos, en medio de la práctica del amor bondadoso, de repente te haces consciente de una pared de prejuicio que no habías visto antes. Cuando practicas la compasión, podrías ver que un profundo enojo contra todo el mundo yace debajo de la experiencia del amor bondadoso. Semejantes revelaciones no significan que hayas cometido un error en tu práctica; tu nueva comprensión viene del nivel más elevado de atención que estás desarrollando.

La progresión de la atención no se detiene en la alegría, por supuesto. Del nivel de la alegría podemos movernos hacia la práctica de la visión profunda, trayendo la atención y desmantelando los patrones de la percepción sujeto-objeto que oscurecen el misterio de ser. Antes de hacerlo, sin embargo, necesitamos profundizar en la práctica de los inconmensurables para que funcionen en todas las áreas de la vida. Para hacer esto, recurrimos al entrenamiento de la mente y, en particular, a la práctica de tomar y enviar, que combina los cuatro inconmensurables en una práctica.

CAPÍTULO 8

El entrenamiento de la mente

*Nasrudín y un amigo tenían sed y se detuvieron en un café para tomar algo.
Decidieron compartir un vaso de leche.*

*—Tú bebe tu mitad primero —dijo el amigo— porque aquí tengo algo
de azúcar, lo suficiente para uno. Se la agregaré a la parte de la leche que me
corresponde y entonces me la beberé.*

—Agrégala ahora —dijo el Mulá— y beberé solamente mi mitad.

*—Por supuesto que no. Solo hay azúcar suficiente para endulzar la mitad
de un vaso de leche.*

Nasrudín fue con el dueño del café y volvió con un paquete de sal grande.

*—Buenas noticias, amigo —dijo—. Voy a beber yo primero, como acorda-
mos, y quiero mi leche con sal.*

IDRIES SHAH

LAS OCURRENCIAS DEL INCREÍBLE MULÁ NASRUDÍN

Con la base sólida de los cuatro inconmensurables, estamos ahora en condiciones de tomar el toro por los cuernos, por decirlo de alguna manera, y
embarcarnos en una práctica que utiliza todo lo que la vida puede aventar-
nos. La práctica es el entrenamiento de la mente (tibetano: *lojong*). El entrenamiento de la mente es como frotar dos varas para hacer fuego. Una vara
consiste en las perspectivas y la disciplina de la práctica; la otra está hecha de
las proyecciones y las dinámicas de los patrones habituales. La intención es
consumir ambas varas para experimentar el mundo tal como es.

El entrenamiento de la mente difiere de cultivar la atención en que
infunde un conjunto de ideas, perspectivas y experiencias que funcionan para
desmantelar los patrones habituales. La atención tiene como objetivo descansar en la experiencia directa de lo que es. A medida que la atención crece,

podemos trabajar más profundamente en el entrenamiento de la mente, generando más fricción con los patrones. A medida que los patrones se consumen, el entrenamiento en la atención nos permite descansar más plenamente en la experiencia directa de lo que es.

El entrenamiento de la mente no es una práctica para principiantes. Emprendemos el entrenamiento de la mente cuando nuestro compromiso para despertar es tan fuerte que estamos preparados para utilizar cada situación en la vida para socavar los patrones reactivos. La intención es consumir por completo el egocentrismo, el apego emocional a un sentido de "yo". Cualquiera que sea la situación, cuando surge el egocentrismo, aplicamos el entrenamiento de la mente.

Geshe Ben era famoso por la forma en que usaba el entrenamiento de la mente para cortar el egocentrismo. En una ocasión, esperaba, junto a otros monjes, a que les sirvieran la sopa en la noche. El cocinero servía la sopa de una gran olla con un cucharón. Geshe Ben de pronto comenzó a gritar: «¡Ladrón, ladrón!». Los monjes, sobresaltados, miraron alrededor pero no pudieron ver ningún ladrón. Cuando le preguntaron por qué había gritado así, Geshe Ben se señaló a sí mismo: «Él está aquí. Yo esperaba que el cocinero metiera el cucharón bien adentro de la olla para que mi ración fuera más espesa que la del resto de ustedes».

Tomar y enviar

Tomar y enviar (tibetano: *tonglen*) es probablemente la práctica del entrenamiento de la mente más sencilla y poderosa. Tomar y enviar significa *intercambio;* intercambiamos nuestra felicidad por el sufrimiento de otras personas. Para practicar tomar y enviar, revertimos la forma habitual en que nos relacionamos con el mundo: Ponemos a los demás primero, en todo, y experimentamos la fricción que se genera en el interior como resultado.

FUNDAMENTO

Igual que en las meditaciones anteriores, comienza con un período de entre quince y veinte minutos de meditación básica para establecer una base de atención.

Una vez que la actividad de la mente se ha aquietado y la atención está más estable, repasa brevemente las meditaciones sobre los cuatro inconmensurables. Toma entre cinco y diez minutos para recordar y conectarte con la claridad de la ecuanimidad, la radiante calidez del amor bondadoso, la comprensión y la simpatía de la compasión, y la radiante presencia de la alegría.

A medida que te abres a cada uno de los inconmensurables, uno o más incidentes recientes harán que resuene el material interno. Toma nota de tales áreas, ya que serán útiles en la práctica misma de tomar y enviar.

PRÁCTICA

Abrirse a lo que hay

En las enseñanzas tradicionales, la práctica de abrirse a lo que hay se llama mente absoluta del despertar: estás despertando a la naturaleza absoluta de la experiencia.

La práctica consiste en dejar caer el esquema yo-otro y abrirse a la experiencia pura durante un momento. Considera que estás soñando y sabes que estás soñando; surgen personas, edificios, árboles, ruidos, incluso pensamientos y sentimientos, pero sabes que todo lo que experimentas es el contenido de un sueño. Todo es tu propia mente.

Sentirás un cambio en tu cuerpo, una suspensión temporal del agarre de la realidad consensuada. Aunque abrirse a lo que hay toma tan solo uno o dos instantes, aun así, corta la habituación yo-otro. Ahora, ve a la práctica de tomar y enviar.

O da otro paso. Haz la pregunta: «Si todo es un sueño, entonces, ¿qué experimenta el sueño?». Sentirás un cambio rápido, una apertura repentina. De nuevo, puedes dirigirte a la práctica de tomar y enviar en este momento.

O da un tercer paso. A medida que la apertura se llena de pensamientos e ideas respecto a la pregunta o posibles respuestas, dirige la atención a los pensamientos mismos y considéralos como sueños, también. Nuevamente sentirás un giro hacia la apertura.

Para los propósitos de tomar y enviar, no tienes que ser capaz de sostener la apertura. Experimenta el cambio en cualquiera de estas tres formas y luego dirígete a la práctica de tomar y enviar, pero ten presente que todo —pensamientos, sentimientos y sensaciones— es un sueño.

Preparación para tomar y enviar

Piensa en un pequeño grupo de personas que están sufriendo, un grupo de gente que no tiene donde resguardarse en una noche fría, por ejemplo, o una familia en la cual una persona está muriendo. Recordando la meditación sobre la compasión, permite que el sentimiento de tristeza ante el pensamiento del dolor se vuelva muy fuerte. Este sentimiento es la base de la práctica de tomar y enviar.

Deja que el sentimiento crezca hasta que prefieras ser tú quien experimente el dolor en lugar de que esas personas lo experimenten.

Imagina que su dolor los abandona y entra en ti, y que el hecho de que tú experimentes el dolor los libera a ellos de él. Mientras experimentas el dolor, simultáneamente experimentas un sentimiento profundo de alegría por el hecho de que otras personas están ahora libres de dolor.

Luego, imagina darles toda tu felicidad y buena fortuna, para que conozcan la misma clase de felicidad y bienestar que tú experimentas. Alégrate de que experimenten tu felicidad y buena fortuna.

Imagina este intercambio una y otra vez, sintiendo la resistencia que tienes para tomar su sufrimiento y la resistencia que tienes para entregar tu propia buena fortuna. No suprimas ni ignores la resistencia, pero haz el intercambio de todas formas; toma la resistencia como parte de la experiencia de la práctica. Cuando puedas descansar un poco en la idea de tomar sufrimiento y enviar felicidad, pasa a la práctica principal.

Una vez que te familiarices con la práctica de tomar y enviar, este paso preparatorio puede omitirse.

Tomar y enviar: Práctica principal

Ahora, en lugar del grupo pequeño, toma a todos los seres en todas partes como tu marco de referencia. Dirige la atención a la respiración e imagina que, con cada inhalación, inhalas el dolor del mundo y con cada exhalación, exhalas tu felicidad hacia todos. Para hacer el intercambio más claro, imagina que el aire que entra es oscuro, pesado, casi como alquitrán, y lleva el dolor de los otros a través de tus fosas nasales hacia tu corazón. A medida que el dolor entra en tu corazón, este se vuelve cada vez más pesado y sientes el dolor plenamente.

Exhala. A medida que sale la respiración, imagina que toda *tu* felicidad, buena fortuna, habilidades y buenas cualidades toman la forma de una luz clara y radiante, como la luz de la luna. La luz que lleva tu felicidad y buena fortuna sale de tu corazón, sale a través de las fosas nasales al exhalar e irradia hacia todos los seres en todas partes.

Respira naturalmente, sincronizando el intercambio imaginado con la respiración. No intentes hacer que la respiración se ajuste a la visualización. Si lo haces, te cansarás rápidamente y no tendrás ninguna sensación de descanso.

Descansa en la respiración. Mientras descansas, imagina que el humo oscuro del sufrimiento de todos los seres entra en ti, a tu corazón, donde experimentas ese sufrimiento. Al principio, podrás inhalar solo uno o dos tipos de sufrimiento. Comienza con el que sea, inhalando las punzadas del hambre, las molestias de la enfermedad, la tristeza ante la pérdida de un ser querido, la puñalada del rechazo, la sensación de fracaso y decepción, o la conmoción de la traición.

Cuando exhalas, deja que la luz radiante de tu propia buena fortuna brote de tu corazón. Al principio, comienza con tu salud, tu inteligencia, la comida en tu mesa, el cariño y cuidado de tu cónyuge, el vigor de tu cuerpo o el placer que te da tu ropa. Ninguna felicidad es demasiado pequeña o insignificante para poder ofrecerse. Todo lo que disfrutes, dáselo a otros para que también lo experimenten.

Gradualmente extiende la práctica para tomar cada vez más sufrimiento y para enviar cada vez más felicidad.

Descansa en la visualización del humo oscuro y espeso que entra y la luz de luna brillante y resplandeciente que sale. Después de cada cinco o diez respiraciones, recuérdate explícitamente que estás tomando el sufrimiento de otros y les estás enviando felicidad.

Recuerda instancias específicas de sufrimiento y de felicidad y úsalas. Por ejemplo, recuerdas haber visto a una persona sin hogar. Inhala, tomando el sufrimiento de hambre, frío, rechazo de la sociedad y el no tener un sitio al que puedas llamar hogar. Exhala, enviando tu buena salud, tu inteligencia o la satisfacción con tu trabajo. Sin embargo, no pienses solo en esta persona sin hogar; toma el sufrimiento de toda la gente que no tiene un techo en todo el mundo y envíales también a todos ellos tu felicidad.

Utiliza las imágenes arquetípicas de los seis reinos. Imagina inhalar el dolor de la violencia y el odio de los reinos infernales, el hambre y la avaricia del reino de los espíritus hambrientos, o el orgullo y arrogancia del reino de los dioses. Exhala cualquier felicidad, bondad, alegría, paz, confianza, seguridad o bienestar que conozcas por experiencia propia y ofrécelo a todos los seres.

No tienes que equilibrar precisamente lo que envías con lo que tomas. Toma de los demás lo que es doloroso, insalubre, desagradable, negativo, inmoral, malicioso o estúpido. Exhala lo que experimentas como gozoso, saludable, agradable, positivo, moral, beneficioso o inteligente. Lo importante es sentir que estás tomando lo que es negativo y exhalando lo que es positivo.

CONCLUSIÓN

Disolución

La forma en que terminas una sesión de meditación es tan importante como la forma en que la comienzas. En los últimos cinco o diez minutos, suelta la visualización y el intercambio. Descansa en la conciencia; completamente despierto, presente y relajado al mismo tiempo. Descansa sin distracción, sin tratar de hacer nada con lo que surja, ni tratar de hacer que algo suceda. Cuando surgen pensamientos, sentimientos o sensaciones, míralos, no para ver lo que significan, sino para ver lo que son. Cuando los miras directamente, pareciera que desaparecen. Descansa otra vez.

Si caes en la distracción y la confusión, vuelve a enfocar la atención en la respiración, sintiendo tan solo cómo viene y va. Verás que la naturaleza y el ritmo de la respiración cuando descansas difiere de la naturaleza y ritmo de la respiración cuando practicas tomar y enviar.

Intención

El segundo punto al terminar una sesión de práctica es establecer la intención: traslada el espíritu de tomar y enviar a tu vida cotidiana. Elige una frase que resuene con tu propia experiencia de tomar y enviar. Aquí tienes un par de ejemplos:

Ofrece a los demás la ganancia y la victoria.
Toma para ti la pérdida y la derrota.

La ganancia es ilusión.
La pérdida es iluminación.

También puedes emplear alguna de estas frases para cortar las obsesiones:

Todo es un sueño.

El problema es que creo en mis sentimientos.

Que todo su sufrimiento llegue a mí.
Que toda mi felicidad vaya a ellos.

Esto es lo que querías.
Esto es para lo que vives.

Ten presente la frase que elegiste a lo largo del día y úsala cada vez que pierdas la atención o que caigas en la distracción.

Comentario

Una instrucción sobre el entrenamiento de la mente que se cita con frecuencia es un verso de: *Las ocho estrofas para el entrenamiento de la mente,* de Langri Thangpa:

Ofrece a los demás la ganancia y la victoria.
Toma para ti la pérdida y la derrota.

La intención de esta y otras instrucciones similares es socavar la tendencia habitual de ponerme a «mi» primero en todo. Habitualmente, consideramos que somos el centro de nuestro mundo, una percepción errónea que nos impide conocer directamente que somos solo lo que experimentamos, nada más y nada menos.

En la tradición Soto Zen, Uchiyama Roshi escribe:

La ganancia es ilusión.
La pérdida es iluminación.

Estas líneas revelan las implicaciones más profundas del entrenamiento de la mente.

Cada vez que sentimos que estamos agregando algo o ganando algo, nos adentramos más profundamente en la ilusión. Puedes sentir que tienes un auto, una casa, una pareja, hijos, amigos o un trabajo, pero en última instancia, estas personas y cosas son solo experiencias que surgen en tu vida; no son tuyas. Pueden morir, desmoronarse, desaparecer o dejar de existir a pesar de lo mucho que te esfuerces para agarrarte a ellas. A la larga, perderás toda conexión con ellas, si no por otra razón que tu propia muerte. Sentir que son *nuestras* es una ilusión.

Sin embargo, siempre que sentimos que hemos perdido algo, nos acercamos más a saber cómo son las cosas. Nunca tienes realmente un auto o una casa, un hijo, una relación, un punto de vista, ni siquiera un cuerpo. Todas estas son experiencias que surgen en la vida. Por lo tanto, cuando experimentas pérdida, experimentas el retorno de lo que surge en la experiencia a aquello de donde surgió. La pérdida nos pone en contacto con la naturaleza original de ser. La pérdida es iluminación.

Cada patrón reactivo incluye un sentido del "yo"; una idea de quienes somos y lo que somos. Parte de la dinámica de los patrones es un apego emocional a ese sentido del "yo", un apego que genera una atracción hacia las experiencias que mantienen y refuerzan el sentido del "yo" y una aversión hacia las experiencias que lo socavan o lo amenazan. El apego emocional al sentido del "yo" se llama egocentrismo y toma la perspectiva de que «Yo soy la cosa más importante en el mundo». Mucho sufrimiento surge del profundo desequilibrio generado por el egocentrismo.

El egocentrismo es distinto del aferramiento al sentido del "yo". Este último es un patrón de percepción errónea, que considera al «yo» como algo que existe en realidad. El primero es el patrón emocional que activamente coloca el sentido del "yo" primero en todo lo que hacemos.

El modo en que interpretamos la experiencia está seriamente desequilibrado. Le damos un papel demasiado privilegiado al sentido de quienes somos y lo que somos. Buscamos mantener nuestra identidad, la imagen que tenemos de nosotros mismos, con frecuencia a un costo altísimo. Cada aspecto de la experiencia se juzga inmediatamente según si mantiene, amenaza o es irrelevante a nuestro sentido de quienes somos —estos son los tres venenos— y todo lo que hacemos brota de esas valoraciones reactivas iniciales.

En otras palabras, estamos organizados en torno a un sentido del "yo".

Tomar y enviar nos hace abandonar el sentido del "yo" como el principio organizador de nuestra vida. Inicialmente, entendemos que los demás experimentan dolor y felicidad tal como nosotros: no son diferentes de nosotros. Avanzamos hacia la comprensión directa de que el dolor y la felicidad son sensaciones que inevitablemente surgen en la experiencia y que podemos, de hecho, experimentarlas sin perturbación. Con esta comprensión, estamos menos propensos a apropiarnos de lo agradable solo para nosotros y dejar solo lo que no es disfrutable para los demás. Dicho de otra manera, empezamos a relacionarnos con el mundo de la experiencia más como es que como nos gustaría que fuera. Finalmente, llegamos a saber que todo lo que experimentamos —las personas, los acontecimientos, las sensaciones, los pensamientos y los sentimientos— es simplemente experiencia, ni buena ni mala en sí.

Tomar y enviar requiere que nos relacionemos directamente con lo que experimentamos, no con lo que pensamos que experimentamos. Si nos consideramos superiores, tomar el sufrimiento de otros nos abre el corazón a sus dificultades. Vemos que no somos mejores que nadie y que los demás buscan ser felices e intentan evitar el sufrimiento igual que nosotros. Por otro lado, si nos consideramos inferiores, con una vida en la cual predomina el dolor, la parte de la práctica de enviar nos obliga a reconocer tanto la felicidad como las cualidades y las habilidades que sí tenemos. No podemos mantener una autoimagen negativa, así que nuestra visión del mundo y de nosotros mismos se va equilibrando. Los efectos equilibradores de esta práctica también tienen el potencial de sanar las heridas emocionales asociadas con una autoimagen negativa.

TRABAJAR CON LAS REACCIONES

Al principio, tus reacciones hacia el sufrimiento de los otros constreñirán tus esfuerzos para tomar el sufrimiento. Un error común es ignorar las propias reacciones y concentrarse en tomar y enviar con el otro. Esta no es más que otra forma de represión.

La instrucción tradicional es:

Comienza la secuencia de intercambio contigo mismo.

Trabaja directamente con todo lo que está surgiendo en ti. Cuando piensas en una persona que está muriendo de cáncer, se desencadenan tus propias reacciones acerca de tener una enfermedad terminal. Descansa la atención en la respiración, abriéndote a tus propios miedos, incertidumbres, retraimiento o resistencia.

De igual modo, cuando te imaginas dando tu propia vitalidad a los demás, de inmediato te darás cuenta del apego a tu vitalidad y tu buena salud. Descansa en la respiración, abriéndote al apego y a tu renuencia para enviar tu vitalidad a los otros para regalarla.

Abrirte a las reacciones significa sostenerlas en atención; no las ignores; no te entregues a ellas. No trates de sacártelas de encima; no trates de resolverlas. Solo expeRiméntalas en atención mientras continúas la práctica de tomar y enviar.

Sostenlas tiernamente en atención. Mantén la atención en la respiración, inhalando y exhalando, mientras sientes cómo funciona la reacción en ti. Cuando inhalas el sufrimiento, por ejemplo, siente cómo te quieres escapar de él, evitarlo o dejar que alguien más lo experimente. Ábrete a ese sentimiento e imagina que tomas el mismo sentimiento de escape o evasión de todos los seres. Al exhalar felicidad, siente tu apego a ella, o, posiblemente, tu incomodidad al reconocer que te sientes feliz o bien. Usa el tomar y enviar para abrirte a tus propias reacciones.

En el desierto
Vi una criatura, desnuda, bestial
Que, acuclillada en el suelo,
Sostenía su corazón en sus manos
Y comía de él.
Dije: «¿Está bueno, amigo?»
«Es amargo, amargo», contestó,
«Pero me gusta
Porque es amargo
Y porque es mi corazón».

—*Stephen Crane*

Al principio, solo te será posible sostener tus reacciones en atención durante poco tiempo. Continúa con la práctica de tomar y enviar, imaginando que inhalas el humo oscuro y espeso del sufrimiento, el dolor y la maldad y que exhalas la luz de luna radiante de la felicidad, la comodidad y la bondad. De vez en cuando, siente la reacción. A medida que tu capacidad para sostenerla en atención aumente, siente más profundamente cómo funciona. La respiración actúa como una base de atención, permitiéndote descansar calmada y cómodamente con el proceso reactivo a medida que te abres a él cada vez más plenamente. A la larga, experimentas la reacción sin perturbación y suele surgir, espontáneamente, una comprensión de su base y del papel que cumple en tu vida. La comprensión no proviene del análisis intelectual ni del razonamiento, sino de la experiencia directa del patrón reactivo mismo mientras se libera en la conciencia.

Tu práctica se amplía y se profundiza más, moviéndose del nivel de las reacciones personales al nivel de los inconmensurables. Ahora puedes tomar el sufrimiento de los demás y enviarles tu propia buena fortuna.

A medida que abarcas una gama cada vez más amplia de la experiencia humana, inevitablemente te topas con otras cuestiones personales. A medida que vas adentrándote con mayor profundidad en la atención, te abres más plenamente a la totalidad de la experiencia humana. Una y otra vez, te topas con áreas donde la experiencia personal te impide acoger lo que surge. Usa la práctica de tomar y enviar para sostener el proceso reactivo en atención hasta que se libere.

Cuando practicas tomar y enviar, debes estar dispuesto a entrar en todas las áreas de la vida. Necesitas valor, fe, aceptación y cuidado. El *valor* es la disposición para soportar lo que surge, para plantarnos frente a los patrones reactivos provocados por tomar y enviar. La *fe* es la disposición para abrirte al misterio de la experiencia, de abrirse a lo que surge incluso cuando no tienes idea de lo que ha de venir. La *aceptación* es la disposición

> Si realmente pudieras quitar el sufrimiento de todos en el mundo, absorbiéndolo todo en ti con una sola respiración, ¿dudarías en hacerlo?
>
> —*Kalu Rinpoche*

para sostener todo lo que surge en atención sin intentar etiquetarlo, definirlo, analizarlo ni explicarlo. El *cuidado* es la disposición para asumir las responsabilidades de la presencia y actuar según lo que percibes cuando estás libre de la confusión y la distorsión de los patrones reactivos.

Hay una interpretación errónea muy extendida que socava la verdadera dinámica de transformación del tomar y enviar. La práctica de tomar y enviar no significa transformar el sufrimiento de los demás en felicidad y luego enviarles esa felicidad. Hacer eso eliminaría la fricción entre tus patrones habituales de egocentrismo y la práctica. Con esta interpretación, terminarías «trabajando» con el sufrimiento sin que llegara nunca a tocarte.

El enfoque correcto al practicar tomar y enviar es tomar el dolor de los demás e imaginar que lo experimentamos en lugar de ellos. Les envías tu propia felicidad e imaginas que ellos la experimentan. Hecha de este modo, la práctica desmantela la forma en que habitualmente reaccionas frente al sufrimiento. Tomar y enviar no transforma el dolor en sí.

LOS CUATRO INCONMENSURABLES EN LA PRÁCTICA DE TOMAR Y ENVIAR

Los cuatro inconmensurables sientan las bases para tomar y enviar. La ecuanimidad nos saca de las reacciones inmediatas de atracción, aversión e indiferencia. El amor bondadoso contrarresta la tendencia de cerrarnos a los demás. Con la compasión, soportamos la incomodidad causada por el dolor y el sufrimiento de otras personas. Con la alegría, celebramos libremente su alegría y felicidad.

En la práctica de tomar y enviar, cada respiración es la práctica de los cuatro inconmensurables. La ecuanimidad se practica acogiendo a todos los seres sensibles sin prejuicio ni predilección. El amor bondadoso, el deseo de que los demás sean felices, se practica enviando a los demás todo lo que es bueno en tu vida. La compasión se practica tomando el sufrimiento que los demás experimentan. La alegría se practica sintiendo alegría en el proceso de intercambio.

Tomar y enviar significa *intercambio*. El sufrimiento de los demás se intercambia por tu felicidad. Independientemente de cómo imaginas el sufrimiento de los demás que llega a ti, tú lo experimentas. Las reacciones típicas son disgusto, impotencia y entumecimiento. El componente de compasión en la práctica es la disposición para estar con el sufrimiento. No intentes mantener tu distancia ni protegerte de él. Cuando te imagines tomando el dolor interno de un asesino o un violador, te vas a encoger, contraer y cerrar por completo. Siéntate y respira, usando los métodos de la meditación sobre la compasión para relajar la contracción hasta que puedas permanecer presente con el dolor.

Si, por ejemplo, tu reacción al sufrimiento ajeno es el disgusto, entonces cambia el enfoque de tu atención para tomar el disgusto, tomar todo el disgusto, la repulsión y la antipatía que otros experimentan. Este cambio te pone más en contacto con la reacción. Sientes la contracción subyacente más plenamente. Entonces, a medida que traes la atención a la contracción, tal como en la meditación sobre la compasión, la contracción se libera gradualmente y eres capaz de tomar el sufrimiento de los demás de manera más completa.

Si la reacción es impotencia o entumecimiento, procede de la misma manera.

De modo similar, envía tu propia felicidad y buena fortuna a los demás. Al principio, podrías tener dificultad para averiguar qué enviarles a los demás, particularmente si tienes una autoimagen negativa. Comienza por las cosas más sencillas: buena salud, sensación de bienestar por algo que hiciste ayer, inteligencia, bondad hacia los demás, tener lo suficiente para comer, tener un trabajo. Siempre hay algo de felicidad en tu vida, aun si habitualmente la ignoras y te aferras a una autoimagen de alguien que sufre y nunca experimenta la felicidad. El paso de enviar en la práctica de tomar y enviar arranca de raíz eficazmente esta concepción, poniéndote en contacto con la felicidad y la buena fortuna que sí experimentas.

Al enviar felicidad y buena fortuna a los demás, te darás cuenta del apego a «tu» buena fortuna y tu renuencia incluso para compartirla con los demás, mucho menos regalarla. La renuencia es una manifestación de cerrarse a los demás. Usa los métodos de la práctica sobre el amor bondadoso para liberar el patrón de cerrarte. De hecho, enviar tu propia buena fortuna a los demás es el aspecto del amor bondadoso de tomar y enviar.

Otro problema posible es la parcialidad. Puede ser que estés dispuesto a practicar tomar y enviar con los amigos, pero no con la gente que te irrita o te causa problemas. Usa los métodos de la práctica de la ecuanimidad para romper con la parcialidad para que puedas practicar tomar y enviar con todo el mundo. También podrías descubrir que estás dispuesto a tomar ciertas formas de sufrimiento, mala fortuna y situaciones desagradables, pero no otras. Por ejemplo, puedes imaginarte tomando la enfermedad o el padecimiento, pero te resistes a tomar la ira, la mentira o el engaño. Corta el juicio y toma todo tipo de sufrimiento.

De manera similar, estás dispuesto a enviar buena salud, riqueza y hasta tu carrera profesional, pero no estás dispuesto a separarte de la inteligencia, la honestidad o la integridad. Todo aquello a lo que estás aferrado es un componente de una autoimagen; ofrécelo, no importa lo valioso, noble o esencial que parezca ser.

La práctica de tomar y enviar cambia radicalmente tu forma habitual de relacionarte con la experiencia. ¿Por qué entrenarse en dar la bienvenida a la pérdida y la derrota, y renunciar a la victoria y la ganancia? La respuesta reside en la experiencia de la presencia. La ganancia y la victoria tienden a reforzar el sentido de lo que somos, aumentando nuestra separación del mundo. Con la pérdida y la derrota, todo se derrumba: el sentido de quienes somos, de lo que es el mundo, de cómo vemos y entendemos las cosas. Cuando nos abrimos plenamente a la pérdida, el sentido habitual del "yo" se desmorona, pero la conciencia despierta sigue presente.

Este descubrimiento está acompañado por un profundo sentido de alegría, no la alegría de la excitación o la emoción, sino una alegría más profunda y más calma: la alegría de ser. Ahora, damos la bienvenida al dolor y al sufrimiento de los demás porque nos ayudan a derribar nuestro propio condicionamiento. Entregamos alegremente a los demás nuestra buena fortuna también, porque sabemos que no la necesitamos para determinar quienes somos ni lo que somos. En otras palabras, cuando tomamos plenamente el dolor de los demás y enviamos nuestra propia felicidad, descubrimos que no nos falta nada y nos abrimos a una alegría inmensurable.

TRANSFORMACIÓN

Las enseñanzas del entrenamiento de la mente llegaron al Tíbet en el siglo once traídas por el maestro indio Atisha. Un gran número de maestros compiló resúmenes de las prácticas de los métodos del entrenamiento de la mente. Tomar y enviar se destaca entre estas prácticas porque combina las técnicas de cultivo y transformación en una sola práctica. En el cultivo, se nutren las semillas de la comprensión y la conducta. En la transformación, se transforma la experiencia de lo que surge de la reacción a la presencia.

Tomar y enviar utiliza ambos enfoques simultáneamente. Al descansar la atención en la respiración, tomar el sufrimiento de los demás y ofrecer nuestra felicidad, nutrimos los cuatro inconmensurables. Las pautas para el entrenamiento de la mente incluyen numerosas instrucciones que dirigen nuestro esfuerzo al cultivo. Algunos ejemplos de *Los siete puntos del entrenamiento de la mente* son:

No permitas que tu práctica dependa de las condiciones externas.

Ten paciencia tanto si las cosas van bien como si van mal.

Trabaja primero sobre los patrones reactivos más fuertes.

Al mismo tiempo, el entrenamiento de la mente funciona para cambiar la forma en que experimentamos los pensamientos, las emociones y las sensaciones, transformando los patrones reactivos de aversión, atracción e indiferencia en la experiencia de presencia. Algunos ejemplos de instrucciones son:

Sé agradecido con todos.

Las condiciones adversas son maestros espirituales.
La enfermedad arrasa con la maldad y las obstrucciones.

Tomar y enviar es fundamentalmente un método para cultivar la compasión. Sin embargo, una de las características especiales de esta práctica es que transforma la experiencia habitual ordinaria en presencia y claridad.

Los métodos de transformación funcionan de forma diferente de los métodos de cultivo. En el segundo, creas las condiciones para el crecimiento de cualidades tales como la atención, la compasión, la devoción o la conciencia de la transitoriedad. Trabajas para mantener las condiciones de crecimiento al regar y fertilizar las cualidades que están creciendo. A medida que aumenta el nivel de energía en estas cualidades, se manifiestan más en tu vida.

En los métodos de transformación, diriges la atención a los patrones habituales puestos en movimiento por lo que surge en la experiencia. En tomar y enviar, la transformación tiene lugar naturalmente cuando empleas la práctica para abrirte a tus propias reacciones y experiencia. El nivel de energía en atención necesita ser más alto que la energía en las reacciones habituales para penetrar y desmantelar esas reacciones cuando surgen. La energía atrapada en los patrones habituales alimenta la atención y abre la conciencia, la visión profunda, la compasión y la devoción a niveles más profundos.

Los métodos de transformación están destinados a usarse tanto en la práctica formal como en la vida cotidiana. Incluso más que los métodos de cultivo, usan lo que surge en la experiencia como alimento para la práctica. Durante el día, practica tomar y enviar tomando, durante un instante, el dolor o el sufrimiento de los demás y enviando, durante un instante, tu propia felicidad y alegría.

Las técnicas de transformación, por su naturaleza, son más peligrosas que las técnicas de cultivo. Si no puedes generar atención a un nivel de energía más alto que los patrones reactivos, no hay transformación alguna y los patrones reactivos llevan la voz cantante. Si eres incapaz de mantener la atención durante la transformación, la energía de la atención decae en forma de reacciones habituales y hace que funcionen más enérgicamente. Si eres incapaz de sostener la energía liberada en atención, la energía vuelve a desembocar en los patrones reactivos y estos funcionan con más fuerza que antes.

Los métodos de transformación en tomar y enviar funcionan a tres niveles: en la mente de la conciencia, en la mente de la emoción y en la mente del cuerpo. Estos tres también se abordan en los capítulos sobre el karma y los cuatro inconmensurables.

Mente de la conciencia

La transformación a nivel de la conciencia significa conocer lo que surge por lo que es: un surgimiento en el campo de la experiencia, libre de proyecciones emocionales y psicológicas, y libre de las proyecciones de sujeto y objeto. La transformación a este nivel requiere un alto nivel de atención.

La esencia de esta transformación es adentrarse en el conocimiento directo cuando encuentras una situación que desencadena patrones reactivos. Cuando un patrón se desencadena, entra en la reacción con atención, toma la reacción en ti y luego vacíate: deja de respirar durante un instante o ábrete y descansa en conciencia. Vacíate y experimenta la no separación de lo que surge en la experiencia.

Ve la confusión como las cuatro dimensiones de la presencia.

Toma el enojo, por ejemplo. Cuando miras el enojo para ver lo que es, no ves nada (la dimensión de lo que es). Por otro lado, experimentas el enojo vívidamente (la dimensión de lo que aparece). Ten en cuenta ambas experiencias simultáneamente y tu experiencia del enojo cambia, su tendencia a reaccionar se reemplaza por una conciencia intensificada (la dimensión de cualidad). Estas tres conforman la totalidad de la experiencia del enojo (la dimensión de ser).

En términos clásicos, reconoce que lo que surge es un surgir en la experiencia, no una cosa que existe independientemente. En otras palabras, reconoce que lo que surge está vacío mientras surge (la dimensión de lo que es). El surgir, sin embargo, es vívido; se experimenta (la dimensión de lo que aparece). Lo vívido y la vacuidad no son dos cosas diferentes (la dimensión de cualidad), ocurren juntas y no se pueden separar. La totalidad, la vacuidad, lo vívido y la ocurrencia de los dos juntos son simultáneos (la dimensión de ser).

Cuando experimentas las cosas de esta forma, los patrones reactivos no tienen oportunidad de funcionar. La energía a nivel de la mente de la conciencia entra en la mente de la emoción y la mente del cuerpo. Sabes lo que es y sabes qué hacer, inmediata y directamente. Te ocupas de ello con completa atención, apropiada, natural y espontáneamente. En otras palabras, te adentras en la conciencia prístina.

Mente de la emoción

Al nivel de la emoción, transforma tus reacciones emocionales frente a lo que surge en presencia. Cuando encontramos negatividad, solemos echarle la culpa a algo externo y nos resentimos con la persona o las personas a quienes responsabilizamos del problema. Aquí, la instrucción relevante es:

Junta todas las culpas en una.

Para transformar la negatividad al nivel de la emoción, toma responsabilidad por cualquier cosa que surja. Para ser más preciso, culpa a los patrones habituales por precipitar el problema. Cuando un colega expresa decepción o disgusto hacia ti, no lo culpes por hacerte sentir avergonzado. Dirige la culpa hacia tu apego a la idea de ser una persona altamente competente y decente. Te saldrás de la reacción y estarás más capacitado para abordar el problema que él o ella tiene contigo.

Culpa a tus patrones habituales por todo lo que sale mal en tu vida. El cambio de perspectiva crea mucha fricción emocional. Sostén la fricción en atención para transformar la energía de la negatividad en atención. Con este método, dejas de ser un participante pasivo en tu vida. Cuando ves que todos los problemas son generados por los patrones habituales, cambias tu relación con los patrones. Los ves como mecanismos irreflexivos y te vuelves el agente activo, trayendo atención y conciencia despierta para que incidan en los mecanismos hasta que se desmoronen. Ahora tu vida ya no es un producto de los mecanismos. Comienzas a vivir intencionalmente, tomando la responsabilidad por tu parte en todo lo que experimentas.

La transformación nos pondrá en contacto con lo que verdaderamente podemos hacer en la situación. Incluso si la única estrategia es soportar la situación desagradable, podemos hacerlo con presencia y claridad en lugar de con enojo y resentimiento.

Sé agradecido con todos.

Cuando surge una situación desagradable, toma la experiencia desagradable que sufren los demás. Si la gente te provoca disgusto toma el disgusto de los demás. Si despiertan en ti afecto y alegría, envía la experiencia del afecto y la alegría a los demás. En resumen, sé agradecido con todos porque ellos te proporcionan oportunidades para prestar atención a tus propias reacciones.

De más está decir que la transformación al nivel de la emoción requiere un compromiso de gran dedicación para desarmar los patrones habituales de autoimportancia y egocentrismo. En particular, tienes que ser capaz de mantener la atención en el calor de la fricción generada cuando esta práctica roza contra los patrones habituales, y puede ponerse muy candente.

La mente del cuerpo

A nivel del cuerpo, transforma la experiencia de la acción. Cuando te abocas a una actividad, abandona toda idea de lograr una meta o derivar un beneficio de la actividad. Sé en el hacer. Independientemente de si la tarea es agradable o desagradable, haz de ella una ofrenda a la conciencia. Si sales a correr, sé en el acto de correr. No pienses en cómo te irá en el próximo maratón. El esfuerzo de estar presente en la actividad interrumpe el modo en que los patrones emocionales habituales toman control del cuerpo. Al estar presente en el hacer, dejas de reforzar la proyección y el interés propio y te desplazas hacia la experiencia pura de la actividad en sí.

En la tradición del entrenamiento de la mente, hay una plegaria que dice:

Si es mejor para mí estar enfermo,
ruego por la bendición de la enfermedad.
Si es mejor para mí recuperarme,
ruego por la bendición de la recuperación;
Si es mejor para mí morir,
ruego por la bendición de la muerte.

A una mujer con cáncer terminal, esta plegaria le resultó profundamente perturbadora cuando la escuchó por primera vez. «¿Qué clase de plegaria es esa?», preguntó. No obstante, no podía sacarse la plegaria de la cabeza; le volvía una y otra vez. Entonces, encontró que la relación con su cuerpo y su enfermedad cambiaba. Sí, estaba enferma y probablemente muriendo, pero su cuerpo estaba relajado; dejó de luchar contra el hecho de estar enferma. No abandonó la búsqueda de nuevos tratamientos y estrategias, pero sí dejó de llevar a su cuerpo más allá de lo que este podía manejar.

EXTENSIONES DE TOMAR Y ENVIAR

Tomar y enviar se puede practicar de tres formas diferentes. La primera es la práctica tradicional de tomar el sufrimiento y enviar la felicidad, coordinando el tomar y enviar con la respiración.

La segunda es hacer la misma práctica mientras imaginas que eres una expresión del despertar completo. Por ejemplo, podrías identificarte con Avalokiteshvara, la encarnación de la compasión despierta. Esta forma de la práctica te pone en contacto profundo con la resistencia emocional y al mismo tiempo, reduce la identificación con los patrones emocionales.

La tercera forma es practicar tomar y enviar sabiendo que no estás separado de lo que experimentas. En este enfoque, practicas la presencia como un flujo de energía: el sufrimiento que entra y la felicidad que sale. Toda experiencia, ya sea sufrimiento o felicidad, se libera en la conciencia.

Hasta este punto, nos hemos concentrado en la primera: la práctica básica de tomar y enviar. Los otros dos métodos se desarrollan naturalmente del primero; son extensiones de tomar y enviar en los dominios de la práctica de la deidad y la práctica de la conciencia directa.

La práctica de la deidad es uno de los métodos principales empleados en la tradición tibetana para transformar tu experiencia del mundo. La práctica de la deidad implica imaginar que tú eres una expresión de la mente despierta, una deidad o, en tibetano, un *yidam*. Avalokiteshvara, manifestación de la compasión iluminada, es uno de estos yidams. También son deidades Vajrayoguini (pasión despierta), Hevajra (enojo despierto) y Tara Verde (actividad despierta)

Las deidades son representaciones altamente simbólicas de aspectos de la mente despierta que han aparecido en visiones a maestros del pasado. Estas visiones se convirtieron en la base de las prácticas de meditación que usan esa deidad. Cuando te imaginas siendo la deidad, los patrones habituales asociadas con tu sentido habitual del "yo" no tienen espacio para funcionar. Puesto que las deidades son expresiones de la mente despierta, tú, como la deidad, tienes infinidad de recursos para tomar el sufrimiento de los demás y enviar felicidad. Sabes que todo sufrimiento es vacío, entonces te abres sin miedo a la experiencia del dolor y a los problemas de los demás. Asimismo, como la deidad, experimentas la dicha, la claridad y la vacuidad de la mente, y tienes infinitas e inagotables aptitudes; eres la manifestación de la compasión. Por lo tanto, puedes enviar libremente inagotable buena suerte a todos los seres sin la más mínima sensación de preocupación, arrepentimiento, apego ni temor. Al insertar la práctica de tomar y enviar en la práctica de la deidad, puedes hacer la práctica más libre y poderosamente que cuando te identificas con tu sentido habitual de quien eres y lo que eres.

¿Por qué, entonces, no se practica tomar y enviar siempre en el contexto de la práctica de la deidad? La práctica de la deidad requiere una disposición para permitir que tu sentido habitual del "yo" sea reemplazado por un modo más sutil, abierto y libre de relacionarte con el mundo. La mayoría de la gente no puede dar ese paso sin una preparación adecuada. La guía de un maestro calificado es esencial. De hecho, tomar y enviar suele usarse como preparación para la transición hacia la práctica de la deidad. Sin embargo, una vez que un practicante está entrenado en la práctica de la deidad, puede usar la deidad como base para tomar y enviar.

La tercera forma de practicar tomar y enviar es en el contexto de la conciencia directa. Primero, debes conocer la conciencia directa a través de tu propia experiencia. Entonces, haces tomar y enviar para realzar tu experiencia y comprensión de la vacuidad y la compasión.

En presencia, sabes que todo lo que surge en la experiencia es solo eso, un surgir en la experiencia; sabes que los pensamientos son pensamientos, que los sentimientos son sentimientos, que las sensaciones son sensaciones. El nivel de energía en atención es tal que la conciencia directa no se trastorna por el contenido del pensamiento, sentimiento o sensación. A medida que se desencadenan las asociaciones, el surgir de las asociaciones se ve como lo que es. Permanece presente y percibe la infinidad de hilos de surgimiento interdependiente.

Los pensamientos, sentimientos y sensaciones se liberan a sí mismos a medida que surgen porque se experimentan completamente en conciencia directa. Experimentas tomar y enviar como un flujo de energía. Cuando la energía surge como dolor y sufrimiento, tómala. Cuando la energía surge como placer y buena fortuna, envíala. El sujeto (el meditador), el objeto (el sufrimiento y la felicidad) y la práctica (tomar y enviar) se desmoronan y tomar y enviar solo fluye.

ADVERTENCIAS

Para practicar el entrenamiento de la mente, debes tener una determinación libre de temor para socavar los patrones habituales, la habilidad para conocer y reconocer lo que sientes, y la habilidad para mantener la atención frente a la tendencia a reaccionar. De otra forma, las instrucciones del entrenamiento de la mente son recetas para problemas emocionales.

Si no eres implacable en tu intención de desmantelar los patrones habituales, no tendrás el valor ni la determinación para adoptar el enfoque hacia la vida que el entrenamiento de la mente requiere. En el entrenamiento de la mente, pierdes discusiones deliberadamente con el fin de desmantelar tus reacciones ante el hecho de perder. No solamente tienes que soltar el apego a ganar, sino también el apego a demostrar lo inteligente que eres y lo acertada que es tu postura. Tienes que soportar el triunfo de tu oponente y cualquier comentario que él o ella haga respecto al triunfo. Cuando permaneces sentado en medio de todo el tumulto interior, te das cuenta de que lo que eres no depende de ganar o perder. ¡Lo que eres no depende de nada! El apego a ganar y perder se reduce a cenizas y te liberas de la tiranía de la victoria y la derrota.

Experimentarás una amplia gama de reacciones emocionales en el curso de la práctica de tomar y enviar: Todo, desde la ecuanimidad tan vasta como el océano hasta la desesperación aplastante, desde la amargura y el enojo profundos hasta la calidez y la consideración ilimitadas, desde la vergüenza y el bochorno agudos hasta la alegría y la libertad inexpresables.

Los patrones no se consumen si suprimes tus reacciones; debes experimentarlas en atención. En cierta ocasión, una psiquiatra intentó aplicar la instrucción del entrenamiento de la mente, «Sé agradecido con todos» a una persona que había presentado una demanda legal en su contra. Malentendiendo la técnica, apartó sus sensaciones de enojo y resentimiento y trató, con más y más fuerza, de sentir gratitud hacia la persona que la estaba demandando. Sin embargo, como sentía que la demanda no tenía base y era injusta, no podía lograr sentir gratitud. No podía rendirse ante las demandas de la otra parte. Para agravar su confusión, ella creía genuinamente que su imposibilidad de soltar el enojo y el rencor y su resistencia a rendirse significaban que había fracasado en su práctica del entrenamiento de la mente.

Con el tiempo, se sentó en medio del embrollo —el enojo, el resentimiento, el fracaso, la confusión— y descubrió que podía experimentar todas esas emociones como emociones. Descubrió una claridad que nunca antes había conocido y que le mostraba exactamente qué hacer. Entonces, sí pudo sentir una gratitud auténtica por todo el embrollo, pues la había llevado a descubrir esa claridad. Consultó con un abogado y defendió la demanda con éxito, libre de enojo y resentimiento hacia la otra parte.

A primera vista, las instrucciones del entrenamiento de la mente parecen ser excesivamente negativas. Se nos instruye a regalar todo lo que consideramos bueno y tomar lo que consideramos malo, incluso dañino.

El mal se presenta de muchas maneras, pero para nuestro propósito, nos servirán dos puntos de vista distintos pero relacionados entre sí. El primero es que el mal es la incapacidad de experimentar nuestro propio dolor. El mal es lo contrario de desmantelar los patrones. En lugar de experimentar el dolor en el núcleo de un patrón, una persona malvada deja que el patrón funcione, externalizando su propio dolor al crear dolor y sufrimiento en el mundo.

La segunda perspectiva es que el mal consiste en ignorar deliberadamente. Cuando una persona ignora deliberadamente lo que es doloroso o no está resuelto en su interior, manifiesta sus patrones habituales, creando dolor y sufrimiento para los demás.

Tomar y enviar contrarresta directamente nuestro potencial para la maldad, forzándonos a afrontar precisamente lo que tan frecuentemente ignoramos o lo que intentamos ignorar. El sufrimiento, la pérdida, la vergüenza, el bochorno y la derrota no son el mal en sí, pero lo que resulta cuando se les ignora, suele serlo. Al tomar lo que es negativo, llegamos a conocer directamente que el sufrimiento, la pérdida, la vergüenza y el bochorno son tan solo experiencias que, al final, no tienen nada que ver con lo que somos.

Tomar y enviar va en contra de los patrones habituales de autoimportancia y egocentrismo. Contraviene la manera en que hemos llegado a considerar quienes somos y lo que somos, lo que valoramos y tenemos como importante en la vida, e incluso lo que solemos considerar como justo y equitativo. Tomar y enviar, sin embargo, no trata de justicia ni equidad. Practicamos tomar y enviar para desarraigar los patrones habituales, así que debemos tener cuidado de que las concepciones erróneas sobre la práctica —concepciones erróneas que surgen de los patrones habituales— no nos hagan dar un traspié.

Quizás el problema más común sea el pensamiento mágico, la tendencia a pensar que imaginar que algo sucede hará que suceda. En la práctica de tomar y enviar, una forma del pensamiento mágico es: «Si tomo la enfermedad de los demás, me enfermaré» o «Si tomo su enojo, me contaminará».

El pensamiento mágico es un residuo de la forma de pensar propia de la niñez, cuando no podías diferenciar claramente entre los procesos mentales internos y los acontecimientos en el mundo. Tomas lo que surge en tu mente como concreto y sustancial, como algo que está sucediendo realmente. El problema con el pensamiento mágico es que es falso. No te enfermas porque imaginas que tomas la enfermedad de otra persona. La otra persona no se transforma en millonaria porque imaginas que le envías tu propia riqueza y prosperidad.

Contrarresta el pensamiento mágico recordando que todo lo que surge es solamente una experiencia. Socávalo con una actitud más radical: «Si de verdad puedo tomar el dolor de otra persona, entonces que sea mío para que ella se libere de él».

Una vez, un estudiante le preguntó a Kalu Rinpoche: «¿Qué tal si todo ese sufrimiento realmente me llegara?». Él respondió: «Eso sería muy bueno». El estudiante quedó completamente desconcertado, pero entonces se dio cuenta de que lo que Rinpoche había dicho era cierto: ¡Qué maravilloso poder liberar a otra persona del sufrimiento! Comprender esto cortó directamente el temor y la duda basados en el pensamiento mágico.

Un segundo problema es la noción de que estás siendo noble al tomar el sufrimiento de los demás. ¡Tonterías! Estás practicando tomar y enviar para liberarte de la prisión de tus propios patrones habituales. ¿Por qué debería alguien darte las gracias? ¿En qué sentido estás siendo noble?

Otro problema común es un sentido de desapego: Simplemente no puedes conectarte con la sensación del dolor de otra persona, así que la práctica de meditación se siente como un ritual vacío y abstracto; no tiene jugo. O quizás no puedes conectarte con nada bueno en tu propia experiencia.

Para trabajar con la indiferencia ante el sufrimiento de los demás, imagina que tú experimentas el dolor, sufrimiento o negatividad que estás intentando tomar. Por ejemplo, si estás tomando el dolor de alguien que está muriendo de cáncer, imagina que tú estás muriendo de cáncer. ¿Cómo te sentirías? ¿Qué estarías haciendo? ¿Qué pensamientos estarían pasando por tu mente? ¿Qué preocupaciones e inquietudes pesarían en tu corazón? Ponte en los zapatos de la otra persona y pronto superarás el desapego hacia su dolor y sufrimiento.

Para trabajar con la dificultad de encontrar algo bueno en tu propia experiencia, recuerda un incidente o suceso que fuera al menos algo agradable. Mantén la sensación agradable en atención y descansa la atención en la respiración. Utiliza la experiencia de enviar este poquito de placer en tu vida a los demás como una forma de abrirte a la experiencia de placer, bondad y bienestar en ti. Pronto sentirás el funcionamiento de los patrones habituales que te cierran a tu propia felicidad y alegría. Ahora, usa tomar y enviar; tomando de todos los seres los mismos patrones que bloquean la felicidad y la alegría, para que experimentes claramente el funcionamiento de los patrones en ti.

Utiliza todo lo que experimentas en la práctica de tomar y enviar. No te aferres a nada. Por ejemplo, si te sientes abrumado ante la posibilidad de tomar el sufrimiento de los demás, imagina que tomas de todos los seres el sentimiento de sentirse abrumados. Si tienes miedo de tomar un dolor en particular, una enfermedad o una conducta, imagina que tomas el miedo de todos los seres. Lo mismo es cierto en el caso de enviar: si estás feliz por una experiencia reciente de buena fortuna, envía la buena fortuna a los demás. Si observas que quieres quedarte con tu buena suerte, toma ese egoísmo. Si te sientes espacioso y libre cuando envías la buena fortuna a los otros, envía la espaciosidad y la libertad a los otros también. El entrenamiento de la mente, en particular tomar y enviar, es como una hoguera, cuanto más leña le arrojas, más intensamente arde.

USAR TOMAR Y ENVIAR EN SITUACIONES ESPECIALES

Tomar y enviar puede también utilizarse para descubrir y experimentar las emociones no liberadas que subyacen conductas reactivas. Recuerda que la intención de la práctica no es resolver el problema, sino ayudarte a conocer la situación tal como es. Por ejemplo, la pérdida de un hijo es, para una madre, una de las situaciones más dolorosas que se puede imaginar. Sin embargo, cuando muere un niño, el niño ya no está. Esa es la verdad dura y dolorosa. Tomar y enviar puede ayudarte a afrontar ese tipo de verdades duras y dolorosas.

Una mujer se acercó al Buda con su hija muerta y le pidió que la trajera nuevamente a la vida. El Buda dijo: «Para hacerlo, necesitaría una semilla de mostaza de una casa donde no haya muerto nadie». En la India, la mostaza es una de las especias más comunes; todos tienen semillas de mostaza.

La madre recorrió una por una todas las casas del pueblo. No obstante, cuando preguntaba si el hogar estaba libre de la muerte, la respuesta siempre era que no.

Finalmente, la madre comprendió que la muerte toca a todos y pudo aceptar la pérdida de su hija. El Buda, al enviarla en esa búsqueda, la había guiado para aceptar las pérdidas de los demás.

Tomar y enviar funciona de la misma forma. Al tomar las reacciones emocionales de los otros, te abres a las mismas reacciones en ti. El nivel de energía en tu atención se eleva para que experimentes los sentimientos subyacentes como sentimientos y dejes de identificarte con ellos. Se liberan y la energía en ellos ahora potencia tu atención, descubriendo el valor, la empatía, la comprensión y el cuidado que habían estado presentes en ti todo el tiempo, pero que se habían oscurecido por la confusión emocional y la reactividad.

Dificultades en las relaciones

Si estás sufriendo en una relación, tu pareja, también lo está. Toma a tu pareja como el foco de la práctica de tomar y enviar, tomando de él o ella el dolor que imaginas que está sintiendo. Envíale tu comprensión y disposición para trabajar en la relación. Al principio, te podrías sentir superior o virtuoso porque eres él que está dispuesto a abrirse a los problemas en la relación. Una postura tan orgullosa suele desvanecerse rápidamente en la práctica de tomar y enviar y te relacionas más directa e inmediatamente con la experiencia de la otra persona. Empiezas a ver, entender y sentir lo que está sucediendo en la relación desde la perspectiva de tu pareja. Al enviar tu amor y cariño, ves lo que verdaderamente te importa en la relación, aquello a lo que te estás aferrando y lo que es o no es posible.

Tomar y enviar no resuelve por sí solo las dificultades en la relación. Más bien, te ayuda a aclarar lo que está sucediendo y a ser menos reactivo y más empático. Con mayores recursos emocionales, te enfrentas a las dificultades de una forma más receptiva y apropiada.

Trauma y abuso

El trauma y el abuso dejan a una persona profundamente desconectada del mundo. Te sientes aislado de la comprensión y el cuidado humanos, tanto a causa de la conmoción del incidente mismo, como por la incapacidad de los demás para entender lo que viviste. Tomar y enviar se puede usar para restablecer una conexión con esa parte tuya que se siente aislada.

Practica tomar y enviar contigo mismo, no como estás ahora, sino como estabas justo después del trauma o el abuso. Toma todo el sufrimiento, la conmoción, el dolor, la humillación, el temor y la incomprensión. Dale a la parte traumatizada de tu ser toda la comprensión, la atención, el cariño, la seguridad y el apoyo. Por ejemplo, una mujer que fue violada cuando era adolescente podría imaginarse a sí misma como estaba justo después de la violación, con sensaciones de dolor, ultraje, vergüenza, ira, confusión, dudas sobre sí misma e impotencia. La mujer que está haciendo la práctica toma estos sentimientos y sensaciones de la adolescente y le envía amor, compasión, comprensión, fortaleza y empatía a cambio.

Semejante práctica es muy poderosa y tiene que hacerse con cuidado. En cada sesión de meditación, toma solamente lo que puedas sostener en atención; no fuerces la cuestión. Trabaja de manera constante en la práctica, respetando el límite hasta el cual puedes abrirte a las sensaciones de daño y dolor. Gradualmente, serás capaz de abrirte cada vez más profundamente. Llegarás a experimentar el sentimiento de desconexión como un sentimiento, no como el estado real de las cosas; un paso importante en el proceso de sanación.

Si bien la práctica de tomar y enviar es poderosa y eficaz, las fuertes energías presentes en los casos de trauma y abuso requieren que se tenga un cuidado especial en la práctica. El punto más importante es no permitir que las fuertes energías liberadas en la práctica decaigan en patrones reactivos y se refuercen. La presencia de un individuo atento y comprensivo durante el proceso de sanación es una medida de seguridad importante. Suelo aconsejar a los estudiantes que están trabajando con estas cuestiones tan profundas que utilicen estas técnicas solo si tienen consultas regulares con un terapeuta o un maestro capacitado.

CORTAR LAS OBSESIONES

Una obsesión es algo que socava la atención sistemáticamente y desencadena el funcionamiento de los patrones habituales. Tenemos muchas obsesiones. El término tibetano para obsesión, *dü*, conlleva la idea de que una fuerza demoníaca o maléfica toma el control. Varias prácticas para entrenar la mente se han desarrollado para exorcizar las obsesiones. Una de las más conocidas y más populares es la práctica de *chö*, cortar.

La palabra *chö* significa «cortar». El nombre se tomó del *Sutra del tallador de diamantes*, un texto sobre la perfección de la sabiduría que esclarece la enseñanza de la vacuidad. La práctica de chö se desarrolló en el Tíbet del siglo trece por una maestra excepcional llamada Machik Labdrön. Ella afinó muchas de las técnicas del entrenamiento de la mente y de la práctica de tomar y enviar con visualizaciones dramáticas. Con su profunda comprensión de la perfección de la sabiduría, desarrolló un conjunto de prácticas que cortan la confusión para revelar directamente la presencia, en el dolor o en el placer, en el sufrimiento o en la felicidad.

El nombre completo significa «la base sagrada que surge de cortar las obsesiones». En esta tradición, las cuatro clases de obsesión son:

- Obsesión con el mundo externo
- Obsesión con las emociones reactivas
- Obsesión con el placer y el poder
- Obsesión con el yo

Cortar la obsesión con el mundo externo

Lo que llamamos «el mundo externo» consiste en impresiones sensoriales, sensaciones. Inferimos la existencia de un mundo externo a partir de la suma de las sensaciones que experimentamos y luego nos obsesionamos con el mundo externo inferido como lo que es real. La obsesión surge al nivel de la percepción y se refuerza fuertemente por el condicionamiento social y cultural, hasta tal punto que erróneamente consideramos el nacimiento y la muerte como el llegar y dejar atrás lo que llamamos el mundo objetivo. Estamos pidiéndole peras a un olmo que ni siquiera está ahí.

> Una noticia cualquiera, una frase inocua, el titular de un diario: todo probaba la existencia del mundo de afuera y revelaba mi propia irrealidad. Sentí que el mundo se escindía y yo no estaba en el presente. Mi ahora se disgregó: el verdadero tiempo estaba en otra parte.
>
> A pesar del testimonio de mis sentidos, el tiempo de allá, el de los otros, era el verdadero, el tiempo del presente real.
>
> —OCTAVIO PAZ, DISCURSO DE ACEPTACIÓN DEL PREMIO NOBEL

La perspectiva del budismo es lo opuesto: nosotros somos lo que surge en la conciencia directa.

Cuando estamos presentes y conscientes, no estamos separados de lo que surge en la conciencia. Somos lo que experimentamos, nada más. En particular, no existimos separados de lo que experimentamos. El mundo objetivo que compartimos con otros y que llamamos real es una abstracción de nuestra propia experiencia directa. Cuando tú y yo vemos un libro rojo sobre una mesa, tú tienes tu experiencia y yo la mía. Abstraigo el concepto libro y lo uso para referirme a una amplia gama de experiencias. De forma similar, tú abstraes el concepto libro. Usando el método de ensayo y error, la interacción y la memoria se ha elaborado un sistema para que el conjunto de experiencias que asocio con libro corresponda a un conjunto de experiencias que tú asocias con libro. Este sistema proporciona la base para la comunicación y la experiencia compartida.

Solo tenemos que considerar cómo aprendemos un nuevo idioma o cómo aprendemos a comunicarnos de niños para entender que el idioma es una abstracción sofisticada de la experiencia. No aprendemos a hablar «español», por ejemplo; creamos y

> Así, a medida que escuchaba las palabras usadas repetidamente en los lugares apropiados en varias oraciones, gradualmente aprendí a qué objetos se referían. Y después de haber entrenado mi boca a hacer los signos, los utilicé para expresar mis propios deseos.
>
> —*San Agustín,* Confesiones, *Libro octavo 8*

desarrollamos nuestro propio lenguaje y, con él, nuestra propia manera de ver y describir los objetos y la experiencia. De niños comenzamos imitando palabras y frases, inventando, copiando, creando y experimentando con distintos usos. Gradualmente, diferentes sistemas de lenguaje evolucionan en cada uno de nosotros. Cuando tu sistema de lenguaje individual te permite relacionarte con los sistemas de lenguaje utilizados por tus padres y hermanos, se considera que has aprendido a hablar español, pero el lenguaje que se ha desarrollado en ti es único. Se diferencia de los sistemas del lenguaje español de otras personas en formas sutiles, formas que te permiten ser creativo y tener un estilo individual de expresión aun cuando el funcionamiento general basta para la comunicación.

El mismo proceso tiene lugar en la forma en que describimos nuestra experiencia y en lo que consideramos real o ilusorio. Entre más nos apoyemos en una determinada interpretación de la experiencia, más reales consideraremos que son la interpretación y las abstracciones asociadas.

A medida que nos volvemos expertos en la comunicación, se nos olvida que los conceptos y las palabras que utilizamos para el lenguaje son abstracciones. Es decir, nos quedamos dormidos ante lo real —la experiencia verdadera— y tomamos los conceptos como si fueran reales.

Tanto con el idioma, como con cualquier otro aspecto de la experiencia; olvidamos que los pensamientos son pensamientos, que los sentimientos son sentimientos, y que las sensaciones son sensaciones. En cambio, tomamos el contenido de los pensamientos como entidades reales, los sentimientos como lo que somos, y las sensaciones como objetos externos.

Piensa en un elefante, por ejemplo. Si olvidas que estás pensando en un elefante, entonces tomas al elefante en el que estás pensando como un elefante real. «¡Absurdo!» dices, pero ¿no es eso exactamente lo que sucede cuando te distraes en la meditación? Surge el pensamiento de una discusión con un amigo. No lo reconoces como un pensamiento. Al momento siguiente, te encuentras presa de una discusión con esa persona. No solo olvidas tu práctica de meditación, sino también dónde estás. Tu mundo de experiencia ha colapsado ante la discusión con esa persona. Estás completamente obsesionado con ello. Sin embargo, la única discusión que está sucediendo está en tu mente.

Lo que experimentas es tuyo y solamente tuyo. Nadie más puede experimentar exactamente lo que tú experimentas. Aunque expreses lo que experimentes a través de la poesía, la pintura o la escritura, nadie experimenta lo que tú experimentaste. Las experiencias suscitadas en los demás a través de la poesía son sus experiencias, no la experiencia que originalmente te inspiró.

Para ayudarnos a despertar del hechizo de la abstracción que llamamos mundo externo, el budismo aplica un poco de sentido común y llama al mundo externo como lo que es: un hechizo, un sueño.

Las materias primas del así llamado mundo externo son las experiencias sensoriales que surgen en la conciencia. Para deshacer la obsesión con la realidad aparente del mundo externo, utiliza la enseñanza del entrenamiento de la mente:

Considera todo como un sueño.

Cuando sueñas, los edificios, la gente, los árboles y los animales surgen vívidamente. Durante el sueño, tomas los edificios y la gente como reales, es decir, los consideras como un mundo externo en el cual te mueves. Sin embargo, al despertar, sabes que los edificios y la gente son simplemente experiencias que surgieron en el sueño.

Al tener la idea de que todo lo que experimentas en tu estado de vigilia es como un sueño, socavas la tendencia condicionada a proyectar una realidad exterior sobre las experiencias sensoriales. De hecho, formas una relación más íntima con la experiencia sensorial. Tu experiencia de las sensaciones se vuelve más clara y más vívida y estás menos propenso a proyectar reacciones emocionales sobre ellas.

Esta instrucción a menudo se interpreta en el sentido de que no nos debería importar tanto lo que sucede y que no deberíamos tomar las cosas tan en serio: una interpretación errónea y peligrosa. Cuando consideramos todo lo que surge como un sueño, de hecho prestamos más atención a lo que estamos experimentando y a cómo va surgiendo la experiencia. En lugar de interpretar automáticamente la experiencia sensorial como objetos independientes, percibimos la experiencia sensorial por lo que es: experiencia sensorial, ni más ni menos. Generalmente, consideramos la conciencia y la experiencia sensorial como separadas y diferentes, pero la experiencia sensorial no puede separarse de la conciencia. Al cortar el sentido de separación con la instrucción «todo es un sueño», cortamos el condicionamiento, la interpretación y la tendencia a reaccionar que normalmente se ponen en marcha.

Los pensamientos, sentimientos y sensaciones sí existen, como pensamientos, sentimientos y sensaciones. Pero cuando surge el pensamiento: «La conducta de Bill es ofensiva», tendemos a olvidar que es un pensamiento. Actuamos como si la persona realmente fuera ofensiva. Olvidamos que la experiencia de estar ofendido está surgiendo en nosotros y consideramos al pensamiento como expresión de una realidad «objetiva».

La instrucción de considerar todo lo que surge como un sueño tiene como objetivo provocar un cortocircuito en nuestro apego a la realidad «objetiva» de lo que experimentamos. La conducta de Bill puede ser ofensiva para ti, pero la persona junto a ti posiblemente no se sienta ofendida por su conducta: ¡Vaya realidad «objetiva»!

Otra forma de entender que tu vida es solo lo que experimentas es considerar una situación difícil en tu vida, una con enormes consecuencias. Imagina el peor de los casos posibles —Todo ha salido mal—y pregúntate: «¿Y ahora qué?».

Cuando imaginas la peor situación posible, ves que las declaraciones como «No puedo manejar esto» o «Es demasiado» son expresiones de sentimientos más que hechos. A la hora de la verdad, harás lo que tengas que hacer. Manejarás la situación, de una u otra manera. Al final, el peor de los casos es solo otra experiencia. Aun cuando la peor situación condujera a lesiones o incluso a la muerte, ves que tu muerte es también una experiencia. Tu preocupación por la seguridad o la supervivencia te lleva a ignorar lo que está sucediendo y te impide actuar según lo que verdaderamente valoras, es decir, aquello por lo que estás dispuesto a morir.

Así que, al considerar la peor situación, ves que la vida consiste precisamente de lo que experimentas y que todo lo demás —los valores sociales, los valores condicionados, lo que debería de hacerse, lo permitido o aceptable, lo que se considera importante— son elementos de un sueño, el sueño de la vida en el mundo como solemos considerarla. La combinación de considerar la peor situación posible y ver todo como un sueño te permite morir a la creencia que eres solamente lo que el mundo ve que eres. Muere a esa creencia y dejarás de ser un participante pasivo en tu vida. En cambio, sabes que eres uno con lo que experimentas y que lo que haces, en última instancia, depende de ti y solo de ti.

La preocupación por la supervivencia es la base de la obsesión con la realidad del mundo externo. La supervivencia significa que continuamos experimentando estar en un cuerpo que existe en un mundo de apariencias externas. La preocupación por subsistir se basa en la creencia de que somos nuestro cuerpo, pero no es así: Somos lo que experimentamos.

Cortar la obsesión con las emociones reactivas

No solo tomamos lo que surge externamente como real, sino que también tomamos lo que surge internamente —los pensamientos, las emociones, las ideas, las creencias y las pasiones— como real. La obsesión con lo que pensamos y lo que sentimos nos hace reaccionar ante cada pensamiento y sentimiento que surge como si nos presentara lo que está sucediendo en realidad. Tanto en la meditación como en la vida, la reacción da lugar a la distracción. El campo de la conciencia colapsa y el pensamiento o el sentimiento se convierte en todo lo que experimentamos. En la vida cotidiana, la obsesión con los pensamientos y los sentimientos nos impide responder a las situaciones. Actuamos, no sobre la base de lo que en realidad está sucediendo, sino sobre la base de los patrones y las proyecciones que están asociados con las emociones reactivas. El sufrimiento es el resultado inevitable.

La herramienta más importante para cortar las emociones reactivas es comprender que lo que las emociones están diciendo no es lo que de hecho está sucediendo. Por ejemplo, tu pareja hace algo que le pediste que no hiciera y te enojas. A medida que surge el enojo, el campo de la conciencia abierta colapsa y percibes todo en función del enojo. El enojo ve al mundo como un infierno y te dice que estás en peligro. Dice que te están atacando y que te destruirán si no destruyes al otro (en este caso, tu pareja) o la situación (abandonando la relación). Sin embargo, la situación real, si bien puede causarte molestias y desagrado, no constituye una amenaza a tu existencia ni a la relación. Sin conciencia, tomas tanto el enojo como lo que el enojo te presenta como real. Estallas contra tu pareja o abandonas la habitación. En otras palabras, le crees al enojo.

El remedio es esta instrucción:

El problema es que les creo a mis sentimientos.

Tan pronto como eres consciente de que estás atrapado en el mundo de la emoción, has comenzado a salir de él. Ahora da el segundo paso; trae la atención a lo que estás experimentando y conócelo por lo que es: un sentimiento. Mientras descansas en la experiencia del sentimiento, el sentimiento disminuye y puedes ver más claramente lo que en realidad hay allí o el sentimiento cambia y te vuelvas consciente de otra reacción emocional a un nivel más profundo. En cualquier caso, te sales del mundo proyectado por la emoción.

Este remedio es particularmente eficaz en el caso de emociones reactivas fuertes que dominan partes significativas de nuestra vida; por ejemplo, el enojo, la constante sensación de necesitar algo o la depresión. En el momento que reconozcas que estás atrapado en una emoción reactiva, di: «El problema es que les creo a mis sentimientos». La frase te recuerda que tanto el sentimiento como tu percepción actual del mundo son productos de patrones reactivos y condicionamientos. El cambio rompe temporalmente la obsesión. En ese espacio, el sentimiento y el mundo proyectado se experimentan como objetos de atención, no como la forma en que son las cosas. Penetra en la emoción una y otra vez. Poco a poco, llegas a entender que no eres la emoción y que el mundo proyectado de la emoción no es como son las cosas. Se abren otras posibilidades. Cuando mueres a la creencia que tú eres tus emociones, has cortado la obsesión con las emociones reactivas.

Esta y otras técnicas de entrenamiento de la mente son frecuentemente descritas como formas de distanciarse de la situación. No te estás distanciando en absoluto; estás adentrándote cada vez más en la situación, acercándote a lo que surge en la experiencia. Al salirte de las tendencias reactivas, te acercas a la realidad de las cosas.

Cortar la obsesión con el placer y el poder

A medida que profundizas en la práctica, experimentas períodos de creciente placer. Una fuente de placer es la remisión de las tendencias reactivas en el cuerpo y la mente, así que tanto el cuerpo como la mente se envuelven en sensaciones de liviandad, flexibilidad y placer. Otra fuente es el aumento en la eficacia de tu comprensión y conducta, que proviene de la disminución sostenida de las conductas reactivas. Una tercera fuente de placer es la plenitud que experimentas en las relaciones y conexiones con los demás, nuevamente a causa de la disminución de las emociones reactivas.

Te obsesionas por controlar los efectos de la práctica. Te aferras a los estados de placer o de éxtasis e intentas permanecer en ellos tanto como sea posible. Empiezas a emplear el poder de la atención para obtener lo que quieres de los demás.

Has perdido la presencia y ahora la energía de la práctica alimenta viejos patrones habituales. La obsesión por controlar la experiencia se conoce tradicionalmente como la obsesión del *dios-niño*. Psicológicamente hablando, la práctica ha penetrado hasta un nivel temprano de condicionamiento (el niño) que ahora trata de usar la energía de la práctica (el dios) para generar bienestar y seguridad.

Para cortar esta obsesión, emplea la frase:

Que todo el sufrimiento venga a mí.
Que toda la felicidad vaya a los demás.

Estos versos nos recuerdan que la intención de nuestra práctica es la presencia y no la obsesión del titán con las habilidades realizadas. La presencia significa que estás presente con lo que sea que surja en la experiencia, placer o dolor, felicidad o sufrimiento. En la presencia, no te preocupa controlar la experiencia. El dios-niño quiere experimentar el bienestar y la felicidad y evitar el dolor y el sufrimiento. Cuando la práctica misma se convierta en la fuente de placer y poder, mantén la intención de la presencia en la mente y deja de lado ideas de ganar algo. Las ideas de ganancia son las ideas sobre cómo vamos a beneficiarnos con la práctica. Suzuki Roshi, en *Mente Zen, mente de principiante,* nos recuerda una y otra vez que nuestra práctica está en problemas cuando las ideas de ganar algo la invaden subrepticiamente.

Para cortar la obsesión del dios-niño, muere a la creencia de que puedes controlar lo que surge en la experiencia.

Cortar la obsesión con el "yo"

El nivel más profundo de obsesión es la obsesión con un sentido del "yo". Un sentido del "yo", generado como una reacción al espacio no referencial radica en el núcleo de cada patrón habitual. El "yo" se siente como si fuera una unidad permanente e independiente. La sensación de permanencia se manifiesta en la vida como una sensación de opacidad, de no estar realmente presente. La ilusión de la independencia surge como una sensación de separación. La sensación de ser uno surge como una sensación de incompletud o insatisfacción. Juntas, estas tres cualidades oscurecen el misterio de ser.

El sentido del "yo" hace dos cosas: interpreta lo que surge en la experiencia para amoldarlo a sus proyecciones, y presenta las interpretaciones como la forma en que son las cosas, en lugar de como meras interpretaciones.

Puesto que las acciones de un patrón se basan en proyecciones, las acciones finalmente van en contra de lo que en realidad está sucediendo y surgen problemas. La obsesión con nuestra idea de lo que somos y quienes somos hace que ignoremos los problemas o los avisos de los problemas. Por ejemplo, una persona asciende a un puesto de liderazgo en una organización debido a una notable capacidad para conectarse con la gente e involucrarlos en los asuntos de la organización. Debido al incremento de sus responsabilidades como líder, se le exige asumir posturas claras sobre temas clave, pero el patrón que le hace necesitar conexión lo obliga a evitar contrariar a la gente. Aunque establece estándares y objetivos, la gente no los cumple sistemáticamente porque, con su estilo de liderazgo, el incumplimiento no tiene consecuencias. La organización comienza a tener problemas. Ahora, a los ojos de los demás, resulta poco confiable e irresponsable: cambia de parecer y es incapaz de mantener un curso de acción definido en situaciones difíciles. Con el tiempo, las percepciones de desconfianza y falta de fiabilidad pesan más que su capacidad de conectar. Pierde la confianza y el respeto de los demás y se vuelve ineficiente.

Hay mecanismos similares que funcionan en todos los patrones, así que cuando encuentres dificultades en tu vida, tómalas como un indicio de que la obsesión con el sentido del "yo" está en funcionamiento. Usa esta frase:

Esto es lo que querías.
Esto es para lo que vives.

En el ejemplo anterior, la falta de dirección en la organización es exactamente lo que el patrón produce. El patrón funciona para degradar la atención siempre que surja la posibilidad de conflicto. La persona, que funciona bajo el imperativo del patrón, gasta energía para conectarse con la gente y hacer que se sientan bien. El imperativo del patrón aquí es: «No puedo confrontar, debo complacer a los demás». El patrón vive para esto.

El sentido del "yo" tiene nociones muy específicas de cómo se supone que sean las cosas e ignora cómo son realmente. La frase brinda atención al mundo creado por el patrón. Cuando ves las contradicciones inevitables entre lo que genera el patrón y lo que requiere la situación, socavas la arrogancia asociada con el sentido del "yo" y cortas la obsesión.

En muchas discusiones sobre las prácticas de compasión, encontramos la frase:

Todos los seres sensibles quieren ser felices,
Pero todo lo que crean es sufrimiento.

En una primera lectura, solemos entender que estas líneas quieren decir que los seres sensibles quieren ser felices, pero siguen haciendo las cosas equivocadas, así que terminan sufriendo. Todos conocemos formas en que nosotros (y otros) hemos creado sufrimiento tratando de obtener algo que era inasequible o intentando mantener algo cuyo momento había pasado.

Una lectura más profunda, sin embargo, sugiere que el esfuerzo de ser feliz es en sí la razón por la cual sufrimos. Como señala Uchiyama Roshi en *Refining Your Life* (Refinar tu vida), cuando buscas la felicidad, supones que eres infeliz.

Lo que haces, como actúas, depende en gran medida de cómo ves el mundo. Puedes ver el mundo de varias maneras —a través de diferentes lentes, por así decirlo—, pero rápidamente olvidas que estás mirando a través de un lente. Te duermes; caes en un sueño inducido por el lente a través del cual estás mirando, y tomas lo que ves como realidad en lugar de como la interpretación que es.

Cuando el lente a través del cual miras el mundo está formado por el supuesto de que no eres feliz, entonces todo lo que experimentas a través de ese lente necesariamente refuerza el sentimiento de que eres infeliz. Tu búsqueda de la felicidad será inútil.

El entrenamiento de la mente refina tu experiencia de vida consumiendo las proyecciones emocionales. En consecuencia, la práctica del entrenamiento de la mente se siente como un suicidio emocional y las instrucciones del entrenamiento de la mente son difíciles de aceptar. Como escribe Chekawa Yeshe Dorje en *Los siete puntos del entrenamiento de la mente*:

> *Abandona toda esperanza de resultados.*
>
> *No esperes agradecimiento.*

Otras instrucciones provenientes de la tradición del entrenamiento de la mente incluyen:

> *Si es mejor para mí estar enfermo,*
> *Ruego por la bendición de la enfermedad.*
>
> *Ahora que ha surgido este problema,*
> *Que me destruya completamente a «mí» y lo «mío».*

El entendimiento profundo fundamental del budismo es que el llamado "yo" es, de hecho, un patrón de percepción errónea. Estamos tan fuertemente identificados con el sentido del "yo", que no cuestionamos los pensamientos y sentimientos generados por él. Cuando miramos directamente lo que somos, no vemos nada. La frase: «Esto es lo que querías, esto es para lo que vives» nos hace conscientes de que nuestras reacciones ante las dificultades y problemas provienen de nuestra obsesión por ser algo o alguien. Cuando morimos a la creencia de que somos estas reacciones, hemos cortado el patrón del "yo".

CONDUCTA: LA ÉTICA DEL ENTRENAMIENTO DE LA MENTE

La verdadera comprensión conlleva el imperativo de manifestar lo que sabemos en acción y en la vida.

El propósito del entrenamiento de la mente es estabilizar la mente del despertar, refinando la forma en que percibimos y nos relacionamos con lo que surge en la experiencia. La mente del despertar (sánscrito: *bodhicitta*) es la intención de vivir despierto: despierto a la naturaleza de la experiencia (vacuidad) y presente en todo lo que surge en la experiencia (compasión). La mente del despertar es la unión de vacuidad y compasión. La ética del entrenamiento de la mente trata de cómo manifestar la unión de vacuidad y compasión en la vida.

Conocer la vacuidad significa que sabes directamente que la vida es solo lo que experimentas. Conocer la compasión significa prestar atención a todo lo que surge en la experiencia porque es lo único que sabes y que podrás saber. Puesto que el entrenamiento de la mente se enfoca en la expresión de la compasión, la consideración ética primordial es cómo prestar atención a lo que surge en la experiencia.

La ética del entrenamiento de la mente se resume en dos puntos clave que hay que evitar: rechazar a los demás y que la práctica se corrompa.

Rechazar a los demás

El primer propósito es no rechazar a los demás, que, en términos prácticos, significa dejar de ser desagradable. Entre más profundamente te entrenes en tomar y enviar, más claramente comprendes que el sufrimiento es sufrimiento, seas tú o alguien más quien lo experimenta. Naturalmente deseas que los otros no sufran. Con igual naturalidad, observas que una actitud desagradable hacia los demás no tiene cabida en tu vida. Tratar de aprovecharte de alguien, explayarte sobre sus defectos y fallas, guardar rencor, desquitarte por una descortesía, eludir las responsabilidades y tratar de beneficiarte de la desgracia ajena son ejemplos de una actitud desagradable.

Trae atención a los temas delicados.

¿Cuáles son los temas delicados en tu vida? Un colega que te irrita, un hijo adolescente rebelde, un vecino ruidoso y molesto. Cualquiera que sea la causa de la irritación, el dolor o el daño, aplica la técnica de tomar y enviar. Toma y ábrete a la experiencia hasta que puedas sentir la irritación, el dolor o el daño por lo que es, una sensación. Envía tu propia felicidad y bienestar comprendiendo que, cualquiera que sea el dolor o la dificultad, es solo una experiencia.

Cuando experimentamos dolor, la atención suele colapsar y solo reaccionamos. Lo único en que podemos pensar es en cómo detener el dolor. El dolor se convierte en el enemigo y tratamos de destruirlo o de destruir lo que, en nuestra confusión, pensamos que lo está causando. Matamos al mensajero, que puede ser un colega, un vecino, o incluso nuestro cónyuge o pareja. Practica tomar y enviar en el momento y deja de identificarte con las reacciones al dolor. Transforma el sufrimiento en atención y conciencia.

No busques dolor para sostener tu felicidad.

«Ojalá que fracase.» ¿Se ha cruzado por tu mente alguna vez esta clase de pensamiento? La esencia de la compasión es desear que los demás no sufran, pero cuando surgen situaciones en que te beneficiarás de la desgracia ajena, esperas que la desgracia suceda o incluso haces lo posible para provocarla.

En un retiro, hace muchos años, un actor una vez le preguntó a mi maestro, Kalu Rinpoche, cómo encarar las audiciones. «Como solo una persona puede obtener el papel», preguntó, «¿estoy provocando el sufrimiento de alguien más al competir?» Rinpoche contestó que, en realidad, la cuestión se reducía a la intención o motivación. «Si tu intención», dijo, «es vencer a la otra persona, entonces sí, estás intentando causarle dolor para tu propio beneficio. Pero si tu intención es hacer lo mejor que puedas como actor, entonces no estás buscando su dolor para tu felicidad.»

Una vez yo le pregunté a otro maestro tibetano sobre la eutanasia. «Este es un tema muy delicado», respondió. «Supón que escuchas un chirrido de frenos y un golpe seco. Sales de la casa y ves que tu perro fue atropellado por un auto. Tiene rota la columna, la cabeza aplastada y está gimiendo y retorciéndose de dolor. Vuelves a tu casa, tomas una pistola y disparas contra tu propio perro. ¿Qué tiene eso de malo? Pero si dudas durante un instante, todo cambia.»

No pongas la carga del caballo sobre un poni.

Esta instrucción se refiere a asumir responsabilidad personal por las dificultades de la propia vida. Lavar tus propios platos. La instrucción funciona a muchos niveles. Tienes que despedir a un empleado. No delegues el trabajo a otra persona. Habla tú mismo con el empleado. Esto es lo que te presenta la vida, así que encáralo y trae toda la atención a la cuestión. Si estuvieras en el lugar del empleado, ¿cómo querrías que tu jefe te lo comunicara? ¿Qué tipo de ayuda, asistencia o apoyo te gustaría recibir? ¿Qué indemnización te parecería justa y apropiada? ¿Qué puedes hacer, dentro o incluso fuera de las políticas de la empresa?

A un nivel muy diferente, supón que tienes dificultad para manejar tu propio enojo. En lugar de experimentarlo, pierdes los estribos con cualquiera que esté por ahí, ya sea que esa persona sea tu pareja, tu hijo, tu hermano o un amigo. Todos conocen esto de ti y los más cercanos tratan de no tomarse tus berrinches de forma personal, pero tú sigues poniendo la carga del caballo sobre un poni. Estás haciendo que experimenten tu enojo en lugar de experimentarlo tú y liberarlo en atención tú mismo.

No esperes al acecho.

Puesto que la venganza está siempre basada en el pasado, no en el presente, es totalmente contraria a la ética del entrenamiento de la mente. No puedes cobrar venganza sin quedar marcado por la acción. Entonces, cuando alguien te causa daño, enfócate en la herida como forma de recobrar el equilibrio, no como venganza. La venganza es el deseo de causar daño a otro, creyendo erróneamente que su dolor sanará el tuyo. Tómate un momento para recordar un incidente en el cual alguien te hizo daño, aun intencionalmente. Ahora imagina que te vengas de esa persona. ¿Qué motiva tu reacción: el enojo o la presencia? ¿Cómo te ayuda el dolor de esa persona con el tuyo? ¿Qué estás poniendo en funcionamiento dentro de ti deseándole dolor a esa persona? ¿En verdad quieres que esa dinámica funcione en ti? Ahora pregúntate: «¿Qué necesita suceder para que yo pueda soltar el dolor de esta herida y seguir adelante con mi vida?».

Práctica que se corrompe

El segundo punto clave es no prestar servicio al sueño, o bien, no permitir que los patrones habituales corrompan la práctica. Mantener la visión de ser un individuo realizado, tratar de impresionar a los demás con tus logros, anticipar cómo la práctica te convertirá en una mejor persona, y utilizar el entrenamiento de la mente para liberarte del malestar en lugar de experimentarlo directamente son todas corrupciones de la práctica del entrenamiento de la mente. La corrupción es un proceso progresivo. Las pequeñas concesiones con los patrones habituales hacen que las grandes concesiones sean más aceptables. Poco a poco, los patrones habituales se apoderan de tu práctica y de tu vida.

No reduzcas un dios a un demonio.

Uno de los peligros más comunes en el camino espiritual es desarrollar una identidad como practicante espiritual: «Soy una persona espiritual». Un maestro que conocí hace muchos años presentaba a sus estudiantes diciendo: «Esta es Juanita, es una gran meditadora» o «Este es Jaime, ha avanzado mucho en su práctica». Aquí hay algo profundamente erróneo. La práctica del budismo no trata de que seas un gran esto ni aquello, sino de estar tan completamente en armonía con lo que hay, que vas por la vida sin dejar huella, como un ave volando en el cielo.

En el entrenamiento de la mente, deliberadamente estás ofreciendo la victoria a los demás y aceptando la derrota para generar fricción con tus patrones habituales de egocentrismo y autoimportancia. Si le dices a la gente que estás deliberadamente aceptando la derrota, estropeas toda la iniciativa. Decirle a otra persona lo compasivo que eres no solo deja un mal sabor de boca, sino que es la antítesis de la verdadera compasión, la disposición de estar con el otro cuando él o ella esté sufriendo. Darle importancia a tu magnanimidad, empatía o paciencia solo pone de manifiesto que tu llamada compasión solo trata de mantener tu propia imagen. Has tomado un «dios», la práctica del entrenamiento de la mente, y lo has reducido a un «demonio», un medio a través del cual refuerzas un sentido de identidad.

Cambia tu actitud, pero compórtate naturalmente.

Otro de los peligros comunes es tratar de impresionar a los demás con tu práctica de entrenamiento de la mente. Montas un espectáculo al ofrecer a alguien el mejor asiento, esperar que les sirvan primero a los demás, o ceder la última palabra a otra persona. Tal conducta no solo es deplorable, sino que refuerza el patrón de ser especial. La conducta que proviene del entrenamiento de la mente es completamente natural y en absoluto forzada y, así, pasa inadvertida. Tengo un primo en Inglaterra, un dentista, que despliega esta virtud maravillosamente. Sin ninguna ostentación ni manipulación, se para en la puerta y te la detiene para que pases. Al principio no había notado este rasgo, pero a medida que observé su comportamiento, vi con qué naturalidad les cedía el paso a los demás, los hacía sentirse cómodos, sin esfuerzo ni maquinación de su parte. Si yo insistía en sostenerle la puerta a él, él simplemente entraba, sin ningún comentario ni ceremonia.

Trae la práctica del entrenamiento de la mente a la forma en que te mueves y hablas. Una persona que practica el entrenamiento de la mente es un buen oyente, un oyente activo, para usar una frase de moda, pero el acto de escuchar es completamente natural y no forzado. El entrenamiento de la mente es básicamente una práctica secreta, una práctica que haces sin que los demás lo sepan.

No vuelvas a la magia.

Esta instrucción se refiere a que no debes utilizar el entrenamiento de la mente para sentirte mejor. Mucha gente usa la meditación para descargar la tensión emocional de las situaciones difíciles, pero la intención del entrenamiento de la mente es otra. Cuando encuentras una situación desagradable, utiliza el entrenamiento de la mente para vivirla completamente, trayendo hacia ti el mismo tipo de situaciones desagradables de todos los seres en todas partes. No te sentirás mejor. ¡Te vas a sentir mucho peor! Y te vas a sentir cada vez peor hasta que te des cuenta de que una experiencia desagradable es solo una experiencia desagradable, no el fin del mundo. No utilices el entrenamiento de la mente para que las cosas mejoren.

Cualquiera de las dos experiencias que surja, ten paciencia.

El entrenamiento de la mente es una práctica muy dura. Aquí comienzas a relacionarte con la vida como experiencia: lo que experimentes es tu vida. A veces, lo que experimentas es muy desagradable, así que vives lo desagradable. Reconoce que es una experiencia y nada más. A veces, lo que vives es muy agradable, así que experimentas placer. Reconoce que es placer y nada más.

Cuando encuentras adversidad o situaciones desagradables, sueles pensar que algo salió mal. Empiezas a trabajar, a averiguar qué salió mal y a corregirlo si puedes. En particular, tiendes a trabajar más duro en la práctica espiritual cuando encuentras grandes dificultades y situaciones desagradables en tu vida. En el caso del entrenamiento de la mente, esto es esencialmente la corrupción de la práctica. Cuando surge la adversidad, utiliza el entrenamiento de la mente para experimentarla completamente. Utiliza el entrenamiento de la mente para consumir los patrones que tratan de resistirse o evitar lo que está surgiendo en la experiencia.

Por otro lado, cuando encuentras placer, te atribuyes el mérito y sientes que has hecho algo bien. Te sientes menos motivado en la práctica espiritual y tiendes a dormirte en la experiencia del placer. El entrenamiento de la mente conduce a que te relaciones con el placer exactamente de la misma forma en que te relacionas con la incomodidad: como experiencia. Cuando surge el placer, dáselo a los demás. Cuando surge la incomodidad, toma la incomodidad de los demás.

La tradición de Mahamudra se refiere a una etapa de la práctica cuando las circunstancias de la vida cambian notablemente. A veces el cambio es para mejorar; todo sale bien: tu trabajo mejora, prosperas, hay armonía en tu familia y en tu círculo de amigos, te vuelves famoso, respetado y apreciado. A esto se le llama *buena caída*. A veces, el cambio es para empeorar: te enfermas, pierdes tu empleo, tus amigos te abandonan, y la gente te considera poco confiable, estúpido o huraño. A esto se le llama *mala caída*. La razón por la cual algunas personas experimentan una buena caída y otras una mala caída es un misterio, pero la instrucción es la misma: ambos tipos de caída son tan solo experiencias. Irónicamente, quienes experimentan una mala caída suelen seguir progresando en su práctica y quienes experimentan una buena caída suelen dejar que su práctica se marchite.

Los principios éticos del entrenamiento de la mente nos proveen de una caja de resonancia para que tengamos claro lo que está sucediendo internamente. Pero para que el entrenamiento de la mente actúe como esa caja de resonancia, debemos tomar como absoluta nuestra propia intención de despertar a la compasión y la vacuidad.

LA MENTE DEL DESPERTAR

La intención del entrenamiento de la mente y de la práctica de tomar y enviar es refinar la totalidad del conocimiento y la experiencia.

Lo que somos —ser puro, conciencia vacía, naturaleza búdica— está oscurecido por la presencia de los patrones habituales de percepción, sentimiento y pensamiento. La práctica del entrenamiento de la mente toma el mineral en bruto de la conciencia y la experiencia y lo refina, eliminando progresivamente las impurezas que oscurecen la percepción y que desencadenan las reacciones. A medida que las impurezas se van eliminando, la conciencia abierta y directa se manifiesta cada vez más claramente. El sentido de separación creado por los patrones de percepción sujeto-objeto comienza a menguar y entramos en el misterio de ser.

A medida que el sentido de separación disminuye, sabemos lo que surge en la experiencia total y completamente. Nuestra relación con lo que experimentamos se equilibra, un movimiento que tiene dos aspectos: compasión y vacuidad.

La vacuidad se refiere a saber lo que es la experiencia: carente de base, abierta e indefinible. Con este conocimiento completo y certero, somos capaces de percibir el equilibrio y el desequilibrio con precisión.

Lo que hacemos no está basado en motivaciones personales ni en la necesidad de mantener un sentido del "yo". Más bien, todo lo que hacemos surge de la percepción directa de la dirección del presente. A este nivel, la compasión es la manifestación natural de la conciencia. La unidad de compasión y vacuidad es la mente del despertar.

El entrenamiento de la mente es el proceso por el cual nuestra experiencia habitual del mundo se convierte en la mente del despertar. La mente del despertar es intención, la intención de despertar a la forma en que son las cosas y la forma en que surgen. El corazón del budismo Mahayana es la generación y el cultivo de la mente del despertar, la cual tiene dos aspectos: despertar a lo que es aparentemente real y despertar a lo que es la realidad absoluta. El primero es la aspiración de despertar, de alcanzar la budeidad, para ayudar a los demás. El segundo es la comprensión directa de lo que es.

Cuando la intención se refina al grado de la mente del despertar, tu vida entera y tu experiencia de la vida cambian. Todo lo que haces, incluso comer y dormir, contribuye al despertar.

Cuando la mente del despertar surge, toda preocupación por mantener un sentido del "yo" separado del mundo que experimentamos se desploma. Sabemos que el sentido del "yo" es la fuente del sufrimiento. De esa comprensión surge, natural y poderosamente, la intención de trabajar para eliminar la base del sufrimiento dondequiera que ocurra. Esta intención se conoce, en el budismo tradicional, como el voto de la mente del despertar. La práctica de tomar y enviar es uno de los métodos más sencillos y a la vez más poderosos para revelar y refinar esta intención.

CAPÍTULO 9

La visión profunda y desmantelar la ilusión

Pasaba Nasrudín cerca de un pozo, cuando tuvo el impulso de mirar al interior. Era de noche y cuando se asomó al agua profunda, vio allí el reflejo de la luna.

—¡Debo salvar a la luna! —pensó el Mulá—. De lo contrario nunca entrará en menguante y el mes de ayuno de Ramadán jamás finalizará.

Encontró una cuerda, la arrojó al interior y le suplicó

—¡Sujétate con fuerza; sigue brillante; el socorro ha llegado!

La cuerda quedó atascada en una piedra dentro del pozo y Nasrudín hizo tanto esfuerzo como pudo. Tensándose hacia atrás, de pronto sintió como la soga se soltaba y él caía de espaldas. Mientras yacía allí, jadeando, vio a la luna en lo alto del cielo.

—Me alegro de haber sido útil —dijo Nasrudín—. Menos mal que pasaba por aquí, ¿verdad?

IDRIES SHAH
Las ocurrencias del increíble mulá Nasrudín

A principios de los años setenta, serví como traductor para un lama a quien habían invitado a dar enseñanzas en Whitehorse, al norte de Canadá. Llegamos al atardecer, conocimos a las personas conectadas con el centro y nos llevaron al hogar de nuestro anfitrión para pasar la noche. Aunque Whitehorse queda a unas trescientas millas al sur del Círculo Ártico, está suficientemente al norte como para que en el verano las noches no sean más oscuras que el crepúsculo.

A la mañana siguiente, el lama me llamó con cierta urgencia. Estaba claramente agitado. «Anoche no oscureció», dijo. «¿Qué está pasando?»

Valiéndome de naranjas y manzanas, le expliqué que la tierra es redonda, que orbita alrededor del sol y está inclinada sobre su eje, y demostré cómo el sol no se pone en el extremo norte. Murmuró que había oído algo acerca de cómo los occidentales veían el mundo como redondo cuando salió del Tíbet y había desechado la noción como una tontería. Ahora tomaba el tema en serio. Tenía que enfrentar el hecho de que su experiencia de noches sin oscuridad rebatía la visión del universo que había heredado de su cultura. Estuvo deprimido durante varios meses; la pérdida de su cosmología fue como una muerte para él.

Podríamos reírnos y decir que la gente que cree que la tierra es plana está equivocada y que no sabe nada, pero tan solo unos cientos de años atrás, todo el mundo en nuestra propia cultura no solo creía que el mundo era plano, sino que «sabía» que era plano. No podemos distinguir las creencias de los conocimientos excepto por la experiencia directa.

La inmensa inversión intelectual, emocional, psicológica y cultural en una cosmovisión hace que esta sea inmune a cualquier reto, excepto la experiencia directa. Aun la experiencia directa no siempre es suficiente. En nuestro interior, todos tenemos un poco de ese político que dice: «Ya he tomado una decisión; no me confundan con hechos».

La visión profunda (inglés: *insight*; tibetano: *lhag mthong*; sánscrito: *vipashyana*) es ver: ver clara y directamente. Es experiencia, experiencia tan directa y vívida que sabes y ya está. No es especulación, deducción, inferencia ni cualquier otra forma de entendimiento al cual se llega a través del intelecto. No es creencia: aferrarse a un concepto ni a una idea porque se ajusta a cómo quieres que sean las cosas a pesar de que haya evidencia que apunta a lo contrario.

La práctica de la visión profunda trata de morir, de morir al mundo definido por el funcionamiento de los patrones habituales, para que puedas ver. Requiere fe, la disposición de abrirse al misterio de ser según se revela en la experiencia directa.

Considera cómo se ve una familia a los ojos de un psicólogo, de un abogado, de un contador, de un médico, de un sociólogo, de un físico, de un historiador, de un padre o de un niño. Ninguna de las ideas de semejantes individuos es la familia. Lo que el psicólogo valora puede que lo ignore el abogado. Lo que es significativo y valioso para un padre puede considerarlo insensato o irrelevante el contador.

Interpretamos la experiencia a través de los sistemas de pensamiento y otras estructuras. Un padre interpreta su experiencia de la familia en función del bienestar y la prosperidad de sus hijos. El contador interpreta la experiencia de la familia en función del flujo de efectivo, los ahorros y las deudas. Las finanzas pintan una imagen de la familia. Las relaciones pintan otra. Tanto el contador como el padre toman sus imágenes como la manera en que son las cosas. En cada caso, la imagen presentada por la estructura se toma como real. El padre presta atención a las relaciones y al crecimiento y desarrollo de sus hijos. El contador presta atención al ingreso y los gastos.

El padre, limitado por su preocupación sobre las relaciones, podría no ver la amenaza que para la familia implica gastar excesivamente. El contador, enfocado en el dinero, tal vez no vea el daño potencial que un presupuesto austero podría provocar en las relaciones familiares. Ambos están preocupados por sacar adelante a la familia, pero el apego a sus respectivas interpretaciones limita su eficacia. Ninguno de los dos ve lo que, de hecho, está allí. La familia es lo que es y no puede definirse como esto ni aquello.

Con frecuencia, no apreciamos cómo las estructuras y las creencias limitan lo que vemos y valoramos. Las estructuras se desarrollan por buenas razones; el dinero, por ejemplo, se inventó originalmente para facilitar el comercio y el intercambio de trabajo y material. Con el tiempo, se desarrollaron estructuras financieras complejas. En el marco de estas estructuras, el dinero es lo único que importa (porque es lo único de lo que se encargan). Sucede algo sutil pero muy importante; nos olvidamos de que estamos mirando una imagen y tomamos la imagen que el dinero presenta como lo que es real. Creemos que el dinero es todo lo que cuenta. ¡Creemos que el dinero define el valor! Al creer esto, caemos bajo el hechizo de la estructura financiera y perdemos la conexión con otras facetas de la vida.

Por supuesto que el dinero es solamente un ejemplo de un sistema que entreteje un encantamiento. La ciencia es otro sistema que se justifica a sí mismo, arguyendo que es la verdad absoluta, única e indiscutible. Es otro conjunto de creencias y solo parece ser experiencia directa para quienes creen en él. El que la gente moderna insista en que sus suposiciones —la redondez de la tierra, el capitalismo, la democracia representativa— son realidades verdaderas y no creencias, sólo confirma que son creencias. Otros sistemas incluyen el derecho, la medicina, la salud emocional, la expresión artística, los valores familiares, las relaciones y la dualidad sujeto-objeto.

Cada sistema nos presenta una imagen del mundo de la experiencia. Cada imagen tiene el propósito específico de retratar la experiencia de una manera que conserva el funcionamiento del sistema. A los aspectos de la experiencia que son relevantes para el funcionamiento del sistema se les asignan valores según el grado en que posibilitan el sistema. A todo lo demás se le asigna el valor cero en la imagen. El sistema económico, por ejemplo, asigna el valor cero a las actividades que no generan ingreso, así que el cuidado infantil por el cual se paga está más valorado que la buena paternidad. Un sistema niega la existencia de los aspectos de la vida que es incapaz de representar en su imagen, tal como hasta hace poco, la ciencia médica negaba la existencia del poder del cuidado amoroso en la sanación. La utilidad de un sistema nos adormece haciéndonos depender de él y terminamos creyendo que la imagen que el sistema representa es la realidad.

La visión profunda desmantela la ilusión de que la imagen presentada por una estructura es lo que es real. Cuando practicas la visión profunda, la imagen se percibe como una imagen. Se ve que la imagen tiene esquemas específicos asociados a ella: el esquema del dinero, el esquema de las relaciones, el esquema de la separación sujeto-objeto.

Estos esquemas podrían ser contrarios a tu intención en la vida. No puedes encontrar amistades significativas cuando tu mundo está definido por el dinero. Tampoco puedes experimentar el misterio de ser cuando tu mundo está definido por la dualidad sujeto-objeto.

LA VISIÓN PROFUNDA Y LA MUERTE

La práctica de la visión profunda tiene dos componentes esenciales: morir al mundo de las creencias y las instrucciones de señalamiento. En la historia del lama al comienzo de este capítulo, la experiencia directa de la noche sin oscuridad provocó que muriera al mundo de sus creencias. La explicación de la tierra inclinada sobre su eje y orbitando alrededor del sol fue, en cierto modo, una instrucción de señalamiento: señalaba cómo se ven las cosas en un contexto científico.

Primero mueres. Luego ves. No puedes ver antes de morir porque los patrones nublan el ver. La práctica de la visión profunda es, por su naturaleza, frustrante, desafiante y atemorizante.

Un hombre busca el sombrero que trae puesto. Sabe que tiene un sombrero, pero no puede recordar dónde lo puso. Un amigo le dice: «Está sobre tu cabeza».

«No» dice. «Lo dejé en alguna parte». Su amigo se le acerca, pero él lo hace a un lado diciendo: «Solo déjame buscarlo». Esta es la primera etapa de morir: la negación.

Registra la habitación, abriendo armarios y cajones, volcando los muebles, incluso mirando bajo la alfombra. Frustrado por su incapacidad para encontrar su sombrero, se irrita cada vez más. Ésta es la segunda etapa de morir: el enojo.

Busca en todas partes, pero sigue sin encontrarlo. Comienza a hablar consigo mismo: «De ahora en adelante, lo guardaré siempre en el armario. Mantendré todo limpio y ordenado». Esta es la tercera etapa de morir: la negociación.

Finalmente, cae en la desesperación. No sabe qué hacer. Se rinde, se sienta y fija la mirada en el espacio. Esta es la cuarta etapa: la depresión.

Su amigo le pregunta: «¿Quieres que te ayude?».

«Sí», le contesta. «No sé dónde está». Esta es la quinta etapa: la aceptación.

Entonces su amigo le da un golpe ligero en la cabeza y dice: «¿Qué es esto?». Esta es la instrucción de señalamiento.

«¡Mi sombrero, mi sombrero! ¡Encontré mi sombrero!» grita. «¿Por qué no me lo dijiste antes?».

No morimos de buena gana. Entre más involucrados estemos en los mundos proyectados por los patrones, más fuertes serán la negación, el enojo, la negociación y la desesperación de la depresión. La práctica de la visión profunda es inherentemente frustrante porque al principio estás mirando para ver dónde no te es posible ver: más allá del mundo de los patrones.

Otra manera de considerar la práctica de la visión profunda es ver que el proceso tiene tres etapas: la conmoción, la desorganización y la reorganización.

La primera etapa comienza cuando ves más allá de la ilusión. Experimentas una conmoción. Reaccionas negando que viste lo que viste diciendo, en efecto: «Eso no tiene sentido. Simplemente lo olvidaré». Desafortunadamente, o afortunadamente, tu experiencia de ver no se puede negar tan fácilmente. Es demasiado vívida, demasiado real, para ignorarla. Ahora te enojas porque la ilusión en la cual has vivido se ha hecho trizas. Sabes que no puedes volver atrás, pero tampoco quieres seguir adelante. Sigues aferrado al mundo de los patrones. Te sientes ansioso y la ansiedad se va convirtiendo en tristeza. Ahora sabes que tienes que ir hacia adelante. Experimentas el dolor de separarte de lo que entendías, al igual que el lama en el ejemplo anterior experimentó dolor ante la pérdida de su cosmovisión.

Entonces entras en un período de desorganización. Te retraes, te vuelves apático, pierdes tu energía de vida, te inquietas y rechazas sistemáticamente nuevas posibilidades o direcciones. Te rindes ante los cambios que se van dando, pero no haces nada para seguir adelante. Un riesgo grande en esta etapa es que permanezcas en un estado de desorganización. Te aferras a un aspecto del viejo mundo. Los padres que han perdido un hijo en un accidente o en actos violentos, por ejemplo, tienen gran dificultad para desaferrarse; quizás mantengan la habitación del niño tal como estaba. Sus perspectivas y expectativas de la vida se han destrozado y, comprensiblemente, se aferran a los trozos que quedan. Podrían permanecer en la etapa de desorganización durante un largo tiempo.

La tercera etapa de la visión profunda es la reorganización. Experimentas un cambio y sueltas el viejo mundo, aun lo poco que quedaba. Aceptas el mundo que ves con tus nuevos ojos. Lo que antes se veía como absoluto y real ahora se ve de manera diferente. Las antiguas estructuras, creencias y conductas ya no se sostienen y accedes a una nueva vida.

GUÍAS PARA LA PRÁCTICA

Al comienzo, la práctica de la visión profunda es muy confusa. Sientes como si estuvieras mirando a la nada y no tienes idea de lo que estás haciendo. Es probable que te hayas sentido así en otras prácticas, pero la práctica de la visión profunda amplifica estas sensaciones considerablemente. Durante mi entrenamiento en el retiro, todo nuestro grupo pasó un mes tranquilo y agradable cultivando la atención en preparación para la visión profunda. Entonces, recibimos instrucciones para la visión profunda y todos nos sentimos como si hubieran explotado bombas en nuestro interior.

Un mes, dicho sea de paso, no es un período de preparación muy largo. A Rangjung Dorje, un maestro tibetano, se le requirió que cultivara la atención estable día y noche durante tres años antes de que su maestro le diera instrucción sobre la visión profunda. La atención estable es muy importante. La mayoría de las dificultades en la visión profunda provienen de no tener una atención fuerte y estable.

Para la práctica de la visión profunda, haz tus sesiones de práctica formal durante un mínimo cuarenta y cinco minutos. Los primeros cinco a diez minutos descansa en la respiración, dejando que el nivel superficial de actividad y tensión se disipe.

Luego, dedica otros diez minutos a hacer la práctica de la transformación de la energía que se describe en las instrucciones. Puesto que la visión profunda trata de ver más allá de las limitaciones de los patrones, necesitas un nivel de energía en atención más alto que el nivel de energía en los patrones. La práctica de la transformación de la energía aumenta el nivel de energía en tu atención. Mientras que descansar en la respiración estabiliza la atención, la práctica de la transformación de la energía la fortalece.

Luego, pasa de veinte a treinta minutos trabajando con la visión profunda. Una regla fundamental para la práctica de la visión profunda es: «Trabaja desde una base de atención estable y clara». Cuando observes la naturaleza de la experiencia o la naturaleza de la mente, caerás en la confusión una y otra vez. Los pensamientos y las sensaciones harán erupción dentro de ti, o caerás en estados de la mente densos y opacos. Te sentirás como si no pudieras meditar en absoluto.

No puedes practicar la visión profunda si tu mente está llena de pensamientos o si está densa y opaca. Sería como intentar ver tu reflejo en un estanque agitado por un viento fuerte o en un estanque lleno de lodo. Restablece una atención clara y estable, soltando el ver y volviendo a enfocar la atención en la respiración. Entonces, vuelve a mirar.

Un amigo trabajaba una vez en un equipo que tendía un oleoducto en el norte de California. Durante varias semanas, trabajaron en un valle lejos de cualquier ciudad o carretera. Al cabo de unos días, notaron que un hombre trepaba una de las colinas todos los días casi a la misma hora. A mitad de trayecto, se sentaba de cara al extenso valle; se sentaba inmóvil, durante varias horas, luego bajaba de la colina. Repetía el mismo ritual día tras día. Durante uno de los descansos para almorzar, el equipo subió a la colina y se acercó al hombre. «Vienes hasta aquí todos los días», dijo uno de los trabajadores. «¿Qué es lo que ves?»

El hombre contestó: «Miro. Cuando sepa cómo mirar, entonces quizá pueda ver».

El proceso de mirar conlleva tres pasos: agotar la experiencia, cortar la raíz y descansar en ver. Cada uno de los ejercicios de meditación está dividido en tres secciones para que quede claro que se está agotando, cómo dirigir la atención para cortar la raíz, y cómo descansar.

Las prácticas de la visión profunda que se ofrecen aquí utilizan preguntas acerca de la naturaleza de la mente tales como: «¿Qué es la mente?». Podrías elaborar respuestas lógicas o filosóficas, pero a efectos de desarrollar la visión profunda, tales respuestas son menos que inútiles; refuerzan tu dependencia de los procesos intelectuales. La conciencia, no el intelecto, ve la naturaleza de la mente; no es posible alcanzarla con el pensamiento.

Usa la pregunta para dirigir la atención a la mente o a la experiencia. Mantén la pregunta. La atención se forma y comienza a penetrar las estructuras habituales del pensamiento y la experiencia. Se desencadenan patrones reactivos. Surgen pensamientos, sentimientos y confusión. Mantén la pregunta de cara a los mecanismos reactivos. La atención penetra gradualmente en los patrones y puedes mirar más profundamente y durante períodos más largos. El ver suele surgir tan pronto como se penetran los patrones. Si esto no sucede, entonces necesitas cortar la raíz de experiencia. ¿Cómo saber si has experimentado el ver? Por lo general, lo sabrás, pero deberías comprobarlo con tu maestro.

Cortar la raíz significa volver la atención hacia aquello que está manteniendo la pregunta. Al mantener la pregunta, disuelves la influencia confusa de los patrones. La pregunta mantiene tu atención y los patrones reactivos no pueden funcionar. Sin embargo, el patrón de fijación sujeto-objeto permanece y te impide experimentar la naturaleza de la mente. Vuelve a enfocar la atención en aquello que está mirando, lo que está manteniendo la pregunta. Redirigir la atención rompe la fijación sujeto-objeto, y ahora puede surgir el ver.

En cierto momento, la pregunta y el mirar se disuelven en la nada. Sientes como si el mirar se acabara de desplomar. Ahora ves. Descansa ahí mismo; descansa en el ver. No hagas más esfuerzo. Al comienzo, el ver durará solo un corto tiempo, quizás uno o dos segundos nada más.

Regresa al paso de mantener la pregunta y cortar la raíz. Si te sientes confundido por la opacidad o la agitación, deja de hacer esfuerzos por mantener la pregunta y restablece una base de atención. La práctica de la visión profunda se hace mejor durante períodos cortos de gran intensidad.

Durante los últimos cinco o diez minutos, solo relájate y descansa. Siéntate con tu mente abierta y clara. Permite que la energía y el esfuerzo se dispersen. Entonces sigue con tu día.

Practica la transformación de la energía durante períodos cortos a lo largo del día. Al mismo tiempo, considera toda experiencia, interna y externa, como un sueño. Cada vez que puedas, detente y observa lo que estás experimentando, haciéndote la pregunta: «¿Qué es esto?». El esfuerzo mantiene la práctica viva en ti e interrumpe el funcionamiento habitual.

A lo largo de la práctica de la visión profunda, la interacción continua con un maestro es muy importante; los escollos son numerosos. Los estados de la mente muy quietos o muy claros se confunden fácilmente con experiencias de ver la naturaleza de la mente. Las experiencias intrascendentes frecuentemente se toman como descubrimientos importantes. También puedes quedar atrapado en ciertos estados de la mente y perder la intención de ver. Un maestro capaz y experimentado es, con frecuencia, la única protección contra estos escollos.

En la visión profunda, estás tratando de ver lo que no puedes ver. Un maestro te muestra cómo y dónde mirar. Puesto que tienes que morir a tu manera acostumbrada de mirar las cosas, necesitas a alguien que mantenga la posibilidad de moverte a través de la muerte. Para morir, tienes que soltar, así que necesitas a alguien que inspire la credibilidad y confianza que necesitas para permanecer en el miedo y soltar.

La práctica de la visión profunda está totalmente basada en el surgir de la experiencia directa. No estás tratando de introducir una comprensión como en muchas de las meditaciones anteriores. Algunas personas avanzan muy rápidamente en la visión profunda y entonces se dirigen a la práctica de la presencia (ver capítulo 10). Otras trabajan larga y duramente antes de ver la naturaleza de la mente. Si no te puedes conectar con la práctica de la visión profunda, necesitas trabajar en las meditaciones anteriores con mayor profundidad. Una vez que tengas una experiencia directa de la naturaleza de la mente, también regresa a las meditaciones anteriores, pero de manera diferente, como se describe en el siguiente capítulo.

Meditación: Revelar la visión profunda

FUNDAMENTO: ATENCIÓN Y ENERGÍA

Base de atención

Descansa la atención en la respiración durante unos minutos al comienzo de cada sesión hasta que la atención se estabilice.

Práctica de éxtasis: Elevar el nivel de energía

Elevar el nivel de energía consta de cuatro pasos: marco, campo, expansión y descanso. Se llama práctica de éxtasis porque experimentas un cambio placentero en la energía a medida que te abres a la experiencia. La práctica transforma la energía de la experiencia en atención. Practica esta técnica de éxtasis tanto en las sesiones formales como durante el día.

Comienza con la experiencia sensorial. Siéntate frente a una ventana o una puerta abierta. El marco de la ventana o de la puerta es el *marco*. Deja que tu mirada descanse en la ventana hasta que puedas ver todo el cuadro a la vez. Este paso establece el marco.

Ábrete a todo el campo definido por el marco. El *campo* es todo lo que está dentro del marco en tu campo visual, sin importar a qué distancia esté de ti.

Al principio, tus ojos elegirán un objeto en el campo y tu atención se perderá en ese objeto. Tan pronto como notes que estás mirando solamente una parte del campo, *expande* desde ese objeto hacia todo el campo nuevamente. En la práctica de éxtasis, el colapso de la atención sobre un objeto es análogo a distraerse por un pensamiento en la meditación de la respiración.

Pronto serás capaz de ver todo en el marco simultáneamente y sentirás un cambio. *Descansa* en el cambio. Te relajas y una sensación agradable permea tu cuerpo y mente. La diferenciación sujeto-objeto se atenúa.

Primero trabaja con un marco bien definido, uno que sea suficientemente pequeño como para que efectivamente puedas abrirte a todo el campo. Luego, extiende tu práctica utilizando marcos cada vez más grandes, hasta que puedas utilizar los límites físicos de tu campo visual como el marco.

Durante el día, practica esta transformación de energía cuando salgas a caminar, vayas de compras o tomes un descanso en tu trabajo. Los centros comerciales son buenos lugares para practicar porque están llenos de objetos visuales y las paredes y los techos proporcionan marcos naturales. Siéntate frente a una cascada hasta que puedas ver cada gota de agua a medida que cae. Mira un árbol, utilizando el contorno del árbol como un marco, hasta que puedas ver cada hoja y cada rama al mismo tiempo. Mira el césped y ve cada brizna de hierba al mismo tiempo.

Una vez que adquieras un sentido del cambio en la energía a través del trabajo visual, trabaja con los otros sentidos. Durante el día, escucha una pieza musical, oyendo cada instrumento al mismo tiempo. Cada vez que tu atención se dirija hacia un instrumento o una melodía, expande para incluir toda la música y cada instrumento. Escucha de la misma manera cuando la gente habla.

Extiende la práctica al sentido del tacto de manera que seas consciente de toda la ropa que llevas puesta, de dónde estás sentado, y de cualquier rigidez o tensión en tus músculos, todo al mismo tiempo. Luego incluye el gusto y el olfato también.

Finalmente, incluye los pensamientos y los sentimientos, hasta que puedas abrirte a todo lo que surge en el momento, interna y externamente, y experimentarlo todo simultáneamente. Este paso extiende la práctica a las sensaciones emocionales y transforma la energía de toda la experiencia en atención.

Está demás decir que no harás todo esto en tu primera sesión. Con el tiempo, sin embargo, te volverás más apto en la práctica y podrás abrirte cada vez más.

En tus sesiones de meditación formal, dedica diez minutos a esta práctica, descansando en la experiencia abierta y transformando la energía en atención. Ahora estás listo para mirar.

VISIÓN PROFUNDA: LA PRÁCTICA PRINCIPAL

Las apariencias son mente: La vida no es más que un sueño.

Agotar la experiencia

Toma un objeto cualquiera —un libro, una flor o una piedra— y míralo.

¿Cuál es tu experiencia? Dices: «Veo un libro». Cierto, pero ¿qué experimentas? *Libro* es una etiqueta que aplicas a tu experiencia. ¿Cuál es tu experiencia? Un rectángulo rojo. Cierto, pero otra vez estás etiquetando tu experiencia. El libro puede aparecer como un rectángulo, un cuadrado o un paralelogramo, dependiendo de dónde estés ubicado. De la misma manera, el color depende de la luz que haya, cómo se filtra dentro de la habitación y si estás utilizando gafas de sol. Nuevamente, ¿cuál es tu experiencia? Ver es también una etiqueta. ¿Qué es eso?

Cada vez que respondes a la pregunta, advierte la etiqueta y regresa a tu experiencia. Sigue viendo, más allá de las etiquetas, la verdadera experiencia de ver el libro: una apariencia de forma y color.

¿Dónde tiene lugar esta experiencia escueta de forma y color? ¿Tiene lugar en el libro? Probablemente no, porque tú estás teniendo la experiencia. ¿Tiene lugar en ti? Bueno, no, la forma y el color parecen estar fuera de ti. ¿En medio? Tampoco parece ser así. Continúa mirando la experiencia, preguntándote una y otra vez: «¿Qué es?».

Puedes hacer esta meditación con sonido: un grifo que gotea, el ruido del tráfico, o música. La música polifónica nítida (como los *Conciertos de Brandeburgo* de Bach) escuchada a través de auriculares es muy eficaz.

¿Dónde está el sonido? Usa la pregunta para dirigir la atención. El

> Nada es como parece, pero todo es exactamente como es.
>
> —*Yogi Berra*

razonamiento, la deducción y la inferencia son todos pensamientos distractores. Mira con tu mente para ver dónde está el sonido. Con unos buenos auriculares, tienes la impresión de que algunos instrumentos están a tu izquierda y otros a tu derecha. ¿Dónde está el sonido en realidad? ¿Dónde se experimenta? Continúa haciendo preguntas para dirigir tu atención a la experiencia en sí; ¿qué es?

Llegarás a un lugar donde no hay palabras. Con el libro, llegas a un lugar donde la apariencia de forma roja surge, no en ti, no fuera de ti, solo allí. Con la música, llegarás a un lugar donde el sonido, la música, está simplemente allí.

Practica no etiquetar hasta que puedas mantener la atención en la experiencia sensorial misma.

Cortar la raíz

Ahora plantea la pregunta: «¿Qué está experimentando esto?». Mantén en atención la experiencia: el color y la forma del libro, y el ver. Observa lo que está experimentando esto.

Si empiezas a pensar o a preguntarte acerca de qué es lo que experimenta, has perdido atención. Relájate, vuelve a la experiencia pura y nuevamente pregunta: «¿Qué está experimentando esto?».

En determinado momento, experimentas un cambio extraño. El marco habitual de percepción sujeto-objeto se derrumba durante un instante y ¡ves que lo que surge como experiencia es tu mente!

Estás despejado, despierto y presente y, tal vez, algo asombrado y perplejo. El cambio es hacia un ver diferente, en el cual las apariencias, es decir, lo que surge en la experiencia, y la mente, es decir, el acto mismo de experimentar, no están separados.

Descansar

Descansa en este ver. Al principio, durará tan solo un momento. Cuando se desvanezca, no intentes recuperarlo. En cambio, repite el proceso completo. Mira el objeto, pasa a través de todas las etiquetas hasta que la experiencia del objeto surja como experiencia pura, y corta la raíz preguntando: «¿Qué está experimentando esto?», y nuevamente, descansa en el ver.

Cuando tu ver cambie, descansa en el ver. No hagas nada más. Si sigues haciendo preguntas en ese momento, darás vueltas de manera confusa y sin sentido, como un perro que persigue su propia cola.

Gradualmente, descansarás en el ver durante períodos más largos, rompiendo la ilusión de que el sujeto y el objeto son independientes y están separados.

Recuerda la instrucción: «Considera todo como un sueño». Ahora, quizás, la instrucción tenga más sentido. Las apariencias surgen en la experiencia. Lo que surge en la experiencia no está separado de aquello que experimenta, a lo que llamamos «tu mente», tal como en un sueño, lo que surge en el sueño no está separado de la mente que está soñando.

La mente es vacía: Examinar la naturaleza de la conciencia no nacida

Agotar la experiencia

Descansa con tu mente abierta y clara. Permite que tu mente descanse y observa la mente que descansa. ¿Qué es la mente que descansa? Comienzas a pensar: «¿Qué es mente? Bueno, es la fuente de la experiencia; es lo que soy; controla todo». Tales pensamientos son distracciones que te alejan de observar. Tan solo haz la pregunta: «¿Qué es esto, la mente que descansa?» y mira. Mira y descansa en el mirar. No ves nada. Caes en la confusión y te preguntas si estás haciendo la práctica correctamente. Tu mente se vuelve densa y opaca. ¡Despierta! Regresa a la mente clara y abierta que descansa. Restablece una base de atención. Entonces vuelve a preguntar: «¿Qué es esta mente que descansa?». Mira y descansa en el mirar.

¿Cómo es la mente que descansa? ¿Tiene color o forma? ¿Se ubica en algún lugar? Podrías pensar que estas preguntas no tienen sentido, pero mira de todos modos. Aunque intelectualmente sabemos que la mente no tiene forma ni color, aun así, nos aferramos emocionalmente a la noción de que la mente es una cosa. La pregunta dirige tu atención hacia la mente y aunque no ves ninguna cosa, lo importante es mirar. Sigue mirando.

> No pienses; solo mira.
>
> —*Wittgenstein*

Ahora mira un objeto, una flor o un libro. Mira tu mente a medida que surge la experiencia sensorial. ¿Cambia algo? ¿Qué cambia? ¿Cómo es diferente la mente que experimenta una flor de la mente que descansa? Otra vez, no ves nada. No importa, sigue mirando.

Permite que un pensamiento o sensación flote a la superficie. Ahora tu mente se está moviendo. ¿Qué es la mente que se mueve? ¿Qué se mueve? Surgen las mismas reacciones de especulación y confusión. Suéltalas, regresa a una base de atención, permite que salga a flote otro pensamiento o sensación, haz la pregunta y mira otra vez.

Cortar la raíz

La conciencia despierta funciona tanto en la mente que descansa como en la mente que se mueve. Tú sabes cuando tu mente está descansando, y sabes cuando se está moviendo. Sabes cuando estás experimentando una flor y cuando no lo estás.

¿Qué sabe? Mira eso. Vuelves a caer en el pensar o en la confusión. Se te ocurrirán muchas ideas: nada nace, nada muere; todo es vacío; no hay nadie en casa. No confundas estas ideas con la comprensión directa.

Nuevamente, establece una base de atención y entonces comienza todo el proceso otra vez.

Mira una y otra vez aquello que está consciente. No ves nada. Continúa mirando. Cada vez que surja alguna idea de que la mente es esto o aquello, mira otra vez. No ves nada. Sigue mirando.

En algún momento, vuelves a sentir un cambio y no *ves* nada.

> —Solo mira a lo largo del camino y dime si puedes ver a alguno de ellos.
> —No veo a nadie en el camino —dijo Alicia.
> —Ojalá tuviera ojos como esos —comentó el Rey en tono irritado—. ¡Ser capaz de ver a Nadie! ¡Y a esa distancia, además! ¡Vaya, yo, cuando mucho, puedo ver a personas reales, con esta luz!
>
> —*Lewis Carroll*

Descansar

Descansa en el ver. Practica esta etapa hasta que puedas descansar despierto y con claridad en ese ver nada. Esta etapa es particularmente frustrante porque sigues regresando a ninguna cosa. Quieres decir: «Está bien. Lo entiendo», pero eso no es suficiente. Tienes que seguir volviendo y mirando hasta que todo en ti se agote, todos los viejos hábitos, todos los deseos de una realidad definida, todas las maneras sutiles en las que te aferras a un sentido del yo.

La vacuidad es presencia natural:
Suelta la comprensión, también

Agotar la experiencia

La naturaleza de la mente tiene tres cualidades. Es vacía, clara e incesante. Mira cada una de ellas y su relación entre sí.

La vacuidad de la mente es la cualidad de «no hay nada ahí». Miras la mente y no ves nada, así que dices: «La mente está vacía». ¿Qué es lo que dice «La mente está vacía»? Mira eso.

La claridad de la mente es la capacidad de ser consciente. La mente no es tan solo vacuidad en blanco, como el espacio dentro de una caja. Eres consciente, así que dices: «Soy consciente». Mira aquello que es consciente. ¿Qué es eso?

La experiencia-conciencia surge incesantemente. Siempre está surgiendo, ya sea el denso sopor del sueño, la mente brillante y despierta de la visión profunda, la confusión de la reacción, la riqueza de la experiencia emocional y sensorial, la complejidad del intelecto, o la paz y tranquilidad de una noche en casa. ¿Qué es lo que experimenta todo? Mira eso.

Mira la claridad y la vacuidad. ¿Son iguales o son distintas? ¿Qué sucede con la claridad y lo incesante, con la vacuidad y lo incesante?

Cortar la raíz

A medida que practicas, surgirán ideas: «La mente es vacía» o «En la vacuidad nada es perjudicial ni útil» o «La mente es claridad total». Mira directo la idea, concepto, o pensamiento y córtalo con atención.

Corta cualquier concepto, incluso el que dice que las cualidades de la naturaleza de la mente existen por derecho propio. Corta cualquier concepto de que tienes tal o cual entendimiento. Ambas tendencias restablecen el marco sujeto-objeto y te arrastran de vuelta a la habituación.

Descansar

Igual que antes, tan pronto como hayas cortado, descansa. Relájate y ábrete, permitiendo que la cualidad de presencia se abra en ti, como una flor que se abre bajo los cálidos rayos del sol.

Dado que la apariencia es mente y la vacuidad es mente,
Dado que la comprensión es mente y la ilusión es mente,
Dado que el surgimiento es mente y la cesación es mente,

La presencia natural es la libertad natural: Descansa en la naturaleza de las cosas

Esta es la culminación de la práctica, la práctica de la presencia: descansar en la naturaleza de las cosas.

Agotar la experiencia

Cuando te sientes a meditar, suelta todo. No caigas en la distracción. No trates de hacer que nada suceda. No trates de cultivar nada. Relaja y descansa, vívido, despierto y abierto.

Cortar la raíz

Cada vez que caigas en la distracción o que la claridad vívida se desvanezca, relájate y mira directamente aquello que experimentó la perturbación. Sea lo que sea que surja —ya sean pensamientos, emociones reactivas tales como el enojo o la avidez, emociones más elevadas tales como la ecuanimidad o la compasión, experiencias meditativas tales como el gozo, la claridad o la ausencia de pensamientos, incluso visiones o alucinaciones—, solo reconócelo y descansa en claridad.

Descansar

Descansa en el estado de solo reconocer la naturaleza de lo que sea que surge. Sin interferencias, la mente ordinaria es completamente vacía, vívidamente clara y totalmente abierta. Sin interferencias, la experiencia tan solo surge y se desvanece por sí sola.

Comentario

La visión profunda trata de la experiencia, no de filosofía. A lo largo de los siglos, varias escuelas del budismo han desarrollado poderosos y sofisticados argumentos para «probar» que la realidad externa no existe, que toda experiencia es vacía y que la naturaleza de la mente es claridad pura o vacuidad o algo igual de maravilloso e incomprensible. Para la práctica de la visión profunda, sin embargo, semejantes debates y pruebas son de escaso valor. En el mejor de los casos, dichos argumentos abren tu mente a nuevas posibilidades. En el peor de los casos, conducen a formas de creencia particularmente intransigentes.

Al leer las instrucciones y el comentario no digas: «Sí, eso es interesante». Usa estas instrucciones para examinar tu propia mente y ver cómo experimentas los pensamientos, los sentimientos y las sensaciones hasta que veas cómo son las cosas. Nada más importa.

Aumentar el nivel de energía

En la práctica de meditación, aumentamos el nivel de atención transformando la energía emocional en atención. Para la práctica de la visión profunda, ese nivel de energía debe ser más alto que el nivel de energía en el patrón de percepción sujeto-objeto.

Si practicas el método de éxtasis sistemáticamente, el nivel de energía en tu atención aumentará y tu práctica de la visión profunda será más fructífera. También estarás más presente y menos reactivo en tu vida cotidiana.

Las técnicas de transformación de la energía son básicamente prácticas avanzadas para emplearse cuando la intención en tu práctica es clara y estable y eres capaz de utilizar la atención para remediar cualquier problema que surja.

Hay un elemento de peligro inherente en todos los métodos de transformación de la energía. Las reacciones se desencadenan a medida que los niveles de energía más elevados penetran los patrones habituales. No hay manera de predecir qué patrones se desencadenarán ni cuál será la intensidad de las reacciones. Por consiguiente, el mejor camino es aprender los métodos para la transformación de la energía de una persona que tenga experiencia con ellos y que sepa cómo reconocer y remediar los efectos impredecibles de tales prácticas.

Cada tradición budista cuenta con un conjunto de prácticas que utiliza para transformar la energía. En la tradición Theravada del sudeste asiático, por ejemplo, se emplean los cuatro inconmensurables para potenciar estados de atención cada vez más elevados, conocidos como *jhanas* o absorciones meditativas.

Los estados refinados de la mente desarrollados en las absorciones meditativas pueden ser muy placenteros. Si estas prácticas se introducen demasiado pronto, los estudiantes corren el riesgo de desarrollar adicciones a tales estados. Debes tener en claro que la intención de la práctica es la presencia, no los estados extáticos de la mente.

En la tradición tibetana, las prácticas devocionales, especialmente la plegaria al maestro, se usan para transformar la energía. El poder de la fe, la disposición para abrirse al misterio de ser, se utiliza para transformar la energía de las emociones en atención. Se considera al maestro como la encarnación de la mente original. En algunas tradiciones, imaginas a tu maestro mismo y en otras tradiciones trabajas con un maestro simbólico. En cualquier caso, viertes energía emocional en la devoción, suplicándole al maestro por comprensión, visión profunda y otras cualidades. Entonces imaginas que la mente de tu maestro y tu mente se unen.

Esta es una práctica muy poderosa porque se basa en energías muy poderosas: la energía del respeto y el agradecimiento hacia tu maestro, la energía del amor y la conexión, la energía del anhelo espiritual y las energías que definen y mantienen un sentido separado de «yo». Todas estas energías se transforman en fe, que a su vez potencia la atención.

En la práctica de la devoción, se establece una relación profundamente emocional con el maestro. Lo ves como la fuente de todo lo que aprendes y comprendes. Si lees la biografía de Milarepa, por ejemplo, ves la total devoción que tenía por Marpa, su maestro. Sin embargo, si la práctica de la devoción se presenta demasiado pronto, los estudiantes proyectan sus patrones familiares en el maestro, reforzando los patrones de dependencia, pasividad o amor no correspondido. Para la práctica de la devoción, debes tener completamente en claro tu relación con el maestro y debes ser capaz de cortar las proyecciones familiares o de transformarlas a medida que surjan.

Otro método de transformación de la energía ampliamente utilizado es dirigir la atención hacia el cuerpo y transformar las energías del cuerpo usando visualizaciones y ejercicios especiales. Estos métodos son muy poderosos y deben aprenderse solo de un maestro, no a través de un libro.

El peligro de trabajar con las energías del cuerpo son los desequilibrios físicos y emocionales que pueden redundar en locura o muerte. Estás trabajando con las energías de las cuales tu cuerpo depende para su funcionamiento. Si eres capaz de acceder a la energía que mantiene tu corazón latiendo y tu atención divaga, tu corazón podría dejar de latir. Estas prácticas deben tomarse muy en serio.

El método de apertura de éxtasis ofrecido en las instrucciones previas de meditación es simple, poderoso y eficaz. En lo que a la energía se refiere, es también uno de los más seguros. Eleva la energía solo en la medida en que tengas la capacidad de atención para permanecer presente con cualquier reacción que se desencadene. Otras transformaciones de energía elevan notablemente el nivel de energía en tu sistema y podrían desencadenar reacciones que sobrepasan tu capacidad de atención. La energía intensificada fluye entonces hacia los patrones, reforzándolos en lugar de desmantelarlos.

A medida que aumenta el nivel de energía en tu sistema, podrías experimentar oleadas de emociones que no están relacionadas con lo que estás haciendo, sensaciones inexplicables o molestias y dolores, o repentinos incrementos de energía en partes de tu cuerpo. Generalmente, tales experiencias vienen y van, pero si se producen con frecuencia o intensidad crecientes, deberías practicar la dispersión para nivelar la energía.

Siéntate en silencio y luego trae tu atención a un punto en tu cuerpo aproximadamente a cinco centímetros debajo del ombligo y cinco centímetros delante de la columna vertebral. Suavemente, imagina que la energía se acumula allí. Luego, imagina que la energía se dispersa gradualmente por todo tu cuerpo y se expande a través de los poros de tu piel, de manera que estás sentado en un campo de energía que se extiende unos siete u ocho centímetros más allá de tu cuerpo. Siéntate en silencio durante unos minutos. Haz esto dos o tres veces, según sea necesario. La práctica del método de dispersión es muy segura y muy útil.

La práctica de la visión profunda puede ser perturbadora, particularmente en las etapas iniciales. Si estás demasiado agitado, no te es posible dormir o te sientes en general inestable, usa la práctica de dispersión para nivelar tu energía. Probablemente te sentirás más calmado y menos agitado, y tu trabajo con la visión profunda irá mejor.

Cuando trabajas con prácticas de transformación de la energía, comienza lentamente y termina lentamente. Comienza lentamente, haciéndolas de manera liviana durante solo unos minutos cada vez. Gradualmente, extiende la cantidad de tiempo y la profundidad de tu trabajo a medida que tu habilidad de permanecer presente en atención aumente. Si decides dejar de hacer la transformación de la energía, no te detengas de golpe. Reduce el tiempo y la profundidad de tu práctica en el transcurso de unas semanas, disminuyendo y permitiendo que tu cuerpo y mente se ajusten. Si te detienes repentinamente, la energía en tu sistema o bien se estancará y provocará enfermedades en una o varias partes de tu cuerpo, o fluirá hacia los patrones habituales y los hará más fuertes y menos trabajables. En todas las prácticas de transformación de la energía, continúa trabajando con un maestro.

Paso 1: Las apariencias son mente

A pesar del predominio de interpretaciones que dicen lo contrario, «las apariencias son mente» no significa que todo lo que sucede en el mundo de alguna manera tenga lugar en tu mente, que todo lo que aparece exista en tu cabeza o cerebro, o que lo que surge en tu experiencia sea «solo» mental o psicológico. Todos los puntos de vista que corroboran las apariencias, aun como objetos mentales, son inexactos. De igual manera, decir «las apariencias son mente» no significa que lo que surge en la experiencia no exista realmente, que no sea real, o que sea solo una alucinación. Los puntos de vista que intentan negar la validez de la experiencia también son inexactos.

Quizás, la confusión comienza con la palabra *mente*. En español, por lo general denota el intelecto o los fenómenos relacionados con él. En el budismo, *mente* significa «aquello que experimenta». Kalu Rinpoche solía decir que *mente* significa experimentar. Cuando recibes la instrucción de señalamiento «¿Qué es la mente?», en realidad se te está preguntando: «¿Qué es la experiencia?».

En *Refining Your Life*, Uchiyama Roshi vuelve una y otra vez a la pregunta: ¿Qué es la experiencia? Yo tengo mi propia experiencia de vida. Tú tienes la tuya. No puedo compartir ninguna parte de mis experiencias contigo, ni tampoco tú puedes compartir ninguna parte de las tuyas conmigo. Aun si compartimos un pedazo de pastel de chocolate, tú tienes tu experiencia del pastel y yo tengo la mía. Puedes describirme tu experiencia, pero no puedes darme tu experiencia.

¿Te estás divirtiendo? Bien. Da algo de tu diversión a otra persona. Por mucho que te estés divirtiendo, la diversión es tuya y solo tuya. No puedes darla ni aun compartirla con nadie.

¿Qué es la realidad? La realidad es lo que tú (o yo) efectivamente experimentas. Tú no experimentas libro, dinero, viento o niña. Estas son etiquetas que aplicas a conjuntos complejos de pensamientos, sentimientos y sen-

Levantas la cabeza
Y preguntas: «¿Es aquí
donde está?»
Y alguien te señala y dice:
«Es suyo».
Y tú dices: «¿Qué es mío?»
Y algún otro dice:
«¿Dónde está qué?»
Y tú dices: «Ay, Dios mío.
¿Estoy aquí
completamente solo?»

Porque algo está
ocurriendo aquí.
Pero no sabes qué es
¿No es así, Señor Jones?
—*Bob Dylan*

saciones. La experiencia en sí consiste solo en los pensamientos, sentimientos y sensaciones que surgen en la vida. ¿Qué pensamientos están cruzando por tu mente en este mismo momento? ¿Qué emociones estás sintiendo? ¿Qué estás experimentando a través de tus sentidos? En esto consiste tu vida.

Considera el sentido del tacto. Frota tu dedo en un trozo de tela. Experimentas lo que generalmente se llama la textura del objeto. ¿Qué es «la experiencia de la textura del objeto»? Antes de que tocaras la tela, no había experiencia de textura. Si alzas el dedo, retirándolo de la tela aun levemente, la experiencia desaparece. Si examinas tu dedo, no puedes encontrar la experiencia en el dedo. Si examinas la tela, no puedes encontrar la experiencia en la tela. La experiencia de la textura de la tela solo surge cuando tu dedo la toca. Así que, ¿dónde está? ¿en la tela o en el dedo? Cuando examinas la experiencia de esta manera, la experiencia toma una cualidad misteriosa. Surge de la nada. Surge solo cuando se reúnen las condiciones apropiadas. Tan pronto como esas condiciones dejan de estar presentes, la experiencia desaparece. Este es el misterio de ser, que la experiencia surge de la nada y se desvanece en la nada. La mayoría de las veces, estamos tan atrapados en las ficciones generadas por el etiquetado y la conceptualización que nunca experimentamos el misterio.

Cada vez que enseño este material en clase, al menos una persona argumenta con vehemencia que existe una realidad externa independientemente de la experiencia. La resistencia a ver las apariencias como mente tiene poco que ver con la lógica y la filosofía y mucho que ver con el apego emocional a la idea de un mundo de experiencia compartida. Intuitivamente, el estudiante se da cuenta de que, si el mundo de la experiencia compartida es solamente una construcción, entonces cada uno de nosotros está solo. Los argumentos vociferantes provienen del miedo a la soledad.

¿Estamos solos? La pregunta misma busca evitar el misterio de ser y relegar la experiencia a otra categoría. Las cosas no son lo que pensamos que son. Asimismo, tampoco son lo que pensamos que no son. Las cosas solo son.

Trabaja con un maestro que pueda examinar tu experiencia y encaminarte en la dirección adecuada cuando encuentres una dificultad. Bien puede ser que sientas que tu maestro constantemente te está haciendo tropezar con engañosas preguntas de lógica. Él o ella te está mostrando dónde has dejado de mirar y dónde has comenzado a interpretar la experiencia. Por supuesto, ¡te sientes burlado, estúpido y confundido! Tales sensaciones provienen del funcionamiento de los patrones de percepción que no pueden ver lo que el maestro te está señalando; solamente tú puedes ver. Tu maestro está tratando de separarte de tu patrón de percepción.

Sin embargo, mucha gente, incluyendo algunos maestros, malinterpretan este proceso y llegan a la conclusión de que los juegos de lógica y los trucos son la cuestión. Se vuelven expertos en un abstruso razonamiento epistemológico, pero pierden por completo la intención de la práctica. Terminan confundiéndose ellos mismos y confundiendo también a sus estudiantes. Aléjate de esas personas.

Paso 2: La mente es vacía

Kangyur Rinpoche, uno de los primeros lamas tibetanos en aceptar estudiantes occidentales, daba enseñanzas regularmente en su hogar cerca de Darjeeling en la India. En cierta ocasión, estaba enseñando cómo la mente no tiene origen, no cesa, ni está en ningún lugar. Un estudiante occidental objetó diciendo que la mente estaba en el cerebro. La discusión continuó durante un largo tiempo hasta que Kangyur Rinpoche le dijo al estudiante que se acercara. El estudiante se inclinó respetuosamente y Kangyur Rinpoche le dio un fuerte puñetazo en el estómago. El estudiante se dobló de dolor, respirando con dificultad.

«¿Dónde está tu mente ahora?», preguntó Kangyur Rinpoche.

La mente no es una cosa. La mente es la experiencia. ¿De dónde proviene el experimentar? Ese es el misterio de ser. Recuerda la primera vez que te enamoraste, todos aquellos sentimientos maravillosos y poderosos que experimentaste. No podías imaginar vivir sin él o sin ella. Cada momento de separación era exquisitamente doloroso. Cada vez que pensabas en tu amante, los colores eran más brillantes, tu espíritu se elevaba y todo estaba bien en el mundo.

¿De dónde venían esos sentimientos? ¿Dónde están ahora? ¿A dónde se fueron?

El gran misterio de ser es que toda la experiencia, todos los pensamientos, los sentimientos y las sensaciones surgen de la nada y se disuelven en la nada. Atorados como estamos en la habituación de la percepción sujeto-objeto, pensamos que la experiencia consiste en un «yo» que existe por sí mismo y que percibe objetos que existen por sí mismos.

En el paso previo —*las apariencias son mente*—, viste que lo que se experimenta no puede separarse del acto de experimentar. Ahora, examina el experimentar mismo; llámalo mente o como quieras llamarlo.

Para conocer la naturaleza de la mente (y, en consecuencia, la naturaleza de la experiencia), trabaja con estas siete preguntas en tu meditación:

1. ¿Qué es la mente?
2. ¿Cómo es la mente?

Las apariencias, que nunca existieron en sí, se toman erróneamente como objetos;
La conciencia prístina misma, debido a la ignorancia, se confunde con un "yo";
A través del poder de la fijación dualista, deambulo por el reino de la existencia.
Que la ignorancia y la confusión se despejen por completo.

—*Rangjung Dorje*

3. ¿Qué es la experiencia sensorial?
4. ¿Qué es el movimiento?
5. ¿Cuál es la diferencia entre mente y sensación?
6. ¿Cuál es la diferencia entre la mente en movimiento y la mente en reposo?
7. ¿Cuál es la naturaleza de la experiencia?

Miles de páginas se han escrito haciendo y contestando estas preguntas. La naturaleza de la experiencia se ha analizado exhaustivamente en las escuelas y universidades budistas durante siglos. ¿Necesitamos conocer toda esta filosofía para comprender la naturaleza de la mente? Algunas tradiciones adoptan la postura de que no se puede conocer la vacuidad sin un entrenamiento filosófico formal. ¡Tonterías! Igual se podría decir que no puedes conocer la aceleración sin un entrenamiento matemático formal. Súbete a un auto, enciende el motor, haz el cambio de velocidad, suelta el freno y pisa el acelerador. Siempre que no haya nada delante de ti, conoces la aceleración inmediatamente y si hubiera algo delante de ti, conocerás la desaceleración.

El estudiante de Kangyur Rinpoche con el dolor de estómago conoció la vacuidad también, aunque no quedó registrado si entendió o no la lección.

La verdadera comprensión, el verdadero saber, proviene de la experiencia directa. Cuando trabajas con estas preguntas, no te dejes distraer por la lógica, la razón ni la especulación. Observa lo que experimentas. Observa verdaderamente lo que experimentas. Nada más importa.

¿Qué es la mente?

Deja de leer un momento y plantea la pregunta: «¿Qué es la mente?». Observa lo que sucede en ti.

Pasarás rápidamente por cuatro estados. El primer estado se da en el primer momento de mirar. Tan pronto como haces la pregunta, sientes un cambio en la energía y la atención y te encuentras *mirando la nada*. El estado dura solo un momento y luego te sientes *inquieto y desorientado*. Este es el segundo estado. La atención ha decaído y la energía está fluyendo hacia los patrones habituales. La experiencia de «no haber nada allí» da lugar al tercer estado, el *miedo*. No te quedas en el miedo mucho tiempo; una de las cadenas elementales de reacción te lleva rápidamente hacia el cuarto estado, el *pensar* o la *opacidad*.

Deja de leer nuevamente. Suelta todo, relájate durante unos instantes, restablece una base de atención y luego plantea la pregunta nuevamente.

¿Qué es la mente? Mira y descansa. ¿Puedes descansar en el mirar durante más tiempo ahora?

A través de la práctica constante, serás capaz de sostener el mirar durante períodos cada vez más largos.

En la práctica de la visión profunda te topas con distracción y opacidad, tal como te sucedía en la meditación básica. Como ahora estás trabajando a un nivel de atención más elevado, la distracción y la opacidad parecen ser aún más pronunciadas. Podrías pensar que has perdido toda capacidad para practicar la atención. No te desanimes. Cada vez que te mueves a un nuevo nivel de práctica o que penetres en la siguiente capa de los patrones, experimentarás perturbación y desequilibrio en tu práctica. Recuerda que todos los criterios habituales de éxito y fracaso son poco confiables; solo porque sientes que tu práctica no tiene remedio, no significa que así sea.

Igual que en la meditación básica, relájate cuando tu atención se distrae y energízate cuando la atención se vuelve opaca. Para relajarte, descansa con la mente abierta como el cielo, infinita en extensión e imperturbable frente al viento, las tormentas o las nubes. Para energizarte, descansa en la cualidad cognoscente de la mente, que es como el sol, brillante y radiante.

Si la agitación y la opacidad son problemas persistentes, dedica más tiempo a la transformación de la energía para aumentar el nivel de energía en tu atención.

Otro método eficaz para disipar las distracciones es meditar sobre el cambio y la muerte. Para disipar la agitación, reflexiona sobre la certeza de la muerte; las distracciones y las reacciones pierden su atractivo. Para disipar la opacidad, recuerda que la muerte puede llegar en cualquier momento, incluso al final de la siguiente respiración. Rápidamente te pondrás más despierto y presente.

La atención clara y despierta es esencial en la práctica de la visión profunda. Al principio, mira intensamente durante períodos cortos, quizás uno o dos minutos. Mira directamente la mente. Cuando la calidad de atención se desvanezca, relájate durante unos instantes; luego, mira nuevamente. Gradualmente, serás capaz de descansar en el mirar, con claridad, despierto y vívido.

Ahora, ¿qué es la mente? Cuando miras, no ves cosa alguna. Miras, y permaneces sentado mientras surgen todas las reacciones. ¿Qué es? La pregunta se vuelve cada vez más pesada. Sigue sosteniendo la pregunta. Deja que su peso potencie tu atención y descansa en el mirar a la nada. Tarde o temprano, te atrapará un concepto, una idea o una experiencia que te será imposible soltar. Es el momento de consultar con tu maestro. Él o ella te ayudará a exponer tu fijación y a volver a mirar la nada.

Cada vez que tu maestro te empuja de vuelta a la nada, una de las cinco cadenas de reacción surgirá en ti. Sentirás que tu mundo se está sacudiendo, que una ola de algo que no puedes describir te está tragando, que la práctica te está consumiendo, que estás cayendo y no puedes encontrar nada que te oriente, o que estás completamente confundido y desconcertado y no tienes ni idea de qué hacer.

Reaccionas, proyectando uno de los seis reinos. Te enojas y te pones agresivo, viendo a todos y a todo como tu enemigo. Te pones ansioso y necesitado, quejándote de no tener lo suficiente para seguir adelante. Te vuelves obtuso y estúpido, y atiendes tus necesidades físicas y no mucho más. Experimentas oleadas de energía en tu meditación y tu práctica se corrompe por el deseo de más. Te vuelves competitivo y ansioso de demostrar a tu maestro o a tus compañeros de estudio lo bueno que eres. Te vuelves orgulloso y arrogante, y le haces saber a todo el mundo que estás trabajando en prácticas avanzadas y que ellos deberían también tener esa fortuna.

Reconoce todas estas reacciones por lo que son y ten en cuenta el consejo de Jamgön Kongtrül, un maestro tibetano del siglo diecinueve:

> Practica sin hacer aspavientos, pero con gran eficacia. Permanece natural en tus interacciones con los demás.

En algún momento, la pregunta «¿Qué es la mente?» se esfuma. Podrías sentir que una pared se ha desmoronado y de pronto eres libre, o que has sido arrastrado hasta una playa abierta después de haberte estado ahogando en olas enormes, o que te has calcinado por completo y no queda nada de ti, o que has entrado en el ojo de un huracán y los vientos ululantes han desaparecido súbitamente. La pregunta se vuelve vacía y estás presente: despierto, consciente e incapaz de describir lo que estás experimentando. Descansa justo allí.

Mucha gente se pierde el cambio o lo desestima por insignificante, porque no han encontrado una respuesta a la pregunta: «¿Qué es la mente?». El propósito de la práctica de la visión profunda es llevarte a la experiencia de la conciencia clara y abierta. Cuando surge, descansa allí mismo. El caballo que te llevó allí, la pregunta, está muerto. Presta atención al antiguo proverbio: *No azotes un caballo muerto.*

Al principio, quizás no reconozcas la claridad abierta; está justo frente a ti y no la ves. Una de las funciones más importantes de un maestro es señalártela. Continúa trabajando en la práctica y un día lo sabrás y comprenderás lo que tu maestro te está señalando.

¿Cómo es la mente?

Tal vez tengas una experiencia directa de la naturaleza de la mente en cualquier momento mientras trabajas con estas siete preguntas. Una vez que has tenido una experiencia directa, puedes utilizar las otras preguntas para profundizar tu comprensión o puedes pasar directamente a la práctica de presencia descrita en el capítulo siguiente. Consulta con tu maestro para confirmar que tu experiencia sea válida y no un autoengaño.

La pregunta «¿Cómo es la mente?» te lleva más profundo en la mente. Cuando descansas en esa mente indescriptible, abierta y despierta, ¿es estable y permanente o hay algo que viene y va? Si algo viene, ¿cómo viene? ¿Qué características tiene? ¿Qué color, forma o apariencia? ¿Dónde está cuando está presente, dentro o fuera del cuerpo? Si se va, ¿cómo se va? Estas preguntas dirigen la atención a distintos aspectos de la mente. El método es el mismo: mantén la pregunta en atención hasta que la pregunta se desintegre. Luego, descansa en el ver.

Una dificultad recurrente en la práctica de la visión profunda es el deseo de escapar de la práctica. La práctica derriba el marco de la experiencia ordinaria. Tu maestro no ayuda con la cuestión porque continúa preguntándote lo que experimentas y tú no tienes palabras.

Una ruta de escape común es hacer referencia a la naturaleza indescriptible de la mente. Cuando tu maestro te pregunta sobre tu experiencia, tú dices con convicción: «Es indescriptible. Está más allá de las palabras». Semejantes respuestas no cierran la cuestión; estás evitando quedarte en tu propio conocimiento. Cuando se te pregunta acerca de tu experiencia, el sentido del "yo" condicionado se encuentra con la vacuidad de la mente; no hay una base. Tu esfuerzo en este momento es quedarte donde no hay base y hablar con tu propia voz: estar presente sin ser nada ni nadie.

Cuando hablas con honestidad sobre tu experiencia, hablas con una voz que está más allá del condicionamiento, porque, al ver, has dado un paso más allá del condicionamiento. Esconderte en conceptos y palabras o en la imposibilidad de la expresión, no te hace ningún bien. Tu maestro está buscando la voz, la expresión que surge desde más allá del condicionamiento. Cuando ves, quédate en lo que ves y habla desde allí. Si tu experiencia de ver no es completa o está nublada, tu maestro te señalará el problema a su manera. Para la práctica de la visión profunda, da un paso más allá del conocimiento condicionado y aprende de lo que surge.

Las cuatro preguntas siguientes dirigen la atención a la naturaleza de lo que llamamos experiencia externa (experiencia sensorial) y experiencia interna (pensamientos y sentimientos), a aquello que experimenta la experiencia externa (la mente en la que surge la experiencia sensorial) y aquello que experimenta la experiencia interna (la mente en la que surgen los pensamientos y los sentimientos).

¿Qué es la experiencia sensorial?

En el paso 1, *las apariencias son mente,* viste que nuestra relación con lo que aparece como el mundo externo es mucho más íntima de lo que suponemos. La percepción habitual ordinaria, con el «yo» por un lado y el objeto por el otro, que parecen ser dos cosas para siempre separadas y distintas, es engañosa. Considera el sentido del tacto: no hay sensación sin conexión. Esto es muy íntimo. Lo mismo ocurre con los otros sentidos, aunque el sentido de conexión directa con el objeto no suele notarse cuando vemos, escuchamos u olemos.

¿Qué es la experiencia sensorial? Recuerda el ejemplo del cubito de hielo en la discusión sobre sabiduría en el capítulo 2. Sostén un cubito de hielo en tu mano hasta que el frío sea tan intenso que la mano te comience a doler. Mira directamente el dolor. ¿Qué es? Es una sensación, un surgir en tu mente. ¿Es algo más que eso? Mira, hasta que veas.

¿Qué es el movimiento?

Los pensamientos y los sentimientos van y vienen: constituyen movimiento en la mente. Permite que un pensamiento flote en tu mente y míralo. ¿Qué es un pensamiento? El contenido del pensamiento no es importante. ¿Qué es el pensamiento en sí? ¿De qué está hecho? Tienes cientos de pensamientos a diario. Se mueven a través de tu mente, desencadenando acciones y reacciones. Hasta este momento, ¿alguna vez te has preguntado qué es, verdaderamente, un pensamiento? No es un objeto, como un libro o una casa. Cuando miras un pensamiento, parece venir a tu mente. ¿Viene de afuera? Intenta ver un pensamiento en el momento en que se forma en tu mente. Trata de notarlo durante el proceso en que se forma. Luego, intenta notarlo en el momento en que se disuelve.

Sigue el mismo proceso con las emociones, tanto las positivas como las negativas.

Sigue mirando hasta que veas.

¿Cuál es la diferencia entre la mente y la sensación?

Permite que tu mente descanse y mírala. Examina cómo es cuando no estás mirando ningún objeto visual ni estás escuChando ningún sonido, cuando no estás saboreando, tocando ni oliendo nada. Solo nota cómo es.

Ahora observa un automóvil, un trozo de tela o cualquier otro objeto. Escucha algo de música o come algo. Examina cómo es tu mente cuando experimentas una sensación.

¿Es la mente que descansa diferente de la mente que percibe? ¿Cuál es la diferencia? ¿Qué cambia?

¿Cuál es la diferencia entre la mente en movimiento y
la mente en descanso?

Tal como antes, deja que tu mente descanse, libre de pensamientos, y luego obsérvala. ¿Cómo es? Ahora, deja que flote un pensamiento en tu mente y obsérvala. ¿Cómo es ahora? ¿Cómo es distinta la mente en descanso de la mente en movimiento?

Con estas últimas cuatro preguntas, has examinado todos los aspectos de la experiencia: descansar, percibir, pensar y sentir. Algunos pensamientos y sentimientos, tales como el duelo, el amor y el enojo son muy poderosos y consumen toda tu energía, de manera que no eres consciente de nada más. Algunas sensaciones, tales como la luz solar intensa, la música bella y las sensaciones táctiles al hacer el amor, absorben toda la atención disponible. Sin embargo, toda experiencia es o bien la mente en descanso, un pensamiento, un sentimiento, o una sensación.

El propósito de estas preguntas es saber que todo es experiencia. La mayor parte del tiempo, nos encontramos tan atrapados por el contenido de la experiencia que no sabemos si estamos experimentando un pensamiento, un sentimiento o una sensación.

Tomamos el contenido de la experiencia como real, como algo existente por sí mismo, y pasamos por alto el misterio de ser, que consiste en el surgir y cesar de la experiencia. El dinero, la belleza, la fama, la felicidad, el rojo, el azul, la melodía, la fragancia, el enojo, la envidia, el orgullo, la compasión, la fe, e incluso el conocimiento, todo es un surgir y un cesar. Estas preguntas nos señalan el hecho de que, no importa cuál sea el contenido, una experiencia es un surgir en la mente, nada más.

El único mundo que conoces es tu mundo de experiencia. Surge cuando naces y cesa cuando mueres. No puedes compartir este mundo con nadie más. Todo lo que tienes es la experiencia.

¿Cuál es la naturaleza de la experiencia?

La experiencia es un misterio. Levanta un guijarro y obsérvalo. ¿Qué es? Cada vez que nombres la experiencia, suelta el nombre, mira nuevamente y penetra en un conocimiento más profundo del guijarro. El ver se detiene tan pronto como das un nombre. Para conocer el guijarro, debes entrar en el misterio de la experiencia.

Los nombres que damos a los objetos no son la experiencia del objeto, ya sea que se trate de un pensamiento, un sentimiento o una sensación. El lenguaje abrevia y condensa la experiencia con el propósito de la comunicación. Puesto que la conexión es una necesidad humana elemental, fácilmente olvidamos o descuidamos el mundo de nuestra propia experiencia (limitada y condicionada por los patrones habituales) y tomamos el mundo definido por la comunicación, el mundo de la experiencia aparentemente compartida, como lo que es real. Para ver lo que es, debes penetrar las limitaciones de la percepción impuestas por el condicionamiento y la creencia en una realidad consensuada.

En la pared de mi oficina hay una obra de arte minimalista que me regaló uno de mis estudiantes. Es un pequeño lienzo rectangular cubierto con una espesa capa de pintura verdinegra trabajada en una textura uniforme. Hay una pequeña parte en el borde del lienzo que no está pintada. Cuando los estudiantes vienen a verme, suelen sentarse de modo tal que esta obra de arte quede a plena vista en la pared opuesta. La pintura ha estado allí durante años, pero los estudiantes no la ven porque no hay nada que ver. O no la registran o, si lo hacen, el registro se suprime inmediatamente porque implica mirar a la nada. Cuando un estudiante me pregunta cuándo colgué esa obra de arte en la pared, sé que él o ella ahora puede mirar la nada y permanecer presente.

Cuando puedes mirar directamente la experiencia y ver nada, entonces has empezado a ver cómo son las cosas. ¿Puedes escuchar el silencio cuando está sonando la música? Sin el silencio, la música no podría estar allí. En general, sin embargo, solemos quedarnos tan atrapados en la música que no somos conscientes del silencio que está siempre allí. Pon un poco de música y escúchala, pero escucha el silencio al mismo tiempo. De igual manera, no podemos ver a menos que el espacio esté presente. Habitualmente, nos enfocamos en los árboles, las montañas, los edificios, los muebles o las personas, e ignoramos el espacio que hay entre ellos. Ve a dar un paseo en un parque y advierte los árboles, el césped, las flores y la gente, y advierte también el espacio en el cual todo aparece.

Ahora, mira la mente, que lo experimenta todo. Miras y no ves nada, pero no hay simplemente nada allí. Una conciencia vívida y clara está presente, y la experiencia surge incesantemente. Así es como son las cosas.

> *Mira directamente tu propia mente.*
> *Mírala profundamente.*
> *Cuando mires y no veas nada,*
> *Esa es la naturaleza de las cosas.*

Mirando una y otra vez, observas que no hay nada que puedas señalar o identificar como «mente». Sin embargo, estás totalmente despierto y claro. Ves que la experiencia simplemente surge, hagas lo que hagas. Estas tres comprensiones constituyen la naturaleza de la conciencia no nacida: vacuidad (nada allí), claridad (lo que hace posible la conciencia) y surgimiento incesante (la experiencia viene y va por sí misma).

Paso 3: La vacuidad es la presencia natural

En este momento de la práctica, corta la tendencia a tomar incluso la comprensión como real. Aunque has experimentado la mente como vacía, la tendencia a tomar esta comprensión como algo real te hace volver a la habituación sujeto-objeto. Corta esta tendencia dirigiendo la atención a la comprensión misma. Cuando surge un concepto tal como «la mente es vacía», míralo directamente. Tan pronto como lo hagas, cualquier noción de la vacuidad se desvanece y vuelves a la presencia.

Haz lo mismo con la claridad. Tan pronto como tomas la claridad como algo real en sí, estás de nuevo en la habituación. Corta la habituación dirigiendo la atención a la experiencia de claridad.

¿Qué es la experiencia? La experiencia es la energía que se mueve de la vacuidad a la forma y de la forma a la vacuidad. Cuando la experiencia-conciencia surge en la presencia del patrón habitual de dualidad, la energía fluye hacia el polo subjetivo o hacia el polo objetivo del patrón. Cuando fluye hacia el polo objetivo, experimentas un pensamiento, un sentimiento o una sensación sensorial: la energía se difracta a través de la confusión y lo que surge se experimenta como «otro». Cuando fluye la energía hacia el polo subjetivo, experimentas un sentido del "yo": la energía se refracta en confusión y lo que surge se experimenta como un sentido del «yo». Lo que experimentas como la conciencia es la brillantez de la naturaleza de la mente.

No existe nada que no sea experiencia, y toda experiencia es vacía de una existencia independiente. Para regresar a la presencia, redirige tu atención hacia cualquier reificación de la experiencia hasta que se vuelva vacía otra vez.

Paso 4: La presencia natural es la libertad natural

Los cuatro pasos de esta práctica de la visión profunda corresponden a las Cuatro Nobles Verdades. El *sufrimiento* surge cuando experimentamos lo que aparece como algo diferente a la naturaleza de la mente (paso 1). El origen del sufrimiento es no saber que la naturaleza de la mente y toda la experiencia son vacías (paso 2). El sufrimiento cesa cuando volvemos a la presencia (paso 3). El sendero se transita descansando en la presencia y permitiendo que toda experiencia surja y cese por sí misma (paso 4). Cuando la práctica de presencia es lo suficientemente fuerte —es decir, que tienes un nivel suficiente de energía en la atención—, incluso las habituaciones del miedo profundamente arraigadas y los núcleos emocionales no descargados de los patrones pueden experimentarse en conciencia. Entonces, aun estas energías bloqueadas durante tanto tiempo se liberan y cesan por sí mismas.

Bokar Rinpoche, el sucesor de Kalu Rinpoche, una vez me enseñó el siguiente verso:

> *Después de tener conciencia de que no hay nada más que la mente,*
> *Llega la comprensión de que la mente, tampoco, es nada en sí misma.*
> *Los sabios saben que estas dos comprensiones no son cosas.*
> *Y entonces, sin aferrarse siquiera a este conocimiento, descansan en el reino*
>   *de la totalidad.*

Estas cuatro líneas describen la progresión de la práctica de la visión profunda. Primero, examina las apariencias y ve que no están separadas de la mente. Luego, examina la mente y ve que es vacía. La habituación de la percepción sujeto-objeto sigue tomando la comprensión misma como un objeto, así que corta a través de ello. Luego, corta a través de comprender que la comprensión no es un objeto para que verdaderamente no quede nada. Entonces, irónicamente, entras en la totalidad de la experiencia y la conciencia.

En *El mensaje de los tibetanos,* de Arnaud Desjardins, Kalu Rinpoche le dice al autor:

Vives en la confusión y en la ilusión de las cosas. Hay una realidad. Tú eres esa realidad. Cuando sepas eso, sabrás que no eres nada y, al no ser nada, eres todo. Eso es todo.

A raíz de Einstein y otros, la noción de la relatividad ha permeado nuestra cultura hasta tal punto que con frecuencia oímos que no hay realidad. El punto de vista se refuerza aún más al interpretar erróneamente frases budistas tradicionales tales como «todos los fenómenos son vacíos» para dar a entender que todo es relativo y, por lo tanto, irreal. Desde una perspectiva así, hay un corto paso a la actitud de que nada existe más allá de la experiencia subjetiva y que la experiencia subjetiva de cada persona es igualmente válida. Semejantes actitudes crean problemas horrendos tanto en nuestras interacciones con los demás como en nuestra propia práctica espiritual. El relativismo moral socava cualquier idea de correcto e incorrecto, reduce la sociedad a la anarquía y abandona esa sociedad a aquellos dispuestos a no tener sentido de lo bueno y lo malo.

En tu propia práctica, semejantes actitudes refuerzan las percepciones condicionadas y te dejan inmune a cualquier desafío a lo que consideras verdadero o real. Las afirmaciones de Kalu Rinpoche de que hay una realidad y de que nosotros somos esa realidad dicen que podemos ir más allá de la percepción condicionada, ver lo que es y saber que no somos diferentes de ello. El precio de una percepción tan completa y clara es morir a la idea de ser un «yo» separado: saber que somos uno con lo que experimentamos.

ASPECTOS TÉCNICOS

Miras tu mente y no ves nada. Caes en la confusión una y otra vez. No puedes ver nada y no puedes entender por qué tu maestro está siendo tan insistente y tan poco comunicativo. Nada tiene sentido. Sientes ganas de rendirte, y entonces, de repente, tu mente está completamente clara y ves.

Al momento de ver, no hay confusión. Más tarde, sin embargo, llegan las dudas y las preguntas: ¿Qué fue eso? ¿Ha cambiado algo? ¿Qué fue lo que vi en realidad? ¿Qué hago ahora?

Evaluar la experiencia es siempre una tarea espinosa, así que algunas pautas son útiles.

Cuatro niveles de saber

Primero, aprende a distinguir cuatro niveles de saber en el trabajo espiritual: el saber que viene de la comprensión intelectual, el saber que viene de las oleadas de energía, el saber que viene de la experiencia directa y el saber que viene de ser.

La *comprensión intelectual* es el entendimiento integral de las perspectivas filosóficas o de los puntos de vista. Desarrollas comprensión intelectual a través del estudio y la reflexión. Se vuelve tuya cuando has examinado cuidadosamente los puntos de vista, los argumentos y la lógica, y tienen sentido para ti. Aun cuando tengas un entendimiento profundo y seas capaz de explicar las cosas con claridad a otros, este nivel de saber no tiene energía suficiente para cambiar conductas de manera significativa; puedes vivir según sus principios, pero constantemente, tienes que recordar hacerlo. Tienes que hacer un esfuerzo para superar o salirte de las reacciones emocionales que te llevan en otra dirección. El peligro de la comprensión intelectual es que las reacciones emocionales y los patrones habituales pueden apoderarse de ella y utilizar los mismos puntos de vista, argumentos y lógica para mantener su funcionamiento. En *Treinta consejos del corazón*, Longchenpa, un gran maestro Nyingma del siglo doce, advierte:

> *Coleccionas muchos escritos importantes:*
> *Textos trascendentales, instrucciones personales, notas, lo que sea.*
> *Si no has practicado, los libros no te ayudarán al momento de morir.*
> *Observa la mente: ese es mi consejo sincero.*

En cuanto a la segunda clase de comprensión, las *oleadas de energía* son experiencias que surgen dentro y fuera de las sesiones formales de práctica. La descomposición de las estructuras habituales libera energía. Las oleadas de energía surgen como aperturas hacia nuevas maneras de ver y experimentar, o como estados cargados emocionalmente que reflejan las emociones reprimidas en el núcleo del patrón. En el segundo caso, puede ser que experimentes profunda desesperación o soledad, o necesidad extrema, o podrías sentir que estás desmoronándote o volviéndote loco. Por otro lado, las oleadas de gozo, claridad o ausencia de pensamiento, o una combinación de ellas, le dan un impulso poderoso a tu práctica. En cualquier caso, la oleada se desvanece después de un tiempo (desde unos cuantos minutos hasta varios días) y te preguntas adónde fueron tu malestar o tu comprensión. En todas las tradiciones, se advierte a los estudiantes que no tomen las oleadas de energía como indicaciones de una comprensión real. Por ejemplo, mi maestro solía decir:

Las experiencias de meditación son como las flores en las praderas alpinas: tantas, tan hermosas y duran tan poco.

Otro consejo dice:

La experiencia de meditación es como la sopa de nabos. El primer sorbo es dulce y delicioso, pero más tarde, todo lo que te queda es un sabor desagradable en la boca.

Todos se apegan a las oleadas de energía cuando surgen por primera vez. Permanecer apegados, aferrarse a ellas o buscarlas, sin embargo, llevará tu práctica en la dirección equivocada. Las ideas de ganancia se han colado sigilosamente y estás reforzando el dualismo sujeto-objeto al buscar experiencias para satisfacer el sentido del «yo».

La *experiencia directa*, el tercer nivel de saber surge cuando ves. Cualesquiera que sean las preguntas que tu maestro te plantea, permaneces en tu experiencia, aun cuando parece no tener sentido «lógico». Las preguntas de tu maestro no pueden sacudir tu experiencia y no lo hacen, así que no caes en una actitud defensiva ni en la confusión. Un patrón se ha roto y puedes sentir tanto la alegría de la libertad, como la pena ante la pérdida de las ilusiones. La experiencia directa suele ir acompañada de oleadas de energía estimulantes y de experiencias asociadas, pero con la experiencia directa, comprendes la naturaleza de semejantes oleadas. Ves que no son el objetivo de la práctica. Tu práctica se hace más clara y más fuerte, no porque quieras ganar algo, sino por comprender directamente que la vida es tan solo el surgir y desvanecer de la experiencia. Tu intención es estar presente en el surgir y el desvanecer, venga lo que venga. En *Plegaria de Aspiración al* Rangjung Dorje dice:

El apego a lo bueno y la fijación en la experiencia se desvanecen por sí mismos.
La confusión y los conceptos nocivos se esfuman en el reino de la totalidad.
En la mente ordinaria, no hay rechazo ni aceptación, no hay separación ni logro.
Que pueda yo comprender la verdad del ser puro, la simplicidad completa.

El cuarto nivel, *saber al nivel de ser*, significa que el saber está presente todo el tiempo: vives en el saber. A diferencia del entendimiento intelectual, el saber al nivel de ser significa que nunca tienes que recordar vivir según tus principios. De hecho, no vives según principios: solo respondes a lo que surge. A diferencia de las oleadas en la meditación, el saber al nivel de ser significa que la comprensión y la visión profunda no se desvanecen con el tiempo. A diferencia de la experiencia directa, aquí toda idea de comprender algo ha desaparecido. Tan solo eres.

El objetivo de las instrucciones de señalamiento es precipitar una experiencia en la cual se abra la posibilidad de la conciencia vacía, clara y abierta. Al nivel inferior, el señalamiento infunde un entendimiento intelectual. Al nivel medio, precipita una oleada de experiencia. Idealmente, el señalamiento directo te proporciona la semilla de la comprensión directa. Tú, entonces, nutres la semilla en tu práctica hasta que florezca como comprensión al nivel de ser.

Tres tipos de experiencia de meditación

Hay tres tipos de experiencia de meditación que merecen una mención especial: éxtasis, claridad y ausencia de pensamientos. Cuando la estructura o el funcionamiento de un patrón se altera, las áreas congeladas por el patrón se abren y la energía fluye hacia ellas. La experiencia en meditación es la experiencia de estos flujos de energía.

Las *experiencias de éxtasis* son sensaciones de éxtasis que permean el cuerpo y la mente. Incluyen calidez física o emocional, bienestar, alegría y ligereza. Estos varían en grado, desde sensaciones placenteras hasta olas orgásmicas de éxtasis que te envuelven. Tu cuerpo entero puede vibrar o sacudirse a medida que la energía lo atraviesa. Puede ser que no puedas dormir por la experiencia tan poderosa. Las experiencias de éxtasis también se presentan como dolor físico y emocional; partes de tu cuerpo te duelen inexplicablemente; emociones intensamente dolorosas, desconectadas de las circunstancias actuales, te inundan. Ya sean agradables o desagradables, semejantes experiencias pueden resultar muy desestabilizadoras. Solemos tomar las experiencias como si fueran reales, lo cual es comprensible porque pueden ser muy poderosas. No obstante, como mejor puedas, continúa haciendo tu práctica, examinando la experiencia misma para ver lo que es: no lo que contiene, sino lo que es. Considerar intelectualmente la experiencia como un surgir en tu mente no es suficiente; debes mirarla y verla como tal. Entonces, sales de la confusión y la experiencia misma profundiza tu comprensión.

Las *experiencias de claridad* incluyen una extraordinaria vivacidad, claridad, o ambas, tanto en la experiencia sensorial, emocional o mental como en las experiencias de claridad pura sin punto de referencia. La experiencia ordinaria se disuelve en claridad o se le infunde una claridad e intensidad como nunca antes la habías experimentado. También podrías experimentar períodos de intensa opacidad en los cuales no puedes pensar ni comprender nada en absoluto. Un amigo te pregunta si quieres un vaso de agua y no puedes unir sus palabras para darles sentido. Podrías incluso experimentar la clarividencia: saber lo que está sucediendo en otra habitación o lo que otra persona está pensando. Uno de mis maestros, Dezhung Rinpoche, siempre aconsejaba a sus estudiantes no explorar ni confiar en tales experiencias de claridad porque, como todas las experiencias de meditación, son inherentemente inestables.

En una enseñanza, dijo:

—Supón que estás sentado en tu ermita y tienes una experiencia de clarividencia: ves que un amigo viene a visitarte. Cuando llega, le dices que sabías que venía y le das detalles de su viaje. Naturalmente, está muy impresionado. Va y se lo cuenta a sus amigos, y ellos vienen a verte. Pero la clarividencia ya ha pasado y no tenías idea que ellos venían. ¡Ahora no te ves tan bien!, —rio entre dientes.

Como en las experiencias de éxtasis, para transformar la claridad en comprensión, mira directamente aquello que experimenta la claridad.

Las experiencias de ausencia de pensamientos incluyen sentirte completamente vacío por dentro, una total ausencia de cualquier diálogo interno, un extraordinario sentido de quietud, ningún movimiento en la mente cuando surge la experiencia sensorial, o la sensación de que no hay absolutamente nadie en casa. También pueden adquirir la forma de oquedad mental, confusión masiva o desorientación. Igual que con las otras, mira la experiencia en sí o a aquello que experimenta la ausencia de pensamientos.

Estas y otras experiencias no son problemáticas en sí. No obstante, si las buscas o intentas evitarlas, creas problemas. Si las buscas para confirmar tu práctica o porque las disfrutas, refuerzas el patrón básico de atracción. Si intentas evitarlas porque son perturbadoras o dolorosas, refuerzas el patrón básico de aversión. Si tratas de ignorarlas, refuerzas la indiferencia.

Generalmente, las manifestaciones dolorosas de estos tres tipos de experiencia son temporales y disminuyen a medida que la energía fluye a través del cuerpo y la mente. Las experiencias explícitas de éxtasis, claridad y ausencia de pensamientos aumentan en intensidad y frecuencia. A medida que las experiencias se hacen más fuertes y más estables, no te aferres a ellas; en cambio, utiliza la energía de las experiencias en tu práctica. Dirige la atención hacia aquello que experimenta el éxtasis, la claridad o la ausencia de pensamientos. En otras palabras, a medida que surge la experiencia, corta con atención, como se describió anteriormente, no para finalizar la experiencia, sino para conocerla completamente.

Ascenso y descenso

El ascenso y el descenso son mecanismos de patrones relacionados que degradan la atención cada vez que esta comienza a penetrar el núcleo no descargado de un patrón.

Cuando practicas la visión profunda (o cualquier otra forma de meditación) y repetidamente caes en estados de depresión, retraimiento, impotencia u opacidad, estás experimentando el *descenso*. Recuerda que los patrones emocionales, desencadenados por tus esfuerzos en la práctica, reaccionan para degradar la atención. En el descenso, los mecanismos del patrón desplazan la energía de atención a un nivel inferior; te vuelves opaco, impotente, desvalido o te paralizas. El desplazamiento descendente de la energía drena todo el jugo de tu atención y la práctica se paraliza. Si te exiges aún más en la práctica, los mecanismos funcionan con más fuerza y te sientes más deprimido. Por otro lado, si no haces nada, tu práctica se estanca. Básicamente, quedas atrapado entre la espada y la pared. La situación se hace peor por las voces insistentes asociadas con los patrones. Como la llamada de las sirenas, dicen que siempre estarás deprimido, que nada cambiará y que eres incapaz. Crees en las voces porque cada vez que te esfuerzas en la práctica, vuelves a hundirte en un agujero negro. No les creas; las voces son parte del funcionamiento del patrón que degrada la atención.

Primero, y ante todo, consulta con un maestro. La conexión humana es muy importante al trabajar con el descenso. Necesitas guía y apoyo sólidos. Segundo, practica regularmente y trabaja en el límite, no tanto que te haga caer en estados depresivos, ni tan poco que tu práctica se estanque. Encuentras el límite solo a través del ensayo y el error. Tercero, enfócate en realizar acciones simples de bondad y virtud. Mark Twain una vez dijo que la mejor manera de alegrarse es alegrar a alguien más. Cuando eres amable y generoso, los patrones de depresión e inmovilidad no pueden sostenerse. El espacio se abre. En la tradición tibetana, a la gente que se topaba con el descenso se le alentaba a hacer cientos de miles de pequeños objetos devocionales para luego regalárselos a los demás. El acto de dar a los demás era tan parte de la práctica como la confección de los objetos mismos.

El *ascenso* es el fenómeno opuesto. Cuando la atención se encuentra con material emocional, los mecanismos la degradan desplazando la energía a niveles más altos. Experimentas claridad, éxtasis, visiones, sueños, u otros fenómenos psíquicos. Es probable que tomes estas experiencias como signos de que tu práctica está bien encaminada; estás cautivado por las experiencias y profundizas en ellas. Incluso podrías desarrollar habilidad en poderes especiales, tales como la clarividencia o la sanación. En el momento en que regresas a la práctica en sí, sea la visión profunda u otra forma de meditación, te resulta aburrida en comparación. Avanzas con dificultad y sientes una punzada de incomodidad, un tirón fugaz en tu corazón o una súbita ansiedad, como si estuvieras al borde de un abismo. Entonces tienes más experiencias leyendo la mente de los demás o tu cuerpo se inunda de éxtasis o escuchas voces que te cuentan los secretos del universo, y abandonas tu práctica una vez más.

La mayoría de las personas que experimentan el ascenso se encuentran relativamente insensibles a los consejos o las sugerencias, ya que están convencidas, por el estado más elevado de energía, que saben lo que está sucediendo. Muchos grupos espirituales apoyan activamente y alientan a quienes experimentan el ascenso. Una manera de distinguir el ascenso de la comprensión real es que las experiencias de ascenso son inherentemente inestables. Llegan cuando el material emocional se aviva y desaparecen tan pronto como cesa la presión. No obstante, muchos grupos espirituales y más que unos cuantos maestros estimulan a quienes ascienden y los consideran como modelos de la práctica espiritual.

Es más difícil trabajar con el ascenso que con el descenso precisamente porque es más agradable. Si nunca experimentas confusión ni desconcierto en tu práctica de la visión profunda y regularmente te desplazas hacia estados mentales fascinantes y cautivadores, pero no puedes contestar a las preguntas de tu maestro sobre la naturaleza de la mente, entonces es probable que estés experimentando ascenso. Cuando tu maestro te dirige en dirección opuesta a los estados mentales cautivadores, resientes la sugerencia y sientes que él está equivocado. Piensas que puedes utilizar los estados mentales para adquirir comprensión y no ves la razón para soltarlos. Finalmente, tendrás que abandonar el reino de los dioses de experiencias extraordinarias puesto que son distracciones. Te apartan de las emociones confusas y perturbadoras que se encuentran en el núcleo de los patrones que estás intentando desmantelar.

TRABAJAR CON UN MAESTRO Y LAS INSTRUCCIONES DE SEÑALAMIENTO

Un lama en Inglaterra una vez me contó sobre su única interacción con un famoso y algo controvertido maestro en el Tíbet, Khenpo Gangshar. Este lama había oído mucho acerca de Khenpo Gangshar y anhelaba estudiar con él. Khenpo Gangshar llegó al monasterio en el cual el lama se estaba alojando para una visita de dos semanas. El lama solicitó formalmente una entrevista. Al no obtener respuesta, ni siquiera un acuse de recibo, volvió a formular su pedido. Vaciló en solicitar una tercera entrevista, pero su anhelo era tan profundo que lo hizo de todas maneras. Una vez más, no hubo respuesta. Khenpo Gangshar debía partir a la mañana siguiente.

Esa noche, el lama se sentó en su habitación, preguntándose qué hacer. Ansiaba desesperadamente ver a Khenpo Gangshar, pero era reacio a violar los protocolos monásticos. Tal era su agitación que no podía dormir. Sonó un golpe en su puerta. La abrió, curioso de ver quién lo visitaba a tan altas horas de la noche. Uno de los asistentes de Khenpo Gangshar le pedía que fuera con él. Eufórico, siguió al asistente, quien lo condujo a la habitación de Khenpo Gangshar.

Khenpo Gangshar estaba ocupado en una conversación con otro monje, así que se sentó y esperó. Finalmente, el monje se retiró. El protocolo exigía que Khenpo Gangshar iniciara toda conversación, así que el lama esperó a que se le permitiera hablar. Khenpo Gangshar tan solo lo miraba, pero no decía nada. El lama no podía formular ninguna de las preguntas que ardían en su corazón.

Ambos permanecieron sentados en silencio durante unos quince minutos. Entonces, Khenpo Gangshar le hizo un gesto para que se retirase. Se sintió devastado. Salió y regresó a su habitación, donde sollozó con tristeza y estalló en ira. Finalmente, completamente exhausto, se quedó dormido. Cuando se despertó al día siguiente, comenzó su práctica de meditación matinal y encontró que su meditación había cambiado por completo. Hasta el día de hoy, considera a Khenpo Gangshar como uno de sus maestros más importantes, a pesar de haber tenido tan solo un encuentro y nunca haber intercambiado palabra.

Ananda era el sobrino de Buda Shakyamuni. Tenía una relación muy cercana con el Buda, sirviendo como su asistente. Estudió y practicó bajo la guía del Buda durante décadas. Ananda también tenía una memoria extraordinaria. Asistía a todas las enseñanzas del Buda y podía repetir textualmente todo lo que el Buda hubiese dicho en cualquier ocasión. Pese a su relación cercana con el Buda, pese al gran número de enseñanzas que había recibido, pese a sus propios esfuerzos considerables y sinceros en la práctica, Ananda no podía penetrar el misterio de ser y permanecía atrapado en la maraña de reacciones emocionales y patrones habituales. Cuando el Buda murió, Ananda estaba desconsolado, no solo porque su maestro se había ido, sino también porque temía que la posibilidad de su despertar hubiera muerto con el Buda.

Lo que sucedió después, varía de tradición en tradición. El siguiente relato proviene del *Cullavagga* de la tradición Theravada:

> Entonces, el venerable Ananda pensó: «Mañana es la asamblea. Ahora bien, no es adecuado que yo, siendo (tan solo) un aprendiz, me presente en la asamblea», y habiendo pasado gran parte de la noche en atención plena del cuerpo, cuando la noche llegaba a su fin, pensó: «Voy a acostarme», reclinó su cuerpo, pero (antes de que) su cabeza hubiera tocado el colchón y mientras sus pies estaban libres del suelo, en ese momento su mente se liberó de la llegada de flujos (asava) y quedó sin residuo remanente (para un renacimiento). Así, el venerable Ananda, habiendo alcanzado la perfección, fue a la asamblea.

Estas dos historias ilustran el rango tremendo en la interacción maestro-estudiante, tan vital para la práctica de la visión profunda: quince minutos de silencio que cambian todo o veinte años estudiando bajo la guía del Buda mismo sin experiencia de visión profunda. La función del maestro es señalar al estudiante la posibilidad de presencia. Las instrucciones de señalamiento son la transmisión: juntos, el maestro y el estudiante crean las condiciones en las cuales el estudiante ve lo que el maestro le está señalando. En el caso de Ananda, las condiciones se reunieron solo después de la muerte del Buda.

La práctica de la visión profunda es virtualmente imposible sin un maestro. Puesto que estás tratando de ver lo que no puedes ver, necesitas a alguien que te muestre cómo mirar, que te muestre qué mirar, y que te muestre cómo reconocer lo que ves.

Distintos enfoques

La interacción entre maestro y estudiante en la cual surge la comprensión en el estudiante es uno de los grandes misterios de la vida. En cuanto a la visión profunda, el proceso es sutil, casi mágico y, en consecuencia, muy malinterpretado.

Un elemento clave en el desarrollo de la visión profunda son las instrucciones de señalamiento. Como hemos visto, señalan al estudiante la presencia, conciencia directa o mente original. La eficacia de las instrucciones de señalamiento depende de varios factores. El primero y más importante es que el maestro ha de tener, por experiencia propia, conocimiento directo de lo que está señalando. Segundo, el estudiante debe ser capaz de un nivel de atención tal que le permita permanecer presente con aquello que se le está señalado. Tercero, las condiciones deben ser tales que haya suficiente apertura en el estudiante para ver lo que se le está señalando.

La necesidad del primer factor es obvia. Un maestro que trabaja solamente desde el conocimiento intelectual o inferido no puede evocar en el estudiante la experiencia directa ni evaluar con precisión su comprensión. Esta es la responsabilidad del maestro. Si enseñas sin tener experiencia directa de lo que estás enseñando, entonces, sin importar tu motivación, estás engañando deliberadamente a la gente que llega a estudiar contigo.

El segundo factor, la atención, es igual de importante y es responsabilidad del estudiante. La atención es la esencia de la práctica. Para practicar la visión profunda, debes tener un nivel de atención que te permita mantenerte presente con el surgir de las emociones, para que experimentes que vienen y van. Sabes lo que son y no te sientes molesto, distraído ni te producen opacidad. En función de los niveles de atención descritos en el capítulo 3, necesitas tener algo de experiencia con la etapa 4, un lago con olas. Las descripciones tradicionales del nivel de atención necesario son que la mente es radiante, como el sol en un cielo sin nubes, que el movimiento en la mente surge como las olas en el océano, y que la atención es clara y abierta sin aferramiento, como un niño que visita una catedral por primera vez.

Un tercer factor es el responsable de gran parte del misterio que rodea las instrucciones de señalamiento, la iniciación, la transmisión y el despertar. El maestro o bien reconoce cuando las condiciones están presentes y saca provecho de ellas, o crea las condiciones necesarias a través del poder de la atención u otros métodos de transformación de la energía.

En todas las tradiciones, abundan historias de casos cuando un maestro le señaló a un estudiante la naturaleza de ser y el estudiante tuvo un momento de despertar. ¿Es ese momento una cuestión de suerte? ¿Existe un denominador común?

Una manera de entender lo que sucede en la interacción maestro-estudiante es utilizar el marco de las cuatro formas de trabajo: poder, éxtasis, visión profunda y compasión. Cada enfoque tiene su propia manera de aumentar el nivel de energía en el estudiante. La energía aumentada se dirige ya sea a la atención o a los patrones habituales. Cuando la energía entra en la atención, el estudiante puede ver lo que le está señalando el maestro. Cuando la energía entra en los patrones habituales, no se produce ninguna visión y el estudiante reacciona, proyectando su material emocional sobre el maestro.

El enfoque del guerrero está conectado con el poder. Usa la experiencia del conflicto para aumentar el nivel de energía en el estudiante. Usando una aproximación directa y provocadora, el esfuerzo por parte del maestro consiste en crear las condiciones para que el estudiante experimente quedarse vacío en el conflicto. El maestro está señalando la vacuidad de ser. No obstante, si la energía del estudiante fluye hacia los patrones habituales, el estudiante solamente experimenta sentirse amenazado o atacado y se refuerza la resistencia.

El conflicto puede ser formal o real. El conflicto formal utiliza una forma ritual para crear la experiencia de conflicto y para permitir al estudiante quedarse vacío. En el conflicto real, el maestro aprovecha las situaciones de la vida cotidiana para confrontar al estudiante y precipitar la comprensión. La siguiente historia está tomada de *La enseñanza Zen de Rinzai*:

Rinzai, el maestro fundador de la tradición Rinzai del budismo Zen, y sus monjes cavaban con la azada los terrenos del monasterio. Cuando vio que su maestro Obaku se aproximaba, detuvo su trabajo y se apoyó sobre su azada.

Obaku dijo:
—¿Acaso estará cansado este sujeto?
Rinzai respondió:
—Ni siquiera he levantado aún mi azada. ¿Por qué habría de estar cansado?
Obaku lo golpeó con un palo. Rinzai agarró el palo y le dio a Obaku un fuerte golpe y lo derribó. Obaku llamó al superintendente para que lo ayudara. Mientras lo hacía, el superintendente protestó:
—Venerable, ¿cómo puedes permitir la insolencia de este demente?

Obaku apenas se había levantado cuando golpeó al superintendente.
Rinzai, que había vuelto a la tarea con su azada, comentó:
—En todas partes se practica la cremación, pero aquí, ¡yo entierro en vida con un solo golpe!
Más tarde, Issan le preguntó a su maestro, Gyosan, sobre el incidente:
—¿Cuál es el significado de la paliza que Obaku le dio al superintendente?
Gyosan dijo:
El verdadero ladrón huyó, el perseguidor se quedó con el palo.

El segundo enfoque, el éxtasis, usa la experiencia de abrirse a través del amor bondadoso, la devoción o la transformación de la experiencia sensorial para aumentar el nivel de energía en el estudiante. La energía de abrirse permite al estudiante relajarse muy profundamente. Los patrones habituales se vacían durante la relajación y el estudiante se abre a la naturaleza de ser.

En la tradición tibetana, las formas rituales se utilizan para evocar experiencias poderosas de devoción. La energía emocional de la devoción se revierte en atención en el estudiante y la devoción surge como mente. El maestro entonces dirige al estudiante para que mire la devoción misma, que ahora surge como vacía. La energía de la devoción se ha transformado en la visión de la naturaleza de la mente.

Igual que en el conflicto, el maestro también aprovecha los momentos intensos de devoción, amor bondadoso o experiencias sensoriales, para impulsar al estudiante a ver. Si el estudiante no es capaz de abrirse, la energía se corrompe como dependencia, como esfuerzos para fusionarse con el maestro o como adicción a los estados de energía.

> Una gran asamblea de monjes se reunió alrededor del Buda en el Pico del Buitre para escucharlo enseñar sobre la naturaleza de ser. El Buda, tranquilamente sentado, alzó una flor y la mostró a todos los que estaban allí reunidos. Todos estaban sentados en silencio, pero un estudiante, el venerable Kashyapa, sonrió.
>
> El Buda, entonces, dijo:
>
> —La única enseñanza verdadera está más allá de la forma y no depende de las palabras ni de las letras. Es una transmisión especial fuera de todas las escrituras. Ahora se la encomiendo al venerable Kashyapa.

El tercer modo de trabajar, la visión profunda, utiliza el método de sostener preguntas para aumentar la energía en el estudiante. Se le formula al estudiante una pregunta que no puede contestarse a través del razonamiento intelectual, sino solo con un nivel de atención que pueda ver lo que el maestro está señalando. Las estructuras que limitan la interpretación del estudiante sobre su experiencia se vacían a medida que el estudiante sostiene la pregunta. Si el estudiante no puede sostener la pregunta, se desconecta de la experiencia real y trata de resolver la pregunta a través del intelecto o de artilugios lógicos. El cuestionamiento y el momento del despertar pueden suceder durante la interacción entre estudiante y maestro, o el estudiante puede continuar practicando con la pregunta y experimentar el ver más tarde y entonces confirmar esa comprensión con el maestro.

> Una amiga mía recuerda un incidente de su práctica de la visión profunda con un maestro en Nepal. El inglés del maestro era mínimo: unas cuantas palabras y sin ningún sentido de la gramática inglesa. El tibetano de mi amiga era peor.
>
> —Mira tu mente —dijo el maestro—. ¿Qué color?

Practicó durante una semana, mirando su mente para ver el color, pero no podía ver nada y concluyó que no entendía cómo hacer la meditación. Volvió con su maestro y le contó sobre su fracaso.

Una enorme sonrisa iluminó el rostro del maestro.

—¡No ver viendo! —dijo.

—Así es. No veo nada. ¿Qué estoy haciendo mal? —preguntó ella.

—¡No ver viendo! —le dijo y sonrió de nuevo.

—No me entiende —le dijo entre lágrimas—. ¡No veo nada!

—¡Sí! ¡Sí! ¡No ver viendo!

Entonces entendió de golpe lo que el maestro estaba diciendo. No ver ninguna cosa es ver realmente.

Ella no estaba haciendo nada mal. El «no ver» era la práctica.

El cuarto enfoque, la compasión, es a través de la obediencia o el servicio. Las exigencias del maestro o las exigencias de las necesidades de los demás se usan para aumentar el nivel de energía en el estudiante. Cuando la energía entra en la atención, los patrones de control se vacían y el estudiante ve lo que se le está señalando. Si la energía fluye hacia los patrones habituales, el estudiante se vuelve controlador —exige obediencia de los demás— o se ve obligado por un sentido del deber a imponer la obediencia en los demás. Nuevamente, el despertar o el ver puede ocurrir en los momentos de mayor exigencia, cuando la energía se eleva súbitamente, o puede surgir durante el servicio, puesto que se da atención a lo que se requiere. En el siguiente relato mítico, un acto de servicio precipita el entendimiento del amor bondadoso.

Asanga, un maestro indio del siglo IV vivía en una cueva y oraba para conocer al buda futuro, Maitreya, cuyo nombre significa «amor bondadoso». Al cabo de doce años, sin siquiera una visión o un sueño, desistió y abandonó su cueva. Se encontró con un perro viejo cubierto de llagas infestadas de gusanos. La visión despertó tal compasión en él que procuró aliviar el sufrimiento del animal quitándole las larvas, no con sus dedos, por temor a matarlas, sino con su lengua. Se inclinó, extendió su lengua, pero tuvo que cerrar los ojos ante tan repugnantes heridas. Su rostro golpeó contra el suelo y terminó con la boca llena de tierra. El perro había desaparecido. Exactamente frente a él había un par de pies. Al levantar la cabeza, miró directamente a los ojos de Maitreya.

—No eres muy compasivo —dijo Asanga—. ¡He estado rezándote durante doce años!

—Estuve contigo el día que comenzaste tu retiro —dijo Maitreya— pero solo después de este último acto de compasión eres capaz de conocerme.

El señalamiento: La última gota

Cuando tu maestro te hace una pregunta que parece no tener sentido dadas las circunstancias o te presiona cuando has llegado a tu límite, emocional o físicamente, ¡presta atención! Él o ella está deliberadamente vertiendo la gota que derrama el vaso.

Podría haber preguntas o pruebas en lo álgido del conflicto, en un momento de relajación, en medio de la confusión debido a tus esfuerzos con otras preguntas, o cuando las exigencias de servicio o de obediencia te hayan exigido hasta tu límite. Las preguntas de prueba pueden presentarse como desafíos, observaciones, preguntas u órdenes. Cómo se presenten depende de la habilidad del maestro y de la condición del estudiante. La mayoría de los maestros intenta señalar la naturaleza de ser la mayor parte del tiempo. Cuando el estudiante está presente, experimenta un instante de ver. De lo contrario, lo único que el estudiante experimenta es un comentario extraño o una pregunta incomprensible; no surge ningún ver.

Las preguntas suelen hacerse en el contexto de la práctica de meditación y dirigen la atención del estudiante hacia un aspecto específico de la experiencia. El maestro está buscando no una respuesta lógica ni filosófica, sino una respuesta que indique que has visto o experimentado directamente lo que el maestro está señalando. La visión profunda se refiere únicamente a la experiencia directa y a la comprensión que surge de ella. Un maestro podría preguntarle a un estudiante: «¿Cómo está presente la mente?» o «¿Cuál es la esencia de la mente» o «¿Qué es la mente?». Respuestas tales como «La mente está presente como el pensamiento y la emoción» o «La esencia de la mente es quien conoce» o «La mente es lo que experimenta las cosas", indican que solo has estado pensando sobre lo que es la mente. La visión profunda ahonda mucho más.

La expresión directa de la experiencia es muy difícil porque la expresión directa requiere que vayamos más allá del vocabulario budista, de las formas habituales psicológicas o filosóficas de la expresión, u otros conceptos con los cuales estamos familiarizados. La expresión directa no se elabora; es creativa, precisa y transformadora. El maestro está buscando señales e indicios de que haya sucedido una apertura y de que el estudiante ve lo que el maestro le está señalando.

Un estudiante describió a su maestro su experiencia:

—Cuando miro la mente, no veo nada, pero todo es muy claro. El saber está presente, pero no puedo decir que «yo» sé.

Su maestro preguntó:

—Este saber, ¿se conoce a sí mismo?

El estudiante había estudiado algo de filosofía budista y «conocía» la respuesta a esta pregunta:

—Así como una espada no puede cortarse a sí misma, la mente no puede conocerse a sí misma.

Su maestro respondió:

—¡Muy ingenioso! El cocinado de tu respuesta le ha quitado toda la vida. Dame una respuesta antes de que la pongas en ese horno tuyo.

Cuando diriges la atención a la instrucción o a la pregunta de tu maestro, sientes un cambio en la atención. Ese cambio es el comienzo del mirar. Pueden llegar pensamientos e ideas a la mente, pero no son más que distracciones. Vuelve una y otra vez al mirar.

Por ejemplo, supón que la pregunta que se te hace es:

—¿Cómo es tu mente cuando descansa?

Miras y no ves nada. Te diriges a tu maestro y le dices:

—No sé; no hay nada allí.

Tu maestro te pregunta:

—¿En verdad no hay nada allí, no hay forma, color, ni sustancia?

Un atisbo de duda se cuela en tu mente, así que regresas a la práctica y miras más profundamente. En efecto, no hay nada allí: no hay forma, color, contorno ni tampoco sustancia. Definitivamente. No hay nada allí. Se lo dices al maestro.

La siguiente pregunta te toma por sorpresa:

—¿Cómo sabes que no hay nada allí?

—Bueno, lo sé. Simplemente, lo sé.

Las siguientes preguntas se suceden rápidamente:

—¿Qué es el saber? ¿Es el saber nada?

No sabes qué decir.

Con frecuencia, el maestro puede saber por tu comportamiento o presencia que algo ha ocurrido en tu práctica. En este caso, las instrucciones de señalamiento sirven para catalizar tu comprensión.

Cada tradición de conciencia directa tiene sus propios métodos para guiar al estudiante a ver la vacuidad clara de toda experiencia y de la conciencia. El ver puede surgir en cualquier etapa del proceso. Cuando el maestro está satisfecho de que el señalamiento ha sido eficaz, él o ella le explica entonces al estudiante el significado de lo que ha experimentado y cuáles son los esfuerzos adicionales que debería realizar en la práctica.

El señalamiento: La perspectiva del maestro

Para aclarar un poco de la confusión que rodea la interacción maestro-estudiante, echemos una mirada a un conjunto de instrucciones de señalamiento desde la perspectiva del maestro.

En la meditación, la mente descansa. En el pensar, la mente se mueve. Ya sea en reposo o en movimiento, la mente es consciente. ¿Son estas tres mentes diferentes o una sola? Si es una sola, ¿cómo puede la misma mente descansar, moverse y conocer? Estas preguntas son la esencia de un conjunto de instrucciones de señalamiento, acertadamente llamadas: *descansar, mover* y *conocer*. La secuencia se usa tanto en la tradición Kagyu como en la Nyingma, del budismo tibetano. La versión particular, que aquí se presenta, está basada en el comentario de Shamar Chökyi Wangchuk sobre *El océano de la certeza*, un manual de entrenamiento importante en la tradición Kagyu. He parafraseado el escueto texto tibetano y he agregado explicaciones extendidas para aclarar el proceso.

Mi intención al incluir esta descripción es ayudarte a comprender lo que está sucediendo en la interacción maestro-estudiante. El maestro está interesado en una sola cosa —la experiencia directa— y tratará de traerte a ella de cualquier manera posible. No podrás usar las respuestas en esta descripción para engañar a tu maestro porque él o ella se dará cuenta fácilmente de que no hablas de tu propia experiencia. Sin embargo, esta descripción puede ayudarte a comprender mejor lo que está sucediendo entre ustedes y qué esfuerzo necesitas hacer en la práctica de la visión profunda.

La mente en descanso

Instruye al estudiante que permita que la mente descanse y que mire la mente que descansa. Pregúntale:

—¿Cómo es la mente que descansa?

Si el estudiante responde que no hay nada, que la mente solo descansa, entonces dirige la atención del estudiante hacia aquello que sabe que la mente está descansando. Pregunta acerca del saber:

—¿Es el saber turbio o claro y vívido?

Si el estudiante contesta que es claro y vívido, entonces él o ella ha visto algo de la naturaleza de la mente.

Si el estudiante responde que la mente es esto o aquello, entonces usa varias preguntas y razonamientos para señalar la fijación y mostrar que el objeto de fijación no puede ser corroborado como mente. Dirige al estudiante para que siga viendo la mente que descansa.

Cuando el estudiante dice que no ve nada, indaga sobre la diferencia entre la nada y el saber. Si el estudiante experimenta la mente en reposo y clara, y es incapaz de identificar algo como mente, entonces él o ella ha visto la mente un poco.

Si nada resulta de estos esfuerzos, el estudiante necesita trabajar más para cultivar la atención. Su nivel de atención no es suficiente para la práctica de la visión profunda.

La mente en movimiento

Pregunta sobre la mente que se mueve, que piensa, que percibe:

—¿Cómo es cuando se activa? ¿Cómo se activa?

Dile al estudiante que use un objeto visual o un sonido para observar la mente en movimiento. Pregúntale:

—¿Dónde está la mente que experimenta el objeto visual o el sonido? ¿La cualidad de saber de la experiencia está en el cuerpo, en los estímulos sensoriales, o en las proyecciones de los patrones internos que construyen tu experiencia del mundo?

Pregúntale:

—¿Cómo es la mente cuando se mueve y cómo es la mente cuando descansa?

Si el estudiante responde como se describió anteriormente, entonces el señalamiento ha tenido éxito.

Cortar la raíz

Si el estudiante no ha sido capaz de ver la naturaleza de la mente, entonces la atención debe dirigirse al origen de la percepción. La percepción está donde se fija la dualidad sujeto-objeto en las reacciones vinculadas a los patrones. Comenzando con la mente en descanso, dirige la atención hacia las diferencias cada vez más grandes entre sujeto y objeto. Puesto que la mente es tanto sujeto como objeto, el estudiante tiene que sostener ambos simultáneamente. El esfuerzo adicional lleva a la formación de un nivel de atención más elevado que penetra la dualidad sujeto-objeto y conduce a la visión profunda al nivel de la percepción.

Pregúntale:

—¿Cuál es la diferencia entre la mente que descansa y la mente que indaga?

El estudiante mira la mente en reposo y no ve nada. Si el estudiante es capaz de hacer esto y no reconoce la naturaleza de la mente, entonces dile que dirija la atención hacia la mente que indaga, esto es, hacia aquello que está mirando la mente en reposo, y pregunta:

—¿Cuál es la diferencia entre las dos?

Pregúntale:

—¿De dónde viene la mente que indaga, dónde está, y a dónde va? Siempre que al estudiante se le ocurra una respuesta filosófica o concreta, usa la lógica y el razonamiento para exponer la falacia y haz que el estudiante vuelva a mirar.

Estas preguntas llevan la atención del estudiante más profundamente en la mente que indaga, mirando para ver su naturaleza. Puedes saber cuándo el estudiante es incapaz de mantener atención porque él o ella caerá en la confusión o comenzará a especular intelectualmente sobre la naturaleza de la mente y la experiencia. Instruye al estudiante para que deje de formular respuestas y que use la pregunta para mirar.

—La mente que descansa y la mente que se mueve, ¿son lo mismo o son diferentes?

La secuencia de señalamiento comienza con lo que parece ser tres mentes diferentes: la mente que descansa sin pensamiento ni movimiento, la mente que se mueve a medida que surge la experiencia, y la mente que indaga en la naturaleza de las otras dos. Cuando el estudiante experimenta que la mente que descansa, la mente que se mueve y la mente que indaga no son diferentes, ha tenido lugar el señalamiento.

Una historia Zen sobre el mismo tema aparece en *La puerta sin puerta*, una colección de koans compilados por el Maestro Mumon en el siglo trece.

Una vez, un monje fue con Daihogen de Seiryo antes del almuerzo para pedir instrucción. Gen señaló las persianas de bambú con su mano. En ese momento, dos monjes se dirigieron hacia las persianas y las enrollaron de manera idéntica. Gen dijo: «Uno ha ganado, uno ha perdido».

La práctica después de las instrucciones de señalamiento

Cuando son eficaces, las instrucciones de señalamiento plantan una semilla de experiencia. En la tradición Shangpa, se dan cuatro instrucciones adicionales para evitar que el estudiante vuelva a caer en los patrones habituales.

Demasiado cerca: no puedes reconocerlo.
Demasiado profundo: no puedes apreciarlo.

Demasiado simple: no puedes creerlo.
Demasiado bueno: no puedes aceptarlo.

Demasiado cerca: no puedes reconocerlo

La primera línea nos dice que enfrentemos lo que somos: la naturaleza de la mente, conciencia clara y vacía. Estamos tan atrapados en intentar ser alguien o algo que ignoramos lo que somos.

La naturaleza de la mente es como un espejo. Sostén un espejo y míralo. No ves el espejo. Lo único que ves son los objetos reflejados en él. Para ver los objetos como son, como reflejos, tienes que reconocer que el espejo está allí, a pesar de que no puedas verlo. Generalmente tomamos el contenido de la experiencia como real. Para saber lo que es la experiencia, tienes que reconocer la naturaleza de la mente. La naturaleza de la experiencia, la conciencia clara y vacía, está justo en frente de nosotros, más cerca que nuestro propio rostro y, sin embargo, nunca la reconocemos. Como escribió Rangjung Dorje:

No existe: incluso los budas no la ven.
No es que no exista: es la base de toda experiencia.

Demasiado profundo: no puedes apreciarlo

La segunda línea de la instrucción de la tradición Shangpa nos dice que nos abramos a lo que vemos, que le permitamos entrar, y que lo apreciemos por lo que es. La resistencia es formidable: la naturaleza de la mente es tan vasta y tan profunda. Frente al espacio abierto e infinito, sin interior ni exterior, las cadenas reactivas elementales se disparan. No obstante, cuando nos abrimos a la profundidad, las reacciones se disuelven y surge la conciencia prístina.

Todos nosotros, en momentos de gran estrés, podemos repentinamente despojarnos de las restricciones de la habituación y hacer lo que se necesita hacer. Más tarde, nos preguntamos de dónde salieron la energía, la comprensión y la habilidad. Provienen de la naturaleza de la mente, de ser uno con lo que está surgiendo en la experiencia. Esa energía, comprensión y habilidad están presentes todo el tiempo.

Casi cualquier momento de conmoción, vergüenza, alivio o alegría interrumpe temporalmente el funcionamiento habitual. La naturaleza de la mente resplandece, pero no la apreciamos porque rápidamente recaemos en la reacción ante el miedo, la vergüenza, el alivio o la alegría.

Demasiado sencillo: no puedes creerlo

La tercera instrucción nos habla acerca de conocer lo que somos y de no confiar en las creencias. Las creencias forman la base de la vida habituada. Son patrones profundamente habituales que rigen cómo vemos y entendemos nuestras vidas. Pueden tomar la forma de un conjunto explícito de creencias, como en algunas religiones, pero para la mayoría de nosotros, las creencias se generan a partir de una interacción compleja de las experiencias de desarrollo y las percepciones culturales. La creencia central es que existe una cosa que corresponde a la palabra *yo*. Creemos que el «yo» es una entidad inalterable, independiente de todo lo demás que experimentamos. Ambrose Bierce, en su parodia a Descartes, estaba más cercano a la verdad que Descartes:

> *Cogito cogito ergo cogito sum:*
> *«Pienso que pienso, por lo tanto, pienso que existo».*

La ilusión del «yo» surge de capas de condicionamiento e interacciones complejas entre los patrones habituales. Es un remolino de energía reactiva que sigue un programa de reacción que se formó y se congeló hace mucho tiempo. Podemos creer que somos el programa, pero ese no es el caso.

La mayoría de nosotros no podemos imaginar funcionar sin creencias. Estas parecen ser el fundamento de la vida, y todo lo que pensamos que somos se teje a partir de ellas. La práctica de la visión profunda, sin embargo, convierte el tejido hecho de creencias en jirones.

Cuando la atención penetra los patrones, no vemos cosa alguna, no vemos una entidad inalterable e independiente. Solo la conciencia vacía y clara está presente, conciencia vacía y clara, que surge como un incesante fluir de experiencia que consiste en pensamientos, sentimientos y sensaciones. Increíble: las cosas no pueden ser tan simples. Buda Shakyamuni entró en un estado de conmoción profunda cuando llegó a esta comprensión. No pudo comunicarse con nadie durante siete semanas. Tan simple, y no podemos creerlo.

Todos nosotros hemos tenido la experiencia de ser incapaces de resolver un problema, hasta que un amigo o un maestro nos muestra una solución sencilla. «¿Eso es todo?», decimos. «¡Es muy sencillo! ¡Tiene que ser más difícil!» Antes, no podíamos ver la solución, y ahora que la vemos, no la podemos creer.

Demasiado bueno: no puedes aceptarlo

La cuarta línea nos dice que renunciemos al control, que aceptemos lo que es y que entremos en el misterio de ser. La naturaleza de la mente recibe muchos nombres: la esencia búdica, la perfección de la sabiduría, la mente original, la pureza original, la mente que despierta, por nombrar algunas. Te guste o no, no hay nada fundamentalmente malo en nosotros. No estamos condenados a una vida de sufrimiento a causa del pecado original, el karma pasado o el destino. Nos podría resultar difícil aceptar la libertad y la responsabilidad que conlleva conocer la naturaleza original, pero la aceptación es donde comienza la vida de presencia. Avanzas desde este punto hacia lo desconocido, libre de las cadenas de la ilusión, libre al saber que todo lo que surge es tu experiencia, es tu vida.

ETAPAS DEL TRABAJO CON LA VISIÓN PROFUNDA

Las experiencias individuales al trabajar con la visión profunda varían significativamente. Cada persona tiene una manera diferente de interpretar la experiencia y diferentes patrones que impiden, bloquean o socavan el cultivo de la atención y la visión profunda. Aun cuando las experiencias individuales varían ampliamente, he discernido seis etapas con las cuales se encuentra la mayoría de las personas. Las etapas describen un proceso que también tiene lugar en muchas otras áreas de la vida, así que, en esta sección, tomo una perspectiva más amplia de la visión profunda y muestro cómo el proceso de examinar lo que surge es válido para entender las dificultades en una relación como para entender la naturaleza de la mente.

La visión profunda es examinar la manera en que las cosas funcionan o ver a través de las capas de interpretación para llegar a lo que hay ahí realmente. Dicha forma de ver puede suscitarse de numerosas maneras. Para muchas personas el cultivo de la atención precipita la visión profunda acerca del funcionamiento de la mente. La meditación sobre la muerte y la transitoriedad resquebraja las nociones socialmente condicionadas sobre lo que es la vida y socava nuestras creencias en el significado del éxito y el fracaso convencionales. La atención constante siempre conduce a la comprensión, ya sea de las relaciones personales, de las dinámicas política y social, los desafíos empresariales, la investigación científica u otros ámbitos. En todos los casos, la visión profunda implica desmantelar las suposiciones y las interpretaciones que están actualmente en funcionamiento y adentrarse en territorio desconocido en donde puede tener lugar un ver más profundo.

El siguiente diagrama describe las etapas que atravesamos cada vez que nos movemos de un nivel de interpretación y entendimiento a otro más profundo, ya sea que el movimiento tenga lugar durante la práctica de meditación, al resolver un problema, cuando aprendemos un oficio nuevo, o al llegar a una nueva comprensión sobre una relación. Se recurre a la metáfora de la aldea para describir el sistema actual de funcionamiento. El dragón se refiere al funcionamiento de los mecanismos que mantienen el sistema. Cada sistema presenta, en el mejor de los casos, una imagen parcial de lo que es, y al aceptar un sistema, otro aspecto de la realidad se ignora sistemáticamente. En el caso del sistema de percepción sujeto-objeto, se ignora la unidad de ser. A medida que la visión profunda se desarrolla y amenaza con exponer lo que el sistema ignora, el sistema reacciona para degradar la atención. Bloquea, se apropia, destruye o cancela los esfuerzos en la atención y en la visión profunda. La comprensión surge solo cuando el sistema colapsa o, como en la metáfora, cuando el dragón muere.

En las explicaciones que siguen al diagrama, analizo el surgir de la visión profunda en dos circunstancias diferentes: examinar un problema en una relación y examinar la naturaleza de la mente en meditación.

LAS SEIS ETAPAS DE LA VISIÓN PROFUNDA

Etapa	Descripción	Signos	Esfuerzo
salir de la aldea	surge la confusión a partir de no ver nada	irritación, desorientación, confusión	permanece en la confusión
sentir el aliento del dragón	cadenas de reacción de los cinco elementos	reacciones emocionales fuertes	transforma las cadenas reactivas en presencia
ver al dragón	ves cómo las reacciones se perpetúan a sí mismas	sensación de hundimiento, depresión, fuerte inclinación a volver a alguno de los seis reinos	observa cómo funciona el sistema, vacía los reinos
conocer al dragón	ves el sistema como un sistema que funciona basado en sus propios fines	reacciones emocionales en estado puro, miedo e incertidumbre	quédate presente en las emociones cuyo núcleo no se ha liberado

Etapa	Descripción	Signos	Esfuerzo
cortar al dragón	traes atención al sistema	desorganización; se alternan esperanza y miedo	mantén la práctica y quédate presente en la transición
morir	surgimiento de la visión profunda	las perturbaciones colapsan y surge la comprensión	actúa conforme a la comprensión y acepta los cambios que siguen

Etapa 1: Salir de la aldea

Relación

Sabes que tu relación está en problemas. Ya no experimentas la clase de conexión o compenetración que solías tener con tu pareja. Parece que ambos van en direcciones distintas o que no están entendiéndose, incluso en los intercambios más sencillos. Tu pareja dice que ya no pasan ningún tiempo juntos.

—No entiendo de qué estás hablando —le dices—. Ayer cenamos juntos.

—Casi no hablamos, —contesta tu pareja—. Ya no pasamos tiempo verdaderamente juntos.

—No entiendo —vuelves a decir, pero algo está mal. Estás confundido, irritado, desorientado y un poco triste.

Naturaleza de la mente

Cuando miras la mente por primera vez, te distraes y te confundes rápidamente. Miras, pero no puedes ver. Te sientes irritado o desalentado. Intentas analizar o deducir lo que se supone que sucede, pero tu maestro solo te indica regresar a la práctica. Te sientes incompetente, estúpido o descorazonado. La práctica no tiene sentido para ti.

Esfuerzo a realizar

La primera etapa en la visión profunda es mirar lo que no has mirado antes. Sales de la aldea de interpretaciones habituales de la experiencia. Al principio no puedes ver nada, no sabes qué mirar y no puedes entender de qué están hablando los demás; para ti, están hablando un idioma diferente. Estás confundido, desconcertado y desorientado. Quieres volver a lo que ya conoces.

Resistiendo la tentación, continúas mirando, pese a estar desconcertado y confundido. Gradualmente, se forma la atención y comienzas a ver.

Etapa 2: Sentir el aliento del dragón

Relación

Piensas sobre la última semana o el último mes con tu pareja. ¿Cuánto tiempo han pasado juntos? Se ven todas las mañanas; suelen cenar juntos. Claro, te sientes cansado, igual que tu pareja; ambos trabajan mucho. Una noche, sacas el tema con tu pareja. Mientras más hablas, más ansioso te pones, hasta que dices:

—No puedo seguir hablando de esto. Tengo que preparar una presentación para la reunión de mañana.

—Ahí está, ¿lo ves? El trabajo es más importante. Siempre tienes algo que hacer —te dice tu pareja.

—Pero es importante. Es mi trabajo. Es lo que hago. Trabajas en la presentación, aunque ya está lista; pasas la mayor parte del tiempo obsesionado con los detalles.

Naturaleza de la mente

Cuando miras la mente, no ves nada. A medida que tu nivel de atención se eleva hasta el punto en que puedes permanecer presente en la confusión, miras más profundamente. Aún no ves nada, pero tienes un indicio del espacio abierto, de un espacio tan abierto e ilimitado que no puedes conceptualizarlo de ningún modo. Te sientes un poco tembloroso internamente (tierra), te sientes muy solo (fuego) o sientes otra de las cadenas reactivas. En la reacción tierra, te apegas obstinadamente a la estructura de la práctica, ocupándote de cada detalle. En la reacción fuego, te enojas cada vez más, hasta que casi no puedes permanecer quieto. Estas reacciones, o las correspondientes a los demás elementos, te dicen que estás sintiendo el aliento del dragón.

Esfuerzo a realizar

La segunda etapa es experimentar la reacción ante el mirar, ante el salir de la aldea. El mirar ya ha comenzado a desmantelar los patrones que definen tu mundo. Pese a que no percibes ningún cambio, has comenzado a ver las cosas de manera un tanto diferente. Estás entrando en un mundo distinto al que has conocido. Una de las cinco cadenas reactivas se desencadena. Este es el aliento del dragón, la emoción subyacente a tu reacción y el miedo subyacente a la emoción. Usa la meditación de las cinco dakinis del Capítulo 6 para transformar las cadenas de reacción, y vuelve a mirar.

Etapa 3: Ver al dragón

Relación

El asunto continúa. Sigues pensando en lo que está sucediendo con tu relación. Cada vez que hablas con tu pareja, tu pareja se enoja. Te pones a la defensiva e interrumpes la discusión para comenzar a hacer algo —repasar tus notas, reparar cosas de la casa, recoger periódicos, lo que sea que te mantenga en movimiento—. Sabes que no estás logrando nada, pero un miedo indescriptible impide que te sientes realmente junto a tu pareja. En este momento, todo está en su lugar: ambos tienen empleo; tienes el dinero para hacer lo que te gusta. ¡No te atreves a pasar más tiempo con tu pareja! Si lo haces, tu mundo se derrumbará; tu trabajo se resentirá; te despedirán, perderás tu casa y tus autos, y terminarás en la calle. Lo tienes claro: mantén las cosas tal como están.

Naturaleza de la mente

Cuando miras la mente, ves cómo caes en el mismo ciclo reactivo una y otra vez, aferrándote obstinadamente a la estructura, quizás, o furioso por lo injusto que es todo. También observas cómo sigues proyectando el mismo reino: tu maestro está tratando de hacerte daño o nunca te va a dar lo que necesitas. Eres como un perro que persigue su propia cola, dando vueltas cada vez más rápido.

Uno de los errores más comunes en la práctica de la visión profunda es ignorar las reacciones emocionales que surgen durante la práctica. Las reacciones emocionales pueden no ser más que emociones, pero las reacciones tienen que deshacerse. Pasar por encima de ellas, o evitar lidiar con ellas hace que permanezcan intactas. Aunque logres vislumbrar la naturaleza de la mente, la capacidad de implementar esa visión profunda en tu vida estará limitada y contaminada por los patrones reactivos emocionales que no has desmantelado.

Esfuerzo a realizar

La tercera etapa, ver el dragón, comienza cuando ves que la naturaleza del sistema de los patrones reactivos se perpetúa sola. Observas cómo sigues perdiendo atención, cómo atraviesas el ciclo de reacciones, y cómo cada ciclo refuerza el patrón. Ves que la manera en la cual percibes las cosas, tu forma de pensar y tu forma de actuar, son todas parte del patrón. Intimidado por el tamaño y el poder del dragón, sientes que todo el asunto es irremediable y que bien podrías darte por vencido. La sensación de desazón es una manifestación del miedo, la experiencia subjetiva que surge cuando las estructuras internas que condicionan tu sentido de existencia física, emocional o espiritual están amenazadas. Reaccionas proyectando uno de los seis reinos, pero tu proyección se ve frustrada:

> Tienes que luchar, pero no puedes encontrar al enemigo.
> Necesitas algo, pero no sabes qué.
> Estás seguro de que vas a morir, físicamente, pero no puedes nombrar la amenaza.
> Te sientes terriblemente desdichado, pero no sabes por qué.
> Estás seguro de que tienes que demostrar algo, pero nadie está prestando atención.
> Sientes que todo se desmorona, e intentas mantenerlo en pie.

El miedo es la energía emocional que se derrama dentro de los mecanismos de autopreservación del sistema.

En este momento, observa cómo funciona el sistema y continúa examinando lo que surge. Usa las meditaciones sobre vaciar los seis reinos del Capítulo 6 si no puedes mantener las reacciones en atención.

Etapa 4: Encontrarse con el dragón

Relación

Las tensiones se acumulan.

Tu pareja tiene cada vez menos paciencia.

—¿Y qué si todo se derrumba? —dice tu pareja—. ¿Adónde nos ha conducido, todo esto al fin y al cabo?

No puedes creer lo que estás oyendo. Tu pareja está cuestionando toda tu vida, todo por lo cual has trabajado, todo lo que han logrado juntos. Sientes como si te estuvieras cayendo en el Gran Cañón. Intentas mantenerte ocupado, pero no puedes concentrarte en tu trabajo. Estás cortante con tus colegas en la oficina. Por la noche, no puedes dormir y, cuando lo logras, sueñas que te están empujando desde un avión y no tienes paracaídas. Te sientes completamente indefenso, aun impotente, pero sabes que tienes que enfrentar esta situación.

Naturaleza de la mente

Miras la mente y lo único que ves es el conjunto completo de reacciones. La práctica se vuelve muy personal en este momento. Nada de lo que hayas leído, estudiado u oído te sirve de ayuda. Aprendiste a hacer la práctica, paso a paso, pero no hay pasos a seguir ahora. Tampoco el enojo es de ayuda. Simplemente te sientes más solo. Clavas la mirada en la oscuridad, sin saber lo que hay más adelante y temiendo lo peor.

Esfuerzo a realizar

A medida que los patrones reactivos se desmoronan, crece el temor ante el espacio. El miedo se hace cada vez más pronunciado. Comienzas a ver el cuadro completo. Todas las piezas encajan: la cadena elemental de reacción y el mundo proyectado, y el apego a un sentido del "yo". El sistema entero está allí, y es tu vida. Es todo lo que conoces. La situación es verdaderamente desesperante.

A veces quedas reducido a un nivel de funcionamiento primitivo o infantil, incapaz de articular lo que estás sintiendo o experimentando, incierto sobre a dónde ir o qué hacer. Los patrones emocionales reactivos surgen con fuerza y se muestran en conductas reactivas cada vez que pierdes la presencia mental. La atención está penetrando hasta el núcleo emocional no liberado del patrón, y no te sientes nada bien. ¡Felicitaciones! Has conocido al dragón.

Etapa 5: Cortar

Relación

Ahora ves cómo tu relación ha sufrido porque no le has dedicado suficiente tiempo. Has estado tan concentrado en tu trabajo que ignoraste a tu pareja. Primero resuelves tomarte tiempo libre, irse juntos de vacaciones, pero el antiguo temor se apodera de ti y aplazas los planes. Tu pareja estalla, o peor, deja de tomarte en serio.

Te das cuenta de que no tienes elección. Se van de vacaciones y en verdad las disfrutas. ¿Cómo pudiste olvidar cuán divertido es estar con tu pareja? Cuando regresan, estás lleno de resoluciones, pero rápidamente quedan en el camino y las tensiones vuelven a crecer.

Ves que el problema no es tu pareja, sino tu propia necesidad de estar ocupado para no tener que sentir ninguna duda sobre quién eres. Quieres soltar, pero no puedes hacerlo. En lo profundo de tu corazón esperas que las cosas mejoren, y al mismo tiempo te abruma el miedo, el miedo de que tu pareja te deje, de que pierdas tu trabajo y de que tu vida se derrumbe.

Naturaleza de la mente

La atención corta todo lo que surge en la experiencia. La práctica ha desarrollado su propio impulso. Lo que sea que surja, lo miras y se desmorona. Una y otra vez, cortas la raíz de la mente. La energía encerrada en los viejos patrones de percepción se transforma en atención. Te recorren sensaciones poderosas de esperanza y miedo. Sigues cortando y observando aquello que experimenta las oleadas. El mirar se profundiza cada vez más.

Esfuerzo a realizar

En un momento estás colmado de esperanza de que tus esfuerzos den fruto, pero al momento siguiente vuelves a sumirte en una desesperación irremediable cuando lo mismo de siempre vuelve y te arrastra. El sistema de estructuras y patrones ha comenzado a colapsar, y ahora ves que el sistema tiene que irse, pero los patrones siguen volviendo.

Has entrado en el proceso de transición. Sigue haciendo el mismo esfuerzo: mira lo que está surgiendo y descansa allí. Por un lado, estás cortando al dragón de los patrones reactivos: se está muriendo. Por otro lado, te estás abriendo a lo que hay: estás energizado y comienzas a vislumbrar posibilidades extraordinarias. A medida que el dragón muere, su energía queda disponible para ti. Atajas las viejas reacciones más rápido, ves más posibilidades y comienzas a explorarlas.

Si pierdes atención, inmediatamente se apodera de ti la energía del dragón y vuelves a caer en los patrones habituales. Si el dragón revive, es más fuerte que antes, por eso los maestros se empeñan en advertir contra la distracción en esta etapa.

Sigue mirando, sin aferrarte a nada.

Etapa 6: Morir

Relación

Entonces un día te sientas junto a tu pareja y le preguntas:

—¿Cómo quieres que sea nuestra vida?

Tu pareja responde de manera muy clara, y las ideas cobran mucho sentido. Te preguntas por qué no lo preguntaste antes.

La antigua dinámica ha muerto. Sientes dolor, el dolor de todo el daño causado por el viejo patrón y el dolor en el núcleo del patrón. Tu relación con tu pareja ha cambiado. La antigua relación ha muerto, y una nueva se está formando. También ves que nada garantiza lo que sucederá en el futuro, pero ahora estás preparado para seguir adelante.

Naturaleza de la mente

Al mirar la mente, no ves nada. El espacio abierto no es simplemente espacio vacío porque es simultáneamente claro y consciente. La claridad y la vacuidad no son diferentes, pero no hay absolutamente nada allí. No obstante, surge la experiencia: pensamientos, sentimientos y sensaciones sensoriales. Todo surge como en un espectáculo de magia. En ningún lugar existe nada que puedas identificar como «yo». Solo surge la experiencia, vacía y clara. Sigues con tu vida, reconociendo esta conciencia clara y vacía en todo.

Esfuerzo a realizar

La última etapa es morir. Los viejos patrones se derrumban, y ves claramente cómo son las cosas. El dragón muere, aunque quizá sientas que has muerto tú. Todo parece tan obvio y directo que no puedes comprender bien de qué se trató toda esa lucha. Sabes que no puedes aferrarte a las viejas estructuras, y tienes poca tendencia a hacerlo. Empiezas a cambiar lo que es necesario cambiar y a hacer lo que hay que hacer.

¿QUÉ SIGUE?

Hace muchos años, apareció una viñeta de Gahan Wilson en el tablón de anuncios de centros budistas a lo largo de todo Estados Unidos. La viñeta mostraba a un monje viejo y a un monje joven sentados en meditación, ambos acurrucados bajo sus túnicas. El viejo, con el rostro surcado con años de esfuerzo, volteaba a ver al monje joven. En la leyenda se lee: «¿Qué sigue? Nada, esto es todo».

Recuerdo estar hablando con un maestro tibetano que había renunciado a un alto cargo en la jerarquía tibetana y trabajó durante muchos años como enfermero, cuidando pacientes psiquiátricos. Estábamos hablando de la relación entre la práctica y la vida. «Mira, Ken», me dijo, «meditar no es la finalidad de la vida. Trabajas duro, muy duro en la meditación, para obtener un buen resultado. Luego, vives tu vida».

Todo lo que tenemos es lo que experimentamos, justo ahora. Esto, justo aquí, justo ahora, es nuestra vida. No conoceremos ninguna otra.

CAPÍTULO 10

No separación

La fachada de la tumba de Nasrudín era una inmensa puerta de madera, atrancada y cerrada con candado. Nadie podía entrar en ella, al menos a través de la puerta. Como su última broma, el Mulá había decretado que la tumba no debía tener paredes alrededor...

La fecha inscrita en la tumba era 386. Traduciendo esto en letras por sustitución, artificio común en las tumbas sufíes, nos encontramos con SHWF. Esta es una forma de la palabra para «ver», en especial para «hacer ver a una persona».

Quizás es por esta razón que durante muchos años se consideró que el polvo de la tumba era eficaz para curar las molestias oculares...

—IDRIES SHAH
LAS OCURRENCIAS DEL INCREÍBLE MULÁ NASRUDÍN

En 1993, durante un retiro en Santa Fe, Nyishöl Khenpo Rinpoche, un maestro de la tradición Nyingma, me enseñó tres líneas:

> *Rompe el huevo de la ignorancia.*
> *Corta la telaraña de la existencia.*
> *Abre la conciencia como el cielo.*

Este conjunto de instrucciones encarna, en forma poética, las *Tres palabras de Garab Dorje:*

> *Despierta a tu propia naturaleza.*
> *Sé firme en un punto.*
> *Ten confianza y sé libre.*

Demos un vistazo a cada una de ellas.

Rompe el huevo de la ignorancia: Despierta a tu propia naturaleza

Todo en este libro, hasta este momento, se ha enfocado en la primera línea, romper el huevo de la ignorancia, despertar a tu naturaleza original.

Kalu Rinpoche solía demostrar la progresión de la práctica tomando un cristal para representar la naturaleza de la mente, o mente original. Luego, cubría el cristal con un pliegue de su hábito diciendo: «Esto es la ignorancia básica».

Después, tomaba otro pliegue de su hábito y lo colocaba sobre el primero: «Esto es la percepción dualista»; luego otro: «y esto es el oscurecimiento por las emociones reactivas», y finalmente: «esto es el velo del condicionamiento kármico».

«Y esto es la práctica», continuaba, quitando las sucesivas capas de tela, una por una, hasta revelar el cristal.

A lo largo de este libro has estado quitando capas. Con las meditaciones sobre la muerte y la transitoriedad, quitaste el apego al éxito convencional y viste la estructura rígida de los patrones y el condicionamiento. A través de las meditaciones de las cinco dakinis y los seis reinos, desprendiste los patrones emocionales reactivos. Los cuatro inconmensurables expusieron y liberaron los núcleos emocionales no descargados. La visión profunda cortó el tejido de las percepciones dualistas y la ignorancia para revelar el cristal de la mente original.

Ahora sabes lo que es la presencia: conocer la totalidad y saber que lo que eres no está separado del todo.

Una estrofa de Rumi también es apropiada aquí:

He vivido al borde
de la locura, buscando conocer razones,
golpeando una puerta. Se abre.
¡He estado golpeando desde adentro!

Cuando has roto el huevo de la ignorancia, todo cambia; ahora entiendes lo que es y lo que no es la práctica. No es un medio para volverte feliz, rico, famoso ni respetado. No se trata de alcanzar este o aquel entendimiento, esta o aquella experiencia o comprensión. No se trata de volverte sabio, compasivo ni poderoso. Es una manera de estar completamente presente en cada momento de la vida. Rompes el huevo de la ignorancia y sales al mundo de la presencia.

Una vez que has tenido una experiencia directa de la naturaleza de las cosas, sabes que nada es real. Sabes, a pesar de lo que el condicionamiento te sigue diciendo, que no eres una entidad que existe de manera separada, aparte de tu experiencia. Sabes que lo que experimentas no es un mundo externo que existe independientemente de ti. Has penetrado el misterio de ser y sabes lo que te impide vivir en él.

Ves el funcionamiento de los patrones habituales mucho más claramente; cuando funcionan, no estás presente y experimentas la diferencia. Ves claramente cómo los patrones habituales funcionan según sus propios intereses que tienen poco o nada que ver con las circunstancias presentes o tu intención en la vida.

Hace unos días, cené con una mujer, Carol. A pesar de ser una persona amable y considerada, es tenaz en su intención y, de una manera u otra, suele salirse con la suya. Durante la cena, se quejaba desenfadadamente sobre cómo sus amigos siempre estaban haciendo pequeñas cosas para aprovecharse de ella. La última treta de una vieja amiga era no devolver sus llamadas telefónicas, al menos no inmediatamente. Contrariada, Carol respondió de la misma manera y la tensión fue incrementándose entre las dos; una lucha de poder estaba en marcha. Le pregunté a Carol lo que le costaría llamar a su amiga, es decir, perder la lucha de poder. Se rio diciendo: «Bueno, se saldría con la suya» pero vio cómo el patrón de tener que ganar podía costarle esa amistad.

Corta la telaraña de la existencia: Sé firme en un punto

La segunda fase es *cortar la telaraña de la existencia*. Podrías sentir que, una vez que has tenido una experiencia de la mente original o de presencia, tu práctica está completa. Tal actitud es extremadamente peligrosa; si bien muchos patrones habituales se destruyen con un mero destello de mente original, en verdad, tu trabajo acaba de comenzar. Kalu Rinpoche escribió:

Hoy en día, mucha gente piensa que una vez que más o menos entienden la naturaleza de la mente o han tenido un momento o dos de la experiencia de presencia, eso es suficiente; dejan de cultivar la compasión, la mente despierta y el aprecio respetuoso. Detienen toda práctica formal y pasan por alto los principios morales. Terminan con perspectivas muy equivocadas y emociones reactivas agravadas, y piensan que están haciendo lo correcto. Esa gente da vueltas indefinidamente en su propia confusión.

En tu práctica, no disipes la presencia en ningún pensamiento ni acción; continuamente dirige la atención a la mente y a lo que haces. Hasta que tu capacidad para descansar en la presencia se estabilice, continúa con las formas de práctica para evitar que los patrones habituales corrompan tu experiencia.

Cortar la telaraña de la existencia significa hacer de la presencia un tema incuestionable en tu vida: interrumpes el funcionamiento de los patrones reactivos cada vez que surgen; cortas su funcionamiento y vuelves a la presencia. Todo lo demás es solo relleno.

Aun si solo has tenido un destello de la naturaleza de la mente, ahora te acercas a la práctica de modo diferente, constantemente volviendo a la presencia, a la experiencia del todo en la cual el yo y el otro se reconocen como constructos. Vuelves al misterio de ser en el que no hay afuera ni adentro, hay solo lo que hay.

Podrías suponer que comprender la mente original hace que cortar sea fácil, pero realmente solo hace que sea posible. La telaraña de patrones que constituyen la existencia condicionada funciona automáticamente; está profundamente arraigada. Hasta ahora, es todo lo que has sabido sobre cómo vivir y funcionar en la vida. Cortar la telaraña implica soltar la dependencia de los modos habituales de funcionar y volver a la presencia. En otras palabras, sueltas tu vida tal como la has conocido hasta este momento. Dejas de luchar para que las cosas se ajusten a la manera en que los patrones te dicen que deben ser y te relacionas directamente con lo que es.

Cuando tienes un pleito con tu esposo o esposa, evita las inquietudes sobre quién gana o quién pierde; corta la telaraña, vuelve a la presencia y haz lo que necesita hacerse. Cuando estás impulsando agresivamente un trato de negocios, corta la telaraña, olvida presionar para lograr la negociación más sólida y vuelve a presencia, reconociendo el lugar que esta transacción de negocios tiene en tu vida. Cuando estás confundido en tu práctica de meditación, corta la telaraña, olvídate de alcanzar la iluminación o cualquier otra ambición personal, vuelve a la presencia y ábrete a lo que estás experimentando ahora mismo.

> El alcance de lo que pensamos y hacemos está limitado por lo que no advertimos.
>
> —*R. D. Laing*

En a una página del taoísmo, Chuang Tzu escribe:

No puedes hablar del océano con una rana de pozo; está limitada por el espacio en que vive. No puedes hablar del hielo con un insecto de verano; está confinado a una sola estación. No puedes hablar del Camino con un erudito con estrechez de miras; está encadenado por sus doctrinas. Ahora has salido más allá de tus límites y fronteras y has visto el gran mar, así que reconoces tu propia pequeñez. De ahora en adelante va a ser posible hablar contigo sobre el Gran Principio.

Colocar la atención en la mente original

Después de haber tenido un atisbo de la mente original, la práctica de la meditación cambia y el énfasis se traslada a descansar en la naturaleza de la mente. Primero, coloca la atención en la mente original. Recuerda el principio clave de la meditación básica:

Regresa a lo que ya está allí y descansa.

Ahora aplicas este principio a la mente original, que es lo que ya eres pero que sigues olvidando.

Siéntate a practicar la meditación formal. Siéntate con la espalda recta, con el mentón ligeramente vuelto hacia la garganta para que la cabeza esté alineada con la parte superior de la columna vertebral. Relaja el estómago; deja que tu espalda esté relajada pero recta. Coloca las manos sobre los muslos o en la posición tradicional de meditación: las palmas hacia arriba, una encima de la otra sobre tu regazo de manera que no se transmita tensión a la parte superior de la espalda ni a los hombros. Sentado, en esta postura, erguida pero no tensa, estable pero no rígida, relajada pero no laxa asiéntate. Mantén los ojos abiertos, mirando directamente hacia adelante, como si miraras el cielo abierto.

Respira naturalmente por la nariz, con los labios cerrados, pero sin que los dientes se toquen. Respirar naturalmente es muy importante en la práctica de presencia, ya que la respiración se vuelve muy sutil. Cualquier intento de controlar o manipular la respiración obra en contra de la práctica.

Para colocar la atención en mente original, recuerda las instrucciones de Gampopa:

- No invites al futuro.
- No persigas el pasado.
- Suelta el presente.
- Relájate ahora mismo.

Siéntate erguido y relajado. Suelta cualquier pensamiento o preocupación sobre el futuro. Los pensamientos e ideas pueden o no desaparecer; simplemente, no enfoques la atención en ellos. Cuando surjan expectativas, miedos, preocupaciones, entusiasmo u otros sentimientos sobre eventos del futuro, suéltalos también, es decir, simplemente deja que estén ahí, como las nubes en el cielo.

Deja que cualquier pensamiento o preocupación sobre el pasado venga y se vaya. A medida que te vuelvas consciente de sentimientos de logro, arrepentimiento, vergüenza, vindicación, triunfo o derrota, suéltalos también.

En este momento, naturalmente habrás comenzado a pensar sobre el presente; lo que estás haciendo en tu vida y por qué. Deja que estos pensamientos vengan y se vayan también, como hojas agitadas por una ráfaga de viento.

Y luego relájate, dejando que el cuerpo, la respiración y la atención solo sean.

Experimentarás un cambio. Ese cambio es la colocación de la atención en la mente original. No hay nada más que hacer. Descansa allí mismo.

Descansar en presencia

A medida que te acostumbras a colocar la atención en la mente original, te mueves hacia la práctica de la presencia. Las instrucciones para la presencia son muy sencillas. Un conjunto, de la tradición de Mahamudra, es:

- Sin distracción
- Sin control
- Sin trabajo

Tenno preguntó:
—¿Cuál es el sentido esencial del budismo?
Sekito contestó:
—No ganar, no saber.
—¿Puedes decir algo más?
—El cielo expansivo no obstruye las blancas nubes flotantes.

—*Shobogenzo*

Sin distracción significa que descansas en atención. Cuando surja un pensamiento, sentimiento o sensación, deja que esté ahí. No lo sigas ni te relaciones con él. Simplemente permanece abierto y relajado. No te distraigas ni por un instante. Comienza colocando la atención en la mente original durante cortos períodos de tiempo para que estés totalmente despierto y presente. Gradualmente alarga los períodos, manteniendo la claridad vívida y la atención estable. En el momento en que te distraes pierdes la atención y la energía de tu práctica fluye hacia los patrones habituales. Siéntate como si fueras una casa vacía. Los ladrones —los pensamientos y las sensaciones— vienen, pero la casa está vacía y no hay nada que robar, así que se van.

Un maestro y un monje llegaron a la intersección de dos caminos a un kilómetro y medio más o menos de una pequeña aldea. El maestro señaló un árbol y dijo: «Este es un buen lugar para que practiques la meditación. No está demasiado cerca de la aldea, así que no te distraerás. No está demasiado lejos, así que puedes recibir apoyo de la gente de la aldea. Permanece aquí y practica hasta que yo regrese».

El monje se sentó bajo el árbol y el maestro siguió su camino.

Unos años más tarde, el maestro decidió regresar para ver cómo le iba al monje. A medida que iba atravesando la aldea, le pareció que había mucha más actividad que hacía unos años. El camino que había tomado antes con su estudiante ahora estaba flanqueado por edificios que no reconocía. Autos y camiones rodaban de un lado a otro. Cerca del cruce había un gran almacén con sus muelles de carga repletos de mercancía. Del otro lado, una gran fábrica estaba rodeada de talleres y casetas de herramientas. En todas partes había vendedores ambulantes pregonando sus artículos. Un gran edificio de oficinas, todo de concreto y cristal, se erigía en una esquina.

Desconcertado, el maestro preguntó a un hombre por el paradero del monje que practicaba meditación.

> Deja que lo que surja surja; cuídate de no seguirlo.
>
> —*Milarepa*

Sonriendo ampliamente, el hombre señaló hacia el piso superior del edificio de oficinas. El maestro entró en un espléndido vestíbulo de mármol y tomó el ascensor hasta el último piso. Entró en una amplia oficina alfombrada, con empleados administrativos ocupados silenciosamente en sus escritorios. Cuando preguntó por el monje, se le indicó una oficina aún más grande con un enorme escritorio de caoba. Detrás del mueble estaba su estudiante, vestido con un traje elegante, reunido con un asistente.

El maestro carraspeó. Su estudiante levantó la vista y quedó estupefacto, con una mirada de asombro en su cara. Se hundió en el sillón de cuero y comenzó a sollozar; «Todo comenzó cuando necesité un taparrabos nuevo», dijo.

En el budismo Mahayana, la contraparte de las tres marcas de la existencia —la transitoriedad, el sufrimiento y el no yo— son las tres puertas hacia la libertad: sin características, sin aspiración y vacuidad.

Bueno, malo, agradable, desagradable, grande, pequeño, abierto, cerrado, azul, rojo: estas son todas características y cuando tu mente se detiene en cualquiera de ellas, te distraes. La mente se detiene en el contenido de la experiencia y sales del misterio. Cuando mantienes una atención clara y vívida sin distracción entras por la puerta «sin características». Dejas de aferrarte a características tales como bueno, malo, interesante, aburrido, quietud o movimiento. Los pensamientos, sentimientos y sensaciones vienen y van libremente por sí mismos.

La instrucción *sin control* significa que no tratas de que algo suceda en tu práctica. Esta instrucción está dirigida al malentendido de creer que la presencia es un estado ideal de ecuanimidad imperturbable, gozo permanente o pureza total. En *El infierno* de Dante, las palabras «Abandonad, los que aquí entráis, toda esperanza» están inscritas sobre el portal del infierno. Más apropiado, quizá, sería grabar estas palabras en el portal de la presencia, dado que «sin aspiración» es la segunda puerta hacia la libertad. La presencia es conocer el todo; saber que el yo y el otro son fabricaciones, y vivir en el misterio de la experiencia. Eso es todo. El impulso por controlar proviene del deseo de crear y mantener una experiencia diferente de lo que estás experimentando ahora. En la práctica de la presencia, renuncias a toda expectativa, te unes con lo que sea que llegue y no tratas de cambiar, controlar ni manipular tu experiencia de ningún modo.

> Drukpa Kunlek fue uno de los famosos ermitaños locos del Tíbet. Cuando un posible futuro estudiante llegó a pedirle instrucción, Drukpa Kunlek le preguntó:
> —¿Tienes miedo de experimentar el renacimiento en el reino de los infiernos?
> —Sí —le respondió el estudiante—, por eso he venido a verlo.
> —¿Esperas alcanzar la iluminación? —le preguntó Drukpa Kunlek.
> —Sí, por eso quiero practicar.
> —¡Vete de aquí! —dijo Drukpa Kunlek—. Con tanta expectativa y miedo, no hay forma de que puedas practicar. Estaría perdiendo mi tiempo dándote instrucciones.

Sin trabajo quiere decir que no tratas de cultivar ninguna cualidad ni comprensión particulares. En otras formas de práctica, trabajaste para aceptar la transitoriedad y la muerte, para desmantelar las cadenas reactivas y para cultivar los cuatro inconmensurables. En la práctica de la presencia, no intentes cultivar ninguna cualidad ni habilidad; no intentes hacer que la mente permanezca en calma y quieta; no trabajes con la compasión, la fe ni la visión profunda. Vuélvete vacío. Solo sé.

> Un maestro Zen se topó con uno de sus estudiantes que meditaba en el patio del templo.
> —¿Qué estás haciendo? —le preguntó el maestro.

—Estoy trabajando para conocer la mente original —respondió el estudiante.

El maestro se sentó junto al estudiante, tomó una piedra y comenzó a lustrarla con su hábito. El maestro siguió frotando la piedra con su hábito, aparentemente ajeno al transcurso del tiempo. Finalmente, el estudiante no pudo contener su perplejidad durante más tiempo.

—¿Qué estás haciendo? —le preguntó al maestro.

—Estoy haciendo una baldosa de vidrio.

—Pero no puedes hacer una baldosa de vidrio lustrando una piedra.

—¡Ni tú puedes conocer la mente original trabajando en ello! —dijo el maestro.

Descansar sin trabajar en nada implica soltar las creencias de que tienes que ser «alguien», de que necesitas cualidades o habilidades especiales, o de que deberías estar haciendo esto o no deberías de estar haciendo aquello. Cuando sueltas estas creencias, te vuelves vacío y entras por la tercera puerta a la libertad, la vacuidad.

La práctica Zen de shikantaza, las prácticas tibetanas de Mahamudra y Dzogchen y la práctica de la tradición Theravada de la atención plena en la respiración son todos ejemplos de la práctica de la presencia. Necesitas tres cualidades para esta práctica: aprecio de la transitoriedad, compasión y fe. Un profundo aprecio de la transitoriedad y del sufrimiento de la existencia humana provee la motivación necesaria para dejar que los patrones habituales se desmoronen. La compasión, dado que se manifiesta como atención profunda y cuidadosa hacia todo lo que surge en la experiencia, asegura que tu práctica abarque todos los aspectos de la vida y que no refuerce el sentido del «yo». La fe, la voluntad de abrirse al misterio de ser, proporciona la energía emocional para permanecer presente frente a los patrones hasta que naturalmente se liberan en el espacio abierto de la mente original. Así como Niguma cantara a Khyungpo Naljor después de señalarle la naturaleza de la mente:

En este mundo de sufrimiento mágico
Trabajamos con una práctica mágica
Y experimentamos un despertar mágico,
Que surge a través del poder de la fe.

Disipar las concepciones erróneas

No podemos conocer lo que no hemos experimentado. Uno de los problemas más comunes asociados con la práctica de la presencia son nuestras ideas preconcebidas sobre lo que es la presencia, lo que es la vacuidad y lo que es el misterio de ser.

Un rey, muy impresionado por las enseñanzas de un sabio, desarrolló un profundo apego a la verdad. Decretó que todos sus súbditos debían decir la verdad en toda circunstancia. Para hacer cumplir su decreto, instruyó a los guardias apostados en las puertas de la ciudad que determinaran si las personas estaban diciendo la verdad y que ahorcaran a quienes no lo hacían.

El sabio, perturbado por el giro de los acontecimientos, pidió al rey permiso para retirarse y abandonó la ciudad. Al día siguiente regresó y uno de los guardias le preguntó:

—¿Cuál es su motivo para entrar a esta ciudad?

—Me van a ahorcar —respondió el sabio.

Después de algunos breves momentos de reflexión, el guardia advirtió que estaba en terreno desconocido. Finalmente, el enigma y el sabio fueron remitidos al rey.

—Su Majestad —dijo el sabio— hay un mundo de diferencia entre la verdad y su concepto de la verdad. Revoque su decreto y estudiemos nuevamente el tema.

Aunque en esta fase de la práctica se trata de ser firme en un punto, debes tener cuidado en comprender exactamente lo que implica para evitar caer en el mismo tipo de trampas que este rey.

El primer obstáculo es tomar la vacuidad como real y llegar a un punto de vista nihilista sobre la vida. Si la vacuidad es real, entonces no hay nada más que importe porque ninguna otra cosa es real. Consideras que el funcionamiento de los patrones es irreal y no les prestas atención. Ignoras lo que surge en la experiencia y tus patrones funcionan frenéticamente sin nada que los contenga. Saraha, un maestro indio del siglo III, dijo sobre este punto de vista:

Quienes creen que cuanto aparece es real
Son estúpidos, como vacas.
Quienes creen que la vacuidad es real
Son todavía más estúpidos.

La vacuidad no es lo que es real; la vacuidad no existe. Si existiera, no sería vacuidad. Nada es real: ni la vacuidad, ni la experiencia, ni la conciencia. Como dice Avalokiteshvara en el *Sutra del corazón*:

… ni sufrimiento, ni origen de sufrimiento, ni fin de sufrimiento, ni camino, ni sabiduría, ni logro y ni no logro.

La naturaleza de la mente no es una cosa. No puede etiquetarse como esto ni aquello. No surge en la existencia. No cesa de ser. No se crea y tampoco puede destruirse. Es solo lo que está presente y lo sabes cuando ya no estás confundido ni distraído por el funcionamiento de los patrones habituales.

El segundo obstáculo es tratar de hacer que los pensamientos perturbadores, las emociones reactivas o las sensaciones que nos distraen se vuelvan «vacíos». No puedes hacer que se vuelvan vacíos, porque *son* vacíos. Parecen ser reales porque no los experimentas completamente. Tu esfuerzo en la práctica no es hacer que los pensamientos y las emociones se vuelvan vacíos, sino experimentarlos completamente y saber lo que son. Cuando los experimentas completamente, los experimentas como vacíos porque esa es su naturaleza.

En el capítulo previo, hablé del mundo del dinero. No puedes hacer que el dinero sea vacío. Es una parte de la vida. Puedes tratar de ignorarlo, fingir que no existe o considerarlo como la fuente de todo mal, pero tales enfoques solo crean dificultades. Igualmente, si tomas el dinero como real, ves y valoras todo en tu vida desde un punto de vista financiero y tu vida es más pobre sin importar cuánto dinero puedas tener. Si, por el contrario, entiendes exactamente lo que es el dinero —un acuerdo colectivo para intercambiar energía con otros—, entonces puedes relacionarte con él sensatamente sin perder tu vida por su causa. Puedes elegir intercambiar energía con otros utilizando el dinero o puedes elegir intercambiar energía emocional o espiritualmente, de formas que no se basan en valoraciones económicas.

En lugar de tratar de hacer que la experiencia sea vacía, ábrete completamente a la experiencia y conócela por lo que es. Entonces no estarás confundido por lo que experimentas; tendrás claridad y estarás presente en tu vida.

El tercer obstáculo es pensar que nombrar la vacuidad es suficiente. Tienes un desacuerdo con una colega y estás enojado por lo que ella dijo. «Ah, pero el enojo es vacío», recuerdas, y decides que etiquetar el enojo como vacío es suficiente. El enojo, sin embargo, todavía sigue enconándose en tu interior. No lo has experimentado completamente, así que no se ha liberado. No solamente etiquetar no es suficiente, sino que te impide conocer directamente lo que sí surge en la experiencia. Para ser firme en un punto, la naturaleza de la mente, experimenta el enojo completamente sin perder la atención, sin arrojarlo al mundo ni suprimirlo dentro de ti.

El cuarto obstáculo es adoptar la actitud: «medita ahora, ilumínate más tarde». El maestro que pulía la piedra estaba mostrando a su discípulo que esta estrategia no es la práctica de la presencia. Nada existe fuera del momento presente de la experiencia. Todo —el pasado, el futuro, el mundo externo, el sentido del yo— es una fabricación, o interpretación, de lo que experimentas ahora mismo.

Detén la lectura por un momento e imagina que vas a morir dentro de un minuto. Las últimas cosas que vas a experimentar son leer estas páginas, estar sentado en esta habitación, vestir la ropa que estas vistiendo, pensar y sentir lo que estás pensando y sintiendo ahora mismo. Eso es todo; este es el fin de tu vida. No tienes tiempo para hacer nada al respecto. No tienes tiempo para escribir una nota ni hacer una llamada telefónica. Tu vida se acabó. Morirás en un minuto. Todo lo que puedes hacer es experimentar lo que es, en este mismo momento.

Este es un ejercicio muy sencillo, pero bastante profundo; te trae a la presencia muy rápidamente. Las proyecciones de los seis reinos se desvanecen. Dejas de luchar, dejas de necesitar, dejas de preocuparte por la comodidad física, dejas de desear, dejas de lograr y dejas de mantener. La iluminación, el logro, el entendimiento, todo pierde sentido; solo estás presente. Esta es una manera de cortar la telaraña de la existencia. Sé firme en este punto.

Comentario: Cortar la telaraña

Cuatro métodos

Cortar la telaraña de la existencia se sintetiza en un solo principio: vuelve a la conciencia directa que es nuestra herencia humana. La telaraña de la existencia es la telaraña de patrones habituales que constituyen tu personalidad y que influyen en tu forma de experimentar la vida. Corta la telaraña experimentando completamente todo lo que surja —los pensamientos, los sentimientos, las sensaciones, el funcionamiento de los patrones habituales, todo— en atención. Lo que surge se libera y conoces la conciencia directa en el momento. El proceso de cortar tiene cuatro pasos:

- Brinda atención a lo que surge
- Deja que la atención penetre
- Sostén la atención en los procesos reactivos que se desencadenan
- Recibe lo que está presente cuando los procesos reactivos se desmoronen

La conciencia abierta ya está presente, pero oscurecida por los patrones habituales. La experiencia es lo que surge. Pierdes contacto con la naturaleza de la mente cuando pierdes contacto con la conciencia abierta y no sabes íntegramente lo que surge en la experiencia. Comienza prestando atención a lo que surge en la experiencia, sin juicio ni evaluación. Simplemente expe-Riméntalo. La atención penetra las interpretaciones habituales de la experiencia, y se desencadenan mecanismos reactivos. Sostén la atención en el proceso reactivo. En lugar de distraerte y tomar las reacciones como reales, expeRiméntalas como son —surgen y se desvanecen en la atención—: la conciencia despierta se funde con la experiencia. En ese momento experimentas un cambio: ves y experimentas lo que surge de manera diferente. El paso final es aceptar y recibir lo que ves sin intentar cambiarlo ni controlarlo.

El proceso de cuatro pasos para mezclar la conciencia despierta y la experiencia puede aplicarse en cada una de las cuatro maneras de trabajar: poder, éxtasis, visión profunda y compasión. Estos cuatro métodos son sutilmente diferentes. El *poder* enfatiza el ir directamente al interior de lo que surge. El *éxtasis* enfatiza abrirse a lo que surge. La *visión profunda* enfatiza ver y saber, y la *compasión* enfatiza soltar. De los cuatro métodos, uno será más efectivo que los otros para desmantelar un patrón reactivo específico. Ser hábil en los cuatro, te permite cortar la telaraña de la existencia, sin que importe lo que surja en la experiencia.

Para el poder, el proceso se denomina *ponerse de pie*. Los cuatro pasos son:

- Encarar
- Abrirse
- Prestar servicio a lo que es verdadero
- Recibir el resultado

Encarar significa que ves de frente lo que está sucediendo; no ignoras el patrón ni finges que se disipará por sí mismo. *Abrirse* significa que te abres a lo que está sucediendo; no te cierras a ninguno de sus aspectos. *Prestar servicio a lo que es verdadero* significa que actúas de acuerdo con lo que es verdadero hasta el límite de tu percepción, haciendo lo que la situación requiera aun frente a la resistencia de los patrones reactivos. *Recibir el resultado* significa que aceptas las consecuencias de tu acción o inacción. Cuando pases por estas cuatro etapas, estarás a un nivel más alto de energía porque, al ponerte de pie, cortas el funcionamiento de los patrones habituales y su energía se transforma en atención.

Supón, por ejemplo, que eres una persona que no tira nada nunca. No puedes deshacerte de las cosas. Tienes una habitación en tu casa que utilizas para almacenar y está llena. La creciente acumulación de cosas va tomando el espacio libre en otras habitaciones, así que encaras el problema. Ya no ignoras la acumulación. No la niegas, ni finges que no hay ningún problema, ni te enfureces, ni caes en la distracción ni en la confusión. Tomas una decisión: cada día o cada semana, entras en esa habitación y miras todas las cosas. El siguiente paso es abrirte. Cuando estás en la habitación, te abres a lo que experimentas, interna y externamente. No modificas, ni racionalizas, ni decides mirar cada cosa en detalle, ni recoges este objeto y luego aquel. Te abres y lo experimentas todo.

¿A qué prestan servicio todas estas cosas? ¿Qué en esta habitación has utilizado en los últimos seis meses, el último año o los últimos cinco años? Una manera de prestar servicio a lo que es verdadero es escoger un período de tiempo, digamos tres años, y desechar todo lo que no has tocado desde hace tres años o más. Entonces te encuentras con una carta de un viejo amor. ¡No la puedes tirar! ¿Para qué sirve guardarla?

Recibir el resultado significa que aceptas las consecuencias de tu acción. Si conservas la carta, ¿dónde y cómo la vas a guardar? Si la tiras, sientes la pena, la nostalgia, y la calidez de esos recuerdos amorosos mientras reconoces que la relación ha terminado y ya no forma parte de tu vida.

Para el éxtasis, las cuatro etapas del mezclar la conciencia despierta y la experiencia son:

- Enfoque
- Campo
- Material interno
- Presencia

Enfoque significa tomar un aspecto de lo que surge en la experiencia como el foco de la atención. *Campo* significa expandir el alcance de la atención para incluir todo lo que surge en la experiencia. *Material interno* significa sostener la atención e incluir las reacciones internas que surgen a medida que te abres al campo de experiencia. *Presencia* significa que dejas que esas reacciones ocurran por sí mismas, mientras permaneces presente en el proceso. Dado que los patrones reactivos surgen en el campo de la atención, son incapaces de mantener su funcionamiento y se desmoronan.

Como ejemplo, supón que eres muy hábil para resolver problemas, pero tienes dificultad para conectarte emocionalmente con la gente. Cuando te encuentres con alguien, toma su voz como foco. Expande la atención para incluir cada sensación: todos los otros sonidos, los colores de su ropa, sus ojos, su cabello, la mesa, las sillas, los muebles y las paredes de la habitación; todo. Luego incluye tus propias reacciones: todas las ideas que destellan en tu mente a medida que la otra persona habla, el impulso para tomar el control de la conversación, la incomodidad o el miedo de simplemente estar con él o ella. Podrías no ser capaz de hablar ni expresarte de la manera en que estás acostumbrado; que así sea. Podrías sentirte vulnerable, incierto o ansioso; que así sea. Permanece presente en tu experiencia.

Para la visión profunda, el proceso de mezcla se denomina los *cuatro gestos*. Los cuatro pasos son:

- Algo sucede
- Se crea un mundo
- Morir al mundo
- Cambiar de nivel

Algo sucede significa solo eso: algo sucede. Surge un pensamiento o una persona te habla. Inmediatamente, *se crea un mundo*. Los patrones reactivos, desencadenados por lo que sucedió, proyectan uno de los seis reinos. Ábrete a él. Tan pronto como el mundo se crea, los patrones reactivos asociados con ese mundo comienzan a funcionar. *Morir al mundo* significa que sostienes las reacciones en atención. Sientes el dolor de la muerte a medida que experimentas las reacciones completamente y no haces ningún esfuerzo para mantenerlas ni para mantener su mundo. No mueras pasivamente; permanece presente mientras mueres. *Cambiar de nivel* significa que el esfuerzo en la atención cambia el nivel de energía, corta la red de la existencia, y te devuelve a la mente original; ves con nuevos ojos.

Un amigo está pasando por un momento difícil en su vida. Llama para hablar contigo y entiendes bastante bien sus problemas. Le haces una sugerencia. La descarta y se ocupa de otro tema. Sientes una oleada súbita de enojo. Te acabas de mover hacia el reino de los infiernos. A medida que surge en ti el enojo, quieres decir: «¿Para qué me llamaste si vas a ignorar lo que te digo?» Sostén la reacción de enojo en atención y muere a ella y al mundo que proyecta. Esta persona no es tu enemigo. Es un amigo que llamó pidiendo ayuda. Tu supervivencia no está en riesgo; no tienes que luchar. Muere a la noción de que cualquier cosa que hayas sugerido era buena para él. Muere a la suposición de que sabes cómo ayudarlo. Muere a todo eso. Dejas de luchar y experimentas un cambio y ves lo que no podías ver antes: él solo necesitaba a alguien con quien hablar. No estaba buscando consejo ni soluciones; estaba buscando conexión humana. ¿Puedes darle eso o esa comprensión profunda desencadena otra ronda de reacciones en ti?

Para la compasión, el proceso de mezclar la conciencia despierta y la experiencia se denomina *romper cadenas*. Los cuatro pasos son:

- Entrar
- Tomar
- Vaciar
- No separación

Entrar significa entrar en la experiencia de lo que está surgiendo. *Tomar* significa incorporar lo que está sucediendo y experimentarlo directamente. *Vaciar* significa alterar cualquier involucramiento reactivo con lo que está sucediendo. Déjate caer en el no pensar, inhala, vacíate o solo detente durante un momento. *No separación* significa unirte con lo que surge justo en el momento en que te vacías. Al unirte con lo que surge, vuelves a la naturaleza de la mente.

Para continuar con el último ejemplo, acabas de ver lo que quiere y necesita tu amigo para sentirse conectado. Eso es lo que está surgiendo; un amigo está necesitado. Entras en la interacción e incorporas lo que está sucediendo: el miedo y el dolor en su voz, la incertidumbre en ti. Las tendencias reactivas comienzan a surgir: serás sepultado, sofocado, quemado, o destruido. Inhala. Exhala. Las reacciones se detienen. Te vacías durante un momento. Ahora únete con lo que hay. Tu amigo está necesitado y te llamó. Tú y él están aquí justo ahora, y eso es todo.

Utiliza estos cuatro métodos en la meditación y en la vida cotidiana. Los cuatro son importantes. Todos tenemos nuestras fortalezas y debilidades, pero apoyarnos solamente en nuestras fortalezas es crear debilidad. Algunas personas son buenas para ir directamente al grano, pero no pueden abrirse o no pueden soltar. Otros se pueden abrir, pero no pueden comprender. Aprende los cuatro porque descuidar alguno es ignorar una parte de tu vida, y si esa parte no se aborda, se apoderará de todo.

La energía se acumula en lo que no se corta. Si lo que acumula poder no se corta, entonces el poder acumulado corta todo lo externo a él. Ésta es la dinámica de la explotación y surge frecuentemente en la política, en las organizaciones y en las sectas. Una persona acumula poder, pero no explora su propia necesidad de poder.

> Todos los animales son iguales. Los cerdos son más iguales que otros animales.
>
> —*George Orwell,*
> Rebelión en la granja

Inicialmente, racionaliza su acumulación de poder como algo para el bienestar general, el bien de la organización o algún otro ideal elevado. A medida que transcurre el tiempo, sus actividades sirven cada vez menos a la organización, aun cuando acumula más poder. Sin embargo, sigue exigiendo mayores sacrificios de sus empleados o seguidores. En el caso de las sectas, si la secta no se desarticula, inevitablemente termina en muerte, porque el ansia de poder del líder a la larga exige las vidas de quienes lo siguen.

De igual manera, si no te abres a cada aspecto de tu vida, la energía alimenta precisamente lo que no está abierto. Esta es la dinámica de la adicción. En el fondo de la mayoría de las adicciones hay un núcleo de vergüenza. Mientras que no te abras a esa vergüenza y experimentes lo que es —una imagen de ti mismo inculcada por un sistema familiar o cultural—, la vergüenza dirige tu vida. En la práctica de la meditación, las personas intoxicadas por estados meditativos de éxtasis, claridad o ausencia de pensamientos se aferran a una realidad proyectada, tomando esas experiencias como lo que es real y sin abrirse a su naturaleza vacía. Su práctica degenera en el mantenimiento de estados idílicos, que confunden con la presencia.

En el caso de la perversión de la visión profunda, la capacidad de examinar y comprender lo que está sucediendo se utiliza por las partes de ti que no has examinado. Muchos maestros espirituales han caído en esta trampa, examinando profundamente el funcionamiento de las cosas, pero incapaces de ver sus propios patrones o reacios a hacerlo. Acaban por manipular a sus discípulos, benefactores y comunidades para conseguir dinero, poder, sexo, o fama.

Finalmente, cuando no sueltas, aquello a lo que te aferras termina controlando tu vida y a todos a tu alrededor. Esta es la dinámica del control. Piensa en los burócratas que establecen elaborados patrones para controlar cada aspecto de una organización. A la larga, los patrones mismos controlan la organización y los burócratas son tan prisioneros de su creación como las personas a quienes buscan controlar.

> La benevolencia, el valor, la confianza y la integridad son buenas cualidades humanas, pero es posible saquear a los benevolentes, incitar a los valientes, engañar a los confiados, e intrigar contra aquellos con integridad.
>
> —*El libro de liderazgo y estrategia*

Desmantelar patrones

Además de los cuatro métodos descritos arriba, utiliza las herramientas que aprendiste en los capítulos anteriores: las meditaciones sobre la muerte y la transitoriedad, las dinámicas de los patrones habituales, las cinco dakinis y vaciar los seis reinos, los cuatro inconmensurables, tomar y enviar, la mente que despierta, y la visión profunda.

Usa estas prácticas para cortar la telaraña de la existencia y volver a la naturaleza de la mente. En la meditación sobre la muerte, alcanza una gran claridad sobre la realidad de la muerte, y luego pregunta: «¿Qué muere?». Cuando estés enfermo pregunta: «¿Qué sufre?». Mira una y otra vez lo que experimentas hasta que comprendas la naturaleza de la mente que surge como apariencia-vacuidad. Haz lo mismo con el amor bondadoso y la compasión y cualquier otro estado mental, pensamiento, sentimiento o sensación.

En particular, corta sistemáticamente la telaraña de tu personalidad. Identifica una serie de patrones que funcionan en ti y haz una lista de ellos. Luego, por ensayo y error, aparea cada patrón con una técnica que funcione con él eficazmente. Por ejemplo, supón que observas que constantemente te criticas. Cada vez que surja la actitud crítica, evoca la meditación sobre la alegría, cortando los valores condicionados que tomas como absolutos. Quizás el enfoque del poder no sea eficaz, pero descubres que abrirte a la actitud crítica sí lo es, así que solo ábrete a ella con entusiasmo, elevando el nivel de energía en la atención hasta el punto en que experimentes esos valores en los que fuiste entrenado pero que ya no los tomas como absolutos.

Una vez que hayas apareado cada patrón con una técnica, trabaja con un solo patrón durante una semana o más para que puedas cortar ese patrón cada vez que surja. Entonces incluye otro patrón y trabaja con él durante una semana mientras continúas trabajando con el primero. Sigue sumando un patrón por semana hasta que te encuentres trabajando con cuatro o cinco. Este número no es demasiado para recordar, pero suficiente para mantener tu personalidad condicionada desequilibrada, de manera que constantemente experimentes el volver a la naturaleza de la mente. Cuando un patrón colapsa, comienza a trabajar con un nuevo patrón de manera que siempre estés trabajando con cuatro o cinco en un momento dado.

¿Cómo, te podrías preguntar, identificas y estudias los patrones? He aquí cuatro maneras.

Primero, *observa lo que no adviertes, lo que no cuestionas y aquello sobre lo cual no te ríes*. Lo que no adviertes te dice dónde te mantienen en ignorancia los patrones. Lo que no cuestionas te dice lo que los patrones asumen. Aquello sobre lo cual no te ríes te dice dónde está invertida tu identidad.

Toma conciencia de lo que no adviertes fijándote en lo que otras personas —tu maestro, esposo o pareja, amigos o colegas— sí ven. Toma conciencia de lo que no cuestionas notando las suposiciones que funcionan en ti cuando piensas e interpretas los eventos. Toma conciencia de aquello sobre lo cual no te ríes, notando lo que no es gracioso para ti e indagando por qué. En las tres categorías, descubrirás puntos fijos en ti. Esos puntos fijos son donde están fijados los patrones y siguiendo los hilos de los puntos fijos, encontrarás el camino hacia los patrones.

Segundo, *estudia la historia de tu vida*. En la primera meditación sobre el cambio en el capítulo 4, examinaste tu vida en intervalos de cinco años para ver qué cambios ocurrieron en tu personalidad, tu visión del mundo y tus relaciones a medida que crecías. Examinar la historia de tu vida revela cómo se desarrollaron los patrones y cómo moldearon tu vida. Examina la historia de tu familia también, dado que los patrones se transmiten demasiado fielmente de generación en generación. Observa a tus padres y a tus hijos para ver qué patrones funcionan en ti.

Tercero, *observa los cinco círculos de tu vida*. El primer círculo es donde vives: tu casa y lo que haces solo. El segundo círculo es tu sistema de apoyo próximo: tu familia inmediata, tus amigos íntimos y tus colegas, y la forma en que te relacionas con ellos. El tercer círculo es cómo te ganas la vida: en qué actividades participas, las personas con quienes te relacionas y cómo manejas el dinero. El cuarto círculo consiste en tus relaciones sociales: tus padres, hermanos y parientes, amigos y conocidos. El quinto círculo son los ámbitos social y cultural: dónde te ubicas en el sistema socioeconómico, qué valores culturales sostienes y la naturaleza de tu relación con la sociedad. Examina cada uno de estos círculos y tendrás una buena idea de los patrones que moldean tu vida.

Cuarto, reino de los infiernos. Ves y experimentas el mundo en términos de oposición; todo es una lucha para ti. Así que, durante un día, lucha con todo lo que puedas imaginar; exagera el funcionamiento del patrón; deliberadamente provoca el conflicto a partir de los desacuerdos más pequeños. Observa los patrones que buscan e invitan al conflicto. Observa hasta dónde llegarían. Observa lo que los detiene. Observa lo que quieren y qué mundo crean para ti. Al día siguiente haz lo opuesto. Nada es un problema. No te opongas a nada; sé la persona más apacible del mundo. Al día siguiente, vuelve a luchar. Continúa alternando: un día lucha; otro día acepta. Haz lo mismo en tu meditación, luChando contra todo lo que surja un día, aceptando todo gentilmente el día siguiente.

Muy rápidamente, te darás cuenta de cómo funcionan los patrones, en ti y en las personas que te rodean. Quizás te asombres al descubrir que los demás no perciben ningún cambio en tu conducta, o quizá te sorprendas por la poca tolerancia que ellos tienen por cualquier desviación en tu conducta. Un lado del patrón puede sentirse muy familiar, mientras que el otro lado es territorio prohibido.

Un estudiante, incapaz de reconocer el reino de los dioses, utilizó la alternancia. Un día actuaba como un dios, asumiendo que todo el mundo existía solo para servirle y que todo lo que pensaba y hacía estaba bien y era verdadero simplemente por virtud de quien él era. Alimentó una actitud de tal superioridad y privilegio que la sugerencia de que podía cometer algún error parecía absurda. Su única preocupación, en los días del reino de los dioses, era mantener su posición de superioridad.

Los otros días, era el más bajo de los bajos. Nada en él era bueno ni honorable. Se comportaba como si no mereciera ninguna deferencia, honor o servicio. Si cualquiera le hacía un cumplido, se disculpaba por hacerse notar. Si cualquiera le agradecía, respondía que todo lo que hacía era solo un reflejo de su lugar de subordinación en el mundo y que ninguna gratitud era necesaria.

Después de su primer intento, dijo que los días alternos eran fáciles, pero que los días del reino de los dioses en sí eran inconcebibles. «No puedo actuar así», dijo. «No está bien. Es descortés. Es desconsiderado». Estas objeciones revelaban la primera capa de los patrones que le impedían estar presente. Solía estar más preocupado por comportarse adecuadamente —comportarse según los valores inculcados y verse bien— que por hacer lo que la situación requería.

Cuando practicas la alternancia, los patrones gritan, dándote cualquier razón imaginable por la cual no puedes hacer esta práctica. Recuerda: lo que no adviertes, lo que no cuestionas y aquello sobre lo cual no ríes son todas indicaciones de material relacionado con los patrones.

Tras repetidos esfuerzos, este estudiante logró jugar el papel de dios durante un par de días. Quedó horrorizado: esto era lo que realmente quería. ¡Así era como de hecho se sentía en su interior! Se dio cuenta de que estaba enojado con el mundo porque el mundo no lo trataba como el dios que él sentía que era. La práctica había revelado un patrón en él que ni siquiera había sospechado.

Un tercer resultado de la alternancia es que abre una brecha entre los dos polos del patrón. Encuentras la naturaleza de la mente en esa brecha. Practica la alternancia, corta la telaraña de la existencia, abre la brecha y regresa a la mente original.

Conducta deliberada

Estas y otras prácticas similares están dentro de la clasificación general de *conducta deliberada*. En su interpretación más generalizada, la conducta deliberada se refiere a la adopción volitiva de cualquier forma de conducta con el propósito de observar y cortar la telaraña de la existencia.

La disciplina es peligrosa y dañina si no eres capaz o no estás dispuesto a mantener la atención. En el mejor de los casos, solo suprimirás o reforzarás los patrones problemáticos de conducta. En el peor de los casos, lastimarás a otros o a ti mismo mental, emocional y posiblemente físicamente.

Todas las prácticas espirituales son formas de conducta deliberada y, en consecuencia, pueden ser peligrosas. Los votos monásticos y el voto de conducta de un ser que despierta son ejemplos de conducta deliberada. En los votos monásticos, los peligros incluyen suprimir el material interno e imponer insensiblemente interpretaciones literales sobre los demás. En el código de los seres que despiertan, la supresión es también un peligro, así como lo es ignorar los límites apropiados. Para evitar la supresión, debes tener clara tu intención: ¿por qué estás haciendo esto? Con una intención clara, el poder fluye hacia tu práctica de conducta deliberada. Si tomas los votos monásticos, eres responsable de la decisión y todo lo que experimentes como consecuencia se vuelve combustible para tu práctica. Si haces un retiro de un mes y te golpean la soledad, la futilidad o la enfermedad durante el retiro, la claridad de tu intención te da el poder para afrontar estas experiencias con presencia. No sigas una práctica espiritual, y especialmente no lleves a cabo la conducta deliberada para mejorar tu vida. El objetivo de la práctica espiritual es la presencia, no una mejoría. El objetivo de la conducta deliberada es desmantelar aquellas partes de tu vida que están basadas en patrones habituales.

En *La lámpara de Mahamudra* Tsele Natsok Rangdröl usa cinco metáforas para describir las formas de conducta deliberada asociadas con la práctica de la presencia: un ciervo herido, un león jugando en las montañas, el viento en el cielo, un loco, y una lanza traspasando el espacio vacío.

UN CIERVO HERIDO: RENUNCIA   Cuando un ciervo está herido, se interna en el bosque o en las montañas, evitando los peligros y distracciones para que su cuerpo pueda descansar y recuperarse. A través de la renuncia, suelta los peligros y distracciones de la vida basados en patrones y reacciones habituales. Así como el ciervo está decidido a recuperarse de sus heridas, ten la determinación de liberarte de los patrones habituales.

UN LEÓN JUGANDO EN LAS MONTAÑAS: PERSPECTIVA.   Un león en estado salvaje corre libremente, sin miedo, ansiedad ni inquietud. En la práctica de la presencia, toda experiencia es un surgir en la conciencia y la conciencia en sí es como el cielo: clara, vacía y abierta. Incluso las dificultades que encuentras en la práctica son experiencias. Con la confianza que esta perspectiva provee, trae la atención sin miedo a todo lo que surja en la experiencia, y conócelo por lo que es.

EL VIENTO EN EL CIELO: PRÁCTICA.   El viento no se adhiere a nada. Es movimiento y nada más. Toca y sigue su camino. Todo lo que surge en la experiencia es movimiento; ya sea un pensamiento, un sentimiento o una sensación. Los patrones de la habituación se apegan al contenido de la experiencia, deteniendo el movimiento. Sé como el viento en el cielo: no te apegues a nada y deja que la experiencia surja y desaparezca en el espacio abierto de la conciencia.

UN LOCO: CONDUCTA.   La noción convencional del éxito es ser feliz, rico, famoso y respetado. El fracaso es ser infeliz, pobre, desconocido y desdeñado. Solo un loco no se preocupa de estar feliz o triste, ser rico o pobre, famoso o desconocido, respetado o desdeñado. La única manera de recuperar tu vida es reconocer que la vida consiste precisa y únicamente en lo que experimentas. Actuar según lo que los demás juzgan como éxito o fracaso, o de acuerdo con lo que los patrones habituales te dicen que es el éxito o el fracaso, es ignorar lo que eres. Sé como un loco, que prescinde de las nociones condicionadas de éxito y fracaso. Persigue solo la comprensión de lo que eres hasta que estés verdaderamente presente en tu vida.

UNA LANZA TRASPASANDO EL ESPACIO VACÍO: RESULTADO.   Una lanza que traspasa el espacio vacío y no golpea nada describe cómo la atención penetra las capas de la confusión. Dirige la atención hacia los patrones habituales, y los patrones se disolverán como nubes en el cielo. No golpeas nada. Mientras más profundamente penetre la atención a lo que surge en la experiencia, más completamente sabes que los pensamientos, sentimientos y sensaciones simplemente surgen y que no hay un «yo» en el centro. Cuando descansas en la naturaleza de la mente, la experiencia fluye libremente. Al no estar limitada por la fijación dualista, la experiencia se libera en la conciencia abierta.

La conducta deliberada es un área de práctica muy malinterpretada y ha dado origen a la justificación de conductas extravagantes como la expresión de la «sabiduría loca». Cualquier acción que no sea la expresión de la presencia es el funcionamiento de los patrones habituales y actúa solo para fortalecerlos y reforzarlos. Puedes distinguir cuál es la expresión de la presencia y cuál es el funcionamiento de los patrones. La presencia está viva; los patrones son mecánicos. La presencia transforma; los patrones refuerzan. La presencia no deja huellas; los patrones dejan una estela de perturbación.

Tres pasos en la conducta deliberada

Los tres pasos son: reconocer, observar y cambiar la conducta. El primer paso es estudiar el funcionamiento de los patrones para que puedas reconocer dónde caes en la reacción. En otras palabras, ¿cuándo pierdes la atención? Pierdes la atención porque las circunstancias son difíciles y abruman tu habilidad de atención. También pierdes la atención cuando las circunstancias son tan familiares que te deslizas hacia la conducta habitual.

En una clase sobre la práctica de la visión profunda, les pedí a los estudiantes que escucharan mientras leía un poema. Leí «Jabberwocky», extraído de A través del espejo de Lewis Carroll, porque está repleto de palabras sin sentido e imágenes extrañas. Quería que observaran sus reacciones. Ninguno observó nada. Todos cayeron en una sensación cálida y cómoda, recordando cómo les habían leído dicho poema cuando eran pequeños. La habituación se apoderó de ellos por completo; la atención salió por la ventana.

El segundo paso al practicar la conducta deliberada es observar la cualidad mecánica de la conducta habituada: cómo carece de vida y espontaneidad y es limitada y automática. El rango de conducta mecánica puede ser muy amplio. Algunas personas pueden pintar, dibujar o cantar divinamente, pero sus acciones son todas automáticas. Otras personas enseñan o hacen terapia mecánicamente. El hecho de que hagas algo bien no significa que estés despierto y presente mientras lo estás haciendo. Un amigo mío, concertista de flauta, me dijo que podía interpretar conciertos completos sin estar nunca mentalmente en la sala de conciertos. La mera fuerza del hábito lo conducía a través de todo el concierto sin un momento de presencia.

El tercer paso es modificar deliberadamente la conducta, primero de formas pequeñas y después de formas más grandes. Si estás acostumbrado a trabajar independientemente, podrías pedirle a alguien que te ayude en una tarea, aunque te cueste mucho pedir ayuda. Si tu hábito es seguir la corriente de todo lo que los demás sugieren, intenta expresar tus propios pensamientos y opiniones. Una persona que está habituada a ser competente podría experimentar con ser incompetente para observar las reacciones que surgen.

Lleva a cabo la conducta deliberada solamente si estás preparado para recibir los resultados. Por ejemplo, si al igual que el estudiante descrito anteriormente, actúas como un dios un día, podrías perder a un amigo, tu empleo o a tu cónyuge. Los riesgos son muy reales. No controlas ni puedes controlar las reacciones de los demás; estás rompiendo estructuras internas y posiblemente estructuras externas también. La intención de estas disciplinas no es comportarse de maneras extrañas por el simple hecho de ser extraño. La intención es desmantelar los patrones arraigados de conducta, de modo que la conciencia natural pueda manifestarse completamente en tu vida. Recuerda, no llevas a cabo la conducta deliberada para hacer que tu vida sea «mejor»; lo haces para cortar la telaraña de los patrones habituales y regresar a la mente original.

Los obstáculos como práctica

Todo el mundo encuentra obstáculos en la práctica y en la vida. «No te preocupes por tus dificultades en las matemáticas», le escribió Einstein en una ocasión a un estudiante. «Te puedo asegurar que las mías son aún mayores.»

En muchos cuentos de hadas, el héroe busca un amuleto mágico, una espada refulgente o el elíxir de la vida. A menudo, encuentra el objeto deseado con relativa facilidad, pero luego comienzan sus problemas. En una historia, un joven entra a un castillo. Flanqueando el camino, hay dragones enormes, pero todos están dormidos. Dentro del castillo, hay guardias apostados por todas partes, pero también están dormidos. Se adentra en el castillo, en la sala del tesoro, donde encuentra lo que está buscando: la espada refulgente de la conciencia. Yace sobre una mesa, custodiada por un anciano, ¡que también está durmiendo! Alrededor de la habitación, hay soldados de pie vistiendo armaduras y todos están dormidos. Así que el joven levanta la espada y no sucede nada. Entonces busca una funda y no puede resistirse a tomar una finamente forjada en plata.

Tan pronto como enfunda la espada, todo el mundo despierta. El anciano golpea la mesa, gritando a los soldados que atrapen al ladrón. Los guardias del castillo se despiertan y le apuntan con sus armas. Los dragones se despiertan y comienzan a lanzar fuego. ¡Ahora tiene un problema!

> Los problemas dignos de atacarse muestran su valor devolviendo el golpe.
>
> —*Piet Hein*

Imagina por un momento que no te toparas con obstáculos en tu práctica. ¿Qué significaría eso? O bien ya estás plenamente despierto y presente, o tu práctica nunca toca un patrón. En el primer caso, no necesitas ningún consejo. En el segundo, tu práctica no está modificando ninguna área condicionada de tu vida. Los obstáculos y la resistencia son signos de que tu práctica es eficaz. Estás golpeando algo (tus patrones habituales) y ellos te están devolviendo el golpe.

Los obstáculos también son experiencia. Utiliza las herramientas que has estudiado para atravesar los obstáculos hasta que puedas verlos como el surgir y cesar de la experiencia. Esto es muy difícil, a decir verdad. Los obstáculos son la manifestación de un patrón; pueden persistir durante años o incluso décadas. A veces vas a sentir que tu práctica está totalmente estancada o que es inútil. No subestimes el poder de la persistencia. A medida que estudias tu experiencia y la manifestación del patrón, verás que el obstáculo no es constante, después de todo. Fluctúa, quizás solo un poco, pero puedes trabajar un poco más profundo aquí y un pequeño resquicio se abrirá allá. Entonces continúas, y un día, un pedazo del patrón se desmorona. Todo tu esfuerzo no fue en vano.

Los obstáculos son útiles. Te ayudan a comprender la naturaleza de la experiencia como nada más puede hacerlo. Frente a obstáculos poderosos, tienes que renunciar a tu expectativa de ser una persona espiritual. Tienes que abandonar tu expectativa de felicidad y comodidad. Un obstáculo poderoso destroza por completo tus patrones de logro, identidad y superioridad. Dharmakirti escribe:

> *Las condiciones adversas son amigos espirituales.*
> *Los diablos y demonios son emanaciones de los budas.*
> *La enfermedad se lleva por delante el mal y los oscurecimientos.*
> *El sufrimiento es la danza de lo que es.*

Instrucciones difíciles, quizás, pero mantenlas presentes.

Conciencia abierta como el cielo: Ten confianza y sé libre

A medida que tu experiencia de la presencia se estabiliza, entras en la tercera fase de la práctica, según la enseñanza de Nyishöl Khenpo Rinpoche al comienzo de este capítulo: *conciencia abierta como el cielo*. Esta fase se caracteriza por una mayor certidumbre y confianza en tu naturaleza original, una confianza que te permite dejar que las cosas sean como son. Lo que sea que surja en la experiencia, no estás separado de ello y experimentas completamente su surgimiento, despliegue y desvanecimiento. Para muchas personas, esta fase de la práctica parece ser muy pasiva, pero no lo es. Ves claramente la dirección del presente y te mueves en él, sin estar atrapado ni confundido por las distracciones falsas. Chuang Tzu también escribe:

> La gran sabiduría observa tanto lejos como cerca y, por esa razón, reconoce lo pequeño sin considerarlo insignificante, reconoce lo grande sin considerarlo inmanejable; sabe que no hay fin para la ponderación de las cosas. Tiene una comprensión clara del pasado y del presente y, por esa razón, pasa un largo tiempo sin encontrarlo tedioso, y un corto tiempo sin afligirse por su corta duración; sabe que el tiempo no se detiene. Percibe la naturaleza de la plenitud y la vacuidad y, por esa razón, no se alegra si adquiere algo ni se preocupa si lo pierde; sabe que no hay constancia en la suerte. Entiende el Camino Llano y, por esa razón, no se regocija en la vida ni ve la muerte como una calamidad; sabe que ninguna regla fija puede asignarse al comienzo o al fin.

Aquí, no estás separado de lo que experimentas. Los pensamientos, sentimientos y sensaciones surgen y desaparecen, sin estar separados de la conciencia que los experimenta. No tienes ningún sentido de ganancia ni pérdida, de victoria ni derrota, solo el juego de lo que es. Este modo extraordinario de vivir es la expresión más plena de la instrucción de meditación *mente como el cielo* del Capítulo 3.

Mezclar la conciencia y la experiencia

La mente original es vacía y clara, y la experiencia surge sin impedimento. La diferencia entre la conciencia ordinaria y la mente original o conciencia prístina no reside en lo que surge en la experiencia, sino en cómo la experiencia se libera.

La práctica consiste en descansar en el espacio abierto de la conciencia prístina, la conciencia directa que es la mente original, de tal modo que el conocer y lo que surge en la experiencia no estén separados.

Inicialmente, por supuesto, tienes que hacer un esfuerzo para mezclar la conciencia y la experiencia. La práctica tiene cuatro pasos:

- Mira lo que surge
- Mira aquello que experimenta lo que surge.

- Descansa en la vacuidad.
- A medida que la experiencia surge en la vacuidad, no te separes.

Ya sea en la práctica de meditación formal o durante el día, aplica los cuatro pasos a todo lo que experimentes. Mira un árbol hasta que el sentido de «árbol» colapse y te quedes con la sensación pura. Entonces mira aquello que experimenta la sensación, es decir, tu mente: surge como vacía. Descansa allí mismo y ábrete nuevamente a la experiencia del árbol. Al principio, la experiencia surge del ser puro. Entonces la ves como el juego del ser puro. Al final, la experiencia se libera en el ser puro, sin dejar huella.

Haz lo mismo con todos los pensamientos, emociones y sensaciones. Cuando surjan estados poderosos de claridad, éxtasis o ausencia de pensamientos, haz lo mismo. Cuando surja la compasión o la devoción, haz lo mismo.

En la práctica de *conciencia abierta como el cielo,* no te obsesiones con ninguna experiencia. Tan pronto como sientas la tendencia a obsesionarte, ya sea en el éxtasis, la claridad, la naturaleza onírica de la experiencia o la vacuidad, mira directamente aquello que está consciente, aquello que sabe. La fijación se libera y regresas a la conciencia libre y abierta.

En el nivel más elevado de la práctica, la experiencia se libera a sí misma, tal como una serpiente anudada se libera a sí misma.

Transformaciones de la energía

Ahora echaremos otro vistazo al proceso de la práctica, observándolo desde la perspectiva de la transformación de la energía. Esta manera de formularlo es un resumen que abarca lo que hemos abordado en los dos últimos capítulos. Explica el progreso en la comprensión desde el momento en que se penetra la ilusión de una realidad externa hasta experimentar lo que es.

Las tres etapas corresponden aproximadamente a las tres instrucciones al comienzo de este capítulo. *Rompe el huevo de la ignorancia* corresponde a penetrar la ilusión de la percepción sujeto-objeto y descubrir la conciencia abierta y directa que es la mente original, o la naturaleza de la mente. *Cortar la tela-raña de la existencia* corresponde a entender que la conciencia no constituye un absoluto interno que simplemente reemplaza al absoluto externo de un mundo que existe independientemente. Finalmente, *conciencia abierta como el cielo* corta la noción de que la práctica en sí es un absoluto. Las instrucciones provienen de *Las cien mil enseñanzas sobre om mani padme hung (ma.ni.bka. bum),* un compendio de enseñanzas sobre el mantra de la Compasión Iluminada, atribuido a Tsong-tsen Gampo, un rey tibetano del siglo ocho.

Las transformaciones de la energía, usando la misma forma que en los cuatro inconmensurables, se representan gráficamente a continuación:

TRANSFORMACIÓN DE LA ENERGÍA EN LA VISIÓN PROFUNDA Y EN LA PRESENCIA

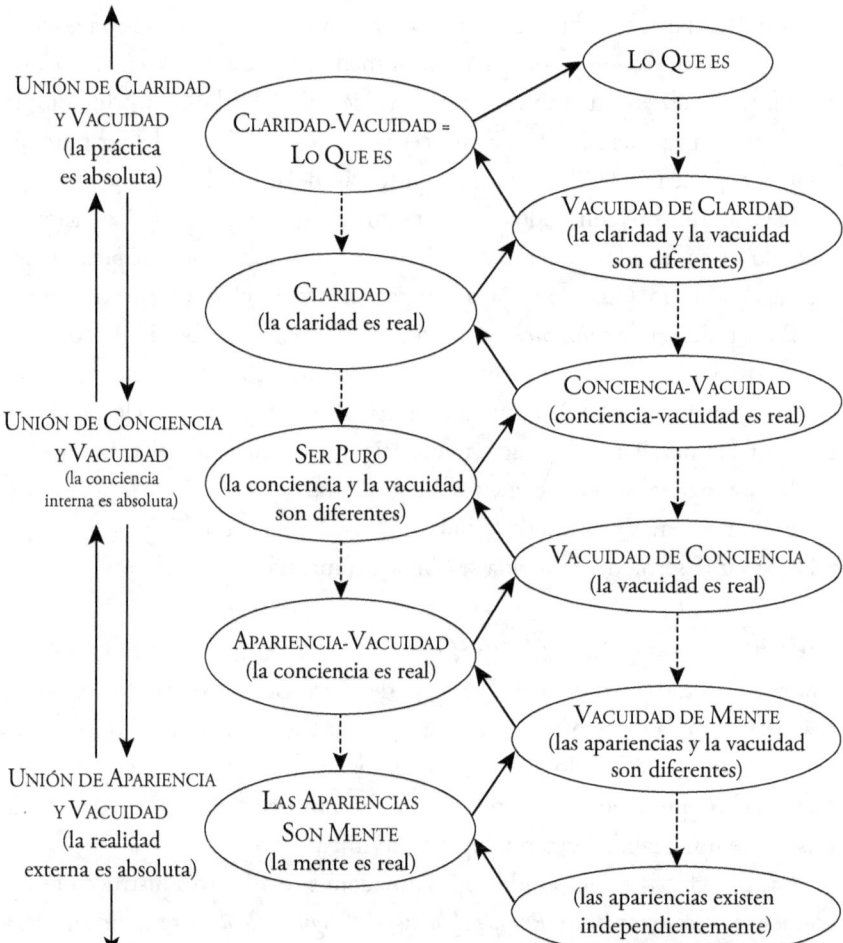

TRANSFORMACIÓN DE LA ENERGÍA EN LA VISIÓN PROFUNDA Y EN LA PRESENCIA

En el diagrama, las flechas punteadas representan el funcionamiento de la atención. Las fijaciones hacia las cuales se dirige la atención se indican entre paréntesis. Lo que se ve cuando se libera la energía de la fijación se indica con letras mayúsculas.

Las nueve flechas diagonales indican las nueve etapas de transformación de la energía en el proceso de conocer la mente original: la unión de claridad y vacuidad.

Las flechas punteadas también indican lo que sucede cuando decae la atención. La energía fluye en la misma dirección en que se dirigió la atención: cae dos niveles y refuerza las habituaciones en ese nivel. Las caídas en atención tienden a precipitarse porque el flujo descendente de la energía desestabiliza la atención en los niveles inferiores, produciendo cambios rápidos, cambios que disminuyen la presencia y que se convierten en reacciones extremas. Dicho de otro modo, cuando pierdes atención en los niveles elevados de energía, rápidamente caes vertiginosamente hacia reacciones muy básicas: una de las razones principales para los constantes recordatorios de volver a la atención plena.

El diagrama contiene tres conjuntos de triadas de transformación con tres transformaciones en cada conjunto. Las flechas diagonales corresponden a las transformaciones.

La apariencia y la vacuidad

El primer conjunto de tres transformaciones sigue los cambios que tienen lugar a medida que la percepción de una realidad externa de apariencias se desmantela al comprender la naturaleza de las apariencias.

Señalar que lo que surge en la experiencia es mente

Instrucción: Observa lo que surge en la experiencia. Cuando examinas cualquier objeto que surge como experiencia, verás que lo que experimentas como objetos es inseparable de la mente.

Esta instrucción apunta a mirar más allá de las etiquetas que habitualmente utilizas para organizar y clasificar la experiencia. Observa la experiencia en sí. Los pensamientos, los sentimientos y las sensaciones (el polo objeto de la experiencia) no pueden separarse de la mente (el polo sujeto de la experiencia). La experiencia consiste en los dos juntos. La percepción habitual de sujeto y objeto es falsa y engañosa. Imagina una vara. ¿Puedes hablar de los dos extremos de una vara como si existieran independientemente el uno del otro?

Al traer la atención a la percepción de las apariencias como si existieran independientemente, el patrón habitual de la percepción sujeto-objeto se interrumpe y la energía liberada te permite ver que todas las apariencias son mente.

Señalar que la mente es vacía

Instrucción: Todo lo que surge en la experiencia proviene de la mente. Observa la mente y ve que no tiene sustancia ni características que la definan y que no hay nada que puedas señalar diciendo: «Es esto». La mente, en esencia, es vacía.

Una vez que ves que toda experiencia proviene de la mente, te das cuenta de una fijación más profunda: que la mente es real, o sea, que existe por separado y que es una cosa. Esta instrucción apunta la atención hacia esa fijación. Observa la mente para ver lo que es, para ver cómo existe. No ves nada. Cuando se desarrolla suficiente energía en atención, la fijación en la existencia de la mente se rompe, y la energía liberada surge como la comprensión de que la mente es vacía, es decir, no es una cosa.

Pensar, conjeturar, razonar y deducir no tienen la energía suficiente para romper la fijación de que la mente es real. Solo la experiencia directa, la experiencia de no ver nada, es suficiente.

Señalar que las apariencias y la vacuidad no son separables

Instrucción: Las apariencias surgen, aparentemente de la nada; son, en esencia, vacías. En la mente vacía, el juego de la conciencia es libre e incesante. Cuando se señala que las apariencias y la vacuidad son inseparables, las apariencias no dejan de surgir y la vacuidad no se convierte en una cosa. La apariencia vacía es naturalmente libre.

Por un lado, las apariencias surgen. Por el otro, la mente es vacía. Las apariencias parecen surgir de la nada, permanecer durante un rato y luego cesar. Se revela una sutil fijación dualista: ves la apariencia y la vacuidad como diferentes. Esta instrucción apunta la atención a la fijación en la diferencia. Mira directamente la apariencia. Es vacía. Mira directamente la vacuidad. No es una cosa. No hay una vacuidad separada de la cual surgen las apariencias y luego se desvanecen. Las apariencias son vacías en sí. La apariencia y la vacuidad son inseparables y surgen juntas como el juego de la conciencia natural.

Conciencia y vacuidad

El segundo conjunto de triadas de transformación sigue los cambios que tienen lugar a medida que la percepción de una realidad interna de conciencia se desmantela al comprender la naturaleza de la conciencia prístina.

Señalar que la conciencia es vacía

Instrucción: Observa la conciencia. La conciencia es conocer momento a momento. No es una cosa. También es vacía.

Cuando se ha comprendido que toda experiencia es apariencia-vacuidad y que surge como el juego de la conciencia, te quedas aferrado a la conciencia como real. Esta instrucción apunta la atención hacia esa fijación. ¿Qué es la conciencia? Así como al observar la mente en el conjunto previo de transformaciones, no encuentras nada. Todo lo que está presente es ese conocer momento a momento.

Señalar la vacuidad como ser puro

Instrucción: Observa la vacuidad. La naturaleza de la conciencia es ser puro: esta es la totalidad de la experiencia.

Al ver que la conciencia misma es vacía tiendes a quedarte aferrado a la vacuidad como lo que es real. Sin embargo, cuando observas la vacuidad, experimentas un cambio y ves el ser puro de toda experiencia. Entras en el reino de la totalidad cuando ves que toda experiencia, apariencia, conciencia, confusión y comprensión tienen esta misma cualidad de ser vacías y de poder experimentarse.

Señalar que la conciencia y la vacuidad son inseparables

Instrucción: Observa la conciencia-experiencia. Surge incesantemente. Es vacía y, no obstante, surge como pensamientos, sentimientos y sensaciones. Aunque estas experiencias surgen, son vacías. Surgen, están presentes y se desvanecen libremente por sí mismas.

Conciencia-vacuidad no significa que la experiencia deje de surgir. No significa que la vacuidad bloquee todo. El que la conciencia y la vacuidad sean inseparables indica que la experiencia es libre.

La experiencia del ser puro revela otro nivel de fijación dualista: que la conciencia y la vacuidad son diferentes. En cada momento de experiencia, mira para ver lo que es. Ves que la conciencia está presente en cada momento de experiencia; nunca cesa. Cuando observas la conciencia, no ves nada: es vacía. No obstante, tan pronto como adoptas la postura de que no hay nada allí, te confrontas de inmediato con la conciencia vívida de la experiencia. Aunque no es una cosa, la conciencia surge como pensamientos, sentimientos y sensaciones que cambian constantemente. Ves que la conciencia, la intensidad de la experiencia, y la vacuidad, la cualidad de «no haber nada allí» no están separadas. Así que conciencia-vacuidad no significa que alcances un estado en donde todo movimiento en la mente se detiene y no experimentas nada. Significa que sabes que la conciencia y la experiencia no son diferentes. En la conciencia-vacuidad, la experiencia surge y se desvanece libremente por sí misma.

Claridad y vacuidad

El tercer conjunto de triadas de transformación sigue los cambios que tienen lugar a medida que la percepción de que la práctica es un absoluto se desmantela al comprender la naturaleza de la claridad.

Señalar que la naturaleza de la mente es claridad

Instrucción: Observa la naturaleza de la mente. La naturaleza de la mente es solo lo que es y surge naturalmente. La claridad es la vastedad no fabricada del ser puro.

Trae la atención a la naturaleza de la mente, que es conciencia-vacuidad, para desmantelar la fijación de que es real; no ha sido hecha ni producida. La naturaleza de la mente no viene de nada y no es producida por nada. La naturaleza de la mente se refiere a lo que está presente cuando toda confusión y todos los patrones se han desmantelado. No hay nada que hacer, cambiar ni arreglar. Aunque está vacía de una realidad intrínseca, no es que sea nada, puesto que la claridad, la capacidad de conocer, está presente. Es la claridad natural infinita del ser puro.

Este es el misterio de ser.

No hay ninguna cosa que se extienda por todo el universo ni que permee a todos los seres. La esencia búdica es solo lo que está presente cuando toda la confusión y las distorsiones de la existencia basada en los patrones se disipan.

—Jamgön Kongtrül
Lodrö Taye

Señalar que la vacuidad no tiene oscurecimientos

Instrucción: Observa lo que es vacío. La realidad no es una cosa. La totalidad de ser es abierta y carente de fundamento.

Los patrones del dualismo son persistentes. Incluso ahora, todavía tienes una tendencia sutil a tomar la claridad como un objeto y la vacuidad como otro.

Observa la claridad de la naturaleza de la mente y ve que la claridad tampoco es «algo». La apertura infinita de la vacuidad es la totalidad de ser. En esta vastedad abierta surge toda experiencia. La experiencia es la vacuidad expresándose como forma y disolviéndose.

Señalar que la claridad y la vacuidad son inseparables

Instrucción: Observa la claridad y la vacuidad. La intensidad, clara y sin obstrucción, y la apertura, vacía y sin oscurecimiento solo están allí. La noción de la práctica como un absoluto se desmorona, puesto que no hay nada que hacer.

Cuando la atención penetra toda confusión, toda experiencia es vívida y surge libremente. La naturaleza vacía de la experiencia también es clara. Los dos aspectos de la experiencia —claridad vívida y no ser «algo», o conciencia y vacuidad— no son diferentes. Así es como son las cosas, entonces no hay nada que se necesite hacer. Aun cuando una persona ha desmantelado las ilusiones de una realidad absoluta externa e interna, él o ella podría aún sostener que la práctica es real. La instrucción de señalamiento final es que la práctica misma es un surgir en experiencia. La práctica tampoco es absoluta.

A fin de cuentas, la práctica no es una forma ni una actividad específica; es un modo de vivir a través del cual acumulamos ímpetu en la atención y en nuestra disposición a abrirnos al misterio de ser. Muchas personas se aferran a la idea de que la práctica no es un absoluto para justificar no hacer un esfuerzo en la práctica o para justificar una conducta aberrante y dañina. Estas personas solo se engañan a sí mismas. O bien se están alejando de la disciplina del esfuerzo o están racionalizando su falta de atención plena a medida que la energía se vierte en las conductas reactivas. El aprendizaje real, la comprensión real y la maestría real vienen solo a través de un gran esfuerzo y una gran fe.

Transformación de la conciencia ordinaria

Al transformar tu experiencia de la vida, la atención necesariamente transforma el funcionamiento de la conciencia ordinaria. *Conciencia ordinaria* se refiere a cómo experimentas el mundo cuando la conciencia abierta y directa de la mente original se oscurece o se distorsiona por el funcionamiento de los patrones habituales. La conciencia abierta y directa es como el cielo: abierta, infinita, clara y sin obstrucción. La conciencia ordinaria es como una tormenta y tomas la tormenta como lo que eres, sin darte cuenta de que la tormenta misma es el surgir y cesar de la mente original.

Tradicionalmente, la conciencia ordinaria funciona a tres niveles: la conciencia ordinaria base, la mente emocional y la conciencia ordinaria sensorial. La *conciencia ordinaria sensorial* se refiere a la conciencia ordinaria de ver, oír, saborear, oler, tocar y pensar. «Veo una taza», por ejemplo, es un ejemplo de la conciencia ordinaria visual. «Tengo una buena idea» es un ejemplo de conciencia ordinaria mental. En general, todo lo que surge al nivel de la conciencia ordinaria sensorial se toma como un objeto real. Los pensamientos, sonidos, imágenes, olores, sensaciones táctiles y sabores surgen como «otro» en oposición a un profundo sentido del yo. Formulamos esta dualidad en nuestro lenguaje con frases tales como: «Entiendo lo que quieres decir» o «Esto me sabe bien». El sentido del yo es la *mente emocional.* Cuando en la meditación has desarrollado un nivel de atención que es imperturbable ante el surgir de los pensamientos, sensaciones y sentimientos, aún experimentas un sentido claro del yo: «yo soy». El sentido del yo es un apego emocional a una proyección, pero funciona a un nivel más profundo que las emociones reactivas cotidianas. El sentido del yo se toma como algo más real que los pensamientos, los sentimientos o las sensaciones. Cuando la atención comienza a penetrar la proyección, sueles experimentar un miedo intenso, dado que soltar el sentido del yo se percibe como una amenaza directa a la supervivencia. Cuando logras mantener la atención y sueltas el sentido del yo, no mueres: experimentas la *conciencia ordinaria base.* En la conciencia ordinaria base, no surge un sentido explícito del yo; se experimenta como claridad vacía y suele confundirse con la mente original. La conciencia ordinaria base es, en esencia, pasiva. Las estructuras de yo y otro, y los patrones de la tendencia emocional a reaccionar no son explícitos, sino que permanecen latentes en la conciencia ordinaria base. Por consiguiente, también se le denomina *conciencia ordinaria almacén,* dado que almacena las semillas de la existencia basada en los patrones.

La diferencia entre la conciencia ordinaria base y la mente original reside en que, tan pronto como surge la experiencia, la conciencia ordinaria base inmediatamente se mueve hacia el dualismo de la mente emocional y la tendencia a reaccionar de las conciencias ordinarias sensoriales. En la conciencia ordinaria base, la conciencia que denominamos mente original está oscurecida. En la mente original, cuando surge la experiencia, no surgen la dualidad ni la tendencia a reaccionar; la experiencia surge y se libera a sí misma en conciencia, como las figuras dibujadas en el agua.

La transformación de la conciencia ordinaria en la conciencia prístina de la mente original se describe tradicionalmente en términos de los diferentes aspectos de la conciencia prístina, los cuales ya hemos conocido en los capítulos 6 y 7. Cuando conoces la mente original, el hielo de la conciencia ordinaria base se derrite y la energía, el dinamismo y el esplendor de la mente original se liberan. La conciencia ordinaria base se transforma en la *conciencia de espejo*. Cuando miras en un espejo, no ves el espejo; ves solamente lo que refleja. Sin el espejo, no habría reflejos. Si el espejo no estuviera completamente nítido, los reflejos estarían parcialmente ocultos o distorsionados. Aunque no ves el espejo, sabes que está presente porque ves lo que refleja. Del mismo modo, cuando la confusión y la opacidad de la conciencia ordinaria se han despejado, la conciencia ordinaria base se convierte en conciencia de espejo. La experiencia sigue surgiendo, vívida y claramente, pero la mente original, como tal, no se ve porque es vacía. Recuerda la instrucción de señalamiento del capítulo anterior: tan cerca que no puedes verla. Como un espejo, la naturaleza de la mente está justo frente a ti y no puedes verla. Y al igual que un espejo puede reflejar todo y cualquier cosa, la claridad de la mente original puede conocer todo lo que surge en la experiencia.

El surgir de la experiencia en conciencia abierta no desencadena las proyecciones del yo y el otro. Toda experiencia se conoce por lo que es, solo experiencia. Esta cualidad de semejanza suele llamarse *un solo sabor*, donde este sabor único es el de la experiencia en sí, que es solo experiencia, vacía de cualidades tales como ser esto o aquello, mala o buena, útil o dañina. La mente emocional, el nivel de conciencia ordinaria que sostiene un sentido del yo como aspecto especial de la experiencia, se transforma y se convierte en *conciencia prístina de igualdad:* toda experiencia comparte la misma cualidad: vacuidad. Con la ausencia del sentido del yo, la habilidad natural de la conciencia para distinguir una experiencia de otra funciona libremente. Surge la *conciencia prístina discriminadora*. La experiencia ya no se edita ni se interpreta por un sentido del yo y los patrones reactivos asociados a él. Cada surgimiento se distingue y se conoce como es.

Por último, las conciencias ordinarias sensoriales basadas en la dualidad sujeto-objeto se transforman. Conoces directamente lo que surge; lo que se experimenta no se separa en sujeto y objeto. Sin la edición y la discriminación de la mente emocional, todo se conoce plena y completamente. La conciencia ordinaria sensorial se transforma en *conciencia prístina efectiva*. Sabes lo que es, sabes qué hacer y sabes cómo hacerlo porque no estás separado lo que se experimenta.

El quinto aspecto de la conciencia prístina, la *conciencia prístina de totalidad* es la totalidad de las otras cuatro; es el espacio en el que funcionan.

PRESENCIA VIVA

En *La mente sin límites,* Takuan Soho escribe:

> Hay algo conocido como entrenamiento en principio, y algo conocido como entrenamiento en técnica.
>
> El entrenamiento en principio es esto: cuando llegas, nada se nota. Es simplemente como si hubieras descartado toda concentración.
>
> El entrenamiento en técnica es practicar una y otra vez hasta que la técnica sea una contigo.
>
> Aunque conozcas el principio, debes liberarte completamente en el uso de la técnica. Aun cuando conozcas la técnica, si tienes dudas sobre los aspectos más profundos del principio, probablemente no logres dominarla.

Aunque Takuan le estaba escribiendo a un maestro de la espada, sus palabras se aplican de igual forma a la presencia viva. Necesitas tanto la técnica como el principio. Las técnicas son métodos, cosas que haces o maneras en que te mueves. Los principios son formulaciones que capturan cómo funcionan las cosas y te guían en el uso de la técnica.

En este libro, has aprendido muchas técnicas: cómo cultivar la atención, cómo disipar la agitación, cómo brindar atención a la muerte y al cambio, cómo utilizar las reflexiones sobre la muerte para cortar las distracciones culturales que nos desvían de la presencia, cómo utilizar la atención para transformar las cadenas elementales de reacción en conciencia prístina, cómo revelar los cuatro inconmensurables, y cómo usar la atención para atravesar la percepción dualista. Tu tarea es apropiarte de estas técnicas. Aprende todos los métodos y practícalos hasta que experimentes el propósito y el funcionamiento de cada método. Luego, elige los métodos que te funcionen mejor y haz que sean parte de ti de tal modo que naturalmente entren en juego cuando las situaciones lo requieran. Una de las enseñanzas del entrenamiento de la mente es:

> En la teoría, no hay diferencia entre la teoría y la práctica. En la práctica, sí.
>
> —*Yogi Berra*

Eres experto cuando practicas aun estando distraído.

Durante una lección de kayak, a una de mis instructoras la agarró de costado una gran ola. De inmediato, hundió su remo profundamente dentro de la ola y ladeó su kayak dentro de la ola y lo condujo a salvo hacia la orilla. Sus movimientos fueron suaves y eficaces, aunque indudablemente estaba en peligro de ser arrollada bajo la ola. Esa clase de habilidad surge solo a través de la práctica. Trabaja con las técnicas que elijas hasta que se conviertan en la forma en que vives y te relaciones con los demás.

También has aprendido los principios sobre los cuales se basa la práctica: los patrones son estructuras automáticas que funcionan mecánicamente, la atención es energía emocional, la conciencia está presente naturalmente cuando la confusión que nace del funcionamiento basado en los patrones se despeja. Aprender los principios es un proceso más profundo y más sutil. A medida que te entrenas en la técnica, busca lo que las técnicas tienen en común y los aspectos que son diferentes. Verás los principios de la práctica con tus propios ojos. Verás cómo funcionan las cosas de un modo más profundo. Tu aplicación de las técnicas se hará más sutil y más eficaz. Emplearás menos esfuerzo en luchar contra los patrones y lograrás más socavando su funcionamiento.

He aquí dos conjuntos más de instrucciones que, juntos, resumen todo lo que se ha expuesto anteriormente. La primera se conoce como *Separarse de los cuatro apegos*. Proviene de Sakya Pandita, un maestro tibetano del siglo doce, que recibió estas enseñanzas en una visión de Manjushri, el bodhisattva de la inteligencia despierta:

> *Cuando te aferras a esta vida, no practicas el camino.*
> *Cuando te aferras a los patrones habituales, no eres libre.*
> *Cuando te aferras a tu propio bienestar, no tienes la mente despierta.*
> *Cuando te aferras a una postura fija, no ves cómo son las cosas.*

Cuando te aferras a esta vida, no practicas el camino se pone en práctica meditando sobre la muerte y la transitoriedad, lo cual corta el apego hacia las convenciones sociales y los valores cotidianos y, particularmente, hacia las nociones aceptadas de éxito y fracaso en la vida.

Cuando te aferras a los patrones habituales, no eres libre se pone en práctica meditando sobre el funcionamiento de los patrones habituales, incluyendo los seis reinos y los cinco elementos. Estas meditaciones revelan la naturaleza restrictiva de los patrones emocionales reactivos y la manera en que se perpetúan, y subrayan la imposibilidad de ser libre mientras uno esté sujeto a ellos. En las meditaciones de las cinco dakinis y de vaciar los seis reinos, aprendes a salir de los patrones reactivos y a transformarlos.

Cuando te aferras a tu propio bienestar, no tienes la mente despierta se pone en práctica meditando sobre los cuatro inconmensurables y haciendo la práctica de tomar y enviar. Estas meditaciones te alejan de las reacciones emocionales condicionadas basadas en el interés propio y te abren a la energía emocional libre y abierta que está disponible para todo lo que hay que hacer.

Cuando te apegas a una postura fija, no ves cómo son las cosas se pone en práctica meditando sobre la visión profunda, que penetra los patrones de la percepción sujeto-objeto y te abre a la presencia.

Un segundo conjunto de principios, *Los* cuatro pasos para unirse a lo que es verdadero, se encuentra en la tradición de Mahamudra. Aquí, las cuatro etapas son:

- Mente única
- Sencillez
- Un solo sabor
- No cultivar

Mente única significa conocer la mente original. Observa la mente que descansa. ¿Qué descansa? Observa la mente que se mueve. ¿Qué se mueve? Observa la mente que conoce descanso y movimiento. ¿Qué es lo que conoce? Lo que descansa, lo que se mueve y lo que conoce son una: la mente original.

Sencillez significa experimentar la mente original en toda experiencia; corta las complicaciones de los patrones habituales recordando la mente original. Conoce la mente original en todo lo que experimentas y regresa una y otra vez a su simplicidad.

Un solo sabor significa saber que todo lo que experimentes en tu vida es la mente original; no hay nada más. Todo en tu vida es experiencia —poderosa, vívida, acaso dolorosa y compleja, pero, al final, experiencia— que no surge de ninguna cosa, no permanece en ningún lugar y que se desvanece en nada.

No cultivar significa descansar en la mente original, sin separación del surgir y desvanecerse de la experiencia que es tu vida.

En 1970 yo estaba camino a la India, aunque no lo sabía en ese momento. Cuando cruzaba Turquía, conseguí un aventón con un conductor de camiones proveniente de Suiza, que era el calco de John Wayne. Viajé con él durante tres días, mientras conducíamos por los caminos aterradoramente angostos de las montañas turcas. Con bastante frecuencia, cerraba los ojos mientras viraba el volante para tomar una curva, con una escarpada pendiente de treinta metros de un lado y una ladera de montaña del otro. «Es mejor si cierro los ojos», me dijo. «Así no me paralizo.»

Él había hecho más de treinta viajes a través de estas regiones montañosas y los desiertos de Irán y Afganistán y había vivido bastantes aventuras. Todas esas horas de soledad, sin embargo, también le habían dado tiempo para reflexionar sobre la vida y la naturaleza de todo.

«Tengo una amiga», me dijo un día, «que vive en un pequeño pueblo en Suiza. Somos más o menos de la misma edad. Jamás ha viajado fuera de su pueblo. Y yo he andado por toda Asia y Europa. No estoy seguro cuál de los dos ha tenido una vida mejor.»

Yo proseguí a estudiar budismo, hice el retiro de tres años y algunas cosas más. Sin embargo, su comentario ha permanecido siempre conmigo, apartándome de la preocupación sobre el contenido de la vida y acercándome a la importancia de estar presente en la experiencia de la vida misma.

Deja este libro por ahora: has llegado al final. Toma todo lo que has leído y aplícalo a tu vida. Busca un maestro que te ayude. Cultiva la atención en todo lo que hagas, y, hasta tu último aliento, vive en el misterio de ser.

Agradecimientos

Para la edición en inglés

Agradezco a todos mis maestros; sin ellos, este libro nunca habría llegado a existir. También agradezco a Jon Parmenter, Yvonne Rand y Ruth Gilbert por sus importantes contribuciones. A Michelle Bakey, quien inició el proceso; a Tom Lane, Janaki Symon, George Draffan y Shawn Woodyard por su ayuda con la edición y revisión, y a Bill Block y Lynn Chu por su ayuda y apoyo.

Para la edición en español

Cuando se inicia un proyecto, ya sea sencillo o complejo, no podemos saber cuándo o cómo dará sus frutos.

La ardua jornada para editar en español *Despierta a tu vida* comenzó hace muchos años. Repleta de falsos comienzos y callejones sin salida. Ahora, esta jornada ha terminado y tengo el placer y el honor de agradecer el trabajo, el apoyo y la dedicación de todos aquellos que hicieron que este libro fuera posible.

La jornada, oportunamente, comenzó con un retiro. Alrededor del 2009-10 Patricio Nelson se apoyó en mis enseñanzas para organizar un retiro acerca de los cuatro inconmensurables en un centro budista en Buenos Aires, Argentina. Mariano Morera y Susana Solari, maestros de ese centro, tenían curiosidad acerca de la fuente del material. Posteriormente, utilizaron algunas de las perspectivas en los capítulos 3 y 4 de *Despierta a tu vida* en sus propios programas.

En 2010 Mariano y Susana, que pertenecían al Grupo Marpa de Traducciones de Dharma con sede en Buenos Aires enviaron su traducción de los primeros cuatro capítulos y preguntaron acerca de la traducción de todo el libro. Yo los animé a que continuaran traduciendo. No supe nada acerca de ellos por mucho tiempo y cuando se pusieron en contacto conmigo nuevamente, no me sorprendió saber que Mariano y Susana habían pedido a algunos de sus estudiantes que se hicieran cargo del trabajo.

En 2013, la traducción del libro entero me llegó por correo electrónico. En aquel tiempo yo estaba viajando extensivamente y estaba muy estresado pensando en dónde viviría y en qué me enfocaría, mientras trataba de completar el proceso de editar *Reflejos en el Río Plata*. Ya con *Reflejos en el Río Plata* en circulación e instalado en Sonoma County, California, pude dirigir la atención a la edición en español de *Despierta a tu vida*. Ahora *Despierta a tu vida* es un libro grande que pesa mucho, un "ladrillo de libro", como se refiere a él uno de mis estudiantes de Los Ángeles.

Ann Braun, una consultora que trabaja con organizaciones ONG en Nueva Zelanda y habla español, amablemente se hizo cargo del proyecto de forma temporal. Brad Blanchard, que vivía en España, hizo la revisión preliminar del libro a pesar de estar personalmente luChando contra el cáncer, y en 2014 mandó su trabajo final. Desafortunadamente, no volvimos a saber de él.

Más tarde ese año, de manera inesperada, tuve noticias de una de mis antiguas estudiantes, una mujer que conocí cuando apenas había llegado a Los Ángeles en 1985; Carrie Tamburo, que es una traductora experta en español y muy versada en las diferentes variantes del idioma español entre país y país. Ella y su socia Lisa Sidor en México, hicieron una revisión minuciosa, tomando en cuenta estas variantes lingüísticas. Su trabajo tuvo que interrumpirse varias veces por diferentes retos personales; sin embargo, en 2017 opinaron que el manuscrito ya estaba listo para la corrección de estilo.

Amablemente Carrie aceptó continuar como consultora y en efecto se convirtió en editora en jefe; su labor ha sido basada en el amor por el dharma, por lo cual estoy profundamente agradecido. Adela Iglesias, una traductora y correctora de estilo mexicana, hizo la primera ronda de corrección de estilo, ofreciendo durante este proceso varios cambios. La segunda y última ronda de correcciones fue hecha por Cecilia Amador, quien brindó otro nivel de conocimiento y experiencia. Carrie y ella trabajaron juntas para completar el manuscrito que ahora podemos publicar.

Por último, pero no por eso menos importante, agradezco a Maureen Forys, quien es una magnifica diseñadora de libros y a Richard Sheppard quien hizo los gráficos. Ambos han utilizado sus habilidades y pericia para completar un diseño complejo, que es hermoso y fácil de leer.

Como traductor que soy, me doy cuenta de las diferentes maneras en que una traducción se desvía de su cauce a pesar de o debido a todas las mejores intenciones. Por ende, estoy profundamente agradecido a todos los que contribuyeron en este proyecto. Sé por las conversaciones que he tenido con ellos lo mucho que cada uno valora este libro. Como practicantes, ellos comparten mis prioridades sobre la traducción: claridad en el idioma y exactitud en el significado.

Estas son nuestras intenciones, pero la única persona que puede decir si esta traducción está a la altura de esos objetivos, eres tú, el lector. Mi esperanza y deseo es que estas palabras clarifiquen tu comprensión de la práctica budista y te ayuden a encontrar el camino hacia la paz y la libertad que todos buscamos.

KEN MCLEOD

Sonoma County, California, 2021

Fuentes

Mi maestro principal, el fallecido Kalu Rinpoche, me dio transmisiones completas de las enseñanzas esenciales de las tradiciones Karma Kagyu y Shangpa del budismo tibetano, así como la autorización para transmitir estas enseñanzas a los estudiantes y guiarlos en su práctica. De Dezhung Rinpoche, recibí instrucciones detalladas sobre el cultivo de la atención, las enseñanzas de Mahamudra y Dzogchen y muchas instrucciones valiosas sobre el voto del bodhisattva. También he recibido instrucciones sobre una amplia gama de temas de otros maestros Kagyu, incluyendo a los fallecidos S.S. Karmapa XVI, Jamgön Kongtrül y Thrangu Rinpoche. Estoy en deuda con mi director de retiro, Lama Tenpa, quien pacientemente guio mi práctica durante el retiro de tres años. También recibí instrucción en la tradición Nyingma, de Khyentse Rinpoche, Dudjom Rinpoche y Nyishöl Khenpo Rinpoche. De Gangteng Rinpoche, recibí la transmisión de Dzogchen de Padma Lingpa

La fuente principal para el Capítulo 2 son las enseñanzas orales que recibí de Kalu Rinpoche en la India entre 1970 y 1971. También incorporé las perspectivas de Stephen Batchelor sobre las Cuatro Nobles Verdades en *El budismo sin creencias* (México, Gaia Ediciones, 2008; traducción libre de Pedro Ripa).

El Capítulo 3 está basado en gran medida en instrucciones de meditación que recibí de Dezhung Rinpoche en 1972.

El Capítulo 4 está basado en una meditación de cinco puntos de la tradición Kadampa (siglo XIII E.C.) que aparece en *La antorcha de la verdad: Prácticas preliminares de* Jamgön Kongtrül el Grande (Barcelona, Asociación Dhagpo, 1994; traducido del tibetano por Ángel Vidal). El comentario está basado en enseñanzas orales que recibí de Kalu Rinpoche.

El Capítulo 5 es una compilación de varias fuentes diferentes. La meditación sobre los seis reinos es una adaptación de una meditación clásica sobre el sufrimiento de la existencia cíclica. La cadena de reacción de los cinco elementos se deriva en parte del trabajo de Ngakpa Chögyam en *Rainbow of Liberated Energy: Working with Emotions Through the Colour and Element Symbolism of Tibetan Tantra* (Arcoíris de energía liberada: El trabajo con las emociones a través del simbolismo de colores y elementos del tantra tibetano) (Dorset, Element Books, 1986). El punto de vista del karma condicionado como la evolución de sistemas complejos de patrones comienza con la presentación de Kalu Rinpoche sobre el karma como un proceso de evolución. La formulación presentada aquí es una combinación de perspectivas que aprendí de Jon Parmenter y de mi propia investigación sobre la teoría del caos, los sistemas adaptativos complejos, la vida artificial y la teoría de la evolución. Las fuentes incluyen *Caos: La creación de una ciencia* de James Gleick (Madrid, Grupo Planeta, 2012; traducción de Juan Antonio Gutiérrez-Larraya); *El orden oculto: De cómo la adaptación crea la complejidad* de John H. Holland (México, Fondo de Cultura Económica, 2004; traducción de Esteban Torres Alexander); *Investigaciones: Complejidad, autoorganización y nuevas leyes para una biología general* de Stuart Kauffman (Barcelona, Tusquets Editores, 2003; traducción Luis Enrique de Juan) y *The Collapse of Chaos: Discovering Simplicity in a Complex World* (El colapso del caos: Descubrir la simplicidad en un mundo complejo) de Jack Cohen e Ian Stewart (New York, Viking, 1994).

El material del Capítulo 6 proviene de diversas fuentes. Las meditaciones sobre las cinco dakinis están basadas en una técnica de transformación que aparece explícita e implícitamente en muchas prácticas de meditación en la tradición tibetana. Adapté partes de un largo ritual de la práctica de chö (cortar), e incorporé perspectivas Dzogchen del libro de Ngakpa Chögyam, *Rainbow of Liberated Energy* (Arcoíris de energía liberada). La sección sobre los seis reinos es una adaptación de métodos de una práctica de meditación enfocada en Avalokiteshvara (tibetano: Chenrezi), encarnación de la compasión despierta, según la enseñó Kalu Rinpoche.

El material del Capítulo 7 proviene de una amplia gama de fuentes. La meditación sobre la ecuanimidad, a partir de la cual desarrollé las otras meditaciones, aparece en el libro de Longchenpa, *Kindly Bent to Ease Us* (Gentilmente doblado para calmarnos), traducido al inglés por Herbert V. Guenther (Emeryville, California, Dharma Publishing, 1975-1976). Adapté la representación de Guenther de las dinámicas en los cuatro inconmensurables para la sección sobre el deterioro. También tomé ideas de *Distinguishing Ordinary Consciousness and Pristine Awareness* (Distinguir la conciencia ordinaria y la conciencia prístina) de Rangjung Dorje, *The Four-Fold Way: Walking the Paths of the Warrior, Teacher, Healer, and Visionary* (El camino cuádruple: Caminar las sendas del guerrero, maestro, sanador y visionario) de Angeles Arrien (San Francisco, Harper San Francisco, 1993), y *King, Warrior, Magician, Lover: Rediscovering the Archetypes of the Mature Masculine* (Rey, guerrero, mago, amante: Redescubrir los arquetipos del masculino maduro) de Robert Moore y Douglas Gillette (San Francisco, Harper San Francisco, 1990), así como perspectivas de la obra de Uchiyama Roshi, *Refining Your Life: From the Zen Kitchen to Enlightenment* (Refinar tu vida: De la cocina Zen a la iluminación), traducido al inglés por Thomas Wright (New York: Weatherhill, 1983), y *The Buddhist I Ching* (El I Ching budista) de Chih-hsu Ou-I, traducido al inglés por Thomas Cleary (Boston, Shambhala, 1987).

El Capítulo 8 consiste en versiones tradicionales de chö y del voto del bodhisattva, así como las enseñanzas sobre tomar y enviar publicadas bajo el título *The Great Path of Awakening*, de Kongtrül, traducido al inglés por Ken McLeod, (*La gran vía del despertar;* San Sebastián, Ediciones Imagina, 1997; traducción de Francesc Gutiérrez).

El Capítulo 9 se basa en las enseñanzas sobre Mahamudra y Dzogchen de las tradiciones Kagyu y Nyingma, respectivamente. En particular, me basé en un texto Shangpa, *The Three Settlings* (Las tres formas de asentarse), y en un texto Kagyu, *The Ocean of Certainty* (El océano de la certeza), para la instrucción sobre la práctica de la visión profunda.

El Capítulo 10 se basa en *The Three Words of Garab Dorje,* que aprendí de Dezhung Rinpoche y luego, mediante las instrucciones orales, de Nyishöl Khenpo. La descripción de la transformación de la energía fue adaptada de *The Hundred Thousand Instructions on Om Mani Padme Hung* (Las cien mil instrucciones sobre Om Mani Padme Hung), atribuido a Tsong-tsen Gampo. Parte del material sobre el comportamiento deliberado proviene de *Lamp of Mahamudra* (Lámpara de Mahamudra) de Tsele Natsok Rangdrol, traducido al inglés por Erik Pema Künzang (Boston, Shambhala, 1989).